吴趼人全集

短篇小说集

[清] 吴趼人 著

北方文艺出版社

图书在版编目（CIP）数据

吴趼人全集.短篇小说集/刘敬圻主编；(清)吴
趼人著.——哈尔滨：北方文艺出版社，2019.3（2021.5重印）
 ISBN 978-7-5317-4259-3

Ⅰ.①吴… Ⅱ.①刘…②吴… Ⅲ.①短篇小说-小
说集-中国-清代 Ⅳ.①I214.92

中国版本图书馆CIP数据核字（2018）第117819号

吴趼人全集：短篇小说集
WUJIANREN QUANJI DUANPIAN XIAOSHUOJI

作　者 / ［清］吴趼人	主　编 / 刘敬圻
责任编辑 / 宋玉成　赵晓丹	封面设计 / 锦色书装
出版发行 / 北方文艺出版社	邮　编 / 150008
发行电话 / （0451）86825533	经　销 / 新华书店
地　址 / 哈尔滨市南岗区宣庆小区1号楼	网　址 / www.bfwy.com
印　刷 / 三河市腾飞印务有限公司	开　本 / 880mm×1230mm　1/32
字　数 / 389千	印　张 / 15.5
版　次 / 2019年3月第1版	印　次 / 2021年5月第2次印刷
书　号 / ISBN 978-7-5317-4259-3	定　价 / 63.00元

出版说明

本卷收短篇小说十余篇、笔记小说五种、笑话四种。

《中国侦探案》，作者署名"南海吴趼人"。光绪三十二年（1906）三月上海广智书局出版。首冠作者《凡例》《弁言》，《弁言》末署"光绪丙午孟春中国老少年识"。正文收笔记小说三十四篇，其中十八篇末附作者自评，署名"野史氏"。汪庆祺（维甫）编《我佛山人笔记》（又名《我佛山人笔记四种》）（1915年上海瑞华书局石印本）卷三《中国侦探三十四案》，即为此书之录，惟将作者自评署名"野史氏"改为"趼人氏"。此次点校，以广智书局本为底本，以《我佛山人笔记》本为参校本。

《庆祝立宪》，作者署名"趼"，标"短篇小说"。载《月月小说》第1号，光绪三十二年九月十五日（1906年11月1日）出刊。《预备立宪》，作者署名"偈"，标"短篇小说"。载于《月月小说》第2号，光绪三十二年十月十五日（1906年11月30日）出刊。《大改革》，作者署名"趼"，标"短篇小说"。载《月月小说》第3号，光绪三十二年十一月十五日（1906年12月30日）出刊。《义盗记》，作者署名"趼"，标"短篇小说"。载《月月小说》第3号。《黑籍冤魂》，作者署名"趼"，标"短篇小说"。载《月月小说》第4号，光绪三十二年十二月十五日（1907年1月28日）出刊。《立宪万岁》，作者署名"趼"，标"短篇小说""滑稽体"。载《月月小说》第5号，光绪三十三年正月十五日（1907年2月27日）出刊。《平步青云》，作者署名"趼"，标"短篇小说""笑枋"。载《月月小说》第5号。《快升官》，作者署名"趼"，标"短篇小说""记事体"。载《月月小说》第5号。《查功课》，作者署名"趼人"（目录），又署"趼"（正文），标"短篇小说"。载《月月小说》第8号，光绪三十三年四月十五日（1907年5月26日）出刊。《人镜学社鬼哭传》，作者署名"趼人"（目录），又署"南海吴趼人挥涕撰"（正文），标"短篇小说"。载《月月小说》第10号，光绪三十三年十月十五日（1907年11月20日）出刊。《无理取闹之西游记》，作者署名"我佛山人"，标"诙谐小说"（目录），又标"滑稽小说"（正文）。载《月月小说》第12号，光绪三十三年十二月十五日（1908年1月18日）出刊。《光绪万年》，作者署名"我佛山人"，标"理想科学寓言讽刺诙谐小说"（目录），又标"理想科学寓言讥讽诙谐小说"（正文）。载《月月小说》第13号，光绪三十四年正月初七日（1908年2月8日）出刊。《中雷奇鬼记》，原题《短篇小说中雷奇鬼记》，署"我佛山人投稿"。载宣统元年（1909）九月二日《民吁日报》。

以上作品，除《预备立宪》《中雷奇鬼记》外，其余十一篇又收入《趼人十三种》。《中雷奇鬼记》据《民吁日报》本整理，其余十二篇据《月月小说》本整理，同时参校了《趼人十三种》。

《活地狱》，原为李伯元作，李写至第三十九回，病重不能执笔，由吴趼人续写第四十回至四十二回，第四十三回由茂苑惜秋生（欧阳巨源）续写。吴趼人所续三回，发表在《绣像小说》第七十至七十一号上，时间为光绪三十二年（1906）二月至三月。每回后有愿雨楼主评语，是否为作者自评，待考。这里一并保留，供研究者考证。此据《绣像小说》连载本整理。

《剖心记》，书名标"法律小说"，署名"我佛山人"。原载《竞立社小说月报》第二期，时间为光绪三十三年（1907）十月，仅刊二回，因该报停刊而辍笔。后作者又将此故事梗概写成《山阳巨案》一文，收入《我佛山人札记小说》中。此据《竞立社小说月报》本整理。

《我佛山人札记小说》,初载《舆论时事报》宣统二年二月十五日至五月十四日(1910年3月25日—6月20日)。凡五十四题五十六篇。1922年上海扫叶山房以石印本刊行,厘为四卷,分订二册。扉页题"南海吴趼人先生著",各卷首署"趼人"。收五十三题五十五篇,遗漏《假妖》一篇。书前增云间颠公(雷)序一篇,实即1915年扫叶山房版《滑稽谈》序文之迻录,惟改"付之剞劂"为"付之石印"而已。至1926年夏,扫叶山房又以铅排本刊行,由陈益标点,并增《新序》一篇。汪庆祺(维甫)所编《我佛山人笔记》卷二《趼廛续笔》,即为此书选本,选收二十八篇。其中十四篇篇名稍有改动:《土中人》改《土中之宋人》,《区新》改《粤盗区新》,《狐言》改《狐能言》,《说虎》改《义犬》,《捕蛇者》改《蛇人》,《李侍郎佚事》改《李若农》,《狐医》改《说狐》,《张秀才》改《大胆秀才》,《旌表节妇》改《某富室子》,《张玉姑》改《玉姑》,《厉鬼吞人案》改《巨鬼吞人案》,《宋芷湾先生佚事》改《宋芷湾佚事》,《綦烈女》改《烈女》,《某酒楼》改《金陵某甲》。此次点校,以扫叶山房石印本为底本,以扫叶山房铅印本、《我佛山人笔记》为参校本。

《趼廛剩墨》,作者署名"南海吴沃尧趼人",标"札记小说"。初载《月月小说》第7号、第9号、第11号、第12号,时间为光绪三十三年(1907)三月十五日至十二月十五日(1908)。后收入《趼人十三种》。凡十七篇。其中《龙》一篇重见于《趼廛笔记》,改题《龙鳞》,但文字颇有出入,故两篇均予保留。此次点校,以《月月小说》连载本为底本,以《趼人十三种》为参校本。

《趼廛笔记》,作者署名"南海吴沃尧趼人"。宣统二年(1910)十二月上海广智书局出版。收笔记小说七十一题七十三篇。其中二十七题二十八篇篇末附作者自评,署名"趼人氏"。汪庆祺(维甫)编《我佛山人笔记》卷一《趼廛随笔》,即为此书之选本,选收四十八题四十九篇。其中有两篇篇名稍有改动:《失烟》改《烟鬼》,《鼋食鸭》改《鼋怪》;部分篇章的文字也小有改动。此次点校,以广智书局本为底本,以《我佛山人笔记》为参校本。

《上海三十年艳迹》,原名《胡宝玉》,又名《三十年来上海北里怪历史》,署"老上海撰"。光绪三十二年(1906)八月上海乐群书局出版。全书分为八章,章下或分若干小节,末附二表:《上海洋场陈迹一览表》《上海已佚各报考》。汪庆祺(维甫)编《我佛山人笔记》卷四即为该书,但改题《上海三十年艳迹》,且取消按章节编排之体例,将正文及附录统编为二十五题,题目多用名妓姓名。据汪庆祺(维甫)《我佛山人笔记四种·序》称,包括《上海三十年艳迹》在内的四种笔记,"虽非(吴趼人)先生手编,然皆经先生斟酌改削者也"。可见吴趼人对于汪庆祺改《胡宝玉》为《上海三十年艳迹》,以及体例的变动、个别文字的修饰,是完全认可的。而且将两者比较,书名取《上海三十年艳迹》更为确切,编排也更为眉目清楚,文字也更为干净简洁。因此本全集即据《上海三十年艳迹》加以点校。但此次作了两点变动:其一,原《胡宝玉》第一章《发端》,实为该书序言,而汪庆祺予以删汰。此次将其录于书首,并改题《自序》。其二,《上海三十年艳迹》原第二十篇《花丛事物起原》,与第二十四篇《洋场陈迹一览表》同属一类,故将其后移。

《新笑史》,作者署名"我佛山人",标"杂录"。连载于《新小说》第8号(光绪二十九年八月十五日,1903年10月5日)、第23号(光绪三十一年十一月,1905年12月)。凡十九题二十二篇。本全集即据以点校收录。

《新笑林广记》,作者署名"我佛山人",标"杂录"。连载于《新小说》第10号(光绪三十年七月二十五日,1904年9月4日)、第17号(光绪三十一年五月,1905年6月)、第22号(光绪三十一年十月,1905年11月)。凡二十二篇,首冠小序一篇。本全集即据以点校收录。

《俏皮话》,作者署名"趼人""趼""趼廛",标"杂录"。其中部分篇章,最初散见于光绪年间各报刊。后经作者辑录、修订,并加以续写,连载于《月月小说》第1—5号(光绪三十二年九月十五日至三十三年正月十五日,1906年11月1日—1907年2月27日)、第7号(光绪三十三年三月十五日,1907年4月27日)、第12—16号(光绪三十三年十二月十五日至三十四年四月,1908年1月18日—5月)、第18—20号(光绪三十四年六月至八月,1908年7月—9月)。凡一百二十六题一百二十七篇,首冠小序一篇。宣统元年(1909)由上海群学社据《月月小说》抽印为单行本。本全集即据《月月小说》连载本加以点校收录。

《滑稽谈》(又名《我佛山人滑稽谈》),作者署名"我佛山人"。初载宣统二年(1910)《舆论时事报》。1915年上海扫叶山房石印单行本,书前有云间颠公(雷瑨)序文(1922年扫叶山房《我佛山人札记小说》石印本,也借用此序)。凡一百五十四题一百七十二篇。1926年仲夏扫叶山房又以排印本刊行,除保留雷瑨序文外,又增无聊子(陈益)《新序》一篇,并由陈益标点。本全集即据以上两种版本互校、标点,加以收录。

目 录

中国侦探案

凡 例 / 3

弁 言 / 4

断 布 / 7

搭连袋 / 8

东湖冤妇案 / 9

强奸辩 / 10

钟 鼐 / 11

开棺验尸 / 12

捏写借券案 / 13

诬控和尚 / 15

假人命 / 15

盗尸案 / 17

浦五房一鸡案 / 18

控忤逆 / 20

又一则 / 20

打笆斗 / 21

晒"银"字 / 23

审张七 / 24

伪借券 / 25

德清冤妇案 / 26

左手杀人 / 27

验镰刀 / 27

烧猪作证 / 28

荆花毒 / 28

慈溪冤女案 / 29

三夫一妻 / 31

邻邑伸冤 / 33

犍为冤妇案 / 35

货　郎 / 36

自行侦探 / 37

蝎 毒 / 39

清苑冤妇案 / 40

太原周生 / 42

守 贞 / 44

争坟案 / 45

审 树 / 46

短篇小说

庆祝立宪 / 51

预备立宪 / 54

大改革 / 59

义盗记 / 63

黑籍冤魂 / 66

立宪万岁（滑稽） / 75

平步青云（笑枋） / 87

快升官（记事） / 89

查功课 / 94

人镜学社鬼哭传 / 97

无理取闹之西游记 / 99

光绪万年 / 103

中雷奇鬼记 / 107

活地狱 / 108

剖心记 / 121

札记小说

卖豇豆者 / 131

小儿语 / 131

土中人 / 132

区 新 / 132

贩蜡客 / 133

潘镜泉 / 134

狐 言 / 134

奇女子 / 135

李 乙 / 137

炭中怪 / 138

说 虎 / 139

捕蛇者 / 140

跋解元 / 141

李侍郎轶事 / 141

缪炳泰 / 141

山阳巨案 / 142

狐　医 / 146

富家儿 / 147

李善才 / 148

息妄念法 / 154

张秀才 / 155

朱真人故居 / 156

李文忠 / 157

白云桥异事 / 157

宋宝佑丙辰题名录 / 158

旌表节妇 / 159

刽子手 / 160

王孝子寻亲记 / 161

莱州府狱 / 163

张玉姑 / 165

劳山零拾 / 168

厉鬼吞人案 / 171

龙 / 176

尝鼎 / 177

六九 / 178

某京卿 / 179

宋芷湾先生轶事 / 179

改正《十三经校勘记》 / 180

盲烈 / 181

捏粉人匠 / 182

谜讧 / 182

高密疑案 / 183

侠妓 / 184

綮烈女 / 186

霞云阁主人别传 / 188

刘玉书 / 191

南海某生 / 192

烈鹅 / 193

某酒楼 / 194

清远健妇 / 195

禁鸦片遗事三则 / 195

徐次舟观察轶事 / 196

误　累 / 198

趼廛剩墨

盗被骗 / 201

嗅　瘾 / 201

龙 / 201

巧　对 / 202

小塌饼 / 202

逸　囚 / 204

方　言 / 204

痪　驰 / 205

蝇　钻 / 205

诈贿被侮 / 205

对　联 / 206

集《四书》句 / 206

借　对 / 207

复　苏 / 208

主权已复乎，国家已亡乎 / 209

瓶水解毒 / 210

桂琬节孝记 / 211

跰䯅笔记

复苏 / 215

狐言 / 215

失烟 / 216

神签 / 217

红痧 / 217

扶鸾 / 218

射覆 / 219

入土不死 / 219

盗跖踞文庙 / 220

宋江解填词 / 221

《水浒三十六人赞》 / 221

挽联 / 222

地毛黑米 / 222

绍兴女 / 223

记戊寅风灾 / 224

龙鳞 / 225

昼晦 / 225

蛇人 / 226

蜈蚣毒 / 226

鬼求医 / 227

猴酒 / 227

叶中堂乐府三章 / 228

轻身法 / 229

生魂 / 229

绿米 / 230

周师傅 / 230

夙冤 / 231

董杏芬 / 233

神医 / 234

南海剧盗 / 234

上海灾异记 / 235

卜地 / 237

鼋食鸭 / 238

猫妖 / 238

星命 / 239

行尸 / 239

秦中令 / 240

绛 桃 / 241

闲 章 / 241

顾 绣 / 241

说 虎 / 242

纪 痛 / 243

区 仙 / 244

一文钱 / 245

伍绍荣 / 245

金龙四大王 / 246

黄道婆祠 / 247

伥 鬼 / 247

假 祟 / 249

虎 媪 / 250

西湖主 / 251

西湖水 / 252

伥鬼王 / 252

孝女墓 / 253

烈女亭 / 254

例 哭 / 255

改　籍 / 255

制煤油 / 255

科场大果报 / 256

谣言二则 / 256

果　报 / 257

某太史 / 258

又一则 / 258

五　海 / 259

记李某复仇事 / 259

刘华东 / 260

讼棍斗法 / 262

戴隔壁帽 / 263

玉臂金莲 / 264

外族侵凌 / 264

虞美人诗 / 265

广陵蒋生 / 265

上海三十年艳迹

自　序 / 269

李巧玲 / 270

艳迹略纪 / 272

二怪物 / 274

后二怪物 / 275

四大金刚小传 / 277

小林宝珠 / 282

九花娘 / 283

六花娘 / 283

洪奶奶 / 284

女　伶 / 285

陆昭容 / 287

金巧林 / 287

沈月春 / 290

李佩兰 / 291

姚蓉初 / 292

姚氏姊妹 / 292

李三三 / 293

徐瑞卿、王佩兰 / 294

胡宝玉小传 / 295

北里变迁之大略 / 301

上海游客之豪侈 / 302

上海花丛之笑柄 / 304

花丛事物起原 / 306

洋场陈迹一览表 / 307

上海已佚各报 / 309

新笑史

推广朝廷名器 / 313

两个制造局总办 / 313

另外一个崇明镇 / 314

郭宝昌挥李秉衡 / 314

梁鼎芬蒙蔽张之洞 / 315

梁鼎芬被窘 / 315

对联三则 / 316

问官奇话 / 317

德寿笑话 / 317

陈宝渠 / 317

亨　利 / 318

牙牌数二则 / 318

犬　车 / 319

两个杜联 / 320

皮鞭试帖诗 / 320

一字千金 / 321

咏张松诗 / 321

视亡国为应有之事 / 322

避　讳 / 322

新笑林广记

自　序 / 325

新小说 / 325

"家"字 / 326

圣人不利于国 / 326

问看书 / 327

排满党之实行政策 / 327

皇　会 / 328

误蒙学 / 328

骂畜生 / 328

帽子不要摆在头上 / 329

和尚宜蓄发辫 / 329

刚毅第二 / 329

汉官威仪 / 330

两袖清风 / 330

绝鸦片妙法 / 330

祖　家 / 331

小牛小马 / 331

会计当而已矣 / 331

咬字嚼字 / 332

旗　色 / 332

羽　毛 / 332

神号鬼哭 / 332

长短嘲 / 333

俏皮话

自　序　/　337

畜生别号　/　337

虫类嘉名　/　338

指　甲　/　338

背　心　/　339

苍蝇被逐　/　339

田鸡能言　/　339

海　狗　/　340

野　鸡　/　340

蝗螨为害　/　340

乌龟雅名　/　341

猪讲天理　/　341

狗懂官场　/　342

地　方　/　342

地　棍　/　342

猫辞职　/　343

狼施威 / 343

膝 / 343

面 / 344

蛇 / 344

鸡 / 345

龙 / 345

虎 / 345

论 蛆 / 346

腌龙 / 346

借用长生 / 346

捐躯报国 / 347

误 字 / 347

送匾奇谈 / 348

乌龟与蟹 / 348

凤凰孔雀 / 348

鹧鸪杜鹃 / 349

蜘蛛被骗 / 349

虾蟆感恩 / 350

大字名片 / 350

红顶花翎 / 350

平升三级 / 351

赏穿黄马褂 / 351

活画乌龟形 / 352

财帛星君 / 352

观音菩萨 / 352

文殊菩萨 / 353

臀宜受罪 / 353

人种二则 / 354

手足错乱 / 354

民权之现象 / 355

思想之自由 / 355

虾蟆操兵 / 355

日　疑 / 356

空中楼阁 / 356

猫虎问答 / 356

赤白不分 / 357

肝脾涉讼 / 357

金　鱼 / 358

银　鱼 / 358

驴　辩 / 359

守财虏之子 / 359

外国人不分皂白 / 360

蠹鱼 / 360

蚊 / 360

骨气 / 361

松鼠 / 361

鸦鹰问答 / 361

脚权 / 362

蛇教蚓行 / 362

蛾蝶结果 / 363

铜讼 / 363

木嘲 / 364

轿夫之言 / 364

孔雀篡凤 / 365

误入紫光阁 / 365

辱国 / 365

不开眼 / 366

强出头 / 366

徒负虚名 / 366

民主国举总统之例 / 367

狗 / 367

猫 / 367

手　足 / 368

代吃饭代睡觉 / 368

只好让他趁风头 / 369

居然有天眼 / 369

不少分寸 / 369

记壁虎 / 370

獬豸 / 370

记鼠 / 371

记狗 / 371

角先生 / 372

引经据典 / 372

关痛痒不关痛痒 / 373

聪明互用 / 373

蛇象相争 / 374

吃　马 / 374

性命没了钱还可以到手 / 374

空心大老官 / 375

无毒不丈夫 / 375

龙 / 376

虎 / 376

羊 / 377

榆 钱 / 377

纨 扇 / 378

变 形 / 378

论 像 / 379

洋 狗 / 379

水 虫 / 379

牛的儿子 / 380

蛇着甲 / 380

孔子叹气 / 381

开门揖盗 / 382

骨 气 / 382

蛇想做官 / 382

羽毛讼 / 383

水火争 / 383

涕泪不怕痛 / 384

蛆 / 384

虫族世界 / 384

走兽世界　/　385

火　石　/　385

水　晶　/　386

黄　白　/　387

团　体　/　387

放　生　/　387

送　死　/　388

作　俑　/　388

山神土地　/　389

雌雄风　/　389

投　生　/　390

滑稽谈

不必有用　/　393

酒中三鬼　/　393

打滑头之弹子　/　394

鸡有七德　/　394

挡耳光　/　394

《淮南子》校勘记　/　395

商界之见解 / 395

鸦片鬼开欢迎会 / 395

只要装扮得时髦 / 396

哈雷彗星是张文襄 / 396

秦始皇学得蜑虫法 / 397

外交人才 / 397

酒囊饭袋 / 397

洋　装 / 398

武松打虎 / 398

四马路之猫行将饿煞矣 / 398

天圆地方耶天方地圆耶 / 399

拾　金 / 399

还是吃鸦片好 / 399

官　派 / 400

吴牛喘月 / 400

该死该死 / 400

古人之无线电报 / 401

鹿死谁手 / 401

井井有条 / 401

惩　赌 / 402

可惜不做臭虫巡抚 / 402

老鼠也遭劫 / 402

电报诊脉 / 403

说死话蒙住活人 / 403

别　字 / 403

臭虫遭劫 / 404

是亦有祖师耶 / 404

好大运动力 / 404

"休"字之别解 / 405

吃羊肉 / 405

放屁不是这样放法 / 405

八仙庆寿 / 406

招　租 / 406

打　样 / 406

没有儿子 / 407

五脏俱全 / 407

罗　汉 / 407

也是一个问答 / 408

也是书画专家 / 408

女子不如鸡 / 408

子承父业 / 409

天然材料 / 409

无药可医卿相寿 / 409

骑坐反常 / 410

甚似忧时君子 / 410

敲冰煮茗 / 410

红丸案 / 411

读别字 / 411

花　旦 / 411

冬暖夏凉 / 412

高车所以防抢帽 / 412

验收兵船 / 412

只怕死也无益 / 413

亦是一问题 / 413

符箓世界 / 414

未免有屈警官了 / 414

贫人多子之原因 / 414

戴蓝眼镜者一笑 / 415

旅馆大王 / 415

轻　身 / 415

苏州人曰缠格哉 / 416

买路钱 / 416

敬告实业家 / 416

欢迎会 / 417

做铁甲船材料 / 417

涓滴归公 / 418

聪明互用 / 418

叔齐远遁 / 418

不共戴天 / 419

断章取义 / 419

误　鼠 / 419

五洲大同之声音 / 420

司非所司 / 420

此人之将死其言如何 / 420

叫　车 / 421

宪　眷 / 421

茶　醉 / 421

苹果疮 / 422

鼻穷于术 / 422

特别徽章 / 422

无本生利 / 423

也算糟蹋外国人 / 423

其不文明与中国等 / 423

病　容 / 424

四不像 / 424

上海酷暑八景 / 424

百像图 / 425

破缺不完之水浒 / 429

破碎不完之西游 / 430

四只脚 / 432

先河之导 / 432

剪发问题（一） / 433

剪发问题（二） / 433

剪发问题（三） / 434

剪发问题（四） / 434

剪发问题（五） / 434

剪发问题（六） / 435

剪发问题（七） / 435

剪发问题（八） / 435

剪发问题（九） / 436

资政院人物 / 436

转贫为富 / 436

返老还童 / 437

二之与两 / 437

红豆腐汤 / 437

国会请愿之目的可达 / 438

太迟太早 / 438

冥王之言 / 438

喜镶金牙者其听之 / 439

三皇五帝 / 439

乡老查功课 / 439

暮夜金钱 / 440

作壁上观 / 440

应了一句苏州骂人语 / 440

鼠辈之言 / 441

姓到《千字文》上 / 441

岂所以便贫民耶 / 441

穷鬼终穷 / 442

读别一个字 / 442

还有一片瓦 / 442

一生不醉 / 443

自外生成 / 443

臭虫大少爷 / 443

自治会缺点之现象 / 444

互问贵姓 / 444

奇　称 / 444

世界是一家大药店 / 445

铁　面 / 445

剪须与亡国之关系 / 445

别有见解之韩人 / 446

会议阻止剪发 / 446

发辫之价值 / 446

也是引经据典 / 447

谐对 / 447

商量买棺材 / 447

穿拷布 / 448

世态炎凉 / 448

随缘乐助 / 448

太夫子 / 449

引经据典 / 449

虚题实做 / 449

忌讳闹成笑话 / 450

大潮已经来了 / 450

题小照诗 / 450

招租五则 / 451

不怕他不来做我儿子 / 452

近　视 / 452

保护商务 / 453

医穷妙术 / 453

改革之比例 / 453

室人别解 / 454

寓言七则 / 454

骂自己 / 456

又骂了自己了 / 457

听　讼 / 457

凑寿礼 / 457

中国侦探案

裴效维　校点

凡 例

一、是书之辑，或得之故老传闻，或得之近人笔记，间有佚其人名、地名者，皆仍之，不为妆点，以昭核实。

二、初辑之始，本拟辑自某书者，皆于每条下注之，以避掠美之嫌。乃有从前曾见之于册籍，今已无其书，忆录之而不及其书名者，故皆置之。惟大雅君子谅焉。

三、我国迷信之习既深，借鬼神之说以破案者，盖有之矣，采辑或不免及此。然过于怪诞者，概不采录。

四、此虽稗官之类，要亦纪事之书，笔墨究宜简洁；且一部书，尤宜以一手笔墨出之。故事迹虽系采辑，而叙事之间，不全抄原本，间多点窜，且有舍其原稿而别为之者。点金成铁耶？点铁成金耶？惟读者金铁之。

五、是书所辑案，不尽为侦探所破，而要皆不离乎侦探之手段，故即命之为《中国侦探案》。谁谓我国无侦探耶？

六、所辑各书内所载事迹，或不仅如所辑者，则其前后事迹皆无关于侦探，故皆不备录。

弁 言

孔子曰："三人行，必有我师焉。"以人遇人且如是，况以国遇国乎？万国交通，梯航琛赆，累绎以及，以为我资，舍短从长，吾未敢以为非也。沾沾之儒，动自称为上国，而鄙夷外人。吾嘉其志矣，而未敢韪其言也。大抵政教风俗可以从同者，正不妨较彼我之短长，以取资之；若夫政教风俗迥乎不同者，亦必舍己从人，何异强方为圆，强黑为白，毋乃不可乎？然而自互市以来，吾盖有所见矣，所见惟何？曰：崇拜外人也。无知之氓，市井之辈，无论矣，乃至士君子亦如是；果为吾所短而彼所长者，无论矣，而于无所短长者亦如是，甚至舍吾之长，而崇拜其所短。此吾之不得不为之一恸者也！

买办也，细崽也，舆人也，厨役也，彼其仰鼻息于外人，一食一息，皆外人之所赐也，彼之崇拜外人，不得不尔也。彼之耳，外人之言之外，无所闻也；彼之目，外人之貌之外，无所睹也。其崇拜外人，其分也。彼其于崇拜外人之外，固无所事事也；彼其于外人之外，固无可容者也。若是者，吾怜之，吾谅之。胡为乎俨然士夫饱经史、枕典籍者，亦甘侪于此买办、细崽、舆人、厨役之列，而相与顶礼崇拜也？

虽然，就吾所言，彼族之果有长于我者，又何尝不可崇拜也。吾怪夫今之崇拜外人者，外人之矢橛为馨香，我国之芝兰为臭恶；外人之涕唾为精华，我国之血肉为糟粕；外人之贱役为神圣，我国之前哲为迂腐。任举一外人，皆尊严不可侵犯；我国之人，虽父师亦为赘疣。准是而并我国数千年之经史册籍，一切国粹，皆推倒之，必以翻译外人之文字为金科玉律。吾观于此，而得大不可解者二：

一、取吾国本有之文法而捐弃之，以从外人也。吾尝言：吾国文字,实可以豪于五洲万国,以吾国之文字大备,为他国所不及也。彼外人文词中间用符号者,其文词不备之故也。如疑问之词,吾国有"欤""耶""哉""乎"等字,一施之于词句之间,读者自了然于心目;文字之高深者,且可置之而勿用。今之士夫为译本者,必舍我国本有之文词而不之用,故作为一"？"以代之。又如赞叹之词须麾曼其声者,如"呜呼""噫""嘻""善夫""悲夫"之类,读者皆得一见而知之;即施之于一词句之间者,亦自有其神理之可见。而译者亦必舍而勿用,遂乃使"！""！！""！！！"等不可解之怪物,纵横满纸;甚至于非译本之中,亦假用之,以为不若是,不足以见其长者也。吾怒吾目视之,而眦为之裂;吾切吾齿恨之,而牙为之磨;吾抚吾剑而斫之,而不及其头颅;吾拔吾矢而射之,而不及其嗓咽。吾欲不视此辈,而吾目不肯盲;吾欲不听此辈,而吾耳不肯聋;吾欲不遇此辈,而吾之魂灵不肯死。吾奈之何？吾奈之何？

二、取与吾国政教风俗绝不相关之书而译之也。虽然,与吾国政教风俗无关者,或于吾国之前途有所希望焉,是善本也,胡可以非之？吾于是不能无所感焉。吾友周子桂笙通英、法文,能为辗转翻译。尝语余曰:"吾润笔之所入,皆举以购欧美之书,将择其善者而译之,以饷吾国。然而千百中不得一焉,吾深悔浪掷此金钱也。非西籍之不尽善也,其性质不合于吾国人也。"呜呼！今之译者,何不皆周子若？昔者从事字林报馆,与张子韦之共事,张子手一西籍,余叩何书,曰:"笑枋也,亦吾国《笑林广记》类。"曰:"何不译言一二,使吾破颜？"张子遂译解一篇,则殊不可笑。张子曰:"此西人之性质,所以异于吾人也。西人之读此篇,盖罔不绝倒者矣。此吾之所以屡思译之,而不敢率尔操觚者也。"呜呼！今之译书者,何不皆张子若？

文法词句,请俟世之文豪论定之,吾请言译书之种类。迩日竞尚小说矣,竞尚译本小说矣。小说之足以改良社会,时彦既言之不一言矣。然其所以能改良社会者,以其能动人感情也。吾每购读译本小说,其足以动吾之感情者,盖十不一二焉,此吾之所以咎译者也。然而今之购读译本者,其为我若?为不我若?则不得而知也。

小说之种类,曰写情也,科学也,冒险也,游记也,其种类不一。其内容之果能合于吾国之社会与否,不能一概而论定之;其能改良吾国社会与否,尤不能一概而论定之。而诸种类之外,别有一种曰侦探小说。吾每读之而每致疑焉,以其不能动吾之感情也。乃近日所译侦探案,不知凡几,充塞坊间,而犹有不足以应购求者之虑。彼其何必购求侦探案?则吾不知也。访诸一般读侦探案者,则曰:"侦探手段之敏捷也,思想之神奇也,科学之精进也,吾国之昏官、愦官、糊涂官所梦想不到者也,吾读之,聊以快吾心。"或又曰:"吾国无侦探之学,无侦探之役,译此者正以输入文明。而吾国官吏徒意气用事,刑讯是尚,语以侦探,彼且瞠目结舌,不解云何。彼辈既不解读此,岂吾辈亦彼辈若耶?"呜呼!公等之崇拜外人,至矣尽矣,蔑以加矣。虽然,以此种之小说,而曰欲藉以改良吾之社会,吾未见其可也。

吾读译本侦探案,吾叩之译侦探案者,知彼之所谓侦探案,非尽纪实也,理想实居多数焉。吾又间尝寻味著书者之苦境,则纪实易而理想难,纪实浅而理想深。盖纪实,叙事耳;理想,则必有超轶于实事之上,出于人人意想之外者,乃足以动人。今所译之侦探案,乃如是,乃如是,公等且崇拜之,此吾不得不急辑此《中国侦探案》也。仆有目,公等亦有目;仆有神经,公等亦有神经;仆祖中国,公等未必不祖中国。请公等暂假读译本侦探案之时晷、之目力,而试一读此《中国侦探案》,而一较量之:外人可崇拜耶?祖国可崇拜耶?

吾之辑是书也,必求纪实,而绝不参以理想。非舍难而就易,舍深而就浅也。无征不信,不足以餍读者,且不足以塞崇拜外人者之口也。惟是所记者,皆官长之事,非役人之事,第其迹近于侦探耳。然则谓此书为《中国侦探案》也可,谓此书为《中国能吏传》也亦无不可。

光绪丙午孟春中国老少年识。

断　布

　　布肆伙某甲，负布百匹，送于某地，途次值雨，乃避路旁茶亭中。亭先有某乙在焉。既霁，甲负布行，乙起强争之，谓是固我物也。甲不服，与理论，乙复蛮执。路人聚观者，亦莫知所左右也。不得已，鸣诸官。官诘问原委毕，呼役取百匹布尽启之，曰："吾将察其左证也。"布尽抖散，堆置庭下，官诏甲、乙曰："吾遍视百匹布，均无应是谁物之证据。若为我折叠之，吾将再为若判曲直也。"甲、乙诺，趋庭下折布。折不三四匹，官怒呼乙责之。乙辄讼冤。官曰："凡执其业者，必熟于其技，吾视若之折布知之矣。此既汝物，则汝亦业布者，何以所折布，左支右撑，不得成一匹？而甲所折，提挈振抖，左右咸宜。是知汝为诬赖矣。"乙拜服罪。乃薄责而遣之。

　　野史氏曰：此案不足断也，取布肆主人至，真赝立判矣，然已多一传呼之烦矣。故出其如发如丝之细心，如日如电之明眼，顾盼之顷，曲直遂分。欧美之以侦探名家者，吾不知其能若是之敏捷否也。彼崇拜外人者且曰："此非侦探也，特明察而已。"则吾又不知欧美之所谓侦探者，亦能脱此明察之范围否？

搭连袋

江南茶酒之肆，触目皆是，行路者各从所嗜而就之，藉以少息而解饥渴，取值亦廉，他处所不及也。

有就酒肆饮者，遗一囊以去，酒博士得之于桌桁之上。囊横不过三寸，直将倍之，即俗之所谓搭连袋者也。启视之，中有洋银二枚、铜钱数十文。乃置之以俟其人。未几，其人果至，酒博士出以返之。其人忽诬赖曰："吾囊中固有洋银四十元、铜钱且二百余，何仅得此？"酒博士无以自明，呼冤而已。旁座有饮客，起问其人曰："君囊遗于何所？犹忆之否？"曰："吾搭于桌桁之上，如之何不忆？"问博士，博士曰："吾固得之于桌桁之上也。"客使复置原处，视之，则两端下垂。因问其人曰："是置此否？"其人曰："然。"客曰："吾有一法，可以立剖此疑。疑剖，则公论自在众人，吾亦不赞一词也。"旁饮之人均应曰："善善。"

客乃诃博士曰："若伺客者，客有遗物，自当返诸其人。今客有洋银四十元，若何得匿其三十八？客有铜钱二百余，若何得匿其二百？"博士大呼冤。客曰："无已，吾代若偿之。"即自探囊取三十八元、铜钱二百，内之其人之囊中，充塞盈溢，几不能容，膨脖之状可掬。乃笑谓其人曰："已偿君愿否？"其人唯唯，便欲取去。客曰："未也。子其复以搭置桌桁之上，使众视之，然后取。"置之，则横亘桁上，两端不复下垂。客曰："天下有如此之置其囊者乎？且充盈如是，动即有所泄，而囊之外不裹以帕者，天下宁复有此人？"其人气结不能答。客对众曰："吾固先宣言之，公论在众人，吾不赞一词。疑而既剖矣，诸公其谓之何？"众皆曰："子既能破之，即当有以处之。彼如不服,吾众自在也。"客乃谓其人曰:"君囊中有洋银四十元、铜钱二百余,而独能搭置桌桁之上者,其囊必大。今兹小囊,如君言以内之,竟不能置,此众所同见者,吾以是知必非君物。君之囊不知遗失何所,请于他处求之,此囊仍当还之博士也。"乃自取还原物,而以囊授博士。众为鼓掌称快。其人忸怩遁。

野史氏曰:人心狡诈,鬼蜮百端,路不拾遗之风,竟不能复容于今日,可慨也夫!虽然,如客者,可谓明察之甚者矣。使侦探名家见之,吾知其亦必免冠鞠躬曰:"佩服!佩服!"

某年冬夜,尝偕友观剧,既出,寒甚,乃沽饮于宝善街之春申楼,饮已遂行。行且远矣,始忆遗一风帽于彼处,亟返求之。博士乃细叩余:"共食者几人?食何物?饮何酒?酒价若干?"一一答之,乃出风帽返余。此博士可谓古道可风矣。附记于此,以励薄俗。

东湖冤妇案

东湖(湖北宜昌府首县)民妇某氏,事姑素孝。每晨起,洁室,治中馈,然后适姑寝问安,侍奉盥栉,进早食,日以为常。一日清晨入姑室,见床下有男子履,大骇,悄然阖户去。姑觉之,羞见其妇,自缢死。乡保以妇逼姑死鸣官。妇恐扬姑之恶也,不置辩,竟自诬服,已按律定谳矣。已而官迁调去,后任张公至,见此妇神气娴雅,举止大方,窃疑如此之人,何至逼死其姑?此中当别有故也。再四研诘,矢口不移。谓之曰:"若有冤苦,当为汝直之;过此不言,行将就法矣。"妇曰:"负此不孝大罪,何颜复立人世?惟求速死而已。"公终疑其冤,沉思累日。因访得县役某甲之妻素以凶悍著,签差提至案下,鞭之五百,血流浃背,系之狱中,使与获罪妇同所。甲妻终夜咒诅,谓:"老娘何罪而鞭我?如此昏愦,乃为官耶?"号哭聒絮,更无已时。妇解之曰:"天下何事不冤,盍稍默乎?即如我负此重罪,冤且及于身名,尚隐忍,鞭背小事,何足道耶?"公固使人潜察之,得妇此言,走告公。公大喜,立提二人至,诘以所言,妇不能隐。悉心鞫问,尽得其情,妇之冤乃大白。遂薄犒甲妻慰遣之。

野史氏曰:此盖咸同间事矣,而东湖父老,至今犹称道弗衰也。丙申七月,余奔季父之丧,至宜昌,彼中人为余言此事,犹有余感焉。后阅薛叔耘《庸庵笔记》亦载此事,惜乎张公之名已佚之矣。

见此妇之静穆,乃疑其冤,已明察矣。又因此妇之静穆,而思及彼妇之凶悍;复借彼妇之凶悍,以雪此妇之冤苦。心思之奇幻灵敏,真乃令人倾倒。彼以侦探名家称者,徒于一人之形迹是求,不知其睡梦颠倒时,亦念及之否也?

强奸辩

相传有奸宿室女者,往来甚密。事发,女父恶之,诬为强奸,送官请惩。复令其女于对质时,亦以强奸供,曰:"不如教,且死汝!"男子备受三木,不承强奸。使人求计于讼师,讼师曰:"若欲求生也,则宜承为强奸;徒执言和,是自速其死耳。"书一纸,付之,曰:"如所教以供,案即定矣。"男子如教,他日堂讯,则供曰:"委是强奸,但仅一次耳。"女跪其旁辄驳之曰:"尔往来月余,独云仅一次耶?"官大笑曰:"乌有强奸而往来月余者?"案遂白。

野史氏曰：此直驱之使自陈其诬者，更何事乎侦探为？或曰："此特愚人一时耳。"不知彼以术廉情者，何莫非愚人一时者耶？

钟 蕭

宁波某县（疑即府之首县也）乡人，于溪流中获一女尸，装束类婢子，遍体鳞伤，不敢匿，以闻于官。邑宰验视，非自溺。陈尸市间，召认，无认者。缉凶，不获。一时或以身死不明，或以疑拐疑逃赴诉者，无虑数十起。讯之，又非一时事，或已经年，或且数年，今以女尸故，相率求雪也。宰或准或驳，都是疑案，久不得结。郡守袁公将揭参之。公有仆曰钟蕭，豪侠多智，请于公曰："寒士十年攻苦，始克出宰百里，盍少容之？仆当为访白之也。"公颔之，遂囊金乘昏夜去。

旬日后归，具得其状，而面目都非矣。诘之，对曰："仆素日往来，见邑之豪家某，园凿池，池通于溪，溪流湍急。女尸之案出，仆即疑之。故以暮出，以金赂豪家左右，夤缘为其奴。又以仆浓眉而多髭，居公门久，虞其识我貌也，故拔眉截髭以见之。既入其家，暇与群儿嬉，遂尽得其颠末。豪家之凿池以通溪也，盖专为杀人设矣。奴隶佃人有忤之者，辄生纳之沟中。既死，而后弃之溪内，流急迅下，瞬已不知所之。如是者盖屡矣。女尸其婢也，色颇丽，豪私之。其妻侦之而妒，瞰豪出，挞之至死，而亦师豪所为，弃诸溪流也。且并婢之姓名父母，均访得之矣。"公大喜，立拘至，一讯即服。

野史氏曰：钟蕭之所为，乃与欧美之侦探相仿佛矣。此条见浩歌子所著《萤窗异草》，盖明世宗朝事也。后载蕭之义侠甚详，以非侦探类，故未录。

开棺验尸

某邑宰,年甚少,以科甲出身。既授缺,其封翁虑其少不更事也,随之至任,簿书案牍,实左右之。翁固明练者,一时宰遂有神君之目。一日公出适郭,遇大户之丧,仪从甚盛,执绋者殆百人。后有哭于孝舆之内者,忽风起揭素帏,及哭者之衣,则斩缞之内,别有红裳,不觉大疑。命役访之,则某监生之丧,哭于舆者其妻也。宰益疑,遽呼群役阻其行,且命停榇某寺,以俟检验。执绋者皆缙绅辈,一时大哗,群至舆前与宰辩。宰曰:"诸公与亡者非路人,宁不欲白其冤耶?"曰:"无冤,何自以白?"曰:"验而不冤,吾宁挂冠矣。"众无奈,停榇上寺中。宰归署,忽托疾不视事,群具呈催检验,至再三,均不报。众复呈于郡守,守乃贻书,拟使谢过众绅,以寝其事也。宰复曰:"人命至重,缓葬小事,请予十日限,当有以报命。"郡守亦听之。

忽一日,传呼驺从,率件作,到寺检验。丧者亲友咸集,且讯之曰:"启验而无据,不知开棺见尸之罪,当孰承之?"宰曰:"吾断不致承开棺见尸之罪,亦不为分金来也。"众相顾忸怩。既启视,验无伤。宰曰:"盍检视其阳具?"则灿然者一五六寸许之针,自溺管入者也。众咸大错愕。宰问曰:"有亡者之中表某,其在是乎?"众应曰:"在。"共推之使前,则已面如死灰矣。复飞签提亡者家之某小僮及其妇至,并绾之,鸣驺返署,一日而谳成。

初,宰之遇是事也,归即白之翁。翁曰:"如所见,吾亦知其冤,第恐验之而无证;即有证矣,未由得其始末,徒事周折耳。吾当访之。"故宰托病之时日,即翁察访之时日也。翁之行访也,衣窭人衣,伪为卜者,躞蹀城野间,几旬日,无所获,将失望矣。一日既暮,小息田间,忽有人来叱之曰:"若盗耶?"翁伛偻而起,应曰:"异乡之人,卖卜为活,夜无宿所,偶止此耳,乌敢盗?"其人曰:"怜子异乡露宿,盍从余来？"从之去，则田间一草屋，入户即榻，榻以外，无容足地也，矮不足以容起立。遂踞榻对坐。其人自陈曰："稻稔而未割，余逻者也。"遂相剧谈，渐忘形迹。翁故叩之曰："此间邑尊，为吾乡人，政声如何矣？"逻者曰："大好青天，恐不得久于其位矣。"问何故，曰："某监生家事也，吾即监生家佃人，故知之。监生实横死，不知邑尊何由知之？命停棺待验，而又托病不出；亲族控于郡守，不报。闻行将赴控省垣矣。"问："彼既命待验，何以又托病？"曰："不知也，第恐验亦不得证耳。"翁曰："何谓也？"逻者忽视翁数四，曰："若为邑尊同乡，得毋以吾言达？"翁曰："贵贱隔绝，虽同乡何由达哉？"逻者曰："即达亦无妨，第虑牵余作证，余乡人，畏见长官耳。其致死也，以针插阳具，使深入无迹。既殒，乃濯其血污。如之何能验也？"翁惊曰："彼亲族宁无知者？"曰："监生之妻某氏，私于其中表某。中表近丧妻，故与某氏谋，将死监生而娶之也。"翁曰："然则此事惟彼二人知之耳，若何由而知之？"曰："余乌得而知之？监生家之小僮某，固其中表所荐，实暗使助某氏者也。小僮与我善，窃以告我。亡者是日实饮于中表家，醉归，氏乃乘其醉而毙之者也。彼亲族中方利其妇之速嫁，而分其家产，今为邑尊沮其葬，故皆不平焉。"翁尽得其情，乃返，故破案之神速也。而神君之颂，益遍里闾矣。

野史氏曰：欧美之侦探，人役耳。此乃以封翁而执侦探之役，不尤为难能而可贵耶？呜呼！那得吾国州县官，尽有此封翁！

捏写借券案

海昌陈子庄先生，摄南汇县篆时，有棉花行主姚某，控王某欠花价银一百零六元，有券据，有中证，有代笔，云索之不还，反遭凶殴。

中证、代笔者所供与同。提王至,战栗惶恐,似不能言,匍伏久之,始曰:"实不欠钱。"曰:"不欠钱,何以控汝?"又不能对,促其言,则曰:"我纵欠钱,何必倩开烟馆者作中?"先生笑曰:"若非贵人,开烟馆者不能为尔作中证耶?"又曰:"我自能作字,何必倩代笔?"先生闻言,亦颇疑之。既而诘之曰:"汝非蓄意不良,故倩代笔者为图赖计耶?"侍役遂群呵之(群役之呵,实我国法堂之恶习也)。王闻呵,益战栗,伏地叩头,称愿还。

先生终不能无所疑,命带下。独呼原告至,问之曰:"债券何以非彼所亲书?"曰:"彼自倩人代笔,某不与知也。"问:"彼倩人书就带来耶?抑即尔家所书耶?"踌躇而答曰:"即我家所书者。"先生视其踌躇也,益疑其为冤,复诘之曰:"代笔者为彼所带来者耶?"曰:"否。代笔某甲,向居村口,是日因在茶肆争论,甲适来相劝,遂偕归耳。"先生瞥见甲在堂下,乃故扬其声曰:"是在茶肆乎?"曰:"然。"命役带之出。

呼甲至,问曰:"是日王邀尔代笔耶?"曰:"然。"曰:"何以不至姚家署券,乃就茶肆?"曰:"因在茶肆相劝,故即就彼书之。"曰:"若逆知将代笔,故怀纸笔以往乎?"曰:"否。假茶肆之笔,纸则购诸市者也。"曰:"信乎?"曰:"信。"乃命带之去,别置一所。

呼证人某乙至,呵之曰:"王未负姚资,尔与姚要之至尔家,逼勒署券,尔乃书中,此何理耶?"惶惧曰:"某不过为好相劝,实无逼勒事。"曰:"闻在茶馆相劝,何以又至尔家?"曰:"某开烟馆,家有余地,适甲又思吸烟,故偕来就便署券耳。"

先生大笑,令呼原、被、代笔俱至,戏谓王曰:"此案余已讯明,若所欠宁止一百零六元,实三百十八元也。"王大惊呼冤,姚亦代白实止百六元。先生曰:"固也,然券实有三:一书于尔家,一书于茶肆,一书于烟馆。兹有其一耳,其二安在?速将来!"三人相顾错愕,惶恐伏罪。乃惩之,释王去。

野史氏曰：闻之姚与甲、乙，实有隙于王，又欺其舌强口呐，慑见官长，故为是以陷之也。使侦探家为之，又必张皇其事，探诸烟室，探诸茶肆，行且探之于购纸之肆矣。事非不得明，然较诸此寥寥数语，奸情毕露者，为何如也？

诬控和尚

陈公幼学守湖州时，有土妓之夫某，曾佣于密印寺。寺僧颇饶于资，或唆使控僧淫其妻，某信之。适公鸣驺出，乃拦舆控焉。公批仰乌程县提讯。县令某，奉命提僧至，略不诘问，挞而释之，即以申报。公致疑焉，亲提讯问，僧呼冤。公令原、被俱暂押。密传铁佛寺僧至，别置之。独传妇至，问之曰："若夫所控僧，若犹忆其貌否？"曰："渠淫我久，且赠我某物，如之何弗忆？"乃呼铁佛寺僧至，妇遽曰："淫我者正此人也。"公大笑，痛绳甲夫妇而释僧。

野史氏曰：以俗吏视之，此特一毫发之细事耳，而乃明察如是。惜乎陈公之政绩，吾未得窥其全豹也。尝鼎一脔，聊以解馋，或亦读者所同许也。

假人命

蓝公鹿洲由普宁兼摄潮阳令时，视事甫旬日，部民郑秩侯之妻陈氏，控萧邦武纠同萧阿兴、李献章、蔡士显、庄开明等攒殴其夫至死，弃尸峡山大辰沟。问："何日事？"曰："十一月十三日事也。"其子郑阿伯以舟载尸至,请验。公签差提五人至,即往验尸。尸已朽败,口颊且不存矣。问陈:"信汝夫乎?"曰:"信。"问郑:"信汝父乎?"曰:"信。"乃令自备棺殓。

返署提五人至案下,熟视之,不讯一语,命还押。及夕,复提五人于别室,谓之曰:"汝等攒殴人至死,例当论抵,知之乎?"皆曰:"知之,惟皆被诬耳。"曰:"余查南熏坊保正,有郑秩侯者,即若人耶?"曰:"然。"曰:"余查前任案卷,若五家先后失窃,官皆批饬保正查缉,有诸?"曰:"然。""缉获乎?"曰:"未也。""然则汝等恶其缉之不力也,而毙之耳。"则又呼冤。"死于大辰沟者,果郑耶?"曰:"不知也。""郑果既死耶?"曰:"不知也。""汝辈于郑素有隙耶?"曰:"睚眦之怨,或所不免矣。""汝辈以为系讼与宁家孰乐?"曰:"宁家乐。"曰:"郑实未死,逃耳。吾治普宁,独严于保正,彼畏吾严以逃。至于诈死以诬汝辈,则或别有主使者也。吾释汝辈,可速为我访来。"曰:"四海茫茫,乌乎访?"曰:"彼无远志,邻邑而已。吾为汝辈脱累,汝辈乃惜力耶?"皆叩首谢诺,乃悉纵之。僚幕咸致诧怪。

越三日,萧邦武自惠来县获郑秩侯归,阖邑震为神明。讯其所与定谋者,则讼棍陈阿辰也。前尸则倒毙之乞人耳。并惩之。

或问公:"何以料之如见也?"公曰:"是易易耳。吾治普宁独严于保正,郑,保正也,岂无所闻。故闻吾来而逃也。保正逃,官未有不捕者,宁得逃而免,计惟报死。而又碍于邻里,故借一无名之尸为己尸;又故架词报案,以实其死耳。"曰:"何以能知其伪死也?"曰:"验尸之顷,已洞见之矣。彼云死于十三日,验尸为二十一日,相距不及旬,而时在冬月,置尸又在山溪寒冷地,夫何朽之速,而至于面目不全也?"曰:"何以知有主使之者?"曰:"是则以其市井人,或不能此,姑试讯之耳。吾察此五人者,面目都良善,室家市业都于潮,故纵之使为我用,不犹愈于签差耶?"

野史氏曰：纵被告以捕原告，案情之变幻，于此乃叹观止。至于体察入微，料事如见，犹其余事也。

盗尸案

蓝公任普宁令时，有潮阳人王士毅具控云："从弟阿雄，随母嫁普宁人陈天万为妾，冢妇许妒，鸩阿雄，乞伸雪。"且具诬告反坐结。公准词往验，发其圹，空无所有。士毅呼冤曰："是移尸灭迹矣。"公讯天万，则云以痢死，并以所服药方呈案。传医者至，问之，所言与天万同，且自承呈案者为己所订方。视许氏，则硕腹膨脐，扶掖蹲踞，云病蛊九年矣，状极愁惨，念不类鸩人者。穷诘邻右人证，均不知尸所在。问尸母林氏："阿雄死之日，士毅来耶？"曰："邀之来，不来也。""他日来耶？"曰："诘朝来，然不入我室，过其表姊而已。""姊有夫男耶？"曰："无夫，有子廖阿喜，年十五六矣。"传阿喜至，问："二十八日，王至汝家何事？"曰："遇于途而已，未入吾家也。"问："何言？"曰："彼问阿雄已死，埋否，吾对以埋。又问埋何所，我对以后岭。即去矣，无他言也。"公怒曰："偷尸者王士毅也！"笞之三十，系于舆后，曰："吾将返署，授以枷刑也。"即鸣驺行。

至半途，呼捕役语之曰："速入城，趋东门旅店，问王士毅所寓，室中有人，即逮以来。"役承命去，果获一人，曰王爵亭，举动从容，一若无事也者。与王士毅皆言彼此不相识。呼代书至证之，则士毅递呈时，果与爵亭偕也。出纸笔，令书供，则笔迹与士毅原呈符。严鞫之，则曰："老讼师陈伟度，实主是谋也，盗尸越邑，皆其所使。"问："置尸何所？"曰："是惟伟度知之，即士毅亦不知也。"逮伟度至，扑案鸣冤苦，谓："天万为我族弟，二王无故欲陷吾弟于死；今陷弟不成，又架词以陷其兄矣。乞公烛之。"公闻其为天万兄也，心怦然动，疑其冤。

然察其顾盼闪烁,似非善良辈。乃诈之曰:"吾固知汝不同谋,然二王既汝弟之仇,汝何为而在东门旅店与之共饭也?"伟度出不意,遽答曰:"偶然耳。"曰:"连日共饭,皆偶然耶?"曰:"普地无多饭店,不得不尔。"曰:"即不得不尔,又何必相对语屑屑?"曰:"吾为吾弟劝和耳。"复诈之曰:"共食可也,汝又于旅店中与之同宿,何耶?"曰:"无之。"问爵亭,亦曰:"无也,渠自寓城中林泰家。"传林泰父子至,隔别讯问,知爵亭实止于林氏者三宿,切切密语,然不能知所谋也。

知无枉,乃刑讯之,尽服。则伟度以争祖业故,有隙于天万,尝誓报以惨毒。会阿雄死,乃设是谋。谓盗尸越境,不忧检验,隔属不致败露,被告惧罪灭尸,形迹似实,尸终不出,则问官亦将为难,亦绝无后患。且可于快心逞志之后,开门纳贿,听其和息,不难致富。自谓算无遗策也。问尸所在,则在潮阳水都乌石寨外之溪边,其埋处,上斫一树之半截为标识焉。移牒潮阳,得阿雄尸,验无伤,案乃得白。

野史氏曰:伟度之谋毒已哉!发圹而失其尸,使略粗心者当之,陈天万等已备尝三木之苦矣。乃委曲转折而剖白之,蓝公其神乎!蓝公任潮、普,所破奇案甚多,自为笔记,附于专集,以上仅选录其二则耳。

浦五房一鸡案

苏州乡人某甲,负鸡一笼,入城唤卖。浦五房伙呼视之,与议价,不合,还之。甲点之,少一头,向索,不服。浦五房者,熟肉铺,号称数百年老店者也。邻右皆叱甲,谓:"岂有皇皇巨铺家,而赖汝一鸡者?"甲曰:"使鸡而尽为吾有者,虽丧其一,复何损?这笼鸡皆众邻付我代售者,今所失,吾亦不辨为谁氏物,归亦无以取偿于人,以是争耳。"喧扰未已,会巡抚丁公日昌鸣驺过,甲遽呼冤。公廉其情,亦叱甲为妄。甲益冤苦,倚壁以泣。

旋元和令某公亦鸣驺来,甲复拦舆呼冤。令传伙即舆前诘之。伙曰:"彼适于丁大人前呼冤,已蒙大人叱之矣。且与之论价者,铺伙也,使赖其一鸡,不过归之于主人,伙不得携以归,于伙复何益?主人固拥厚资,何一鸡之贪?伙亦不必以此进媚也。"令曰:"辩矣,然不足以服吾也。汝铺中有鸡若干?"曰:"不知也,随时购而畜之,亦随时取而杀之,胡复能记其数?"曰:"汝今日买鸡否?"曰:"未也。"问昨日,亦曰:"未,所存者皆三日前所购耳。"令呼役,尽取其所存鸡,搜寻备至,不使遗一头。叱令前至署,并带乡人去。扬言曰:"吾将讯鸡也。"市人之围随以观者如堵,咸窃窃然议令之好奇而多事。

至署,升座,传伙问曰:"若素饲鸡者何物?"曰:"馊饭、糠耳。"问甲曰:"乡人饲鸡何物?"曰:"无所饲也,放之野外,使自觅食耳。"乃呼役尽杀两造鸡,剖其胜而验之。则甲鸡胜内,皆砂石、青草之类;而浦五房之鸡皆糠粃,其中独多一胜为砂石、青草。令顾伙曰:"如何矣?汝言非不辩,而吾居此久,未补缺时,与汝苏州人杂居,习知苏州人轻薄。若固非贪一鸡,然以甲为乡人也,故戏侮之,以为嬉笑之助,是汝苏人轻薄之性使然,固不能欺吾也。甲至吾前呼冤,吾诘汝,汝不是非之辩,首白丁大人已叱之矣,是欲以丁大人制吾。亦汝苏人之伎俩也。今曲直既判,吾将与尔请示于丁大人。"

遂命驾,率两造带所剖鸡胜,诣抚院,陈颠末。丁公惭且怒曰:"吾乃为市侩所欺!"断令偿甲鸡值;且罚巨款,充善举。浦五房字号,则勒令出境,不准复设于苏州。

野史氏曰:右一则为亡友梁丽川为余言,信而有征者。此案发时,梁适在沪,而浦五房被逐,乃迁之于沪,梁躬遇其时,故知之最悉也。近则为日既久,前事已忘,浦五房仍返苏设肆矣。

控忤逆

老媪某氏,扭其子及媳,赴县控忤逆。官升座讯之,媪曰:"子媳夙忤逆,平日侍奉无状。今日乃我生日,仍以恶具奉我,而彼夫妇则酒肉是享。年老人不复能耐,故来控,乞严惩之。"呼子、媳至,讯之,饮泣无所供。官谓媪曰:"部有忤逆之民,官之罪也。尔子、媳不孝,实宜严惩。然今日为汝生日,刑汝家人,不利。吾当为汝上寿,以赎吾罪,且愧汝子、妇也。"命列几堂下,呼面至,令媪与子、媳对咦。已则杂问他案,不即发落,俄延良久。三人忽大吐。呼役验之,则媪所吐者肴戴,而子、媳所吐者藜藿而已。官乃叱媪曰:"酒肉之奉,谁实享之?今而后,岂尚可诬耶?当官而谎,平日之行可知。本当惩汝,姑念控子、媳无反坐理,姑纵尔等宁家,勉尽慈孝,勿谓官可欺也。"媪惭而去。

野史氏曰:抉其腹中之物而验之,设想可谓神奇。使愦愦者当之,鲜有不受其欺者矣。此则见某笔记中,未载官之姓名,仅称之曰"某君"。所载轶事数则,颇似今观察使、前署广东南海令徐君次舟事。徐君在粤,历署南海、清远等县,平反颇多,惜相传多失实者,不得备载之耳。

又一则

林砺之为余言:长白忠若虚大令,名满,治余姚,有政声。终日高坐堂皇,辟门听讼,夜分不息。事无巨细,苟有枉,皆可讼。讼则曲直立判，无羁留。一日薄暮，有父扭其子控忤逆者。提讯之，则父子皆业皮匠者。据言子不肖，薪水缺乏，而己则游荡无已，教训之，则无状益甚也。大令徐徐曰："若父子吃夜饭也未？"则皆曰："未也。"命各予钱二百文，曰："将去吃饭，再来听审。"于是父子俱去。

漏再下，命传控忤逆者，则父子候案下久。呼父至，问曰："已吃饭耶？"曰："谢恩赏，已果腹矣。"曰："二百钱用几何矣？"曰："尚余三十余也。"曰："若吃饭亦吃菜耶？"曰："吃某菜。"曰："若饭量若何矣？"曰："老年人，一瓯足矣。"曰："某菜值钱，饭仅一瓯，然则胡为仅余三十钱也？"则顿首曰："小人有痼疾，饭后吃鸦片烟一钱许，亦取资于是也。"命其子至，问曰："已饭耶？"曰："饭矣。"曰："二百钱用几何矣？"曰："仅用去三十文，尚余百有七十也。"问何俭，曰："饭求果腹矣，食既饱，无所用之。"乃谓其父曰："吾已廉得汝父子之情矣。凡吸鸦片之人必惰，虽有业，与游手等。汝子一人，所入几何，不足以应汝之求耳。非不孝也，汝恶其不足以应汝之求而控之，则难乎为汝子矣。"曰："否。子实不肖，喜游荡，控之非得已也。"曰："夫游荡者必费，今汝子啖一饭，仅用三十文；汝则仅余三十文，平日之耗费可知。汝子一皮匠耳，终日营营，不足以供汝，或有之，乌在而见其不肖也？吾即不惩汝之诳，亦当惩汝之吸鸦片。第对子而刑其父，吾不忍，即汝子亦必不忍，尤非政教。若即归，当善处父子之间，勉为良民也。"于是其父感极，抱子而泣，泥首谢去。

呜呼！是非独明察，且善于感化者矣。

打笆斗

砺之又言：大令一日坐堂，有互扭而来控者，则米店人控面店人吞没其笆斗也。面店人曰："是固我物，彼强来诬我者。"米店人曰：

"彼初来借用,云即还,讵久假不归,意图吞没。"大令笑曰:"是笆斗之罪也。"命覆斗阶下,呼役扑之,躬自离座监视。扑至数百,忽升座叱面店人曰:"是米店物,若何得吞没之?"面店人呼冤,则指覆斗处,令自视,曰:"初扑之,所出者面麸;扑至再三,则糠见矣。是非初为米店物,而为汝借用者乎?复乌乎赖?"两造皆拜服,遵断去。

晒"银"字

有夜投逆旅者，举一囊以付主人，曰："此钱囊也，乞代贮之，明日还我。"主人诺之，即注于册曰："收某客钱囊一事。"复予以收券曰："凭券付还钱囊一事。"此盖逆旅之通例也。时则旅客踵趾相错，众目睽睽，咸共见之。及就寝，主人窃发其囊，则银也，遽以钱易之。诘旦，客持券取囊，发视之，累累者钱也。失声曰："死矣！吾本银囊，何得化为钱？"遽向主人理论，则注于册者钱，收券亦钱，昨夜众人所见者亦曰："彼固付以钱囊也。"客不能辩，控诸官。传逆旅主人至，讯之。主人呈册、券，则册注曰钱，券署曰钱。传证人，客曰："吾等固见其以钱囊付主人也。"官乃叱而逐之。客徘徊终日，复具控。官怒，笞而复逐之。

客益冤苦，及夜，赴水求死。适有邻邑宰某大令，以事晋省，泊舟其间，见有自溺者，呼舟人拯之。叩其故，曰："吾，某店伙也，自他邑收债归，投逆旅宿，以银囊付主人。当时以投宿人众，恐有胠箧者流厕其间，故讳银为钱。晨起取囊，果尽钱矣，此必为逆旅主人所易。吾归，无面目以见主人也，是以求死。"曰："盍控之官？"曰："已再控矣，官不我直也。"曰："是无伤，明旦以状来，吾为汝直之。"客谢去。

翌日，果以状来。大令乃赴县署，陈其事。官曰："是痴人也，证据凿凿皆钱囊，彼且一再赴诉，吾已薄惩而遣之矣。"大令曰："否，此人必冤，不然，彼何至蹈水而求殉也？乞假我法堂，当为白之。"官不得已，如其请。大令乃尽传逆旅诸人至，鞫之。则册注钱，券署钱，愿为证人者皆曰："彼固自言为钱囊也。"大令愕然，念无以白之，将遗笑柄。顾役问曰："逆旅诸人尽在是耶？"曰："主人有妇在，以此无预眷属事,未传来也。"曰:"速为我传之来。"

役去,乃谓诸人曰:"客所付者实银囊,汝等故赖之。而孰为赖银者,吾不得知,然吾有术以破之也。"命各伸一掌来,以朱笔于掌中书一"银"字,令至庭中,跪烈日下,伸其掌以曝之。曰:"赖银者,掌中'银'字,当为太阳摄去也。"于是诸人罗跪庭下。有顷,扬声问主人曰:"某,汝'银'字在否?"应曰:"在。"少顷复问,则复应曰:"在。"差役侍从及观审者,莫不笑之以鼻,以为若是者,直儿戏耳,讼乌得白?

亡何,役传逆旅主妇至,诘之曰:"汝与夫谋以钱易客之银,信耶?"曰:"无也。"曰:"汝夫已自承矣,何得云无?"妇仍狡展。则又扬声问曰:"某,汝'银'字在否?"噉应曰:"在。"顾妇曰:"如何?汝夫已承'银子'在矣,再狡赖将刑汝矣。"妇疑其夫之果已自承也,遂尽吐其实,客之冤乃白。一时遐迩称神明焉。

审张七

道光初,山东捕获林清余党张七,亦党魁也,法当死。而张七不自承为张七,承审者易十余员,皆不得实。

时胡君(鉴僧大令之祖,忘问其官阶讳字矣)仕鲁,有能名,大吏以委之。君坐堂,命带至,与之琐琐话家常,问其年岁及家事甚悉,而绝不及公事。问至夜分,呼饼饵至,啖之,并以赐张七,复絮絮话移时始退。明日复然。又问张七:"能饮乎?"曰:"能。"呼酒至,与之对酌。时上官急欲得实,闻君之举动如此也,召而诘责之,曰:"如是,乌能廉其实?"君曰:"不如是,终不能廉得其实也。明当有以复命矣。"

又明日,仍与絮语如故,与之对酌如故,而酒中已置助醉之品矣,饮之使醉,颓然卧堂下。隶役皆窃笑。君独酌于堂上,怡然自得,若无事者然。犯人则鼾呼于案下,移时未醒。侍从皆厌倦。又良久,鼾卧者抒手伸足,似有醒意。君使役附其耳大呼曰:"张七!兹得间矣,犹不遁耶?"则噭应而起曰:"唯!"君大笑曰:"若犹得不承为张七耶?"张七眙愕良久,遽呼曰:"好官!好官!吾当自承。"乃尽吐所行不法事,有官所不及知者亦尽言之。讞乃定。

伪借券

胡鉴僧大令仕闽摄政和篆时,有告欠负者,已经数官矣,曲直卒莫判。盖原告控被告欠四百金,求追,被告则极称冤诬。原告富甲一方,而被告贫窭殊甚,以情理论,富人殊不必诈贫人,且求追欠负外,别无要求,情似贫者图赖;而人又殊懦弱,不类无赖辈。故案终不得定也。

大令受事,先讯此案。翻阅案卷,知为先后分欠者,有券两纸,纸二百金:正月借二百,署一券;四月又借二百,复署一券也。既升座,原被喋喋案下,各执一词。大令命取原券至,审视再三,忽得其情,叱原告曰:"若何得凭空诬人?不承,且杖汝!"曰:"券虽代笔,而彼自画诺,何得云诬?"曰:"不揭汝奸,汝且不服。汝此券得非一书于正月,一书于四月者乎?"曰:"然。"曰:"此二券皆以贡川纸为之,使非同时所作,则纸有厚薄,有大小,纸色亦未必从同;即同矣,而纸纹断无相同理也。今此二纸,合而观之,映光以视,则纸纹相连,若合符节,是明明以一纸裁为二而作者。岂有正月书券时用此纸,至四月复寻此纸之半而为之耶?是又明明同时所为,非伪而何?"原告语塞,案乃结。

德清冤妇案

德清某氏女,误适狂且为妇。狂且素无行,悉于其庶母,使妇以姑事之。居有顷,妇知所为,深以为耻。一日,庶母使作履。履成,进之。庶母审视曰:"微嫌不正,奈何?"妇曰:"履不正何伤?惟须行正耳。"庶母大恚,谓妇讦其隐也。及夜,与狂且谋,醉妇以酒而杀之,以暴病讣其母族。母族贫且懦,不敢与较。

越年余,人言愈啧啧,咸讼妇冤,始赴县控告。时葬已久,发冢启棺验其骨,仵作报无伤,讼不得直。他日易一县官至,复控之,仍不直;上控亦然。事已数稔矣。妇之昆季行,有以翰林通籍者,具状诉于刑部,部臣例题奏。时适换浙江学政,某公膺是差,陛辞时,上即以此案属之。

公至浙,提此案鞫问,无端绪;验骨,无伤也。公念此妇必冤,苟无以白之,即无以慰死者,亦无以复命也。乃托疾,星夜微行至邻省,求得老仵作一人,以重金聘之,与偕归。食与共食,寝与共寝,不使见一人,防贿至也。示日复验。至期,原、被咸集,四方来观者如堵。老仵作检验毕,报曰:"确无伤,惟项下一根骨已易去矣。死者年二十许,其项骨当达若何重量;今视此骨,乃一四十许人者,其重量仅若何耳。"称之果然。于是尽传以前经验之仵作至,严鞫之,则当初次告发时易去者也。追原骨至,则竹木伤痕俨然。狂且至是无可掩饰,始承醉妇以酒,以笡斗加其项而压杀之者。遂论如律。

左手杀人

鄂州民有争舟而相殴致死者,牵涉多人,而系囚累累,狱久不决。郡守某公亲临其狱,提诸囚至,去其桎梏,使列坐庭中,呼酒食劳之。食已,命俱还狱,而独留一人。被留者惶恐,不知所为。公顾谕之曰:"杀人者汝也。"囚不服。曰:"吾观诸人之食,皆以右手执箸,而汝独以左。吾固先查检验案卷,死者致命伤在右肋,此汝杀人之明征也。尚欲抵赖耶?"囚乃服。

验镰刀

有报伤重而毙于野外者,官莅验,则镰刀伤十余处,而衣履具在,所带零碎钱物亦无恙。官曰:"盗杀人,图取财耳。今物无恙而伤多,此仇也,必非盗。"传死者之妇至,密诘之曰:"汝夫向有仇家否?"曰:"夫向睦于邻里乡党,无仇也。"曰:"吾非徒问者,将为汝夫雪冤,盍细思之?"妇思良久,曰:"无也。惟某无赖曾来借债,夫未之应,彼衔恨以去耳。"乃遣妇。饬地甲谕邻近村人,各以镰刀来案呈验,隐匿不报者,即坐以凶手。令出,不终日,乡人之以镰刀至者,无虑百余。官令布列庭下,官据堂上亲临之。时方盛夏,乡人环堵以视,正不知其作何措施也。官察视良久,忽指一镰,问是何人物。人众中有出而承者。问其姓名,则借债未遂之无赖也。官曰:"汝何故杀人?"无赖尚狡展,官笑曰:"汝尚欲赖耶?汝自视其凶器可也。"曰:"均是镰也,某之镰,曾无以异于众人,何乃视为凶器?"曰:"汝不见飞蝇耶?镰所以割稻者，舍是更无所用之，洁净无油腻迹，无腥膻气，故飞蝇满前，不集其上。今诸人之镰皆无蝇，惟汝之镰飞集几满，此非杀人未久，腥气犹在之证据耶？"无赖顾视己镰，果如所言，乃俯首伏罪。

烧猪作证

有妇杀其夫者，既杀，复纵火焚其庐，诈称夫死于火。夫弟控之官，检验毕，坐妇以谋杀。妇不服。官曰："是易服之也。"命取二豕至，杀其一，与活者并积薪焚之。焚已，出二豕验之：既杀而后焚者，口中无灰；焚毙者，灰满口中也。验其夫口中亦无灰，妇乃伏罪。

荆花毒

单县农人某，力作田间，其妇馌之，食毕乃死。翁姑悼子之死，乃以谋杀控诸官。妇备尝三木，不胜痛楚，遂诬服。案甫定，邑令迁调去。后令至，察阅是案，反复审度，曰："此妇冤也。夫谋杀其夫者，必惑于奸夫，此妇无之，一可疑也。凡谋毙人者，必于密室，乌有鸩之于田间，以自彰其迹者哉，二可疑也。妇必冤矣。"提讯之，再三研究，妇但哭诉冤苦，亦不自知致死之由。令乃详叩其居室、耕地，亲至其处详察之。复诘妇当日馈食何品，曰："鱼羹、米饭耳。"曰："馌出，曾他往耶？"曰："无也。惟行至某地，觉乏，少息于荆林下耳。"令乃呼鱼及炊具至，命妇当堂作鱼羹，投荆花其中，杂以饭，投诸犬、豖，无不立毙者。妇之冤乃白。

右四则见阮刻《洗冤录》。

慈溪冤女案

某岁,慈溪令黄兆台,以民人陈涌金杀有罪子孙详报,阖邑哗然,谓为冤枉。事闻于省垣,大吏檄宁绍台道及宁波府行查。时许小欧大令奉檄清理积案,彼抵宁波,亦奉檄助理是案。乃诣郡守,请阅案卷,则陈涌金以其孙女阿猫与奴子高宏道通奸,扑之,因伤身死也。郡守拟提讯,大令曰:"苟提讯,万一参差,势难转圜。盍先调黄令来,面询之?"守从其言。黄令至,坚谓所详实不虚。守复商于大令,大令曰:"中丞极注意此事,今日檄且再至。然提讯之,必多鬼蜮,猝难得实,徒延时日耳。盍访之?"守曰:"吾意亦若是,第难其人耳。家人不习地方人情,胥役殊难信,奈何?"大令曰:"天一阁管书人邵某颇诚实,某所素知,曷若使为向导,某且往访之?"守曰:"子行,不虑为窥破耶?"曰:"某习此间语言且娴,无虑也。"守从之。即召邵某至,告以故。邵曰:"小人有戚某氏与陈为邻,访之诚易。第与贵人俱,不虞泄耶?"大令曰:"我伪为商人也者,汝为吾伴,谁复知之?"邵曰:"然则亵贵人矣。"遂相偕发,抵慈溪,即主于邵戚家,因其戚而知陈之家事焉。

陈以贩药川、湖起家。有子四人:长子早世,无嗣,遗一女曰阿猫,即为其致毙者也;次美思,设药肆于杭;三贡元,多病,居于家;四尚稚也。次妇乐氏,丑而淫,新台之咏,乡里皆知矣。以长子之无嗣也,次妇乐氏思以己子为之嗣;长妇以乐淫,不欲后其子,意盖属于贡元之子焉。乐衔之,姒娌遂不相能。会长妇病疟,乐为之调药饵,饮之而毙。阿猫痛母,且疑婶之致鸩也,哭泣之间,杂以怨詈。不数日,即闻阿猫奸事发,为乃祖致死矣。

大令既得梗概，即拟自达于陈氏，以窥其隐，夜与邵定策。诘旦，伪为贩药也者，因其戚介绍于陈。陈不纳，曰："吾方累于讼，弗暇及此也。"大令颇悒怏。晡时，偕邵小立门外，忽一人自陈氏出。邵趋与语，大令亦亟前与通姓氏，邵从而介绍之，则叶某，陈之妹婿也。言谈间，邵约以行沽，叶欣然诺。邵以目视大令，遂相将入市，登酒楼。邵乘间语大令曰："此酒徒也，小人亦于戚家识之，醉以酒，或有所得。"大令颔之。邵遂与叶极道契阔，且谈且饮。酒半酣，邵探之曰："吾友自川、滇贩药至，属舍亲介绍于陈翁，谋为出脱，而翁辞以有讼事，无暇为此。不知何讼，如是其亟亟也？"叶曰："此事已通天矣，子岂未之闻耶？"邵故讶曰："岂阿猫事独未了耶？惟闻其略耳，敢请其详。"曰："大吏已檄郡守行查，子居郡城，胡不知之？"邵笑曰："某虽居郡城，然终日埋头作蠹鱼，不预外间事；偶有来阅书者，皆酸秀才一流，从无道时事者：何自而知之？"叶乘醉曰："舍亲惑于次妇，毙其孙女阿猫。事后又张皇无主，求计于我。我为画策，诬以阿猫与奴子奸；复为言于邑宰黄公，得无事。讵省中大吏忽欲行查；而阿猫曾许字洪氏，兹更闻洪氏亦将晋省上控：彼是以亟亟也。"曰："子适来，亦为之画策耶？"曰："然。"曰："策奈何？"曰："贿奴子高宏道自承奸状，自冰释矣。二公非外人，故轻以相告，幸勿泄也。"大令曰："令亲亦太愦愦，以媳故而毙其孙女，何其忍耶？抑别有故也？"叶曰："次媳素得翁欢，而阿猫以母死疑婶氏之鸩之也，见于词色，故怒而为此耳。"曰："果鸩耶？"曰："是则不知，然吾亦不能无疑矣，以争立嗣故，妯娌间尝有间言也。"饮毕遂散。

大令挈邵，星夜晋郡，白郡守，立提讯。旋解省，承审官三人，大令亦与焉。盖大令得实，白郡守后，即先驱返省，陈所访情形也。堂讯时，陈果贿高，自承与阿猫奸状，语涉秽亵。大令曰："是不必辩。"呼提叶至，笑谓之曰："盍仰首视我？慈溪酒楼之长谈，当未忘也。"叶遽仰视，见大令，失声曰："败矣！"大吏复委员赴慈溪，发阿猫母女棺检视,则阿猫口中有巨钉,直贯其脑;其母则骨节、指甲作青黑色,按之《洗冤录》,则中鸦片毒也。严鞫乐,亦自承为和药以进者。谳遂成,乐拟斩决,美思绞候,陈徒,高流,黄令部议落职。

野史氏曰:此条曾见于某笔记,后阅大令所著《三异笔谈》,亦载此事。惟以侦探一则,归之于邵某,而不自居,盖不欲以察察为明,故自讳之也。吾国贤长官,每自避明察,因之而湮没不彰者,岂少也哉!使尽得其遗闻,则中国侦探案之辑,恐终吾身而不能尽也。

三夫一妻

孙大令,传者佚其名,强项令也。令合肥时,不避权贵,李文忠严惮之。时有三夫共争一妻者来控,大令断之,一邑称神君焉。

先是部民某,与某武弁交厚。会二人之妻皆有娠,遂相与订曰:"设皆男也,则兄弟之;女也,则姊妹之;一男一女,则结婚姻焉。"至产期,则弁举男,而某生女,遂订姻好。越数岁,弁以事挈眷返籍,音问遂梗,某亦旋卒。女年十八,其母不能待,遂别字一商人。既纳彩,商人又他去,久无消息,母又别字一邑人。娶有日,商人忽至,遣冰人来订婚期。母骇愕,不知所措。正惶急间,而弁子亦具羔雁来,将行亲迎礼。母益无主,左右不知所可。三家媒妁奔走辩论,各执一词,终莫能决,遂涉讼。

大令得三家呈词,传其母至,询得颠末,一时亦莫能断。终夕寻想,得一策。明日,复升堂,传女至,使跪案下,复传三人跪女后。先叱女,使抬头。既见其貌,则调笑之曰:"妖艳哉!无怪彼三人者之相争也。"语近狎亵。女羞愧惶恐,伏地不敢仰视。则谓之曰:"汝一身,势不能事三姓；彼三人者，亦必不容汝兼事他人；而汝母实皆受其聘焉。本县亦不能为左右袒，今三人具在，惟汝自择焉可也。"女羞缩不知所对，逼迫之，惟饮泣而已。曰："岂三人皆不如汝愿耶？"不答。再问，再不答，盖已羞愤备至矣。曰："然则汝愿如何？"曰："愿死。"笑曰："果能死以息争，亦美事也，恐汝无此烈志耳。"曰："宁独愿死，且愿速死也。"曰："可嘉哉！吾已为汝备鸩矣。"呼鸩至，命饮之。女略逡巡，则叱之曰："不饮，将提耳而灌之！"女不得已，一饮而尽。母在堂下，号呼奔救，为役牵止之。女饮鸩后，仍伏案下，俄然倒仆，辗转遂僵。隶役抚之，报曰："已冰矣。"令呼邑人："若已定吉期，奈女已死，当领尸去，礼葬之，俟续弦可也。"邑人曰："吾所欲娶者生人，奈何娶死者？彼既有前夫，吾当让之。"乃问商人，商人曰："吾亦无用此死人为也，请让诸先我而有者。"以问弁子，则泥首曰："嘉礼虽未成，然指腹为婚，先人实命之，结发之义，不敢以死生而渝，请具领。"大令喜曰："义夫也！"顾商人及邑人曰："若二人者，徒争之于生前，复委之于死后，殊昧夫妇人伦之始之义，宜各罚十缗，佐彼棺殓。"二人遵谕缴罚。弁子舁女尸归寓所，至则苏矣。盖适之所谓鸩者，蒙汗药也。

野史氏曰：右一则，无所谓侦探也，以其取断之神奇，故录之耳。或曰：尔时设弁子亦不愿具领，将若何？曰：吾知其运策时，先虑及此，不领，且责以为元配而强断归之，使遂其婚好矣。

邻邑伸冤

孙大令宰合肥时,有庐江某甲者,故家中落,沦至为人佃。有姊,适同邑某素封家。姊夫行颇不谨,其翁卒,所遗数千金,悉以付其姊曰:"谨守之,毋为不肖儿败去也。"甲侦知之,诣其姊曰:"弟思佃人之田,终无发迹日。幼学货殖,颇自信,奈乏资本,徒负此志耳,姊盍为我图之?"姊出数百金予之,乃经营设一米肆,逾年,居然获利。乃复诣姊曰:"借姊之助,既获利矣,计当偿还母金。而迩日有某货,忆其值当涨,计尽所有子母,犹不足以尽储之,惟有小试耳。苟得再千金,获利且倍蓰也。"姊又以千金予之。他日又谓姊曰:"某物,奇货可居也,苟得如千金,当可垄断也。"姊又信之,如数予之去。如是数四,姊之金既尽。甲本善经营,数年间,居然致富,报捐职衔,俨然绅矣。

又数年,姊之儿女长,谋婚嫁,念弟已富,当可谋归母金。谓其夫曰:"儿女债,动需多金,盍商之于吾弟?"夫如言往,言及婚嫁事,渐露求助意。甲遽曰:"日来生计大难,力不能为也。"夫归,怼其妇。姊疑曰:"弟殆疑吾夫之犹昔也耶?"乃亲造之,求还母金。甲怫然曰:"是何言也?昔者甥辈稚,弟故稍欷助,以存亲谊,今乃诬我借金耶?"姊大骇,与之辩数四,甲置不理。不得已,讼于庐江令。甲冠服至案,辩曰:"甥辈幼稚,因尝欷助之。今婚嫁矣,乃欲取资于我。此各人门户事,力不能为,故辞之,姊乃以是诬我也。"令问券据,无有;问中证,无有;问过付,无有也。姊遂不得直,号哭而归。

或语之曰:"县君愦愦,不足与决疑难。合肥令孙公,神明父母也,盍往诉之?当得直。"姊曰:"邻邑可控耶?"曰:"是固不可,第往哀之,孙公慈祥,必不负汝。"姊乃诉于孙大令。大令曰:"汝庐江事,何为而诉于我？"曰："庐江愦愦，不我直也。闻诸人言公神明，故诉之。"曰："虽然，吾不便越俎也。"姊哀之不已。乃问其当日交涉事，及其母族家世甚悉。曰："汝姑待之，吾当为汝取偿。"姊谢而退。

大令于狱中取盗犯之罪较轻者二人至，谓之曰："纵尔，为我办一事，当宽尔罪；苟逸，则罪加一等。尔愿乎？"曰："愿甚，不敢逸。"乃授以计。先以一犯衣华服，至酒肆中，伪为相识而久别者，絮絮与谈贸迁，故作筹画状。甲以为贩运者也，款以酒饭。正言笑间，次犯囚首垢面，狂奔而入，直闯席间。合肥县役，垄息追至，狂呼逸犯，径入扭之。突见前至一犯，故唶曰："尔亦在是耶？何都在此？"则指甲曰："此吾主人也，胡为不来？"役擒二犯去，反命。

大令故升座问之，则曰："某甲，吾等主人也。"大令曰："是窝主也。"亟移文庐江，传甲至，令二犯与之对质，甲力辩。犯曰："若何必辩？若十年前，犹佃人之田，使无我辈，汝有今日耶？"甲曰："天乎！冤哉！吾之至今日，吾姊实有以助之。"问姊适何人，具以对。问："助汝几何？"曰："数百金。"曰："数百金之母，十年乃能至是耶？"曰："继之者且若干也。"乃呼其姊至。姊顿首白其图赖状。甲舌挢不敢再辩。大令笑谓之曰："吾固知汝非盗党，然不如是，汝不吐实。今既无可狡展矣，则汝一身之外，皆汝姊物，当尽归姊；汝十年经营之劳，凭汝姊酌酬之。苟不遵断，且褫汝职衔而惩汝矣。"甲乃状罪遵断退。

野史氏曰：人心不古，伦常乖谬，家庭骨肉之间，自起变故者，盖所在皆有之矣。如此案者，姊弟授受之间，绝无他人可为证见，言语则出此口，入彼耳；资财则此手授，彼手受。世无鬼神，乌从而论断其真伪曲直哉。孙公其神乎！吾不知彼西国之侦探名家，遇此等案，又将从何下手也？

犍为冤妇案

妇非妇也,待年于夫家,俗所谓童养媳者耳。姑待之无恩。小姑尤仇视之,凌虐无状。一日相口角,互讦于姑,小姑不胜,愤甚,思所以报之。乃以毒品杂饵中,将以毙妇也。姑不知,误取而啖之,暴卒。小姑素狡诈,至是竟以诬妇,众咸信之。鸣诸官。犍为令某苾验,械以去,百般推勘,妇不胜桎梏,遂诬服,已具详矣。

会令迁调去,后任为姚公一如,阅卷至是,疑至冤,研鞫数四,不得其情。乃扬言曰:"吾将使神讯之也。"乃夜系小姑及妇于城隍庙廊下,而自于神旁假寐,窃听之。闻二人争论良久,既而皆已,惟闻妇怨艾声,小姑诟谇声。如是两夕,仍不得其情。第三夕,公乃使人预伏于偶像之后,至夜半,推之使起。小姑大唶曰:"休矣!奴伏罪矣。虽然,奴之初意,实将鸩嫂,非鸩母也。"公闻言遽起,一鞫遂服。一时无知愚民,乃谓公能役鬼神也。

野史氏曰:吾知喜读译本侦探案者,必曰:"中国人伎俩,止此而已。"不知神道设教,正所以补王法之所不及,惟视用之者如何耳。苟利用之,何在而不神奇?惟不能利用之,所以成为腐败已。施愚山先生雪宿生之冤(《聊斋·胭脂》)案,何以至今犹脍炙人口也?

货　郎

某翁，耒阳之某村人也，以务农为业，二子一女，颇堪温饱。仲子性素劣，日事饮博。翁恶之，曾以忤逆鸣诸官，惩之以儆，及释之出，饮博如故也。先是邻邑有某货郎者，负贩于各市集之间，亦时来村中售其针黹之属，往来既频，遂渐相稔。久之，且愿螟蛉于翁，呼之为父，于其子女称兄弟行焉。女年渐长，情窦既开，以亲狎之故，遂成苟且，父兄皆不知之也。一日，翁自田间荷锸归，入门，则二子皆外出，惟货郎与女在，情态狎昵，其丑不可以暂注目。怒极，挥锸击货郎脑，毙焉。欲兼毙女，而意良不忍，且惧丑声之播也。召仲子归，举而瘗诸竹林中。又恐为犬狼所发，托言防盗笋者，筑垣以缭之，自以为计画周详，鬼神莫测矣。

越数年，人亦无知者。值其仲子博负归，私伐园竹，市之以偿。翁知之，怒挞而逐之。时仲子已醉，因号曰："翁何苦挞我？即援若人例，以锸毙我而埋诸竹园中，人孰能知之者？"翁益怒，追之，欲箝其口。子且奔且号，遍走村中。村人闻而疑之，鸣诸里正。里正固有隙于翁者，与村人计曰："某货郎夙与渠家昵，久不见矣，此中岂无因乎？"因以鸣诸官。

时邑令熊公，能吏也，传者佚其名矣。闻报，拘翁父子至，讯之，不承。村人有证其仲子之言者，公犹未之敢信也。移牒邻邑，咨货郎之有无。越数日，有衣巾而至者，货郎之弟也，已入泮矣。泣陈曰："某年十三龄，兄即行贩不归，尔时年稚，未能间关踪迹之也。父师牒咨，此中不能无故，死生存亡，惟父师怜而鞫之。"公知其有人，遂严讯翁父子，而狡展如故，卒不得实。念刑讯非法，当诱使自言之，乃加签拘女至。时女已嫁而生子矣。既至,与其父兄锢于一室;而独系其伯子之拇指,悬于梁间。遣干役数人轮流密察之,数日不复讯。

一日夜分,伯子不复耐,顾其妹曰:"汝无行丧耻,累及老父,又苦我之无辜者,我之肌肤何罪,而代汝受此无名之刑耶?"女惭而不言,自俯其首。翁诃之曰:"汝耐须臾痛苦,则我可望出于罪,而妹之清誉可存,何哓哓也?"女亦温言慰之曰:"阿兄其耐须臾哉!纵不念妹,宁不念老父耶?"伯子忿然曰:"若父女晏然,而官独窘我,岂我之骨肉,独能耐痛苦耶?"语甫毕,干役突出曰:"供具矣,此后犹能赖耶?"父子相顾失色。役连夜入告,公即秉烛升座,一鞠尽服。

自行侦探

婉姑者,绍兴银匠某甲之妹也。甲挈眷游京师,售其技,以制作精巧,得出入于王公贵人之门。积资巨万,即设肆都中,所作钗钏酒器,名重一时,价倍常值。惟婉姑幼字同里某乙,乙贫甚,势不能入都就亲;而甲亦以肆中事大忙,不克归妹。会有中表弟某孝廉,以应礼闱试至都,即主甲家。榜发报罢,将南旋。甲盛筵以饯之,进百金为寿。曰:"吾将有求于吾弟,必吾弟受此,乃敢言之。"叩何事,曰:"吾妹之字于乙,弟所知也。乙贫,不可来;吾冗,不可去。是摽梅之期,将终愆也,吾不忍焉,而又苦无可属者。吾弟君子,敬以相属,挈之归而遣之嫁,感且不朽矣。故敢以不腆之仪渎君子。"

孝廉慨然诺之,即挈婉姑同行。既抵浙,使媒妁通于乙,渭吉成礼。乙家惟一母,贫不能留客,故合卺后,亲友都散去。诘旦,则乙及母相与被刃于厨下,毙焉。大骇狂呼,邻舍毕至,互相猜忖,莫知所由,共鸣诸官。邑令某,少年意气,精刻自喜,履验毕,即讯婉姑。婉姑备述自京师随孝廉归及出嫁始末。令拍案曰:"是何必复问?已了然矣。"立命拘孝廉至,曰:"怨女旷夫,同行数千里之遥,又年都不艾,旁更无人,此中情事如何,可不问矣。淫女、狂且,罪已不容于死,更杀人母子,岂谓王法可逃,官府可欺耶?"三木备至,孝廉、婉姑遂都诬服,论大辟。

甲在京师闻其事,大惊曰:"吾弟君子而妹贞娴,岂有此事?即不然,弱女书生,岂能操刀以杀人者?此中必有奇冤,吾必有以雪之。"遂以肆务属友人,星夜南驰。至,则已行刑矣。检点妹之遗奁,心中忽有所触,遂复匆匆北行,沿途处处物色,甲故京师名匠,北道大店商贾,多有与之往来者,此行复有所踪迹,益多迁延。一日,至一典肆中,正与主人闲谈,突有持金钏来求典者。甲见之,喜且骇,继以怒,属主人遮留是人。自持所典钏奔所辖邑,鸣鼓上状。曰:"京师银匠某,属表弟某挈妹归籍,嫁于乙。嫁之明日,乙及其母咸为刃毙。邑尊不缉盗,遽以表弟及妹论抵。某归,检遗奁,则所自制赠嫁金饰,尽失所在。物色至此,于某典肆获原赃,持典者,必盗也。今尚遮留典中,乞昭雪。"

邑令得状,即飞签拘持典人至,鞫之,则曰:"抵此,以为无事矣,乃尚败露,无乃天乎!吾供可也。甲之遣其妹也,怜所适贫,特制千金之饰为奁。是事也,京师路人皆知。吾闻而涎之也,俟其行,乃蹑之至于浙。复探得其婿家为筚门圭窦,易于措手也,故于其合卺之夕,即潜入其家。客散,刃其母于厨下。婿闻声出视,亦刃之。乃冒为婿也者,据新妇而污之。新妇初来,固不知吾之非婿也。复诳观其金饰。黎明,妇睡,始怀宝以遁。闻浙中令已坐罪于新妇及某孝廉,以为无事矣,不虞至此仍败露也。"邑令得供,大惊,据所供以详。大吏持以入告。上震怒,命寸磔盗,且以浙中令论抵焉。

此乃明世宗朝事,杂见诸家记载,各有详略,为采辑于此。

蝎　毒

某甲,以负贩为业,恒经岁不归,家惟一妻一母,母且盲矣,赖妻侍晨夕。妻甚孝,得母欢,姑妇也而几如母子。邻里皆羡而敬之。会甲归,母喜,命杀鸡为馔。时盛夏,即设馔于葡萄架下,相与共食。而是日适姑妇皆茹素,惟蔬食陪之,相对话别后事而已。至中夜,甲暴卒。邻里以为异,咸来唁问。里正某闻之,谓死可疑,鸣诸官。验之,则中毒也。疑妇有私,毒掠之。妇不胜其苦,遂诬服。追问奸夫,则无有也。又掠,妇仓卒无以对,随口供曰十郎。十郎者,甲之从弟,每远客,即属之代照拂家事者也。官拘十郎至,问奸状,十郎不承,又掠之。妇见十郎之无罪而被刑也,大不忍,为之泣下。十郎顾之曰:"嫂!"妇亦泣曰:"叔叔!"官大怒曰:"奸夫淫妇,于法堂之下,犹不知耻耶!"掠之益甚,十郎亦诬服。狱上,中丞某公疑其冤,将平反之,为幕友所尼,遂不果。妇与十郎遂相对环首市曹矣。一时舆论咸讼其冤。

中丞闻之,不乐,乃微行访之。至某甲家,见盲媪方坐檐下泣,就问所苦。媪曰:"吾哭儿妇耳。"中丞佯问故,媪曰:"吾儿惨死,虽未知其由,然实命也。昏官无道,恣其淫威,诬我贤妇,坐以大辟,吾死当为厉以报之矣!"中丞又故问贤妇状,媪曰:"他人不知,岂吾亦不知耶?吾子出门,渠即夜夜伴老身宿,夏驱蚊蚋,冬为拥背,虽母女无逾此恩,夫复何隙而为奸也?闻抚军仁慈,吾方昕夕盼狱上,冀得平反。今若此,抚军亦愦愦辈耳。天乎冤哉!吾欲一叩帝阍而代吾贤妇一白此冤也。"中丞闻之,惭汗如雨。复与絮语及食鸡事,中丞疑之曰:"与家人同食鸡,岂有独死汝子者?毒必非鸡。"媪曰:"是日适吾姑妇皆茹素也。"中丞曰:"虽然,鸡宁有能毒杀人者?或有他故耳。"既而又问食于何所，媪告之。乃出钱使代购一鸡，熟之，置诸葡萄架下昔日食处，热气上腾。少选，见一缕细丝，自上而下，入盛鸡盘中。穷极目力始克见之，深以为异。试以一胬投犬，犬毙。顿大惊，悔曰："误民命矣！此吾之过也。"

遽返署，召集承审此案各员，鸣驺至媪家。媪大惊，跪迎。各员亦莫喻其旨。中丞命烹鸡，熟而置其处，召各员同观之，亲示以所下细丝，复以鸡投犬，犬毙。使役人毁其架，索之，得一蝎，长四寸许，细丝盖其涎也。各员相顾失色。中丞曰："此甲死之由也。今而后妇之冤始得白，谓非吾辈之罪欤？"即日持以上闻，自请议处；邑令以诬论抵；余降罚有差。

清苑冤妇案

清苑县有兄弟析爨而居者，仲之产荡尽，赖伯友爱，时恤之耳。伯年五十余，仅一子。娶某氏女为妇，逑好甚笃。一日，仲妻以急遽至伯家乞贷，会妇在厨下作晚炊，仲妻与絮语。伯子适自外归，曰："馁甚矣。"妇即以膳进。食毕，猝呼腹痛，倒地，腾扑移时乃卒，七窍之血如沈也。妇大惊，不知所为。仲妻遽呼曰："侄妇谋杀亲夫矣！非鸣官，何以白此冤？"即与伯夫妇共首于官，仲妻证焉。官拘妇至，械之，遂自诬为因奸谋杀，并诬指甲为奸夫。甲固其家中表亲，素呐于言，即见官，畏刑，亦遂自诬服。

适制府讷公近堂移督直隶，论囚至此，疑其冤。凤闻某明府有能吏之目，檄其复讯。明府奉檄，先阅其案卷，则积已三年，厚几盈尺，屡供屡翻，其情节实可疑。乃拘集诸人，分别细鞫。先问妇当日情形，妇具白之，即命带去。讯伯夫妇以妇平日之行，则曰："事舅姑柔而顺，夫妇亦无勃溪。""与甲奸有之乎？"曰："未见其往来，不敢知也。"亦命带去。问甲奸状,甲不能成声;再问,则曰:"吾供非奸,则将刑我;供奸,则去死日近:不知所供也。"问仲夫妇,仲则言当日未见;仲妻则曰:"此吾当日所目击者。伯氏五十余,仅此一子,今绝嗣矣,非杀贱婢,无以声其罪也。"明府都令带去。语人曰:"吾已十得六七矣,明日再讯,当尽得其情。"人皆不解其意。

既明,复讯,则拘在案诸人列跪案下。明府曰:"死者夜来以梦告我矣,其言曰:'吾诚中毒以死,然毒吾者非妇也。'问其何人,则曰:'毒我者,其右掌色变青。'"言已,以目视诸人。既而又曰:"死者又言:'毒我者,其白睛当变黄色也。'"言已,又以目视诸人。忽抚案叱仲妻曰:"杀人者汝也!"仲妻大惊曰:"贱婢自弑其夫,何谓我也?"曰:"汝已自承矣,何得复赖?"曰:"自承如何?"曰:"吾言杀人者右掌色变青,诸人皆自若,而汝急自视其掌,是汝自供也;吾言杀人者白睛色变黄,诸人皆自若,而汝夫急顾汝而视其目,是汝夫之代供也。何得复赖?"仲妻色大变,而仍狡展。曰:"再狡供,则刑法具在,将请尝之矣。"仲妻不得已,尽吐其实。则仲与妇久欲吞伯产,每至伯家,必怀砒以往,将伺隙投之。是日见妇作炊,絮语之际,乃乘间下焉。意将尽灭之,不图伯子以饥故,首罹其祸也。

三年冤案,两堂数语,遂昭雪之,人称神明焉。明府曰:"非神明也,吾特持四字诀耳。"问何诀,曰:"察言观色。"

太原周生

太原诸生杜有美，富于藏书，家有书楼。同邑周生、韦生，皆名下士也，时相过从，借读坟典，或就书楼下榻焉。会杜婚于卢氏，卢其姑表亲也。女字慧娟，与生同岁，襁褓即相习，尝易乳以哺；及长，遂订婚媾。吉期，周与韦俱来贺，周私戏谓韦曰："闻有美之求婚于卢也，卢翁颇固执，坚以姑表不可订婚为词。于是两小皆相思成病，不知费几许周折，始成好事。今夕定情，不知若何状况，吾当窃侦之，以为一笑助也。"韦笑应之。周之为是言也，杜实于屏后闻之，不觉窃笑。及夕，宾客既散，杜解衣将就寝，忽忆日间周言。疑其必在书楼也，喜青庐即在楼下，遂即着短衣，摸索登楼。将窥之，见一人凭栏凝眺，谓必周生矣。蹑至其后，以双手掩其目。其人遽返身，以手力扼杜吭，须臾气绝，昏不知人。慧娟之嫁也，方谓今夕良人，正不如作几许温存矣。忽见杜短衣登楼，不知其意。爰命婢媪出具汤沐，将更衣，忽见一人匆匆入房，其衣履俨然杜也。遽灭烛，即拥之登床。慧娟骇极，默念："杜夙温文，何忽狂暴乃尔？"力拒之。其人即攫取钗钏。时婢媪取得兰汤至，慧娟呼烛，其人即狂奔夺门去。众大疑怪。俄又闻楼上呻吟声，使媪登楼烛之，则杜裸身卧地上，呻吟其声也。益惊骇，扶掖而下，灌治竟夜，始能言，具道昨日周生所言及夜来事。且曰："吾被扼闷绝，及醒，已不知何时，自顾已裸，始知其褫我衣裈以去也。"慧娟亦述夜来事，相对诧叹。谓周名下士，所以乃如此。幸未被污，不欲多事，遂隐忍之。

初，周之为是言也，本无心之戏词。及夜，饮大醉，呕吐狼藉，尽污外衣。众为脱去，扶之卧书室中。韦见周醉，遂自去。周醒，客已尽散。

自顾污衣,大难为情,即着短衣,乘夜踉跄去。阍者请言于主人,暂假外衣。周言不必,不顾遂行。及明,言于主人。杜证于阍者所言,益信为周之所为矣。三朝,慧娟归宁,偶言其事于母,为卢翁所闻,怒曰:"名下士所为,固如是耶?"逼杜讼之,曰:"以盗贼而冒名士,不惩之,斯文扫地矣!"杜以友谊故,仍忍之。卢怒,遂自具词控于邑宰。宰夙与周生善,阅词,大惊。召周至,示之。周大骇,曰:"某虽不才,何至为此?惟明公察之。"宰亦信其无此事,慰而遣之归。使人讽卢翁息讼,卢益怒曰:"若左袒周某,吾当上控也。"宰闻之,殊悒悒。偶以语幕客,客思良久曰:"此大易明白,亦值得悒怏耶?"宰急问计,客曰:"无论是否周生所为,此人既扼绝杜生而被其衣,则其人之衣,必弃诸楼上无疑矣。搜得此衣,真伪判而罪人得矣。"

宰大悦,即命驾至杜家,使人登楼穷搜之,得敝衣裈于书橱之下,衣袋中且有招赌信一纸,所招者曰阿笨。即问阿笨何人,有知者否。杜曰:"此生乳母之子,饮博无赖,久已逐去矣。"呼乳媪至,问之,则曰:"老妇承主人厚恩,哺少主长,仍留役于此。不肖子时来望老妇,以其饮酒赌钱,主人久绝之,戒阍人毋令入宅。此衣或其前此所遗也。"宰曰:"此信即吉期之日所作,标识了然,必此人无疑矣。"急捕之,已亡去,获之于邻邑。鞫之,自承被主人放逐,颇致怨怼。屡博负,则思试其肱箧之技于主人之家,奈阍者拒之严,无隙可乘也。主人迎娶日,彩舆及门,乃得混以入,图窃以为博资。讵主人掩至,意必知我之为盗而捕我也,故扼之以求自脱,不图用力猛,竟至于绝。问:"褪其衣而被之以入新妇房,何意?"则顿首称死罪,曰:"慧姑未作新妇时,即常来主人家,小人瞰其美久矣,意有所图,不遂,故仅攫钗钏以遁耳。"宰大怒,尽法以痛绳之。周生之冤以白。

野史氏曰:天下事每有浅而易见,而愚人处之,憒然罔觉者矣。如此案褪他人之衣而被之,则其己衣必脱而遗弃,虽妇孺皆可想及者。而此宰乃竟为之怏怏然，使非幕客之言，则周生之冤，竟终无可白之日矣。

守　贞

中州某甲与妇某氏，伉俪甚笃，然娶甫经年，即走京师作客，阅十稔乃归。及夕，邻人忽闻妇号呼极惨，咸致诧怪，有叩门问讯者。则甲死床上，失其势，血如注，若宫刑焉。互相猜疑，以妇帏薄素谨，当无他故，然以死状甚怪，不得不鸣诸官。及明，亲族咸集，亦不疑妇有他，然不敢任责，乃告诸里正，鸣官检验。官疑有因奸谋杀情事，拘妇去，拷掠备至，终不承。展转年余，妇几瘐毙矣。

会有商先生者，老申韩家也，年七十余，须发皓然，偶游中州，号称善决疑狱，官延之与议此案。商阅案卷数四，召妇至，略诘问，叹曰："此妇冤也！不能雪之，吾誓不治此业矣。"躬至其家，审察再四，终无可致死之理。沉思屡日，乃召妇至，尽屏左右，谓妇曰："吾知汝必冤，然不得汝夫致死之由，则汝冤终不可雪。今左右无人，吾皤然老者，汝宜敛其羞涩，告我当日床第情形，冤或在是也。"妇仰视，见商温霁和蔼，且又高年，知非轻薄语，感激涕泣，强颜而对曰："为雪冤故，不得不呈耻矣。"又嗫嚅良久，始呐呐曰："远客久鳏之人，归来未免急色儿，讵一着肌肤，祸即作矣。"语讫，红涨于颊，悲啼可怜。商沉思曰："汝姑退。吾试思一为汝昭雪之法：稳婆来，命汝若何即若何，毋羞缩也。"妇稽颡谢而退。商召稳婆至，令以铁枝作倒钩，纳猪脏中，作人势状；令妇解裈卧，纳脏牝中，苟有异，即力拔而出之，毋令复退入。稳婆如教，亦不知其是何作用也。讵脏甫纳，一物突出，衔之，倒钩挂其颊，不得脱。大骇，急拔而出之。则修尾四足，黄毛茸茸然，其长乃达七寸许也，厥状类鼠。急以呈报。官升堂验之，妇冤始雪。

或问商："何以知其有此物？"商曰："吾亦不知也，但再四思索，甲总无可死之法，而妇又状惨切而态幽静，绝非能杀人者。况当死时，彼即号呼，邻里毕集，断不能伏人于室。计惟有此中有祟而已。"或曰："此物名守贞，亦名血鳖，孀妇暮年，或老处子、老尼，皆间有之云。"

野史氏曰：此事吾幼时即闻故老言之，且有一二村媪亦能言之者，然终不以为信也。及游上海，亡友顾云航亦为余言之，且谓曾见之于《洗冤录》。吾检之，则无有也。意者《洗冤录》各家所刻不同，引证各别，云航所见者，非吾所检者欤？云航渊博士，当不吾欺，自是稍信之，后阅桐城许叔平所著《里乘》载此条，爰采其大意，删润录之。然观其无姓氏，无地名，当亦由传闻而来者。至于必得商先生而始决此狱，则明是寓言矣。或者远年故事，失于记载，由父老相传而来，中多失实欤？虽然，吾不知科学昌明之国，其专门之侦探名家，设遇此等奇案，其侦探术之所施，亦及此方寸否也？一笑。

争坟案

张公静山，讳其仁，以进士出宰蜀中。道光乙巳，擢新安太守，甫下车，有两姓争坟互控者。稽旧牍，则自嘉庆甲戌即兴讼，纠缠三十年矣。诧问书吏，则谓每一新太守至，必互以词来诉，以两姓皆无契据，不能断也。公传两造问之。一为老诸生，年已七十许，穷酸之态可掬；一则纳资为郡丞者，翩翩少年也。各执一词，言皆有理。公沉吟久之曰："两无契据，又无证人，惟有起冢中死人而质之耳。冢中人不可起，无已，其求诸梦乎？"乃挥两造退。

斋戒三日，诣城隍庙宿焉。及明，即传两造，共登山判事。郡人咸知太守祷梦于神也,至是或已得征矣,于是围随而观者如堵。公列坐冢侧,观者环立。两造至,公谓之曰:"吾获梦于神矣,谓冢中自有主者,然此时不即以示我,当俟诸今夕。吾思是非真赝,诘朝即见。既断定为此姓物,则彼姓不复得而展拜。而尔二人者,又各以冢中枯骨为祖,一经断定,即不复得而祖之矣。盍于今日先于茔前拜别,以俟明旦之判断乎?"老儒唯唯,郡丞殊犹豫。公不容辩,使卜阄以定先后。阄发,先老儒。老儒乃匆匆拜起,郡丞抚墓而悲,跪而不拜,哭曰:"为子孙者,不复得展其孝思矣。以先人遗壤故,讼三十年,逾三世矣。今郡伯不是非之求,而妖梦是践,先人在天之灵,得呵护之,子孙之福也。脱不然,则从此辞矣,岂不冤哉!"伏而恸,不复能起立。公乃扬言于众曰:"谁无祖父?谁非子孙?使别其祖茔,后此不得复至而不悲者,有是理乎?观二人情形,真赝曲直,众当共喻矣,尚待判乎?"众罗拜曰:"微公言,众亦喻矣。"咸睨老儒而非笑之。公谓之曰:"此众共睹而共喻者,汝复何说?"老儒大惭,服罪。乃奖郡丞而断其地归之。

或问公:"果梦耶?"笑曰:"吾何梦?不过设为此说,使之别墓,观其情之恝挚,以别真赝耳。"

审　树

粤中故老相传有"颠梅"者,令于粤,有神明之目。大约系梅姓,而问案多类儿戏,粤人喜加人以诨号,故得此嘉名也。令某邑时,邑人某甲自海外归,怀多金,行至日暮,仍未抵里门,惧遭强暴。四顾无人,即身蹲,以所怀金埋树下。起立张望,确无人影,始匆匆归。抵家已二鼓矣,与妻话别后事。妻问奔波海外,亦有所获耶?曰:"获若干金归,行至某处,日已暮,恐有御者,故埋某树下,明日当取归也。"晨起而出,觉重门皆虚掩者,大骇。检点室中,无所失,心始安。奔至树下,则所藏金亡矣,嗒然若丧。既思:"颠梅令此,诉之,或可望也。"乃具呈词,至县控焉。

梅得词,问其埋金甚悉。又问:"汝客外若干年矣?"曰:"四年矣。""有父母乎?"曰:"无有也。""有子女乎?"曰:"一子。""年几何矣?"曰:"生四年矣,吾外出时,方娠也。""有妻乎?"曰:"有。""有婢仆乎?"曰:"乡妇任操作,无婢仆也。""然则汝出,室惟妻及子矣。"曰:"然。""汝昨归,曾遇人乎?"曰:"未也。""汝归,室有异乎?"曰:"无。""汝埋金曾告人乎?"曰:"未。""岂妻子亦不言乎?"曰:"归来夜深,子已睡矣,惟言于妻。""言于妻,喜乎怒乎?"曰:"不喜亦不怒也。""汝试思之,汝归,室必有异。"曰:"无异也。""果无异?吾无以白此案矣。"甲沉思曰:"今晨起,重门皆虚掩者,不知是可谓之异乎?"梅忽大怒曰:"是树之罪也,他人寄金于汝,胡为不慎守之?"呼役速拔树至。甲曰:"树老而大,恐不得拔,奈何?"曰:"截以来。"役承命去。乃谓甲:"汝来告状,妻知之耶?"曰:"不知。"曰:"归不得告之,告,则惩汝。明日挈汝子来听审可也。"甲唯唯。归,果不敢言。妻问金,则含糊以应之,而不知其何意也。

翌日,抱子径去。役人之奉命截树也,树巨,塞衢而过,路人咸问故,得其实,则互相喧笑曰:"颠梅颠又作矣,失金乃责树耶?"树至署,置庭下,围而来观者如堵也。梅遽命阖大门;令甲抱子立案前;叱观者群立东阶下,一一自东阶升,至案经过,复由西阶下,若点名然。经数十人,后一人复过,其子忽呼曰:"叔叔抱我。"梅止其人曰:"汝识此子否?"曰:"不识。"试使此人抱其子,则张手求抱,状甚亲昵。梅叱其人曰:"盗金者汝也!速还其金,犹可恕;稍支吾,二罪俱罚矣。"其人固言无罪。乃使甲问其子曰:"此叔叔,汝何处见来?"则曰:"此吾家叔叔也。"问:"叔叔爱汝否?"曰:"爱,常饵我。"问:"叔叔住何处?"曰:"家里。"问:"谁家里?"曰:"我妈家也。"梅顾其人曰:"犹不供耶?昨晨甲家之重门虚掩者,非汝所为耶?"以严刑拟之,曰:"不吐实,且视此!"其人惧,始自承。命役押至家,起原赃,则分毫未动也。

或服其神明,梅曰:"何神明之有哉?此正吾以颠感人耳。彼埋金,既无人见,且时在昏暮,更无人行,晨即往取,则已失之。乡人之早行者,类皆赶市集之流,何暇搜寻地下?言出于彼口,入于妇耳,使无从旁窃听者,谁复能知之?然终不敢断为何许人也。及闻其重门虚掩之言,则明明为妇之奸夫矣。甲归,奸夫必在室,妇匿之于一隅,闻其言,故先发以取之。此可料而得者也,然苦无证据。断无舍失金不问,而鞫其妇以奸夫之理。甲久客,则奸夫必恒踞甲室;踞甲室,则必与其小子稔,我乃得而利用之也。虽然,使吾不佯颠审树,耸人观听,彼奸夫者,又焉肯入我署哉?"

短篇小说

裴效维　校点

庆祝立宪

已凉天气未寒时,风和日丽,景物一新。散步于半城半廓间,则见盈丈之黄龙国徽,高矗于层楼之上,迎风招展。游人相与语曰:"此会场也,今日庆祝立宪。"伫足望之,会场之外,乐人排列。有显者至,则鸣乐以迎,曰礼也。

俄有肩舆二,垒息至,止于会场之外。乐大作。二老人佝偻自舆中出,相与揖让再三而后进。既入内,择前列之座而坐。甲语乙曰:"此旷古大典也,吾辈垂老,犹得一开眼界,幸哉!"乙曰:"唯唯。然吾究不知立宪之状奚似?闻今日有名人演说,老夫特来聆高论也。"

俄而铃声锵然,阖场皆寂,亦颇类夫文明。有三四人先后登坛演说毕,无非颂扬体。坛下鼓掌声如爆栗,杂以涕唾咳嗽之声。

忽一莽夫攘臂登坛,居中立,努目四顾,拊几大言曰:"立宪,立宪,做梦,做梦!庆祝立宪,庆祝立宪,这是在那里发大热病,说梦话!咳!诸公没睡醒,有那醒的在旁边醒着,笑痛了肚子呢!咳!羞不羞啊,羞不羞?"说时又拊几,訇然有声。甲咋舌,顾乙曰:"若何人,胡为发狂?"乙面赤而怒曰:"今日地方有司均莅场,彼如是其无忌,是并有司而詈之也,大不敬!大不敬!"

莽夫又曰:"七月十三之上谕,是叫你们预备立宪,不是就叫你们立宪。就是庆祝,也只庆祝得一个预备立宪,怎么含含糊糊的把一句话囫囵吞枣的咽了下去呢?就算据诸公的高见,是庆祝立宪了,宪是可望立定的了。"说时背负两手,延颈鞠躬,环视坛下而言曰:"诸公,诸公,可知道立宪是个甚么东西?宪政是个甚么样子的?必要到了甚么程度,才够得上立宪的资格?"乙顾甲曰:"吾正思闻此论也。"

甲曰："然。然其最后之一言,吾又不解。"

莽夫又曰："煌煌上谕,叫咱们预备立宪。于是就有一班自命开通之士,都说中国百姓程度不及,程度不及。"说时又连连拊几而言曰:"诸公,诸公,这句话说拧了,说拧了,从大西洋拧到太平洋去了。咳!可笑啊可笑!我有一个好比方在这里:比方这儿有一块大石头,要我举起他来。我姑且试试,捋起了袖子,蹲下来,用尽平生之力,只动了一动,却举不起来。那么说我劲儿还够不上,这句话是可以说的了。至于我并这块石头还没瞧见,就胡乱说劲儿够不上,这句话行吗?"说时又连连拊几曰:"诸公,咱们中国的百姓,可瞧见过立宪没有?要说他程度够不上,这不是冤吗?我告诉诸公,今儿是宣布预备立宪,不是宣布立宪;是叫你们往立宪那边望望,叫你们望得见了,那就有点影儿了。并不是说你们已经望见了,叫你们往那边跑啊!就是预备立宪,也不容易。我想来想去,只有一个办法。是怎样办法呢?拿咱们中国四万万人,一个个的都开了膛、破了肚,拿他这肚肠子,都送到太平洋去,洗刷一个干净,把他那自私自利、因循观望的恶习都洗掉了;叫他知道自私自利是群治之蟊贼,因循观望是涣群之恶因。固然妨害立宪的不止这两个恶习,然而妨害的恶习,以这两个为最大。先能把他去了,哼!那就可以讲究预备了,那就够得上说程度了。诸公,试想想看,今儿说程度程度,配吗?还有一说,就是把四万万人的肚肠都洗干净了,自私自利、因循观望的恶习都没了,那就可以预备立宪了吗?早得很啊,还早得很!你搁得住那一班混账官儿的压制吗?皇上的天恩大得很,准咱们预备立宪,预备定了,那就一定要宣布立宪的年限了。到了年限时,还怕不立宪吗?然而'立宪'两个字,说都懂呢,此刻却是不懂的居了一百中之九十七八,那稍微懂得点的却还有百分中之二三。倘使那些混账官儿都不懂的倒也罢了,偶然碰了个把懂的,那就不好了。他一想:'果然立了宪,议院便是百姓的代表。议院操的是立法权,地方官所有的不过是行法权。这一立宪啊,把我从前尊无二上的官威,变做了百姓的公仆,这一口气如何咽得下去?'他还有不竭力阻止你们的预备的吗?"

莽夫说至此处,略一闭目,忽又张目大言曰:"说到这里,我又想起一个笑话来了。比方上海租界那工部局,就和议院一般,是操立法权的,是个主体;那领事官,是操行法权的,是个客体。工部局立了一个法,便行知领事,叫他依着所立之法行去,那领事便依命而行。可笑我们中国官场遇了租界的法令,关着交涉的,动不动行文领事,请其转饬工部局云云。上海是个通商码头,风气开的最早,谁知经过了几十年,那些外交官都是莫名其妙的,硬要叫人家反客为主,这不是个大笑话么?照这样看来,中国官儿简直没有懂得立宪的了;咱们讲究,大家也不用愁了。不然啊,咱们中国的官儿,没有一个不讲究侵人自由的,立了宪,这宪法是上下共守的,他怎么肯轻轻的放了那本有的侵人自由的权利?还有不竭力压制咱们预备的吗?倘说是不由他压制吧,咱们中国百姓又没有这种能力。咳!可怜啊可怜!我说要是一定想着预备立宪,就要把那混账官儿开了膛,破了肚,拿他们的肚肠都送到太平洋去洗刷干净,把他那侵人自由的恶习都洗掉了,那么,我就恭颂大清君主立宪国万岁!皇太后、皇上万岁!立宪万岁!"鞠躬退。

甲勃然顾乙曰:"颂朝廷只颂万世无疆,无颂万岁之理,已经失体。颂皇太后、皇上可也,至于立宪,是何物事,乃举与两宫并称,嵩呼万岁?天无二日,民无二王,此真大逆不道者哉!吾不欲观之矣!"牵乙裾,悻悻径行。

自七月十三日奉预备立宪之旨以来,各埠庆祝之举,函电相告,要皆立宪问题,而非预备立宪问题,下走窃有疑焉。适《月月小说》出版,爰托为小说家言,而一鳌之。未竟之意,当俟下册。干犯诸君,死罪死罪!著者附识。

预备立宪

恒见译本小说，以吾国文字务吻合西国文字，其词句之触于眼目者，觉别具一种姿态，而翻译之痕迹，即于此等处见之，此译事之所以难也夫。虽然，此等词句，亦颇有令人可喜者。偶戏为此篇，欲令读者疑我为译本也。呵呵！

阅者诸君，吾欲将吾此数月之历史，详告于诸君之前。诸君请暂舍此十分钟可宝贵之时间，容吾得尽其言。盖吾此数月之历史，颇有趣味，诸君亦必当乐闻之也。虽然，使吾喋喋为此冗言，诸君必厌闻，请言吾数月来历史之真相。

吾国国民处于黑暗世界中，五千余年，未曾得睹一线之光明，此阅者诸君所共知者也。讵于前此三个月之前，忽觏一异事，使吾人如瞽者之处于烈日之下，隔此一重厚膜，仿佛见膜外透出些微光明。其时为何？则七月十三日是也。盖从此之后，凡遇七月十三日，均可称为吾国国民之大纪念日也。

吾先于七月十四日，适有琐事，仆仆终日，未有宁晷。鸦片烟瘾屡发，皆不能安然卧于榻上吸食，惟以一种以鸦片原料搀入而制成之药纳入口中，然后饮茶一口，使口中之药，得藉咽茶之势送入腹内，以抵瘾。虽亦有效验，然殊不适也。故夜来吸烟，至四时始睡。不幸为家人所惊醒，已达次日（即七月十五日）之下午二点半矣。矇眬之间，误疑晨曦何以自西而射于东？呵欠而起，急呼灯来，吾将先过鸦片瘾。家人以料罩之矮灯及吸烟之竹枪置榻上，吾方以右手举洋伞骨改造之小钢扦，蘸取鸦片膏少许，向灯火上微烘。微风忽起，灯火摇摇不定。吾急以左手伸向灯旁挡风，而右手扦上之烟膏忽然滴下，不偏不倚，恰滴于灯火之上。但听得"吱——淅沥沥——淅沥沥"之声，火已灭矣。吾方疑卧榻之中,何来狂飙?一回首,见房中之窗大启,于是始知风之所自来。急呼家人闭之,然后乃得过瘾。过瘾既毕,身上之汗已透床席矣。盖此数日之炎热,据天文台报告,谓三十年来所未有也。

一小孩手持一卷有字之纸,戏于榻前。吾此时烟瘾已过,身体无所苦,唯尚觉微倦,思睡而已。伸手向小孩索此纸,展而观之,则华文《泰晤士报》也。观其日,为七月十五,不觉大疑,呼家人问曰:"今日何日也?"家人曰:"七月十五。"吾曰:"嘻!异哉!吾以七月十四日有冗事,不遑食息,才一朦眬,何遂超越一日耶?"此时是醒是梦,吾不能无所疑。无已,姑阅报纸。于此报向日排印论说之地位,忽睹二号大字盈幅,异而读之,则七月十三日预备立宪之诏旨也。此诏旨诸君想已共见之,吾不必赘述矣。

吾不觉顿忘体倦,一跃而起,曰:"有是哉?吾国亦有立宪之一日哉?"既而思之,不觉通身为之不适,胸中忽然具无限激刺之痛苦;如有人以数百磅之铁锤猛击吾脑,脑筋骤乱,思想之能力尽失。盖吾此时忽有一大难解决之问题在,则立宪斯立宪耳,何以有预备之说是也。

自此以后数月,吾脑筋中之思想力、记忆力,均不能如前之敏捷。自此时回思彼时之情状,恍若饮酒醉后,脑筋已乱也。

吾于是日日寻绎预备之法,而不可得。盖吾亦甚乐为立宪国之国民,而一享立宪后之幸福,无如不知预备。吾深惧立宪之后,人人皆为立宪国国民,被荫于宪政之下,惟吾之不知预备者,将独向隅,吾将奈何?吾将奈何?盖数月以来,萦绕于吾脑筋之中,如醉如梦者,惟此而已;即吾所谓数月之历史者,亦惟此而已。夫如是,又何足多叙?幸也,吾于最后一日,乃求得预备立宪之法也。

最后一日,吾闻去吾居十里之遥,有一志士,深得预备立宪之法者。吾将访之,以求开吾之新知识。是日,乃勉振精神早起,已午前十一时矣;然以吾观之,已不啻侵晨即起矣。

吾拟步行访此志士，乃先饱吸鸦片始行。又虑十里之遥，非瞬息可达，下午之烟瘾，不能不预备。幸吾藏有以鸦片原料制成之药品，以为不时之需者。乃取一包，约足今日下午之用，置衣袋中而行。讵命运不济，至志士家，则志士已泛舟往海滨，吸受新鲜空气。其家人云："约须半月方回。"乃嗒然而返。时烟瘾已发，烟虫已于肺窍中蠕蠕动，牵动嘴唇，为之翕张，涕渐下，泪渐作。急以右手揣入衣袋内，将取此鸦片原料制成之药，以止此烟虫之馋，以抵制烟瘾。噫！诸君，吾此时忽丧其魂魄。盖吾恃以抵瘾、恃以救命之药，已不知几时失去矣。由吾家至此，达十里；今返吾家，亦十里。吾失此救命之要物，吾何以返吾家？噫！诸君，此诚吾有生以来第一次之不幸也。然而悲叹无益，仍当竭蹶以行。盖吾终守于此，更无返家之一日，故不如冒险回头也。此时吾身几如无主，一步一蹶，扶摇无定，有类海船之失其舵者然。

嘻！幸哉！吾勉强行达二里许，吾身之重心尽失，更不能前。吾方谓今日为吾生最后之一日矣，嘻！幸哉！路旁草屋之外，高挑一商招，吾泪眼矇眬中，犹能辨识其为"冷笼苏膏"四字。此时吾如落难之人得遇救主，喜可知矣。不暇他顾，即踉跄入此草屋中。一入室，烟气迷漫，沁人心脾，似为之一小畅。于旁得一榻，吾即倒身榻上，即有人以各种器具及鸦片来。吾时已不能动，不能言，惟以手指鸦片示意。送器具及鸦片来之人问吾曰："代装耶？"吾微点其首。其人即如法为吾装烟。吸过两筒之后，精神似略壮，始张目细辨，觉此屋黑暗如漆，伸手不见其掌，惟闻人语杂沓。不觉暗笑，吾今日何故自投于黑暗地狱？若此屋者，惟猫头鹰居之，庶几可以辨物。

亡何，吸过数十筒，烟瘾过尽，烟虫乃伏，精神复旧。欠伸起坐，觉室中虽黑暗，而仍略可辨人影。盖吾初自光炫之处入，骤睹此黑暗者，目为之眩，故倍觉其暗。此时入居既久，目光略定故也。第见黑影憧憧，或卧或起。有持一箸之鸦片，举扞细细挑拨，就灯火上烘热者；有提枪狂吸者；有就茶壶之前，以嘴直接茶壶斟茶之处，而吸饮嗒呷有声者：种种状态，不一而足。

忽闻一人曰："吾近数月以来，以预备立宪之故，筋疲力尽矣。"吾闻言，乃大惊喜。此人必解预备立宪之术者，吾何不求教之？吾数月之研究而不可得者，不期于此一旦得之。即起身向此人问曰："预备立宪耶？不知阁下操何术为预备？能略举以教我否？苟不吝教，亦使不才步后尘，学为预备。"此人曰："预备耶？此事行之极易，而得之极难。此吾数月以来所以筋为之疲，力为之尽也。自七月十三日明奉上谕预备立宪，吾即尽出囊中资，购买南洋票、湖北票、安徽铁路票，心中作中头彩之希望。及至陆续开彩，皆不中。而吾之猛进，未肯少休也，仍出资买种种之大票及副票。讵开彩之后，仍大背吾之希望。如是者数月矣，输出之资已达百金。阁下，汝谓吾不已筋疲力尽耶？"

吾闻言，大疑。盖立宪为一事，预备立宪为一事，买彩票又为一事，绝不相及者。此人如此之举动，以吾观之，其实行与其希望之相反，无殊欲乘汽车者，而购汽船之票也。因愈思而愈不得其故。嘻！岂但吾不得其故，即今日阅者诸君，当亦不得其故也。

此人盖处黑暗之中已成习惯者，故于此仅辨人影之地，彼能察见吾迟疑之色，乃执吾手而言曰："阁下乎，汝疑吾言乎？汝盖未解立宪国被选及选举之章程者也。夫立宪国之政体，必视所纳税之多寡而轻重其人。故必每岁能纳若干税于国家者，乃得有选举权。有选举权者，始得投票举议员。又必每岁能纳若干税于国家者，乃得有被选资格。有被选资格者，始得受他人之举为议员。吾贫，无中人资，借拆梢打降以饷其口，家无一金之产，又无一毫之事业，何能纳税？吾故一闻预备立宪，即广购彩票，作中大彩之希望。苟能达我希望之目的，吾即购置田产，经营事业，所纳之税，必使达于有被选资格而后已。则吾第一之希望，阁下可不言而喻矣。一旦得为议员，乡里之人，谁敢不仰我鼻息者？即不然，不获大彩，苟能得其次，吾仍可以置多少之产业，以求所纳之税，达于得有选举权。是时吾第二之希望，盖非阁下所知矣。盖吾姨夫之亲家，有一干儿子。其干儿子之外舅，实为一方之富翁。衡其所纳于国家之税，已足有被选资格而有余。故吾此第二之希望，乃欲持吾之选举权，举此人为议员也。吾既与之有此数层间接之葭莩，彼得为议员，吾又为举主，大可以藉其势力以自雄。此吾预备立宪之术也。使终不能达吾之目的，吾惟有投身均贫富党，扩张社会主义而已。"

呜呼！阅者诸君，吾闻此人之言，吾数月来如醉如梦之历史，乃豁然醒。世间自有此等捷径妙法，吾愚，乃昧焉而不觉，今为此人唤醒矣。乃握手谢其人，并算清鸦片之价，疾趋而归。出吾囊金，广购彩票，以卜吾之命运何如。

诸君乎，诸君乎！吾暂告别诸君，俟卜定吾之命运之后，再为诸君告。

预备立宪，预备立宪，而国人之见解乃如此，乃如此！若此者，虽未必能代表吾国人之全体，然而已可见一斑矣。抑吾又思之：若此者，已可谓之有知识之人矣。其于此事相隔一万重障膜者，犹不知几许人也。此虽诙诡之设词，吾言之欲哭矣！著者识。

大改革

阅者诸君,现时社会之中,有三种东西,最易令人沉迷。一经沉迷之后,便如落下陷坑之中,难望有翻身之日。诸君,此三种东西,你说该改革不该改革?我知诸君一定赞成,说是该改革,该改革。是那三种东西呢?一种是妓寮,一种是赌馆,一种是烟馆。无论何人,一经陷入其中,便是嫖、赌、吹。这三件事,都是足以丧身亡家的,你说可怕不可怕?

我有一个朋友,陷在这嫖、赌、吹之中,已经几十年了。他忽然一旦大改革起来,我便应该欢欢喜喜同他作一篇《大改革》小说,流传于世,以彰其改过迁善之美德。咳!诸君,我这篇《大改革》,是欢欢喜喜作的么?不然也。我一面作,一面气恼,一面落泪,一面冷笑,一面叹气。

这个朋友,我也不必提他名姓了。他从小承受了祖传的一分绝大产业,富甲一方。他在上海,人人都羡慕他得很。谁知他从小就犯了一个毛病,是喜欢赌。起初不过是新年里掷升官图、抢状元筹顽顽。到后来,新年过尽,大家都要干正事,没工夫和他顽了。他闲着无事,便想要赌。就有那不尴不尬之人,领他到赌馆里去,他便得意的了不得。咳!赌钱谁不望赢呢?然而赌钱的人,倘有赢的日子,那开赌馆的,都要喝西风了。所以我这朋友自入赌馆以来,一连输了好几天,把他气的了不得。那尴尬人知道他气急了,便设法舒他的气,又把他带到妓寮里去。他一见了那粉白黛绿之辈,便乐不可支。从此改了行,不赌了,终日花天酒地,结交了一班酒肉朋友。嫖过几时,总想翻本,于是又带了银钱往赌馆而去,谁知又输了个大败而回。到了妓寮,未免闷闷不乐。那粉头巴结他,同他解闷,便烧鸦片烟给他吃。他吃过几筒,觉得好顽。于是没事时便叫粉头装来吃,赌输时也叫粉头装来吃,酒醉之后也叫粉头装来吃。吃了几个月,不好了,居然不吃他不行了,上了瘾了。

我见他如此,便劝他说:"你年纪还轻,怎么便吃上了烟瘾呢?况且嫖、赌两件事,都不是好事。虽然你具了偌大家私,一时未必败得下来,然而做了这些事,是与声名有碍的。虽然你无求于人,不必爱惜声名,然而这等起居无节,是要伤身体的。我劝你还是快点回头吧。"他说道:"这是行乐派。"我再劝他时,他又说这是他的自由权。我知道他沉迷的深了,一个人劝他不来,便约了几个朋友,同去劝他。谁知他倒恼了,说我们侵他的自由权。从此也就无人肯劝他了。只有我这个不知趣的天天劝,月月劝,年年劝,劝至唇焦舌敝,总是劝他不醒。后来我也劝的厌烦了,不劝了。同他一别,就是二十多年。

近来,我又遇见他了。从前本是态度翩翩的,如今成了个弯腰曲背的老人了;从前本是白白胖胖的,如今成了个又黄又瘦的鬼脸了。我因说道:"老朋友,久违了。"他也说道:"久违了。"我道:"我们是总角之交,一别二十多年,不知你近来光景如何?何年成的家?有了几个孩子了?身子想必甚好?"他说道:"我一向不曾娶妻。到现在仍是同少年一般,嫖、赌还是一样,可是鸦片烟要吃二两一天了。"我惊道:"你怎么还没有改过?你的家当想也败完了。"他道:"没有呢,此刻还好。"我忍不住,又劝他道:"你此刻已经上了年纪了,也应该娶一房亲,立起个家来。你虽然不懂得持筹握算去经商,然而租息所入,也应该存到钱庄上去。你的面色很不好,有吃鸦片烟的工夫,不如弄点滋补药来吃,也可以调理调理身体。"阅者诸君,到底上了年纪的人,有点不同。从前我死劝活劝,劝他不改的;此刻我说了这几句话,他居然感动了。

过了几天,我到他家里去望望他,只见他躺在床上,呼呼呼的吸鸦片烟。见了我,便呵欠而起,道:"朋友,你来了?你前几天劝我的话,我都依了。现在,我一切都大改革了。"我笑道:"你又何必当面说谎?头一件眼见的,鸦片烟你先没有戒脱。"他道:"不,不,我已经娶了亲了。"我惊道:"失贺啊!是几时的事?"他道:"我有钱也送到钱庄上去了。你说我还吸的是鸦片烟吗?正是依了你的话,吃滋补药呢。"我道:"这明明是鸦片烟,怎说是滋补药?"他道:"朋友,你有所不知。我自从听了你的话,就请教医生,开了一个方子,开的是吉林人参、西潞党、棉黄芪、野於术等等,掺在大土里面熬出来的,这不是滋补药吗?可是烟味淡了,从前吃二两的,此刻要吃二两五钱,才得过瘾了。"我心中暗想:"只要他把嫖、赌两门先戒了,这鸦片烟也可以慢慢再劝他不迟。"

此时天色已经将近黄昏了,他吃过了烟,忽然在抽屉里取出一百元银道:"这个要送到庄上去了。朋友,你可高兴陪我走走?"我道:"此时钱庄早结了账了,如何还可以送去?"他道:"朋友,你有所不知,这家钱庄是特别的。"我心中不觉暗暗纳罕:"天下何以有这种特别钱庄?倒要跟他去看看。"于是相与同行。

出得门来,转了几个弯。他说:"到了。"我抬头看时,一家门首,仿佛贴了一张招牌,此时天黑未上灯的时候,也看不出是甚么字。便跟了他进去。初入门时,甚是黑暗。七弯八曲,摸索过了几间房子,忽然里面灯烛辉煌,人声嘈杂。抬头看时,当中一张桌子,围了一大堆人。他也挤了进去。甚么"青龙"啊、"白虎"啊、"出门"啊、"进门"啊,一阵胡闹,便空手挤了出来,对我说道:"存下了。"我道:"这明明是赌馆,你赌输了,还说存庄吗?"他也不言语,拉了我的手,仍旧摸索而出,到了大门之外。此时门外已点上洋灯了。他回头指道:"你看,这不是钱庄招牌吗?"我在灯光之下抬头一看,见是"有进庄"三个字。他便说道:"我因为听了你的话,有钱应该要存在钱庄上,我便想了一个法子:叫他们贴了这个招牌。从此,我只认定这一家来赌。赌输了,只当是存款;赢了,便是支款。这不和存庄一样吗?"

我听了他一席话,气得头也昏了,眼也花了,顺着脚步,跟他走去,也不知走的是甚么地方。他忽然停住了脚道:"到了我家了,请进去坐坐。"我听了这话,猛然一惊。抬头看时,并不是他家门口。因说道:"你几时住到这里来的?这不是你的门口呀,你不要输昏了。"他笑道:"我的家眷住在这里,你进来坐坐,我叫内人见见你。你看,这门楣之上,不是贴着我的公馆条子吗?"我再抬头一看,果然不错。但是公馆条子旁边,还有三四个窄长条子,一时看不清楚是甚么字。心中暗想:"他自己有家,何以不住,要住到外面来呢?"一面想着,跟他进去。我想,到人家家里,自然总在客堂坐的。谁知走到客堂时,不觉一怔:当中靠里放着一个方桌,供着一尊不知甚么菩萨,明晃晃的点着一双大蜡烛。楼板底下,高高的挂着两乘轿子,两旁摆着几条板凳,还有一铺板床,杂七杂八的坐了几个短衣赤脚的人。见了人来,也不起立。正不知是甚么路数,我那朋友已经走到后面,咯噔咯噔上楼去了。

我此时坐又不是,站又不是。正在踌躇无主之时,忽听得耳边一声怪叫,不觉又吃了一惊,仿佛辨出一个"来"字;那"来"字之上说些甚么,可不得而知了。此时那几个短衣赤脚的人都对我看,看得我不好意思,要想退出去了。忽然,那朋友又走下楼来,在楼梯脚下招手道:"你怎么不上来?"我心中着实诧异,只得跟他上去,看是如何光景,再作道理。

上到楼时,走到一间房里,我最触目的是一件东西。你道是甚么?是一张红木大床。不觉愈加惊疑,暗想:"他如何引我到卧房里来了?"忽然走过一个女子,手中拿着一个玻璃高脚盘子,盘子里装的是瓜子,一面递给我,一面嘴里说道:"请用点。贵姓啊?"我心中不觉恍然大悟:这里是妓寮!只听得我那朋友道:"这便是内人。"我此时神魂不定,觉得无限跷蹊。他又说道:"不瞒你说,自从你劝我之后,我也知道娶亲是要紧的。然而谁耐烦去央媒说合,三书六礼,去闹那繁文缛节?这个是我四五年的老相好,我因想了个简便之法:从此我改口叫他老婆,他改口叫我老公。把从前所用的丫头老妈子辞了两个,另外用两个曾经在公馆人家帮佣过的,叫我老爷,叫他太太。门外又贴了公馆条子。你看我这不是居然成家了吗?不是大改革了吗?"

咳!我听了他这一席话,一气一个死!原来这样就是他从谏如流的大改革了。算了,完了,我也不说了。

义盗记

山东向多剧盗,《水浒传》载宋江等驻梁山泊虽小说家言,而宋江名在正史,非虚构也。曹州一带,至今仍为盗薮。表兄祥符王幼安(学曾)曾游其地。归为余言:"曹州民、盗,无可区别,盖无一人非盗,亦无一人非民也。耕作垄畔,俨然农夫也;有孤客过,则辍锄挥刃,杀人以取其财,藁覆死者,而耕作如故,盖相习成风矣。"呜呼!岂民尽甘为盗耶?教育之不及,殆尸其咎矣!虽然,盗亦有可传者。

江阴张星繁直刺(文凤)于乙巳之冬归自山左,余于武进汤禹臣大令(诰)座中遇之。星繁知余有小说之作,为余言一事,人名、地名、年月纤悉具详。年来为衣食囚,楮墨劳形,记忆力尽失,已都遗忘矣,仅记其崖略而已。爰先记之如左方,姓氏里居,俟函询星繁,当再补录,非亟亟也。将记之以愧今之士夫也。

山左某邑获一盗,既递案,即直供无所隐。邑令例详省会。时汉军尚会臣方伯(其亭)陈臬山东,得详,檄星繁往复勘。星繁奉檄往,与邑令会讯。盗曰:"某同母兄弟凡三人,某其次也。兄某,犯案屡屡,于某年月日,由某案破获,已正法矣。弟某,亦犯案屡屡,于某年月日,由某案破获,亦正法矣。某今始递案,盖已晚矣。吾某年杀某人,某年劫某家,得财若干。某死犹有余罪,乞速正法可也。"

星繁廉知其为积年剧盗,若使之为眼线,破获必多。因谓之曰:"若反正,当充练勇,以缉盗自效,非独免罪,且可立功。汝愿乎?"则泥首曰:"敬谢公。凡盗,皆吾兄弟也。卖兄弟以求富贵,某宁死不为!"星繁曰:"盗,民患也,法当诛。诛有罪而立功,何不为?"又泣曰:"盗罪固当诛,然某非诛盗之人。卖兄弟,不仁;贪功以偷生,不义;伪为投诚而无可破获,不信。某宁死不为也。某明知行多不法,终当显戮,故就案即供,不敢烦长官刑讯,乞明公速决之。"

星繁益重其义,反复譬解,至再至三,矢口不移,惟求速死。及夜复讯,烛尽见跋,供如前。明日,遂定谳,当就地正法。传至案下,语以就死,则顿首泣曰:"死,吾罪也。小人有母,年八十余矣,乞公施法外仁,得归别母,死无憾矣。"星繁将许之,邑令不可,曰:"虞其遁也。"星繁曰:"是岂图遁者之所为耶?若遁,罪在我。"邑令不得已,以干役二人,严其桎梏,押使往。

盗归,见母,拜于堂下,曰:"儿不肖,不能奉母天年。今就法矣,谨辞。"母笑曰:"汝兄弟所为,吾固知必有今日。汝所遗,足以供吾终老。速往就汝法,毋以我为念。"再拜曰:"母不悲戚,儿心慰矣。后院某处,有窖藏金,乞母取五百以畀儿也。"母闻言,入内。少顷复出,曰:"窖藏不少哉!前此何以不语我?取五百金何为?"曰:"儿别有所用。余以为母天年之奉可也。"母曰:"老身年八十有一矣,谩藏诲盗,须多金何为?汝其以千金去,吾当别以百金酬二役也。汝好往就法,毋以我为念。"

盗泣谢。以百金与二役。怀千金复至案,呈于官,启曰:"盗之物,皆赃物也。赃获案,例归主人。虽然,小人此赃积有年矣,不复忆所从来,无主可归。谨以呈案,以表区区报效之忱,望明公速以此倡设警察。警察严,则盗自匿迹,无烦缉捕矣。数年前,官捕小人急,乃子身逃之南洋,以为天地之大,何处不足以试吾技者。讵至其地,巡逻者无间昼夜,技不得展,乃废然返,然后知警察之足以弭盗也。东省捕务废弛,于平日则漠不关心;迨出一案,然后签差焉,购线焉,而所获不无冤者,似非恺悌君子爱民之道。明公苟以小人之言为然,举行警察,使民惮于法网之严,相率改行,东民受赐多矣。'人之将死,其言也善。'惟明公鉴之。"星繁大感动,仍劝之反正,开导再三。盗瞋目曰:"公犹以狗彘目我耶?"自是不复再语。乃挥涕斩之。

跰人氏曰:"呜呼!叔季之世,道德沦亡;富贵热中,朋友道丧。以吾所见,盖多多矣!如此盗者,吾尝求之于士大夫中而不可得,不图于绿林豪客中见之,天壤间其犹有人乎?道德其犹未尽亡乎?何以草莽中崛出此义侠而明之人也?吾记此篇,不觉又有所感焉。吾感乎近日上海范高头之递案,获之者为范之同盟也。夫范罪当死,而同盟者非可死范之人,则此同盟者,视彼山左之盗为何如也?虽然,若此者,吾于冠裳中转屡见之矣,又乌能独责此同盟者哉?君子读此,当亦为世道人心一恸,而表我之同情也。

黑籍冤魂

世人作小说，动辄便讲劝惩。我近日亲眼看见一件事，是千真万真的。恐怕诸公不信，我先发一个咒在这里：我如果撒了谎，我的舌头伸了出来，缩不进去；缩了进去，伸不出来。咒发过了，我把亲眼看见的这件事叙了出来，作一回短篇小说。可是这一回小说，只有惩，没有劝的。因为我是记实事，这件实事是如此，我又已经发过咒，不能任意撒谎，阑入劝的意义。而且天下这一路人，只配惩，不配劝的。所以这劝的意义，也宁缺毋滥了。

凡作小说的，每每先作一个引子，把这件事，引起那件事。我这回虽是短篇小说，未免也学着样儿，先诌一个引子，以博诸公一笑。正是：

麻雀虽小，五脏俱全。

诸公，我这个引子，是现在社会上人不肯说的，因为内中有些说神说鬼的地方。现在人家都说科学发明了，这些话没人信了，用不着了，我小子何以又甘冒不韪，说起来呢？因为这一段虚构的故事很有意味，所以不妨说说。倘使说得不好，诸公看过了就撂开，再看下文的正文罢了。

话说康熙年间，年大将军奉命带兵平定西藏。年大将军奉命之后，便提兵西征，深入藏境。走到一处，缺了兵饷。虽然牛羊米麦，可以就地买来应用，然而没有银钱，怎生买法呢？虽是动了公事，下死劲的去催，那粮台官只作不知道。年大将军不觉急了，闷闷不乐。一日，骑着马往外面闲逛，顺便看看此地的风土人情。偶然走到一座庙里，这座庙盖造得十分庄严，年大将军便下马进去随喜。只见当中的如来三宝佛,与及两旁的五百罗汉,都是铜铸就的,不觉计上心来。当下拈香默祷说:"我年羹尧奉命西征到此,军粮偶缺,乞借我佛金身,铸作铜钱。将来得胜回朝,奏明天子,再照样铸还。"祷罢,就叫兵士开起炉来,把那些佛像入炉鼓铸。谁知那五百罗汉是铜的,当中那三尊大佛却是金的,直到入炉熔化,方才知道,已经和那些铜化在一块儿了。那时候科学没有发明,又没有机器,又没有药水,一时那里想能够把金子提得出来?年大将军便想了一个法子:把那钱模上"康熙通宝"的"熙"字,改少了一笔,"熙"字本来是从"臣"字旁的,他改了从"臣"字旁,做个暗记。打算回来之后,一一收回,再提那金子出来。这种钱,到此时偶然还有得看见,俗人都叫他做"罗汉钱"。还说这种罗汉钱,一千文里面,就有四两金子呢!闲话少提。

且说年大将军亏得铸出了许多钱。以继军饷,军心大定。及至平定了西藏,班师之后,他不知怎样,把这件事忘了。不久,康熙爷龙驭上宾,雍正皇帝登位,年大将军得了个罪,革职拿问,奉旨正法了。这件事更没人提起了。那三尊大佛,与及那五百罗汉,当日鉴了年大将军的祷祝,就慨然舍身,救了那些兵士。但是身是舍了,这魂灵可无所依附了,便一同回到本国,寻一座庙宇暂住。你道他们的本国是那里? 就是印度。从前的人说甚么天竺、大秦,那都是以讹传讹的。

且说一班佛罗汉天天盼年大将军来还身体,谁知愈等愈不见来。无奈请了斗战胜佛孙悟空来,求他到中国去,向年大将军讨债。孙悟空一个筋斗云到了中国,放开金睛火眼看了一看,数了一数,中国男子足足有二万万个,却没有姓年名叫羹尧的那个人。便又一个筋斗回到印度,对佛罗汉说道:"年羹尧没有在中国,只怕他欠的债太多,逃走到英国、法国等处去了,你们请个律师向他索取吧。但怕他到欧洲去,入了欧洲籍,你们这班印度人,也奈何他不得呢!"说罢,一个筋斗去了。

佛罗汉面面相看,无法可想。降魔尊者道:"年羹尧这厮,所借我们的金身,也不是他一个人自用的,一般的中国人都曾用着。我们只向中国人索取便是,何必要认定年羹尧呢?"诸佛便一齐问道:"中国那许多人,向那一个索取呢?"降魔尊者道:"他们国债赔款,都是抽捐抽税取来的,无异众人摊还。我们也叫他摊还罢了。"诸佛又一齐问道:"怎样叫他摊还呢?"降魔尊者道:"我们动辄讲舍身救世,此刻说不得要舍身讨债了。"说罢,轻轻的说出一个法子来。于是诸佛罗汉皆大欢喜,曰:"善哉!善哉!"

是夜三更时候,等庙中住持和尚睡熟,诸佛罗汉把那和尚的魂灵传到大雄宝殿,告诉他年羹尧借债不还一节。又说道:"我们此刻要化身去讨回,望你和尚助我们一臂之力。"和尚道:"怎样助呢?"佛说:"我等要化身做一种植物,你明日早起,看庙外照墙后面有甚么花草,请你好好的栽培便是。"

和尚一梦醒来,历历在目。次日起来,连忙到照墙后面一看:只见地上长出了一丛花树,开的花红红紫紫,黄黄白白,五色俱备。于是着意栽培起来。你道这是甚么花?原来正是罂粟花。后来结了子,印度人便破子取浆,制成烟土,贩到中国来卖。于是乎把一个偌大中国,闹的是民穷财尽,原来是还这一笔巨款的。

到了此时,已经过了若干年了,这一笔债,只怕算将近还清的了。所以出了一班志士,开个振武宗社,劝人戒烟。戒烟的人日多一日;吸烟的人日少一日了。恰好又碰了预备立宪的时代,八月初三日奉了上谕,限十年要一律戒尽了。更兼英国有一个善会,是专门劝他们政府禁止贩烟土到中国的。会中得了中国这个禁烟消息,便派了一个书记员名叫亚历山大的,到中国来考查戒烟情形。由南洋一路,经由广东、香港、福州等处,到了上海。十月二十八日晚上八点钟在张园开会演说,曾少卿、沈仲礼两位观察做了主席。是日到的人也不知有多少,足足把一座大洋房上上下下都挤满了。也可见表同情的人多了,只怕可有债毕一身轻之望了。

那一夜,我小子也入场听讲,听毕之后,一团高兴。步行回来,走到一个所在,路旁一样东西绊了我一跤。只这一跤,便绊出我下文的一回短篇小说来。

当时我既绊了一跤,连忙起来,抖了抖灰尘。暗想:"绊我的是甚么东西?我记得踢着一脚时,觉得甚软的,我倒要看个明白。"于是,借着四丈以外路灯的朦胧光影,伏下身子一看,咦!不是东西,却是个人。可奈灯光太暗,看不出他那面目。幸得我身边带着有火柴,便取出来擦着了一根,再俯身下去,对他那面部一照,嗳呀!几乎未曾被他吓了我。只见他洋灰色的面皮,虾青色的嘴唇,倘不是他张开那似哭非哭的眼睛看我一看,我便要当他是个死人了。

当下我便推他一推道:"哙!朋友,你睡在这里做甚么?可是吃醉了?"他哼了一声道:"我要死了。"我道:"哦!是病了。然而病了,为甚么睡在路上呢?"一面说时,再擦一枝火柴,向他身上一照,只见他那鹑衣百结的狼狈形状,实在形容不出来,方才知道是个无告穷民。我又对他说道:"你且安心睡一睡,等我到前路去寻一个警察来,送你到栖流公所。"他哼着说道:"先生,你不……"说到这里,便咽住了。歇了半晌,又道:"我马上就死了。"说着,手中递给我一卷纸,道:"这是我……"刚说了这三个字,又咽住了。

我接过那卷纸,打开一看,却是一本残破的册子,里面写满了字。只可惜灯光半明半灭的,看不清楚他写的是甚么。我因问他道:"这个是甚么?你给我又是甚么意思?"他有气没力的说道:"送……送你。"我道:"咦!奇了。你又穷又病,我与你萍水相逢,我没有赒恤你,你怎么反送东西给我呢?"

问了几声,他不答应,哼也不哼了。我再擦个火柴,俯身一照,不好了,他竟是死了。此时夜色已深,我要寻一个警察,告诉他有个路倒尸,却偏寻不着;要到警察局去报,又不知警察局在那里;至于地保的住处,我更不知道了。匆匆然回到家,拧亮了洋灯,取出那本残缺的册子一看，原来是这个人自叙一生的历史，是个白话体裁，可是白字连篇的。我想："他既然送给我，自然是想传播的了。但是册子里又绝不自提姓名。"我无奈把他的白字改正了，代他附刊出来。诸公，以后低两格的，便都是他那册子上自叙的话了。

  我是本地的一个土著。我父亲在日，竭了毕生之力，挣下了五七千银子的产业。生平一钱如命，恐怕百年以后，儿子败坏家当。他听了他人的说话，说上了鸦片烟瘾的人，便别无嗜好，也不嫖了，也不赌了，最是保守家产的善法。因此我十五岁上，我父亲便教我吃上了鸦片烟瘾。自小是娇生惯养的，不曾好好的读书。到了二十岁上，便娶了亲。

  不久，我父母便双双亡故了。我已经生下一子一女了，鸦片烟瘾吃到六七钱一天了。我的妻子便劝我说："死守着这一份遗产，每年不过几百银子的进账。现在是还可敷衍，将来人口多了，儿女长成了，那就不免要拮据了。不如自己振起精神，也挣个事业起来。要挣事业，先要习勤耐劳。这鸦片烟最是养成懒性的东西，不如把他先戒了。"我听了妻子的话，心中虽以为是，怎奈这劳什子吃了若干年，一时丢他不下。无奈我妻子天天在耳边聒絮不休，我只得假说是戒烟，把烟具一切收藏起来，天天跑到外面开灯。话虽如此，但是天天十二点钟时候起来的一顿瘾，怎么熬得过呢？那时候才从床上爬起来，脸还没有洗，难道就往外头跑吗？若在平时，我一翻身，房中的丫头早就端过烟具来伺候。我自托名戒烟之后，怎么好还吃呢？于是，想了一个妙法：到一家甚么药房里，买了几盒甚么花的戒烟参片，藏在家里，每天起来，先吃几枚下去抵瘾。熬过了这一顿，下午再到外面去开灯。这不是绝妙的好法么？

  一天，将近十二点钟的时候，我还没有起来，忽听得我妻子大哭大嚷。我吃了一惊,连忙坐起,匆匆在衣袋里取出参片,噙在口里,下得地来,呷一口茶咽下,出来问是甚么事。只见我妻子搂抱着我那五岁的儿子,在那里哭喊。我问:"怎样了?"我妻子道:"方才他嚷肚里饿,我看见将近要吃饭了,便没有理会他。谁知他一会儿工夫就这个样了,还不知是甚么病呢!"我走近去看看,只见他唇青面白,在那里舒拳伸腿的哭。忙叫人去请医生。一会医生来了,也看不出是甚么病。此时,那孩子也不动不哭了,只剩得有气没力的在那里喘气。医生仔细察验一遍,道:"实在看不出是甚么病,或者小孩子吃错了甚么东西,中了毒是说不定的。"这一句话猛然提醒了我,忙到房里,拉出抽屉一看,呀!不好了,我昨天才买回来的一盒参片打开了,撒了一屉子,准定是小孩子当他是饼,吃在肚里去了。连忙施救,一面请陈与昌,一面请外国医生。谁知竟来不及了,一条小性命就此送了。

妻子便和我大吵起来,说我藏了毒药在家里,毒死了自己小孩子。吵到不得了时,我只得告知,我的烟万不能戒,所以天天在外头开灯;起来的那一顿,不能不仗这个抵瘾的话。于是,反把这个错过赖在妻子身上,说他不应该劝我戒烟。吵够多时,我仍旧在家吃烟,不出去开灯了。可是,吃了若干时的参片,烟瘾反大了,此时要吃一两多一天了。

又过了一年,这天是我儿子死的周年,我妻子想着了,便哀哀的哭个不了。我听了厌烦,不免说了两句,就此拌起嘴来。这夫妻吵闹本是常事,谁知他妇道人家易生短见,竟偷了我的鸦片烟,生吃了下去,施救不及,就此呜呼哀哉了。哎!我平日一向不问家事,都由得妻子管理;此时一切大小事,都要我亲自料理了。那些僮仆一向怕的是女主人,此刻女主人没了,他们便恣意欺侮我起来,我又没有气力和他们较量,好不气闷。

过了些时，亲戚朋友都劝我续弦或纳妾。我实在怕费事，怕应酬，然而家里也少不得一个内主，因想了个两便之法：把房中的一个大丫头收了房，等过几年，或者他生有子女，便把他扶正了就是了。谁知从此以后，田上的租米，一年不如一年了；开的一家店铺，被当手的亏空了客账，倒闭逃走了。人家往衙门里一告，官府便传了我去对审。我店里的事向来不曾问过，自然一点也不知。孔夫子说的："不知为不知，是知也。"我便直说不知。谁知官倒骂我狡猾，又骂我糊涂，便收在班房里押追。我无可奈何，只得托人把田产卖了抵债。谁知我的田产自从我父亲死后，未曾完过粮，每年的粮都是地保代完的。照例地保代完了之后，拿粮串来向业主算还的。我却于这些上头未曾经心，所以那地保就把粮串藏匿起来。积了若干年的粮串，他便凭了这个粮串，到县里报了遗失方单，请补给一张。他有了这个凭据，便把这田地卖给了外国人，人家此刻早转了地契了。所有一两处未曾卖掉的，都是些不值钱的地了。只得拼拼凑凑，卖的当的，料理清这一笔官司，方得回家。

此刻僮仆也星散了，亲朋也疏远了，家计也艰难了，终日靠着当卖度日。那收房的大丫头，三天五天就和我吵嘴。忽然一天，他起了个不良，把家里当不尽卖不完的衣服首饰，席卷而逃的去了。撇下了我妻子所生的一个女儿，才得六岁。此时，当无可当，卖无可卖了。我想出来谋个事业，却提起笔来，写的字不成个样；拿起算盘来，二一添作五还打不上。写算两件事，我从前都学会的，并且练的很熟；自从吃了烟，就荒到如此。粗重的又做不动。到了此时，我方才想着戒鸦片烟。参片吃不起了，天天只拿土皮来抵瘾。又过了两年，住的房子也抵了债了，没处栖身。

那小女儿尤为累赘，恰好有人来说，某家要寻一个养媳妇，肯出几十块钱。我想："把女儿送了去，倒不错，既可以有钱救急，又可以脱去累赘。"于是央人去说，果然一说就成，送来五十元洋钱，便把女儿领去。女儿虽然是啼哭不肯去，我也顾不得了，我算与你只有八年父女之缘的了。我得了五十元钱，便不吃土皮了。买了一双新鞋子，一件半新的青布长衫，到麦家圈绮园烟馆吃清膏去了。吃上两个月，洋钱用完了，那个堂倌却也熟了，便欠账起来。一连欠了十多天，到了月底，没有钱还，就不敢去了。我此时久已无家可归，白日流离浪荡，晚上住在小客栈里。自从不敢到绮园之后，仍是吞土皮过日子。

一天晚上，顺步走到胡家宅，忽然耳边听见"来哩，来哩"的两声。回头一看，却是一个野鸡妓女，在那里拉一个过客。细看那野鸡妓女时，不是别人，正是我那收房的大丫头。正欲上前捉住，忽听得背后一个人叫道："先生，你好啊！"忙回头看时，正是绮园的烟堂倌，便逼着要钱，要叫巡捕。我只得百般哀求，说我马上就要讨饭了，你逼死我也无用。他恶狠狠的把我的青布长衫褫了去，把我穿旧的新鞋子脱了去，我也无可奈何。后来和一个同住小客栈的朋友商量，我们不如拉东洋车罢。于是投到车寓，租了车子，拉起车来。争奈我跑不动，生意做的不多，不过聊胜于坐吃罢了。

一天晚上，我停了车在一品香门口等生意，忽见一个娘姨提了一枝水烟袋，挽了一个小清倌人出来叫车。我便迎上去一步，问到那里。那娘姨看了我一眼，说道："鸦片烟鬼走不动，不要！"便另外叫了一辆车，带了那小清倌人坐上去。我留神对那小清倌人一看，不觉大惊，原来不是别人，正是我的女儿。正待叫时，那车已辚辚然去了。我连忙拉了空车，飞也似的赶了上去。好在走不多路，到了东尚仁门口，便下车进巷去了。我便撇下空车，跟了进去，对那小清倌人叫了一声："阿宝！"

原来这阿宝是我女儿的小名。我叫了一声,他也看我一眼,好像是不认得我了。我便道:"阿宝,你不认得我了吗?你不是说到人家做养媳妇的吗?为甚么到了这些地方来?……"我说话未完,那娘姨便抢着道:"你是甚么人?甚么阿宝、阿宝,你只怕眼见鬼了!"一面说,一面搀着那小清倌人急急而行。我跟在后面道:"阿宝是我的女儿,见了面,如何不叫?甚么鬼不鬼!"那娘姨便大声叫道:"阿大叔,有人拆梢啊!"前面便有一个鳖腿跑了过来,道:"那个拆梢?"原来他这鳖腿是步行跟着的,到了巷里,他便先行,此时跑了过来。那娘姨便指着我道:"这个杀千刀,嘴里甚么女儿啊阿宝的乱说。"鳖腿道:"不要理他。"说着,便押在后面。我仍旧跟着,七弯八曲,到了一家门口,他们进去了。我要跟进去,那鳖腿挡住,要撑我。我便哭喊起来,死命要进去,要见女儿的面,谁知里面一拥,出来了六七个人,把我一顿毒打,打得周身疼痛,无可奈何,只得跑了出来。谁知我的空车早不见了,也不知是碍路违章被巡捕拉去,也不知是被别人偷了去。当夜,我也不敢回车寓里去,只得到老北门城门洞里挨了一夜。到了次日,我便得了个伤寒病,又下烟瘾。

诸公,以上都是在他那册子上照抄下来的,不过把他的白字改正了罢了,其余是一字不易的。但是他写到得病以后便没了,到底如何闹到死在路上,那却无可查考了。并且后半段的字,歪斜愈甚,几乎不可辨认,想是得病以后写的了。我因为方才听了亚历山大与及各位志士的演说,都是劝人戒烟的,谁知吃烟的人,到此地步还不肯戒,天下事真是无奇不有,所以特地表他出来,也算是劝人戒烟的苦口,并且也不枉那路倒尸现身说法一场。但是吃鸦片的朋友看了,少不免要骂我刻毒。我也顾不来许多了,只得由他骂两声的了。

立宪万岁（滑稽）

吁嗟乎新政策

却说光绪三十二年七月十三日，皇帝降了上谕，预备立宪。看官，须知旧社会的俗话："圣天子有百灵辅助。"这百灵是甚么东西？便是诸天菩萨。当日皇帝降了这道上谕，值日功曹正在旁边伺候，看见了，连忙到天上去奏知玉皇大帝。玉皇大帝听见了，暗想："近来每每闻得说'立宪'、'立宪'，但不知这立宪是甚么东西？但是下界已经做了，天上岂可不做？不免召集群仙及诸佛菩萨，商议这件事。"因命香案吏到各处去宣召，准明日早朝议事。

到了明日，群仙、诸佛果然齐集。玉皇大帝曰："昨日值日功曹奏报：下界人皇降下谕旨，预备立宪。朕想人间既已立宪，天上岂可向隅？所以特召卿等商量，务望各抒所见。"文昌帝君奏曰："不可。我们天上自有天上制度，那立宪的名目系出在外国，岂可以用夷变夏？"日游神曰："不然。我每日在下界游行，听见下界人常说甚么'天演淘汰，优胜劣败'。果然彼优我劣，又何妨舍己从人呢？"玉皇大帝曰："二卿不必争执。依朕之见，立宪之法，我们尚在未知，不如派人到外国去考查考查，果然可行，我们又何妨舍短取长呢？但不知何人可去？卿等自去朝房商议，议定了，再来奏知，候朕降旨。"说罢退朝。

众神遂退出凌霄宝殿，在朝房集议。文昌帝君怒容满面曰："甚么立宪！下界人只讲得一句变法，便停了科举，遂使我的血食登时冷淡起来，此刻索性闹到天上来了。"魁星曰："岂但是你，便连我这枝朱笔也没用了。你不见我么,举起手,高高的提起这枝笔,永远没得点下去,好不难受。"香案吏叹曰:"岂但你二位,还有可怜的呢。自从那年中国把台湾割归日本,日本听说是个立宪国,崇尚西法,不敬神道的,所以台澎一带的府县城隍都没了事,犹如裁缺官儿一般,都到天上来候补,天天到我这里来钻门路,你道可怜不可怜?"夜游神拍手曰:"几个府县城隍,又算得甚么?你还不知道,自从台湾归了日本之后,几十万个灶君,莫不流离失所,穷得十分可怜。跑回内地来,无可托足,往往饿急了,爬到人家灶突上窥探,等人家的灶君睡着了,却下去偷冷饭吃。内中只有三四个得着好处的。这三四个跑到上海查一查,见金隆、宝德、密采里等几家外国饭店是没有灶君的,他们便各据一家,天天吃大菜。剩下那些穷饿的,到了无聊之极时,便设法唆人家弟兄不和。"香案吏曰:"他唆人家弟兄不和做甚么呢?"夜游神曰:"唆得弟兄不和了,少不得要分家。分了家,便多一口灶,他好去享现成啊。"香案吏曰:"这未免损人利己了。但不知他们既能盘踞着外国饭店,又为甚么不仍然盘踞台湾人家呢?"夜游神曰:"岂不闻下界人言:'信则有,不信则无。'台湾人降了日本,受了日本人教化,全都不信了,所以他们也不能立足了。"香案吏曰:"此话不足信,难道上海外国饭店便信神道的么?"夜游神曰:"这又不然。外国人虽然不信,然而所用的厨子都是中国人,他们心中时时有个灶君在里面,所以便可乘隙而入了。"

纠察星官曰:"你们不必闲谈了,奉旨所议的事议起来罢,不然,我要纠参了。"李铁拐曰:"这是到外国的差使,第一件最要紧的是跑得快,总用我这跛脚的不着。"香案吏曰:"要跑得快的,莫如齐天大圣的筋斗云。"孙行者曰:"哪吒三太子的风火轮也不弱。"哪吒曰:"电母更快。"电母曰:"我是女子,不便出使。我可保举雷公,他走的同我一般快。"香案吏曰:"有了三位了,多议几位,恭候钦定吧。"众人低头寻思,要走的快的,再没有那个。孙行者拍手曰:"有了!天速星神行太保戴宗。"戴宗曰："如派着我，我也愿附骥尾，去看看外国景致。只是我又想出一个人来，却是个隐者，今日也不在此处，不知他肯去不肯？"香案吏曰："管他肯不肯，你说了出来，玉旨派了他，怕他不去！"戴宗曰："御风而行的列御寇，不好么？"众人一齐说："好！"于是，再想不出了。香案吏就把这五个名字开了单子，复奏上去。玉皇大帝批下玉旨，五个都派了。

香案吏捧了玉旨出来，雷公埋怨戴宗曰："你好好的引出一个列御寇来，此刻到那里去寻他呢？"戴宗曰："他总不出岱舆、员峤、方壶、瀛洲、蓬莱五山之中（五山名本出《列子》），只须求大圣去走一次。"孙行者曰："你胡思乱想，想出这么个人，却叫老孙去跑路。"当下各人散值，孙行者自去寻列子。不提。

单说玄武上帝座下的龟、蛇二将，是日也随同入朝，听得诸神议事，回去，龟谓蛇曰："我前两年私自下凡，去做了两三年文华殿大学士，深知这立宪的弊病。如果天上立了宪，我们的门包也要革除了，如何是好？"蛇大惊曰："我终日只知钻路子，如何懂得这个？既然如此，我们要设法阻止才好。"龟曰："只你我两个不济事，必要多邀两个来商量，才有把握。"说罢，便叫所用的三小子，去请太上老君的青牛、太阳星君的金乌、太阴星君的玉兔、文昌帝君的特（文昌坐骑名）、姜太公的四不像、关圣帝君的赤兔马、二郎神的哮天犬、张果老的驴。

不一会，都到了。龟便将立宪的弊病对众宣布。又言："请各位来，商量阻止之法。"哮天犬曰："罢了，罢了！我刚刚保送御史，满望得了缺，可以卖两个折。今据龟大哥言，门包都要革除了，这卖折更不必说，没有望的了。"驴曰："就是我们在此空谈，也谈不出一个阻止之法，总要请出一位有势力的，方能办事。"赤兔马曰："我们不如各求其主。"金乌曰："不可。凡我们所行之事，无非是背主营私。若要求主人阻止立宪，必要说出其所以然之故，岂不是自写罪状么？"玉兔曰：

"闻得文昌帝君亦不以立宪为然,还是特大哥的主人,可以求得。"蛇曰:"我平日甚么路子都会钻,今日这件事却难住我了。"四不像曰:"我想起一个人了,此人如果肯出来,必定成功。"众问:"何人?"四不像曰:"申公豹。"青牛曰:"我也想着他,只是他近来到南洋去了,必要着个人去找他来。"特曰:"这倒容易。近来废了科举,敝同事天聋、地哑两个闲着没事。地哑不能说话,我们就请天聋走一遭。"于是大众称善。

特自回去,寻着天聋,附耳大声告诉了此事。天聋满口答应,驾起云头,到南洋去寻着了申公豹,告知来意。申公豹大怒曰:"我在这里运动革命,管他立宪不立宪?你们左右是个奴隶罢了,愁些甚么?"

天聋曰:"我们何尝不努力,只是想不出法子来。"申公豹大声曰:"我是骂你们奴隶,不是叫你们努力。我是革命党,没工夫和你们谈这个。"天聋曰:"你只知叫我们努力,又焉知我们不努力?"申公豹大怒,用手一推,把天聋推出大门,顺手关了。天聋惘惘而回。

众畜生闻得此信,不觉大失所望。复又集众会议,却只议不出一个计策来。玉兔曰:"此刻徒然商量挠阻立宪,未免舍本逐末。不如设法阻止去外国考查立宪的五个钦差,教他去不成功,岂不是釜底抽薪之法么?"驴曰:"如何可以阻止?除非是弄死他们。"青牛曰:"弄死他们也容易。太上老君炼的七返火丹,人吃了要睡七日;若是碰着了,便炸裂起来。一共炼了七粒,那年看我的童子偷吃了一粒,还剩六粒。不如弄一粒,放在他们必经之路上面,等他们踏着了,炸裂起来,岂不是一网打尽?只可惜没有东西去盛他。"乌龟曰:"不知要多大的东西?"青牛曰:"此丹炸力甚大,只消一粒,足够炸死五个人。盛他的东西,倒不必大。"乌龟曰:"我前几天生了一个龟蛋,此时已经抱出小龟,剩下那蛋壳没用,不如拿去盛丹。"青牛喜曰:"盛的东西也有了,只是谁人拿去呢?"于是大众议定:玉兔善于脱身,叫玉兔去。玉兔义不容辞,也答应了。

不说众畜生预备行事,且说孙行者请到了列御寇,会齐了五位钦差,商量动身。列御寇曰:"不可造次。我闻得外国人与我们语言文字都不同,必要请一位通事,方得便当。不知可有这个人?"大众听了这句话,不觉都怔住了。

孙行者抓耳挠腮的想了一会,猛然想着一个人来,曰:"有了,有了!我的那个师弟猪八戒,近来被下界时报馆的一个冷血搬弄得到日本留学去了,此时已有一年光景,外国话想是精通的了,待老孙去寻了他来。"说罢,一个筋斗云,到了日本,横滨、神户、东京都寻遍了,却只不见。没奈何,到同乡会里打听,才知道被《月月小说》社的一个大陆,掇弄得他跟姜太公到罗刹国封神去了。孙行者想了一想,曰:"老孙自从花果山出世之后,大闹天宫,上至天堂,下至地狱,那一处没有走到?只知牛魔王的老婆红孩儿的母亲叫罗刹女,却不听得有甚罗刹国。"一个留学生曰:"你一定要寻他,我知道他的去处。昨天我接着他的信,他现在广东。"

孙行者听得,谢了留学生,一个筋斗,翻到广东,在一处地方落下。只见路旁一所高大房子,门外拥了许多人,都想挤到房子里去,却只挤不进。房子里面一片声喊:"打!打!打!"一会儿,山崩海倒般拥出了许多人,一个个都是头破血流的。孙行者不知何故,摇身一变,变做个麻雀儿,飞了进去,站在房檐上观看。只见许多人在里面厮打,一片声嚷,也听不出他说些甚么。忽见人丛中有一个人嚷曰:"从多数决议,乃是文明办法。动不动就打,岂不是野蛮手段?野蛮到如此,还望预备立宪呢!"行者看时,正是猪八戒,不觉喜曰:"踏破铁鞋无觅处,得来全不费工夫。"摇身一变,变了个麻苍蝇儿,飞到猪八戒的耳朵边上,叫曰:"八戒呀!久别了。你在这里做甚么?"

那呆子猛听得这话,大惊,急回头一看。这一回头的势猛,那一张莲蓬嘴碰在旁边一个人脸上,把他所戴的金丝眼镜碰了下来。那人大怒,急欲理论,回头一看,见了八戒那副嘴脸,不觉转怒为惊,大叫一声:"嗳呀!不好了!妖怪出现了!"八戒正被众人挤得不耐烦,便索性把那蒲扇耳朵扇动起来。他旁边的人吓的没有一个不大呼小叫,一哄避开,犹如墙摧壁倒般,登时让出一个大圈。

行者又在他耳边曰:"八戒,快走!我有话问你。"八戒曰:"你这猴头,又弄甚么玄虚,寻我到这里来?"

行者恨曰:"还不快走,要等打孤拐呢!"八戒闻言,忙向外去。这屋子里的人,本来挤满了,此时惊觉了八戒貌丑,但是他到之处,莫不争先走避,让出一条大路来。八戒乐得大摇大摆,出了大门,自言自语曰:"这猴头来寻我,断乎没有好事,不知可是又取甚么经?须知老猪此时受了文明教育,再也不干那个勾当了。"行者听得,忍不住现了本相,曰:"你这夯货,为甚只管猴头猴头的骂我?"八戒慌曰:"哥呀,我不敢骂。端的你寻我做甚么?"行者曰:"话长呢,找一个僻静的去处,我与你谈。"八戒曰:"广东是第一个繁华之地,那里有甚么僻静去处?"

行者携了八戒手,纵起云头,落在一个山顶之上,曰:"这可僻静了。我且问你:你方才在那里,是个甚么所在?为甚么那一班人只管嚷打?"八戒曰:"议事呢。粤汉铁路本来被外人占去了,中国人争了回来自办。广东人齐了股份,自办广东一路,股东在那里争权,甚么私举总办咧,股东查账咧,团体会咧,商办咧,官办咧,闹得一团糟,今天索性打起来了。你端的找我甚么事?"行者曰:"你可知道,立宪是甚么东西?"八戒曰:"咦!怎么你也谈起立宪来了?这'立宪'两个字,是我辈新党的口头禅,借此博个名誉的。"行者曰:"怎么是口头禅?此刻玉帝要立宪呢。"八戒跳起来曰:"真的么?"行者曰:"怎的不真?因为不懂得,派了老孙和几个人到外国去考查。"八戒曰:"派的是谁?"行者一一告知。八戒曰:"别人也罢了,这戴宗是个强盗,如何派起他来?"行者曰:"夯货,你懂甚么?你看现在世上的官,那一个不是强盗?只怕比强盗还狠呢!怎么,天上强盗就做不得钦差?"八戒曰:"不错,不错。他虽是强盗,等到了外国,见了外国人,他就骨软身酥,不敢动弹了。但是玉皇派你到外国,你为甚反跑到中国来?"行者曰:"此刻万事皆已齐备,只是不懂外国话,不识外国字,缺少一个传话的。我闻得你在日本留学,想已学会了,所以特来寻你。但是我闻得你跟姜子牙封神,不知可有工夫去?"八戒跳起来曰:"妙呀!文明到天上去了,这输进文明到天上,我可是个头功了。将来铜像巍巍,高矗云表,好等后人崇拜老猪也!我去,我去。"行者曰:"你须先发付了姜子牙。"八戒曰:"要走就走,发付甚么?"行者曰:"这不变了有始无终么?"八戒曰:"甚么有始无终!这等举动,是我们留学生的惯技;而且必要如此,方显得我们能者多劳,价值更高了。"行者曰:"如此就走吧。"

说罢,一个筋斗,早到了天上。八戒也纵起云头,跟了上去。会齐一众,同到通明殿请训起程。行者又奏明调派猪八戒做翻译官,玉帝准奏,诸人辞出。八戒问行者曰:"你们都走得快,我怕追不及呢。"哪吒曰:"不要紧,你只附在我的风火轮上便了。"八戒闻言,果然附在后面,径出西天门。到得西天门时,早有一班天神,在那里等着送行。大众未免停止法驾,一一握手话别。等诸神回去,却又起行。

孙行者一个筋斗,早翻起来;列子御风亦起;雷公却是坐了车子,阿香在后推着,如飞而去;哪吒带了八戒,踏起风火轮;戴宗拴上甲马,紧紧跟随。不料那玉兔早把龟蛋盛了那七返火丹,放在路上,哪吒的风火轮恰恰在蛋壳上碾过,就平地上炸裂起来,轰的一声,犹如响了个霹雳。哪吒吃一惊,腾空而起,他手脚灵便,不曾受伤;却把一个猪八戒掼下地来,莲蓬嘴上着了一点火星儿,便捧着嘴嚷痛。戴宗紧紧跟在后头,赶了一个着,也炸伤了面部。行者在前,听见声响,回头一看,只见猪、戴两个躺在地下,哪吒升在空中,急约了雷公、列子,回来查看。八戒捧着嘴嚷曰:"是那个放炸弹?"行者曰:"你还馋嘴,要吃炸鸽蛋呢!"八戒曰:"你们腐败守旧党,不开眼界,我说是炸弹。这是外国发明的一种文明利器,怎么弄到这里来？我闻得申公豹那厮提倡革命,莫非是他干的勾当？"八戒说时,那守西天门的增长天王及殷、朱、陶、许四大灵官,都已赶来查问,听得八戒此言,飞奏玉帝,请旨悬赏,缉拿革命党首领申公豹。戴宗哼曰:"且莫乱谈,赶紧医好伤痕好去。"八戒曰:"我痛得利害,走不动呢！"一会儿,玉帝派了医灵大帝来,用些神丹,登时就好了。

于是六人仍前起行。走了三日三夜,到了外国天堂,看见一座六七十层高的房子。八戒认得外国字,一看,曰:"这是礼拜堂,我们进去看看。"便到门口打听,知道耶稣住在这里,不觉喜曰:"耶稣是外国教主,我们请教他去。"于是引着五人走到堂里,访问耶稣在那里。一个外国人对曰:"在第二十八层楼上,你要见他,跟我来。"于是八戒带了五人,跟着到一间房里。这人掇过六把椅子,请他们坐下。把手在墙边上不知怎样拨弄一拨弄,但听得骨碌碌、骨碌碌响个不住,各人都觉得摇动起来。戴宗慌曰:"这是甚么事？"八戒笑曰:"你们真是鼠目寸光,连升高机器都不懂。"

各人果然觉得渐升渐高,不一会,到了第二十八层,机器停住。八戒出来,恰好遇见一个细崽,八戒问他:"耶稣在那里？"细崽向一个门上指指。八戒走过去,叩了两下门。行者在旁边,听得里面说一声"咳门"。八戒推门进去,五人也跟着。只见房里面摆着一张斜坡桌面的桌子,桌子旁边坐了一个白发外国人,墙脚下摆了几把椅子。看见众人进来,也不起立。八戒除下帽子,向那外国人拉手,叽咕了几句话,又一面叽咕着对五人一个个指点。那外国人方才立起来,向五个人逐一拉手。八戒又同他叽咕了好一会,便起身带着五人出来,仍到升高机器处落下,出了大门。行者曰:"你同他谈了些甚么？"八戒曰:"走错了门也。我问他立宪政体,他说他是宗教家,不是政治家。我问他政治家在那里,他说他一心信奉上帝,他事绝不过问,所以不知。"

于是六人又向前走。走过一处藏书楼,八戒照前带了五人进去,见了一个外国人,访问如前,问答了一回,出来,嘴里嚷着说:"晦气!晦气!"哪吒曰:"怎样晦气?"八戒曰:"这个人名叫苏格拉底。我问他时,他说他是个哲学家,不是政治家。我看在天堂上访不出,还是到下界去吧。"行者曰:"到下界去也好。"八戒曰:"到下界,必要变一变方好。若照你们这等装扮,外国人见了,要当你们拳匪呢。"行者曰:"变甚么?"八戒曰:"我变一个你们做样。"摇身一变,变成一个外国人。行者曰:"这个容易。"摇身一变,也变了。哪吒、雷公也变了。只有列御寇、戴宗不会变,行者在他二人身上吹一口仙气,叫:"变!"也变了。

于是六人各驾风云,径向欧洲落下。八戒曰:"我们此来,只能暗访,不能明查。若要明查,必要有了国书,方才可以见得外国皇帝呢!"于是带了一行人,先寻个客寓住下。可怜五个钦差不通言语,犹如哑子一般,只任从八戒一人播弄。八戒也时常带他们出去游行,遇事指点。又到海边上看看外国兵船。外国操兵时,又带着去看看洋操。他又结交了个久于外国的中国商家,这商家有熟识的厂家,八戒央及带他们去看看机器制造。鬼混了几个月。

一日,八戒又同着五人到那中国商家家里去坐,只见坐上先有一人,一般的西装打扮。孙行者金睛火眼,先认得了他,暗暗拉了八戒一把,走向旁边曰:"你认得这个人么?"八戒曰:"初会,初会,姓名还不知呢!"行者曰:"他道行浅,看不出我们,他须瞒不得老孙。"八戒曰:"他到底是谁?"行者曰:"他是《三国演义》上魇死孙策的于吉。"八戒曰:"待我问他去。"便回转来问此人贵姓。此人答曰:"姓于。"又问:"台甫?"答曰:"不凶。"八戒曰:"不凶则吉矣。"

行者问曰:"不知不翁在此执甚业?"不凶:"游历至此,并不执业。"八戒暗想:"这个人不是个好东西,待我试探试探他。"因问曰:"有一位申公豹,想是相识?"不凶大惊曰:"阁下何以知道此人真名姓？他自从离了本国,到外国之后,已经改了姓钟。阁下想是同党？"八戒曰："不,不,闻名而已。"不凶曰："何不入党？"八戒曰："入党也要看看时势。"不凶大笑曰："看甚么时势？看机会罢了。今日革命党有机会可以赚钱,我便高谈革命;明日立宪党有机会可以做官,我便高谈立宪。你不看看现在舞蹈扬尘、山呼万岁的班中,很有几个谈过革命的呢!还有那革命党当中,也有几个能把立宪党的内容和盘托出的,你想他从前是甚么党来？"八戒曰："我说时势,也就是这个意思。"不凶曰："那两个党魁领袖,他们不能改变面目;如我辈,正好自由呢。"八戒笑曰："信教自由之外,又多了一个入党自由了,世界愈进愈文明了。"

哪吒听得不耐烦,曰："我们走了吧。"遂别了中国商家,回到客寓。八戒又教了几天行者等复命的话,又答应代他们起折稿。商量停当,算清了旅费,一同走到僻静之处,各各现了本相,纵起祥光而去。八戒有意落后,等五人去远了,拨转云头,走到上海落下,到书店里买了几种译本讲立宪的新书,做起折稿的蓝本,买停当了,方才驾云回去。

等得他到时,五钦差已经复命下来了。行者曰："你为甚这时候才来？快起折稿,等我们连夜誊清,明日早朝要递呢。"八戒曰："起稿容易,但不知送我多少润笔？"孙行者曰："我们每人送你二钱银子,共是一两。"八戒摇头曰："不行,不行,没有这么便宜。你须知,一个折子好几千字呢。"行者曰："不行,打二十孤拐。"八戒曰："哥呀!莫打,莫打。我起,我起。只是忒便宜了,损了我们留学生的名誉。"行者曰："再多说,也是二十孤拐。"八戒曰："莫打,我不多说了。"

好八戒,摊出书来,搬字过纸,登时起了五个折稿。行者等真个每人出了二钱银子给他。八戒咕哝曰："还不及作小说的代价,真是晦气!"行者笑曰："你莫咕哝,我好好的保举你。"八戒曰："你保举我甚么？"行者曰："保举你是个留学生,熟识洋务。"八戒曰："哥呀,你可有银子？借给我二三千两。"行者曰："你要许多银子做甚么？"

八戒曰："我要去买一张卒业文凭，做留学生的证据，预备考试留学生，好巴一个翰林进士。"行者曰："夯货，你这回出洋一次，开起保举来，便照着异常劳绩开去，怕不过班加衔，还要那翰林进士做甚么？"八戒曰："哥呀，我也不望甚么过班加衔了，只望开复我的天篷元帅便好。"行者曰："你还恋恋这个天篷元帅做甚么？"八戒曰："做了元帅，好歹克扣几文军饷。"行者更不理他，便去准备明日早朝递封奏。

且说一群畜生，闻得钦差查考回来，又复纷纷会议，商量阻止立宪之法。都埋怨青牛的七返火丹太少，玉兔的安放不得法。特曰："你们各位也不必埋怨，也不必忧虑。我看此番立宪，不过名目而已，于我辈无甚大损。"众畜齐声问曰："汝何以知之？"特曰："原来你们尚未知道。自从传说要立宪之后，耳报神便设法运动，开了一间天曹官报馆，是他告诉我的。"赤兔马曰："《天曹官报》我也天天看，却未曾看见这一条新闻。"特曰："你有所不知，他因为是官报，处处要顾忌。那耳报神用了樟柳神做访事，消息最灵，如某星官旷职，某菩萨思凡之类，那一事他不知道？然而都为了顾忌，不敢登载出来。他告诉我，将来不过改换两个名目罢了。还说我们帝君赋闲了两年，此次还可望有职事呢。"说犹未了，只见南极老人的白鹿喜孜孜拿着一张《天曹官报》来，叫曰："列位要看好消息么？"

玉兔手快，一手接来，大家团团围着观看。只见报纸里面还夹着一张红纸、一张黄纸。看时，却是观音菩萨开天足会、百花仙子创女学堂的传单。众畜曰："这是女子的事，我们不看他。"翻开报纸一看，上面一条刊曰：

> 探得通明殿最近消息云：朝旨以改定官制，为立宪之基础，昨已交各仙卿会议。闻议得照下界分设各部，以一事权。大约以太白金星为礼部大臣，以二郎神为陆军部大臣，以东海龙王为海军部大臣……

看至此，特笑曰："可谓先礼后兵矣！"蛇曰："兴了海军部，虾兵蟹将都有事体干了。"龟曰:"我左右空着,明日便请个回籍措资假,到东海龙王那里谋差事去。"

白鹿曰:"你们莫忙,且看完了再商量。"于是再看下文,是:

……以东岳大帝为法部大臣,以吕洞宾为度支部大臣……哮天犬大叫曰:"亏得他们想出这一位点铁成金的来当度支部也!"龟曰:"只是未免有侵财帛星君的权限了。"

再看下文,是:

……以姜太公为民政部大臣,以猪八戒为外务部大臣……金乌曰:"奇!奇!姜太公是贫苦出身,深知民间疾苦,用为民政部,还有可说。至于猪八戒,是个甚么东西,可以当得外务部?"玉兔曰:"你原来有所不知。猪八戒近年留学日本,此番钦差出外考查立宪,还带他去做翻译呢。诸神之中除了他,还有谁能略懂外情的呢?"

于是又看下文,是:

……以哪吒为邮传部大臣,以文昌帝君为学部大臣……特喜跃大呼曰:"妙!妙!敝同事天聋、地哑都可有提学使之望也!"哮天犬瞅了一眼,曰:"何妨放文静些!我听见二郎神做了陆军部大臣,何尝不欢喜?何尝不想求个统领?但只可在心里打算,何必这样大呼小叫?"蛇曰:"不错,不错,凡钻路子,只可默运神通,断不可摆在脸上。须知人心险诈,一露了风声,便有人要谋捷足先得的了。"犬、蛇两个说得特低头不语。

再往下看,是:

……以牛郎为农部大臣,以鲁班为工部大臣,以财帛星君为商部大臣……

龟曰:"怪道呢,我说用了吕洞宾做度支部,这财帛星君未免抱屈了。原来留着他做买卖,多财善贾,真用得当也。"

再看下文,是:

诸仙卿议定,此外不再更动,诸天神佛,一律照旧供职。今晨入奏,玉帝已经允准,定于明日早朝,再降玉旨。故今日散朝时,通明殿上,一片欢呼之声,皆曰:"立宪万岁!立宪万岁!"

群畜围观既毕,又复互相传观。特笑曰:"原来改换两个官名,就叫做立宪。早知如此,我们前次放七返火丹,未免多事了。"龟曰:"不然,他这是头一着下手,以后还不知如何呢!"特曰:"你不看'此外不再更动,诸天神佛,一律照旧供职'一句么?据此看来,我们的饭碗是不必多虑的了。"群畜闻言,不觉一齐大喜,亦同声高呼:"立宪万岁!立宪万岁!"

平步青云(笑枋)

阅者疑吾言乎?此物即在上海。

爆竹一声除旧,桃符万户更新。俗例往来贺岁,谓之拜年。我既在世俗之中,便未能免俗。况且年下事忙,所有各知己朋友,都违教许久了。此时新年多暇,借此访访知己,谈两句知己语,商量些借小说改良社会之法,也未为不可。谁知世俗还有一个成例:凡是来拜年的,一律挡驾不见,任是知己朋友,亦是如此。我走了几家,都见不着人,不觉十分怏怏。便打算回家,寻那除夕吃不完的屠苏酒,到醉乡深处,乐他一天。

行行去去,去去行行。走过一家门首,看见鲜红的门联,写着"恩承北阙,瑞霭南天"八个大字,旁边还有朱红漆的"李公馆"三个字的牌子。我忽然想着这李公馆的主人,也是我的朋友,不过不十分知己罢了。既然过他的门口,不免也去敷衍敷衍,尽尽世俗之情。想罢,正要去叩门,忽然听见叱喝之声。抬头一看,两个家人打扮的在前,一乘绿呢大轿在后,就在李公馆门首歇下。轿中走出一个人来,反穿着紫貂马褂,戴着貂皮大帽,红顶花翎,脚登粉底乌靴。原来不是别个,正是李公馆主人。我回避不及,彼此相见,大家一揖,各说些恭喜升官发财的套话。那主人便让我到里面去坐。我本来走得乏了,乐得借此歇歇,便随了主人进去。彼此又是一揖,分宾坐定。仆人送上茶来,又端过果盘。

我坐定之后,四面一看,只见花厅正面靠里的桌子上,放着一个紫檀雕花的木龛,龛里挂了一幅大红缎子平金的小幔;龛前面供着一盆水仙花,花前面放着一座古鼎,鼎里面烧着檀香;两旁明晃晃的点着一对堆龙凤的花烛。不觉暗暗称奇:"若是祖宗、菩萨,何以供到花厅上来? 若不是供的祖宗、菩萨,何以又焚香点烛?"左思右想,莫名其妙。

我正在呆想之时,仆人又送上点心来,主人便让我吃。我略略吃了些。主人不知有甚么事,到外头去了。看官,我此时因为狐疑不定,说不得不文明的事,也要做一次了。看见无人在此,我便走过去,把那大红缎子小幔揭起一看,不禁扑嗤一声笑了出来,几乎要放声大笑。仍到原处坐下。一会儿,主人又进来了。我尽力忍着笑,与主人应酬。怎奈这个笑是从肚里笑出来的,总忍不住。我此时要想把愁苦的事想点出来,便可把笑压下去了。谁知此时任凭怎样想,只想不出愁苦的事来。只得咬着牙,屏着气来忍。主人已经有点觉了,因对我说道:"你莫非笑我紫檀龛里的东西么?"我道:"我正要请教,供的是甚么菩萨?"主人道:"说起来话长呢。"说着走过去,撩起那小幔给我看。

我此时见他十分正经,倒不笑了,急于要听他的缘故。因又问道:"这是那里来的? 何以这般恭敬供养起来?"主人道:"前年不是朝廷派了五大臣出洋考察政治么? 大凡出洋的人,在外洋总要买点东西回来，何况他们钦差呢！五大臣回国之后，有一位放了南省的封疆，正是我的顶头上司。这位封疆在外国买回来的东西不少，逢人便送。送了某抚台一个金表，送了某军门一个八音琴，送了某道台一个金刚钻戒指……这都是彰彰在人耳目的。他到任时，我到省里去叩喜，他老人家说道：'李某人，可惜你来的迟了，我在外国带回来的东西，都送完了人了。'又想了一想，说道：'还有一样东西，送给你罢。'说着，就叫底下人拿了这东西来，当面赏给我。我们做官的人，上司便是父母，父母赏的东西，怎敢怠慢？所以我捧了回来，便叫人量好尺寸，定做了这个紫檀龛子，与及那红缎幔帐，恭恭敬敬把他供起来，天天焚香供奉。因为新年里，每天又加上一对蜡烛。我每天起来，洗过了脸，便先到这里恭恭敬敬作三个揖。我见了他，就犹如见了上司一般了。"

我听到此处，不禁又是扑嗤的一笑，连忙忍住，辞了出来。走出他大门之后，我便放声大笑，一路笑到家里。路上的人看见我笑得这么利害，只怕还说我发痴呢！

看官，说了半天，你道他那上司所送、他所供的，是甚以东西？原来是外国人撒尿的一个洋瓷溺器！你想，溺器是何等龌龊、何等下贱的东西，平白地捧到桌子上，藏在紫檀龛里，香花灯烛供养起来，还说见了他犹如见了上司一般，这溺器可不是平步青云了么？他便平步青云了，我的肚子可笑痛了。

快升官（记事）

颂旧社会乎？警旧社会乎？

《月月小说》出版之第五期，恰在乙未正月之内，是为新岁第一次出版。俗例新岁须作善颂善祷之词，作小说者无可颂祷，因借小说之标题，为颂祷之词曰"快升官"。以此一篇小说之内容，实是快升官也。有官瘾之人读之，且可以窥见快升官之要诀。

凡办军务者，首重粮台，为兵士足食计也。故当粮台差使者，其保举与前敌同其优异。左文襄用兵甘肃时，粮台书吏朱某，以白身保巡检，复由巡检保县丞。器小者易盈，于愿斯足。于是别其同侪，入都验看，指省山左，为刮地皮计。到省之后，蛰居无事，数年不得差委，至是乃深悔孟浪。

一日，其同僚某过访，朱对之愁叹。某曰："今有升官发财之捷径，特来报君。"朱喜曰："此事确耶？"某笑曰："胡不确？"朱急请其说。某曰："子本办左军粮台者，彼中之事，子当知之。"曰："然。"曰："此间有协饷若干万，每岁由左军委员来领解者，子亦知之乎？"曰："然"。曰："此饷已被拐矣。"朱大讶曰："子云何？吾不解子说。"曰："前者自称甘肃委员，投文领解此饷者，抚军即批与之，委员乃领解去，今已逾三月矣。昨忽又一委员至，投文如前。抚军大惊，诘问再三，方悟前委员乃赝鼎也。今悬重赏购此人，子能查得之，升官发财，弹指间事耳。"朱爽然曰："鸿飞冥冥，从何弋获？以此求升官发财，犹使哑人传琐语、聋人听细声耳。"

匆匆又半年，益无聊赖，穷愁困守，希望皆虚。忽有客投刺相访，视其刺，数年前同谱赵某也，急延入相见。客冠五品冠，衣服丽都，气象轩爽，抚掌曰："朱介侯，数年不见，何犹郁郁耶？"

朱曰："赵益三，何一朝顿贵，且浓髭绕颊，不畏夫人憎耶？"盖二人从前共事一室，交日益契，遂同订兰谱，相期为性命交，而居恒相戏狎者，故久别相逢，犹不忘故态也。寒暄既已，朱问所从来。赵曰："近纳资为郡丞，入都引见，将往粤垣听鼓。因言念故人，故纡道相访耳。"朱举手谢之。赵去，朱至逆旅报谒，此盖官场之礼仪如是也。至，则见赵仆从煊赫，行李繁重。坐甫定，更令妖姬二人出见，曰："此都中新置妾也。"朱平视之，环肥燕瘦，体态不同，而皆具殊色，不觉暗羡之。坐谈之顷，略诉寒苦。及归，赵使人走馈百金。朱念："赵何一旦豪富至是，岂升官发财果有捷径耶？"

越日往谢，复置酒为洗尘。赵言欲览济南风景，朱即导之游，挟歌妓，泛舟大明湖。酒酣，朱叹曰："昔与君同为粮台吏，亦与君两次同案得保。方余入都验看时，以为一入仕途，即可得意。方窃笑君之恋栈，不意君一旦鹏举，令余对之，辄增愧恧！窃以为升官发财，必别有捷径者，盍举以一教故人，俾亦得一脱窘况也。"赵拈髭笑曰："何有捷径？视机缘耳。虽然，机缘可遇不可求，吾人最宜讲求预备机缘之法。"朱曰："预备之法若何？"赵笑而不言，嬲之，则曰："此何可以言传？弟当随处留心耳。"

逾数日，游济南名胜皆遍，朱复置酒，饮赵于家。既醉，朱复请预备机缘之法，至长跪哀乞。赵掖之起，曰："吾与子何事不可言，何必若是？惟此事确非可以言传者，奈何？"朱曰："第以子所经验者告吾一二，吾将以为例，而仿其意为之。"赵时被酒已深，因促膝附耳以语之曰："此间前者不有冒领协饷之事乎？"曰："然。"曰："子以为冒者谁乎？"朱大惊曰："岂子也耶？"曰："子宜为我秘之，我虽妻子亦未尝泄一言，以子为性命交，故以告之。"曰："此岂即所谓预备机缘者耶？"曰："何不然？吾平日钤印公事时，即预印空白数纸，以为之备，此即所谓预备也。吾何时欲用，即用之矣。故于销差之后，即取所印空白纸，填为领饷文书，谁知我为伪者？"朱曰："然则子身有几胆，而犹敢过此？岂不知抚军悬重赏以购子耶？"曰："此正吾之机械也。吾初来时，未有须。既抵此，以生栀水涂面作病容。既离此，即蓄须。居都中数月，颐养丰腴，面目一变，谁识我者？故吾之来游，正以示吾之坦也。"

筵既散，赵别去。朱思："赵之所谓预备机缘者，乃如此。惜乎吾手亲公事时，未尝解此，遂使彼独享其有也。"继又思："吾惟当以彼法为例，若胶柱鼓瑟，则除冒领饷银外，更无他法矣。"解屦登榻，拥衾辗转，已达午夜。忽跃起曰："机缘即在是，更何求哉！"披衣下榻，走抚署请见，云报机密事。时东抚为张公朗斋，已就寝矣，闻报，即令就卧榻前见。朱乃禀陈赵冒饷事，愿亲往捕之。张公跃起曰："盗在是耶？果获之，吾必如所悬赏赏汝。"朱屈一膝曰："不敢领赏，乞公一保举耳。"张公曰："果获真盗，吾不惜一荐剡。汝速往与历城令言之，令其以役随汝往可也。"

朱叩谢出，趋历城署，言奉抚军命，有急事来。令已寝，起见之。朱告来意，令即派捕役数辈，随之去。至逆旅，破扉入，系赵去。朱乃谓其仆从曰："汝等误随匪人，当速散去，毋被株连。"诸仆遂一时星散。乃尽取其贵重行李及二姬归于家。赵至官，伏罪就戮。朱乃得保升知县。于是同寅者交相羡曰："此真快升官也！"而不知朱固抚巨资，拥妖姬，兼升官、发财、艳福三者而有之矣。而朱之心犹以为未足，请于张公，乞得一缺。张公以言于方伯。方伯鄙朱之为人，恒语人曰："赵罪固当诛，而朱非可诛赵之人。朋友道丧，此世道人心之忧也！"以碍于张公之命，乃俾署峄令。

峄县隶兖州，地瘠民贫，官缺绝苦。朱携二姬及其侄某甲履任，使司出纳。甲与稿案门丁某乙狼狈为奸，朱顾信任之，民怨沸腾，而治地贫苦，上下皆不能餍所欲。岁暮，甲谋卒岁资，苦无着手处，与乙谋。乙曰："阖治境皆贫民，无可商也。惟一典肆在，或可借润耳。"甲乃以木櫜一具，实以沙石，封锁完固，复加以封条，使乙舁往，质八百金。典肆中人曰："八百金小事，然必当启视为何物也。"乙曰："此本官所手封者，谁敢启之？"乃悻悻舁之还。

乙去，典肆中人相与计曰："官，虎也，不可撄其怒，必当有以调停之；不然，吾等居其治下，适为彼砧上肉，彼欲如何斯如何矣！"顾以岁暮，贫民纷纷求质，终日不暇。及夕，其当事者乃得隙，诣县署，求得乙,告以来意。乙仰首视天,若无所闻。言之再四,至于哀乞,乃曰:"吾何知?若自求佴少爷可也。"当事者乃入甲室,趑趄而前,将有所启白。甲注视不少瞬,忽抚几大叱曰:"门役岂尽盲耶?胡乃黉夜贼入而无所睹也?"声未绝,恶奴坌至,势如虎,掳经事者去,交捕役曰:"好视之,明当堂讯也。"典肆得报,相与错愕,急电告主者,请方略。主者为黄县丁氏,山左富民也。复电至,则曰:"彼所求者八百金耳,即与之,可冰释。惟当求介绍者为过付,毋径以送署也。"肆中人得复,即浼邑绅,向甲转圜。当事者乃得释,而八百金已充牣于甲囊矣。朱憒然无所见,亦无所闻也。

明年春,忽有二委员来境,曰奉宪谕查案也。朱茫然,备公馆,馈下程,而不知所查者何案。乙探诸委员之仆从,略得端绪,急报甲曰:"事败矣!典肆主人已赴省控讦,二委员以八百金故来也。"甲曰:"盍赂之?"乙曰:"恐不可赂。二委员一傅姓,为令尹;其一高姓者,盖都戎。武职无查案者,此来盖以其为山左土人,而此事则土人控官,故使之来,以便侦访者也。"

甲默然。入夜,乃走公馆,谒二委员。傅殊和蔼;惟高不以好面目相向,冷语逼人。甲衔之。归,呼本署小队诸人至,出百金,置几上,曰:"有能杀高者,以此犒之。"诸人相视,莫敢应。有某丙者应募出,曰:"我能之。第杀人者死,律有明条,不知法网可逃否耳?"甲曰:"是均在我,必不相累也。"丙喜而去。越一日,晡时,高在院中便旋,丙突入,自后刺之,仆。丙握刃大言曰:"余,县役也,敢当我者,请尝此刃!"扬长遂去。

诸仆从莫敢近。傅睹之,惊惧,视高,已不救矣。乃夜走兖州,诣太守告变。太守惊,札经历至峄,摘朱印。至,则甲、丙均逃矣。事达省垣,大吏震怒,系朱及乙去。乙毙杖下;朱以事委之于甲。乃悬赏缉甲,置朱于狱,几一年,终不获甲。高有侄某居词林,供职京邸,悉是事,纠合同乡官联衔入告,得旨严促东抚结案。东抚以责属吏。属吏急思卸责,乃严掠朱,惨酷备至。朱不胜其苦,遂自承,行刑有日矣。诸友咸来吊慰,有劝其先自裁者。朱曰:"部复未至,或议驳未可知也。"劝者太息而已。初,朱之入狱也,诸友多馈食者;至是,虽有馈,不敢食,恐他人之鸩之也,日惟以囚粮果腹而已。

无何,部复至。其友侦知之,以数十金购得孔雀血少许,和于茗内,使仆俟于西门之外。朱过,跪而进之。朱力却焉,遂俯首饮刃。盖距赵之就戮,未终三年也。

查功课

的零零,的零零,的零零零零零零……

"啊!时候已经晚上一点钟了,是那个传电话?想是无事的人闹顽的,且不要理他,睡我的觉罢。"

的零零,的零零,的零零零零零零……响个不了。

"啊!到底是甚么人?"

披衣起,下床着履,拧亮了洋灯,走近电箱处,拿起听筒:

"哈罗,哈罗,你是那里?是谁?"

有声如蝇,从听筒传来,曰:"我是督署。你是那里?"

"啊!督署?你是谁?我这里是□□学堂。"

"你是谁?"

"我是监督某。"

"传语各学生,不可睡觉,这里派员来查功课。"

"啊!查功课?是是是。几时来?"

"马上就来。"

"是是是,这里准预备……"

挂上听筒,穿袜扎腿。

"来！"

"来。"

"来啊！"

"来,有有有,是是是。"

"来啊！"

"是是是,来了,来了。"

"快叫起教习师爷们,叫斋夫叫起学生,制台马上委员来查功课。"

"是是是。"

"起来！起来！快起来！快快起来！"

又矇眬,又忙乱,穿衣,着履,剔灯。

北京学生曰:"这是那儿来的事？"

广东学生曰:"一头雾水。"

苏州学生曰:"到底为仔僊事体介？"

江北学生曰:"只是辣块说起的？"

"接帖。"

"嗄！"

"禀大人,四位委员来拜。"

"请！"

拱手,呵腰。

"请坐！"

"兄弟们奉札来查一查学生,不必坐罢,先到讲堂上去。"

"是是是。请,请,请！"

"引导了。"

"来啊！打灯笼。"

"是。"

当当当,当啷,当啷,当啷……

学生鱼贯入。

95

"学生都齐了吗?"

"是,学生都齐来了。"

"监督大人,各位教员,请看守一看守,兄弟们去查一查再来。"

"是是是,请便,请便。"

翻箱,倒箧,掀被,揭褥,拆帐,开抽屉,撬地板。

"没有,没有。"

"没有,没有。"

"想是谣言。"

"准是谣言。"

"禀复去罢。"

"禀复去罢。"

"监督大人,各位教员,请便吧,没事了。告辞了,惊扰得很。"

"不客堂里坐坐?"

"不了,不了,还有公事要禀复。"

"送客!"

"送客!"

"送客!"

"送客!"

客去。

教员问提调曰:"何事?"

提调问监督曰:"何事?"

监督问学生曰:"何事?"

学生问教员曰:"何事?"

"不知","不知","不知","不知",都不知,通通不知。

监督、提调、教员各归房,学生散。

甲学生问曰:"你的呢?"

乙曰:"在裤裆里。"

"你的呢?"

"也在裤裆里。"

"他的呢?"

"也在裤裆里。"

一人曰:"我的却在袖里。"

众曰:"冒险!冒险!一把臂就破露了。"

"拿来看是甚么?"

"是《民报》。"

"你的呢?"

"也是《民报》。"

"他的呢?"

"也是《民报》。"

统共有多少?"

"四十份。"

人镜学社鬼哭传

三十三年秋九月,美利坚兵部大臣达孚特如菲律滨,过沪,沪之绅商迎之。美利坚,美洲之大国,吾华之与国也。达孚特之过沪,非使也;绅商迎之,非国际也。

初,美人虐我华侨,沪之绅商首谋抵制。异国之人,或议之曰:"抵制,坚忍之事,非华人所能,美其不足虑乎!"人镜学社社员、南海烈士冯夏威耻之,死焉,遗书同人曰:"未死者宜持以坚忍,毋贻外人讥也!"于是抵制之声腾于国人之口,已而寂然。抵禁华工之约,固未闻或改也。

越二年,达孚特来,议所以欢迎之者,不出于他人而独出于沪之绅商。君子曰:"知过必改,沪之绅商有焉。夫强者服人,弱者服于人;能服人者服人,不能服人者服于人:天下之通义也。以病孱之国,无权之民,而谋抵制民主之强国,是何异于饿夫自绝食于疱人之侧也!不度德,不量力,其斯之谓乎?达孚特之来,忽变计而为欢迎之会,识时务者多之。"

达孚特既至,会于愚园。执事者将有献于达孚特,先宣言曰:"美利坚,国于太平洋之西岸,与吾国屹然相对;方舆之广,民户之繁,且相埒。吾人之游于美利坚者,观其政化,未尝不以美人之乐为乐。吾国被文明之风,亦将改其政化,吾知达君亦将以吾人之乐为乐也。况吾两国之交亲,历年以来,从无隔阂。美人之创为普益之举,以被我华人者,不一其地矣;吾人受美人之教育,而得以从政者,不一其人矣。且淮海之灾,美人赈焉;庚子责币,美人返焉。其惠我中国者,为何如也!故达君之过沪,吾人迎之,礼也。敢进银觥,为达君寿!"遂以觥授一女子,奉献于达君。觥之铭曰:"大美国兵部达孚特尚书莅华,寓沪绅商雅集愚园,以礼欢迎,谨制银觥,用志纪念。"达孚特受而乐之。

君子曰:"执事者可谓善于词令矣!讳其虐我者,而颂其恤我者,可谓善于词令矣!顾不审其亦一权于轻重之间否也?执事者可谓识时务矣!欧美文化,被于吾国,男女平等,同享人权;先王授受不亲之教,久成粪土。故出女子,捧觥以娱宾也,可谓识时务矣!"

已而宴宾,达孚特举觞为之颂曰:"大清国皇帝万岁!"西乐悠然作于庭。古者诸侯大夫之相见也,互相歌诗以为颂,礼也。三代之下,废已久矣。至今欧美诸国犹袭其遗风焉,故执事者设西乐以备和歌。顾悠然西乐之声,所歌者英国之国歌也。于是外人讥之焉,曰:"中国其英乎?不然,胡为而作英歌以答宾之颂也?"虽然,外人讥之,君子谅焉。是役也,执事者皆习于外情者也。君子之于人也,毋求备。彼而既习外情矣,复乌能知有内国之礼、内国之乐?故其习于英者行其英,习于法者行其法而已矣,复乌得而咎之也?

夜,有声啾啾,出于人镜学社之门。其声哀而厉,黯而悲。闻之者曰:"是鬼声也,胡为乎来哉?"同里之人大惧,供楮帛酒醴而祭之,祝之曰:"岂吾人致汝于馁而耶,胡为而哭于斯?岂抱冤而无所白耶?非吾人之所知。魂其灵兮,来格来享。享此而速逝兮,毋怵吾党。"鬼啾啾然应曰:"吾冯夏威也。"

无理取闹之西游记

涸辙鱼哀求援救　通臂猿大显神通

却说齐天大圣自从跟着唐僧取经,历过了九九八十一难,得成正果,封了斗战胜佛,从此便在西方极乐世界,安享清闲之福。撇下了花果山水帘洞中一群猴头,无人管束,渐渐被那些猎户设法猎获,带到市上去玩把戏,不题。

内中单表一个通臂猿,最是通灵。看见群猴被辱,未免暗暗伤心。默念:"从前齐天大圣在时,四海万山,一齐拱服;天兵天将,尚且战败:何等威风!到了今日,眼见得儿孙零落殆尽,大圣又成了正果,不再回山。怎能够我辈之中再出能人,恢复旧时事业呢?"千思万想,无限伤心。忽又转念道:"与其望我辈中再出能人,何如我自己立起志来,以继大圣事业?天下事,有志者事竟成,或者我就做了第二个齐天大圣,也是未可知之事。"于是潜心修炼,不多几时,果然也学会了七十二般变化。他更有一般本事,为当日齐天大圣所无的。你道是何等本事?原来他两只手臂可以随意伸缩。譬如他用左手去取一件东西,那左臂够不上,他可以把右臂通到左边,接长左臂;用右臂亦然。所以叫做"通臂猿"。这通臂猿从此威镇花果山,高踞水帘洞。果然群妖拱服,百怪来朝,好不热闹。一日,这通臂猿在家里坐得厌烦,便想出外游行。原来他的驾云本领虽不能及得齐天大圣的筋斗云一去十万八千里,然而也能随意所之,他欢喜向甚么地方去,一霎时便到了。这是他从修心养性时,那趋吉避凶诀上悟出来的。闲话少题。

且说通臂猿要想出外游行,便出了水帘洞,驾起云头,径向南赡部洲走去。不多一时到了,便按落云头。果然肩摩毂击,好个热闹所在。通臂猿正在观览风景,忽听得道旁有人叫道:"庄生呀!你何妨早决西江水,免我枯鱼入肆中。"通臂猿听了,心下大疑道:"这是谁叫呢?庄生又是谁呢?"四下里一看,只见路旁一条车辙,约有一二寸深,积了有几分深的潦水,潦水之内,卧着一条鲋鱼。那叫庄生的正是他。通臂猿走近一步,问道:"唦!老鲋,你卧在这里做甚么?你叫那个庄生呢?"鲋鱼垂泪道:"先生有所不知。我本来在西江居住,修炼成人,已经五千余年,向来安分。不料近来来了一个魔头,和我大战。若是仗着我那些子孙合力齐心,本来还可以取胜。谁知他狡计多端,乘我子孙不曾防备时,引我出了水府,和我决战,战到兴酣之际,他却弄一个不知甚么玄虚,伸出一只巨爪来,把我一抓抓起来,放在这里,没奈何现了原形。正是蛟龙失水,尚且难行,何况我道行浅薄之辈?正在求生不得之时,幸得遇见庄先生,他应允我去决西江之水来相救。他已去了半天,这时还不见来,所以我心急,叫他一声。不期惊动长者,尚乞见谅!"

通臂猿道:"是那个庄先生?他有本事决得西江之水?"鲋鱼道:"就是著《南华经》的庄周。"通臂猿笑道:"原来是那个书呆子,你如何信他的话?那读书人的通病,是笔下虽有千言,胸中实无一策的,不如待我来救你吧。"鲋鱼大喜道:"先生,救人一命,胜造七级浮屠,望你快点施展法力。"通臂猿道:"我要救你,不费吹灰之力,只要念一声'哪'字咒,万劫皆消。只是你拿甚么谢我?"鲋鱼道:"可怜我近年以来屡被那魔头缠扰,闹得民穷财尽,更有甚么财帛可以为谢的?只求先生大发慈悲,救了我吧!"

通臂猿听说,掉头便走。暗想:"我到南赡部洲来,本要搜刮几文回去,修理花果山,装点水帘洞。不料这厮一毛不拔,我老猿岂是与人白当差的?况我虽然识不多几个字,《中庸》是读过的。那水府是鼋鼍蛟龙鱼鳖生焉、货财殖焉的地方,如何推说民穷财尽?"越想越恼,道:"不如索性算计了他,好叫他知道我利害。"想罢,纵起云头,赶上庄生。远远望见他飘飘然,仙风道骨,果是非凡之辈。"待我去试探试探他。"

好通臂猿,摇身一变,变了个全真模样。迎上一步,打个稽首道:"先生,稽首了。"庄生连忙回礼道:"道友请了。"通臂猿道:"先生不在家著书做梦,却云游在外,想是别有乐趣,要知道鱼之乐呢?"庄生道:"道友休得取笑,我何尝做甚么梦来?"通臂猿道:"你梦为蝴蝶,是天下皆知的,怎的取笑。"庄生道:"吾昔者知鱼之乐,此时却知鱼之苦呢。"通臂猿道:"鱼有甚么苦?想是被鱼镖打着了?"庄生道:"不是,不是。那西江的鲋鱼,被一个魔头把他抓在涸辙之内,是我要去决西江之水去救他。"通臂猿有心试探他,便问道:"不知是一个甚么魔头,却如此利害?"庄生是个不开混沌的长者,遂老实说道:"这魔头利害呢!是西牛贺洲的一只麻鹰,也历了二三千年的苦劫,近来这一二百年间,才修成了人形。不知他为甚么专与鲋鱼作对。"通臂猿又试探道:"不知西江在那里?"庄生用手指道:"你看那边江流泱泱的,不就是么?"

通臂猿听罢,跳起来现了原形,戟指向庄生一指,嘴里念了一声"唉仳西滴"咒语,庄生便立住不能动弹,脚下如钉了桩一般。原来通臂猿用的是定身法。庄生不能动,又见通臂猿现了那副嘴脸,便大叫道:"你这毛贼!弄的甚么玄虚?还不快快放了我!"通臂猿暗想:"被他这乱叫乱嚷,恐怕被有能之人听了来解救他。不如再用一个噤声法,噤了他的口罢。"好通臂猿,回身又念了一声"文图特厘"咒语,庄生便目定口呆,做声不得。

通臂猿驾云来到西江一看,只见山明水秀,柳绿桃红,两岸楼台,一江帆桨,果然好个所在。正在赏玩景致,忽然岸边一个狰狞可怕的人,在岸边用手掬水而饮。通臂猿暗想:"这个人渴的要死了,喝冷水不怕泻肚子呢?"高声叫道:"朋友,想是你渴很了,怎么只管喝冷水?"那人听见,方才站起来,揩揩嘴,应道:"果然,我渴很了。这个水好得很,朋友,你也来试试。"通臂猿笑道:"我是吃黄河水长大的,希罕甚么?"那人道:"阿弥陀佛!可怜见我家里的水是咸的,不能入口,所以见了这个水,就和甘露一般。"通臂猿道:"敢是住在海洋里?不然,何以四面的水都咸呢?"那人道:"朋友,你是吃黄河水的人,不曾知道黄河以外的事。我们西牛贺洲在西海当中,所以都是咸的呢。"

通臂猿暗暗惭愧道:"踏破铁鞋无觅处,得来全不费工夫。这是那麻鹰了。"因装做不信道:"朋友,你莫说谎话,西牛贺洲离此地也不知几千万里,你为何便得来?"那人道:"你有所不知。我是修行得道,有名的麻鹰大王,莫说这里南赡部洲只在隔邻,就是对邻的东胜神洲,我也可以去搅他一个鸡犬不宁呢!"通臂猿道:"你既有这等本领,为甚不把这西江拿了去?"麻鹰大王道:"朋友,莫说笑话,山川是生在地上的,如何拿得去?"通臂猿笑道:"亏你不识羞,自夸大口,连区区一条江都拿不动,还要称大王呢!"麻鹰大王连忙下拜道:"老神仙,你如果有本事代我拿了去,我不敢忘报。我那边四面咸水,子孙们都渴的要死,每年只靠我到这里来取点水回去给他们止渴,我也借此饱饮一顿。若能把他送到西牛贺洲,任凭老神仙要甚么谢礼。"通臂猿道:"你们有些甚么?报上来,等我拣中。"

麻鹰大王道:"有有,金银珠宝,奇技淫巧的东西,任凭你拣。"通臂猿道:"也罢,我甚么都不要,只要金钱吧。"麻鹰大王道:"有有,你只要办妥这件事,你要一万有一万,要一兆有一兆。"通臂猿大喜道:"如此我就作起法来。"麻鹰大王道:"作甚么法?"通臂猿道:"移山倒海法。"麻鹰大王大喜道:"我向来只听人家说过移山倒海,却没有见过,今番却看着了也。老神仙,请就作法。"

通臂猿闻言,当把左臂通到右臂上,将右手高高举起,伸出一只大毛掌来。麻鹰大王道:"这是甚么把戏?"通臂猿道:"一手遮天呢!"麻鹰大王道:"好好的天,为甚要遮了他?"通臂猿道:"下界的山川河岳,位置都有一定的,若是勉强移动,不免上干天怒,所以要遮了他。"麻鹰大王吐舌道:"好大手!快作法吧。"通臂猿不慌不忙,念出四句咒语来道:"他鲁大计莫懈,居音才先落哀,实职古或昨则,徒盖方伐墙来。"麻鹰大王睖睖的看着道:"你说甚么呀?"通臂猿不理睬他,口中念念有词,仍是这四句。念了几遍,果然见愁云惨黯,毒雾弥漫,天昏地暗,日月无光;一片江流汹涌之声,如千军万马。登时,两岸居民扶老携幼,呼儿唤女,神号鬼哭,狗走鸡飞。一阵阵阴惨之风,在江面上飘来拂去。正是:

　　捏定真言四句诀,此中消息几人知?

未知那西江到底移得到西牛贺洲与否,通臂猿的神通灵否,且待著者觑定他的作用,看明白了,再表叙出来。

光绪万年

旧日之推步家,每分甲子为上、中、下三元,且为同治三年甲子为上元甲子,主寿。若持此说质于讲新学者,必为所排斥;而持此说者,又言之成理,广搜证据,以捍御其排斥。新旧相争,其胜败正未可料。噫嘻!旧说胜矣,其言竟验矣,今日已为光绪万年矣。自从光绪三十二年七月十三日诏天下臣民预备立宪,于是在朝者旅进旅退,揖让相语,曰"立宪""立宪";在野者昼眠夕寐,引颈以望,曰"立宪""立宪"。在朝者对于在野者,曰封、锁、拿、打、递、解、杀——"立宪""立宪";在野者对于在朝者曰跪、伏、怕、受压制、逃、避、入外籍、挂洋旗——"立宪""立宪"。如是者年复一年,以达于光绪万年。

小说家之例语曰:"有事话长,无事话短。"自此之后,浑浑噩噩,不觉已到光绪九千九百七十年。此年中国乃生下一奇伟之人,以众人皆浑浑噩噩之故,不能复详其姓氏里居,惟相传称为"伟人""伟人"而已,故记者亦从而记之曰"伟人"。

此伟人生而聪慧,长而好奇,尤肆力于天文之学。至光绪九千九百九十年,伟人二十岁,天文之学大进。所尤幸者,家拥巨资,除被剥削敲诈供亿之外,余资犹足供其研究之资本而有余。建观星台一,高及云表。其自制之测远镜、聚星盘、风雨表、指北针等,均神工鬼斧,巧不可阶,非耶氏二十世纪时之人所可梦见。而伟人殊不自足,研究无已时。如是者又十年,遂达于光绪万年。

日者伟人登观星台,试验各种仪器,携测远镜以觇星度。咄咄怪事!测远镜中,忽发见一不可思议之怪物,光艳不可以名状。其物维何?曰彗星。其飞行之速率,至于不可测算;其趋向乃直射地球。噫!异事。伟人于是目注测远镜,不少瞬。取新发明之仪器细为测验,乃大惊曰:"祸事!祸事!不图吾等于今年同归于尽。"乃走告戚友曰:"彗星将实行与地球冲突矣,其验当在某日。"戚友或信之,或不信之。俄而此语遍布国中,国人咸嗤曰:"自耶氏十九世纪以来,西人即喜为此谰言,以惑愚人。不足信,不足信。"

伟人不与辩,惟日登观星台测验。初见彗星径对赤道下而来,其体积较地球大十二倍。使果撞于赤道之下,或将地球破而为二,亦难逆料。果如此,则地球将失其旋转之力。然此时不能远虑及此。

越数日,再测之,彗星之行愈近,且由赤道逐渐北移,自赤道渐入于北纬十度之位;又渐入于二十度之位;久之,乃入于三十度之位。噫!中国其危!中国其危!盖此北纬三十度之下,恰当中国扬子江流域之地位,实为中国之中心点。以此地与彼凶恶之彗星相撞,其齑粉也,不可以一瞬。

伟人复细心测量地球东西转,每当辰巳之交,则见此彗星之凶光正对中国。过此,则渐移而西。非彗星之移动也,地轴东转,则觉其西行也。准此推测,则惟相撞时在辰巳之交,中国乃当其冲耳。若至正午,则当撞于印度;交未,或撞于波斯;申酉之际,则或在地中海之南岸,亚非利加洲地方;再迟,则当与北大西洋之水相激射;夜半,则北美之南一带当受其殃;过此以往,或将落于北太平洋。寸心铲转,妄冀其相撞时不在辰巳之交,或可稍缓须臾之齑粉,得以一见世界末日之情形。

既而此彗星愈趋愈北,自北纬三十度,渐入四十度,五十度,六十度,以至于八十度。伟人私心大庆,暗祝曰:"彗星,彗星!汝其再北行,使汝趋于九十度之外,则与吾地球无与矣。汝其速行,汝其速北行。汝果能速北行,则吾合地球之生灵,皆有生存之望矣。"

时当六月,炎暑逼人。伟人昼戴烈日,夜冒凉露,测探无已时。视此彗星,已将达于九十度矣。然而其去地球也益近矣:寻丈矣,咫尺矣。呜呼!大恐怖,间不容发矣!大风忽起,地大震动,忽然昏黑,人声鼎沸,鸡犬飞鸣,树木摇撼,砂石舞空际。伟人立观星台上,若有持而播之者。急倚阑立定,远见一线之海水壁立而起。噫!此何时?此何时?非彗星与地球实行冲突耶?最奇者,从此以往,昼夜莫辨。日影如驶,自北而南,群星之轨道尽紊,乃至于无从窥测。如是者约十二小时之久。忽觉凉风习习,似近深秋。俄而南风寒甚,俨然冬矣,俄而水皆凝冰矣,俄而大雪纷纷矣。而地之动者复静矣。

伟人急易葛而裘,复登台测验。噫!星度全非矣,昔之自台上所望见一线之海水,今且易其位矣。噫!咄咄怪事,咄咄怪事!备列各种仪器,潜心窥测,以穷其奇,理想实验,纷集脑际。良久,乃得其故。急测验经纬,良不诬,良不诬。噫!怪事。噫!阅者诸君试掩卷一猜,此是何等怪事?

当彗星之来也,自东北方至,其冲撞之力,不可思议。其撞于地球也,恰当北纬八十九度,东经一百三十度之间。噫!此其间非地球北极之边际耶?彼其已渐移渐北矣,使彼迟至一刻,已离去地球矣。乃不偏不倚,于此摩擦以过。此一摩擦也,其力量亦不可思议,故地球随其摩擦而为之转动。地球本东西转,被此一摩擦,乃忽然作一南北转。幸也其摩擦之力犹未甚大也。使其摩擦之力而甚大,则地球从此永为南北转,未可知也。诚如是,则此后之岁月,之景物,之人类,及一切飞潜动植,必有因此而改其状态者。今以其力未甚大之故,地球之为南北转者,仅若一翻身,已复镇静,而仍为东西转矣。然而已移北极于南极矣。

噫!异哉!此一翻也,天下万国,皆移易其位置矣。他国且勿论,先言吾中国。中国在昔之位置,在于北纬二十度至五十度,东经自八十度出入于四十度之间者;今遇此一翻,乃在于南纬二十度至五十度,西经一百二十度出入于一百八十度之间,约在昔时新西兰岛之东北隅。默忖此新西兰岛,此时当在从前日本之地位矣。以天印地,其例盖如是云。以故时当六月,而忽然寒冷冰雪者,南半球之天时如是也。在昔北风寒、南风暖者,北风自冰洋来,南风自赤道下来也;今则反是矣,南风从冰洋来矣,北风自赤道来矣,故南风寒甚也。从此以往,吾人皆互其寒暑矣。

伟人既尽考得其情态,不觉似醒似梦,若假若真。"噫!吾岂梦耶?"抠衣下台,闲步园中。园中荷池,昨方荷花盛开,红白相映,今已枯槁无遗矣。雪深没踝,寒澈心脾。忽闻一阵暗香,随猛烈之南风扑鼻而过。举首视之,数点梅花已开放矣。"噫!如是之景物,乃在六月,乃在六月。是则吾初测见彗星时所不及料者也。噫!吾不料大地山河,乃有此变态。吾昔者测见彗星时,告诸戚友,戚友不余信;播之国人,国人指为妄。今何如矣?虽地球未齑粉,然此一翻身,实为彗星摩擦之使然,有断然也。吾今再告诸戚友,再播之国人,庶几戚友、国人皆信余。"

启键出户,见道路平坦洁净,大非昔比。行人熙来攘往,皆有自由之乐,非复从前之跼天蹐地矣;修洁整齐,非复从前之囚首垢面矣;轩昂冠冕,非复从前之垂头丧气矣;精神焕发,非复从前之如醉如梦矣。"噫!异哉!何崇朝之间,人物与大地俱变耶?是不可解,是不可不急求其解。"走叩戚友,戚友大笑曰:"子日言天文,而不知人事,舍近求远,果何为哉?子不知宪法已组织完备,今日已实行立宪耶?"

中霤奇鬼记

向者吾得一奇病,累日不食而不知饥,强以食进,不下咽。家人忧之,为延医焉。医曰:"是疾也,今人恒犯之,号曰'泰侈'。为谋适口之品,病斯已,可勿药也。"家人如医言,偶进鲍鱼,颇甘之。或曰:"此东海之产品,既食之而甘,可连类而及矣。"于是,若海参,若鱼翅,若冬菇,若淡菜,若江瑶柱,更番迭进,莫不甘之如饴。虽然,如是种种,市肆皆称贵品,吾腹输入既多,则金钱之输出者亦巨,吾亦不知自惜。偶游东海之滨,为恶剧东风所乘,毛发森竖。归而卧疾,痛深肌骨。家人复以前食进,辄心口作恶,不欲纳也,却之,家人又忧焉。既而家人会食,黄齑豆腐,罗列案中,吾见之,曰:"此尚可食。"索啖之,虽不甘美,而心口不复作恶矣,病亦少解。日暮天寒,家人为进衣,而寒弥甚。视所衣,则丝布所制者,益增寒噤,亦不自知其然也。解去之,易以家织,始渐暖燠。自是病虽未瘳,而齑腐粗衣,颇渐安矣。忽有奇鬼,出自中霤,鼠首而人身,被九宫八卦之服,蹒跚而前,语吾曰:"尔尽弃昔者之衣食,仍求诸所自有,获罪于敖广。吾奉敖广命,将诛尔!"语既,以海菜丝布之属强内吾。拒之,出巨权压吾首,几碎吾颅。视其权,即吾家之秤权耳,不知一入鬼手,何如是之巨也。家人惧，召龟者卜之，得"同人"之"亨"。其繇曰："鬼之雄踞中雷之中，其势汹汹，吾道其终穷！"又曰："泰岱之高，可跻其巅也；沙漠之广，可达其边也。心之所贵，惟其坚也。"家人不解，以问吾。吾口方为奇鬼所握，不得言，援笔记之，以俟世之君子。

记者按：此盖为□□□货事，窘于压制，不能竟其志而发也。其曰"心之所贵，惟其坚也"，吾深有取于斯言。

活地狱

第四十回
制出新刑乡绅助虐　飞来横祸捕役栽赃

却说陕西兴安府石泉县城内，有一位乡绅，姓祝名椿，字可大。家里光景，甚是宽裕。因为曾在外边做过几任实缺府县，因此在乡里颇颇有点声势。非但是乡里的人敬之如神，畏之如虎，就是地方官也要应酬他，不敢同他十分认真。

有一天他家里失了窃，连粗带细，统通约摸有一千多两的东西，循例报了案。这位县大老爷姓胡名图丹，乃是一位两榜进士出身。平日做得绝好的八股文，是酷摹汪鸣銮一派的。到任之后，依然是手不释卷，一切词讼，并不当心，以致诸事废弛，偷窃的案件，更是不晓得出了若干起。这日却却的碰到祝乡绅家的事，心里方才有点忐忑，当即传齐捕快，自己带了，往祝乡绅家踏勘。祝乡绅正言厉色的责备了一番，胡图丹连连道歉，不敢多说一句话。偏偏有一个不懂事捕快，前后仔细的踏勘了一回,便上来说道:"这个贼没有来路,不像是外来的。"祝乡绅听了大怒,也不管胡图丹下得去下不去,便随手取了一根粗大烟杆,恶狠狠对着捕快打去。捕快躲不及,着了一下,头已打破了一块,血流如注。胡图丹看见祝乡绅动气,连忙把捕快骂了一顿,捕快碍着本官,只得抱着头自认晦气,一边去了。胡图丹又敷衍了一回,方才辞别回衙。立即坐堂,传了通班捕役的头子,每人打了五百板子,又叫赶紧去办案,并给限三天。捕快不敢分辩,只得领打。退了下来,大家也商议不出个道理来,无非是在当典门口,及小押当门口,并赌场上去候候。光景转眼三天,却没有一点影响。到了限,无非再捱几百板子,转上两天限。好在这个板子,是差人心心相照的,虽然是五百下板子,也不过抵了那些打官司不化钱的二三十下罢了。

不料祝乡绅时常派人来催,并且说如果破不了案,便要遣抱上控。胡图丹听见,格外发急,他却没有法子,无非用了些随常的刑法,收拾收拾捕快罢了。又看见一连闹上几天,还是没得影响,心焦的很。正在签押房里一人闷坐,却却祝乡绅又来拜会,胡图丹不敢不请。请到花厅里,落坐送茶,先道了效力不周的话,又把捕役不能破案的事,说了一遍。祝乡绅冷笑道:"这样说起来,老父台在这里荣任,不是为民除害,倒是豢贼害民了。"胡图丹吓了一跳,连忙赔笑道:"兄弟在这里,天天比责他们,只不过打几下板子,我看他们嘴里虽然说得中听,却也稀松平常的,所以现在颇要想出两种新鲜刑具来,叫他们害怕,方能望他们当点心。无奈一时愚蠢,总想不出法子来。老先生见多识广,谅来总有点法子,还请酌示一二。"祝乡绅道:"论理私造非刑,大干例禁。不过捕快就是贼,贼就是捕快,从来无不通贼的捕快,即无不通捕快的贼。收拾他们的东西,只要可以立威,那有甚么不好。老父台是读书过于拘执,其实惩罚捕快,尽可以从严厉些,要是一味姑息,以为阴骘,难道从来除莠安良的贤父母,都算作孽的么?"胡图丹道:"是极,是极!但是兄弟秉性柔软,实在想不出法子来,还要请教。"

祝乡绅道:"治弟倒有两个法子,老父台姑且去试试,如果照办,管保用得一样,就可以破案了。"胡图丹大喜,连道请教。祝乡绅道:"第一件名叫红绣鞋,是叫铁匠打一双铁鞋,把他放在火里烧红,替他着在脚上,任是他铁石人也经不起。不过这个人,可也从此残废了。好在本是恶人,地方上恶人,尽管残废几个,有甚么要紧!不过当时那点焦臭之气,有点难闻罢了。这是第一件。第二件名叫大红袍,是用牛皮胶熬烊一大碗,把这人浑身涂满。然后以麻皮按着贴上去,等到干了,却一片一片往下撕着问供。这一撕不打紧,这麻皮被胶粘住,撕的时候,是连皮一齐下的。他身上的皮去了,自然是只剩下些血肉,那血也就挂了满身都是,所以叫做大红袍。这是第二件。第三件叫做过山龙,虽然平常,只要工夫一大,也没有人经得起。是叫锡匠打一个弯曲的管子,扯直了要够二丈多长,把犯人赤剥了,用管子浑身上下盘了起来,除掉心口及下部两处。锡管子上边开一个大口,下边开一个小口,用百沸的滚水,从这头浇进去,周流满身,从那头淌出去。这个开水,却不可间断。任你好汉,到了十壶,也就很够受了。这是第三件。治弟从前在外边做过几任知县,都是用的这个法子,果然畏威怀德,路不拾遗。老父台既是安心要做好官,何妨仿照治弟的法子去办一办?这是合邑蒙庥的事。"

胡图丹一面听,一面赞,又仔仔细细问了一个透彻。等送过客,便传话去,打铁鞋锡管,限次日缴案。胡图丹便把这三种东西,摆列在堂上,把捕役喊上去,讲给他听,并限明日午刻,不能破案,便叫他们来试新刑。捕役听见他吩咐过,一个个魂不附体,下来便聚拢在总捕头家里想法子。有的说是要跑的,有的说要自尽的,吵了一回。这里面却有一个老捕快,已是多年不办案了,姓辛。他有一个外号,叫做辛大头。本是一个极奸极刁极诈极恶的人,因为自己有了年纪,没有儿子,改行为善,久已不作伤天害理的事。如今看见他们这些徒子徒孙十分苦恼,不免又动了他人所说的甚么义气了。当时拍着胸脯道:"你们别忙，我倒有一个法子，你们且定定心罢。"大家听见他有了法子，便鸦雀无声的听他调度。辛大头道："这是件害人的事，不过如今也说不得了。我看见他失单上有些首饰、银器、衣服、洋钱等项，我无意中曾问了他报案的一句话，这银器是那一家的，他说是天宝银楼的。我想天宝楼的东西，我去年整顿小田的时候，也曾扣留了他一大包银器，都是天宝楼的。我想不如把这件东西栽在那个人身上，拿了他等官去问，我们便大家没了。"大众想了一想道："好可好，这事的筋节主意，还要你老人家料理。倒是这包东西，栽在那个身上去呢？"辛大头道："你莫管，你们明早就把王老八带了去，说是拿到了一个把风的王老八的话，我去交给起赃拿人的话，要回明本官，捱到上灯的时候，方才妥当，怕的是走漏风声。这位老爷好骗，自然答应。至于这个倒运鬼，我想西门外鲁老大家私还好，去年同我在老桑家赌钱，为了七十个钱，我俩就打起来。他倚老卖老，还有人帮着他欺侮我。我这个仇一直想报，因为年纪大，才放下来。这件事倒不如作成了他罢。他家光景也不算坏，砻坊、油坊、米店还有几十亩地，家里也颇颇有点积蓄，把他扳了来，不但可以敷衍公事，我们也可以沾光，补补从前的劳伤。"大家听了大喜，痛赞了一番，随即各散。辛大头又去吩咐了王老八，不在话下。

却说鲁老大是个务农人家，持家勤慎。儿子也大了，通力合作，十几年来颇能有些积蓄。那些米店等虽然不是独开，的确都有合股。寻常的时候，一个钱也不肯多用，每逢新年上，就不免各处去赌赌钱，也是个散散心的玩意。却不知怎样的得罪了辛大头，弄成了一个灭门大祸。却说这日一早，鲁老大起来，站在门口望望景致，远远的看见一个人，头戴着一顶破毡帽，手里提着一个包袱，低了头一步一步的走到跟前来。猛一抬头，看见鲁老大站在门口，就立住了，换了一副笑容可掬的面孔，对鲁老大说道："老先生，我有要紧事到乡下去，要找个地方去吃饭。因为这个包袱是最要紧的，不便带着他上饭店。我想求你老人家，暂且在你老人家存一存，我去吃顿饭，吃了便来取。不知老先生肯方便不肯方便？"鲁老大道："你要暂存，有何不可，不过你是甚么东西？"那人道："有几件铜首饰，也不值甚么钱，不过是朋友托的，怕的饭店里人多手杂，有个一差二错便了。"鲁老大道："既是如此，就请你老点一遍罢。"那人笑道："老先生实在精细的很，我晓得你老先生。老先生尽管放心，难道我还会讹你老先生么？我对你说罢，有一对锡酒壶，一根铜元宝簪，此外没有甚么东西。"鲁老大接过包袱，觉得很重，便道："我也不看你，你把包袱做个暗号罢。"那人笑着，果然去做了一个暗号，递给鲁老大，便扬长而去。

鲁老大便招呼一个做工的提了进去，放在中间，自己又站了一回，却不见那人来取。一直等到午饭后，还不见来。鲁老大有点疑心，却一面吃了中饭，又嘱咐了家里的人，便去歇息。及至一觉睡醒，问问那人，仍不曾来。鲁老大不过说了两句奇怪。刚刚到得上灯时候，忽听见大门外头一阵人声。欲知后事如何，且听下回分解。

　　此三种刑具散见于旧小说中，而其说不详。尚有所谓杏花雨者，尤为惨酷。惜乎祝乡绅尚见不及此也。
　　辛大头以七十钱之细，故遂贻鲁老大以灭门之祸，君子所以有比匪之戒也。是回写辛大头之狡狯神理逼肖。

第四十一回

巧言动听误入彀中　　毒手频施冤沉狱底

却说鲁老大在家里，听见打门的声音，不觉大惊。正待出来看，早见一个戴着顶子的老爷走了进来，后边跟了许多戴红缨帽子的人，还有穿镶边马褂子人，也有手里拿着刀的，也有打着火把的，一齐拥了进来。鲁老大晓得是老爷来了，连忙上去跪着。老爷便问他名姓，就吩咐锁起来，又把一个马踏子放在大门里头坐着。又吩咐那些戴红缨帽子穿镶边马褂的去抄寻。早有辛大头提了早间那人寄存的包袱来，当着老爷的面打开一看，一共是十九件银器，下边都嵌着天宝楼的字号。鲁老大家里的东西，还有存的百十两银子，早已从马仰人翻的时候不翼而飞了。搜查已过，老爷就叫把鲁老大的家眷撵出去，发下封条封了门，锁着鲁老大，上轿回衙。先把鲁老大钉镣收监。鲁家的家里人，自去张罗打点不提。

原来这件事，自从辛大头出了主意之后，先叫徒弟去见官，说是拿到了一个把风的贼。据他说是另有大窝家，请老爷严密审问。胡图丹立刻坐了花厅，把王老八带了上去，仿佛是曾经见过的一样。胡图丹到任已有两年，王老八犯过三次案子，过了三次堂。胡图丹记性就是再不好些，总也有点面熟。他却也不管这些讲究，便问他祝乡绅家的一案。王老八是受了辛大头的教导，自然是指东话西的，混搅了一阵。等到捏了皮鞭子，要上他夹棍，他才装出害怕的样子，说是愿招，便把辛大头教导他的话说道："小的本是白河县人，是卖布到这边来的。折了本，不得回家，又在客寓里害了病，弄的当光卖尽。去年鲁老大要找一个帮工的人，因为田里事忙，我去做了几天，因此认识。后来时常去走走。本月初二那一天，鲁老大同了一个黑麻大汉，在酒店上喝酒，喝的甚是投机，嘁嘁喳喳不知说些什么。就在这天晚上，我出来出恭，那可有三更天的光景，看见鲁老大同着那个黑大汉走了过去。我刚刚出完了恭，起来碰到了。我说老先生半夜三更到那里去。鲁老大把我叫在一旁，对我说，他们要到祝乡绅家做一件买卖。你反正也没有事，不如帮一个忙。事后也分些东西给你，或是你在这里做点事，或是做盘缠回去。你心下以为怎样？我当时有点不情愿，后来想了一想，也就答应了。三个人同到祝家的后门口，那黑大汉先跳墙进去了，随后不多时候,一包一包从墙上扔了出来。我便同鲁老大捆着回到鲁老大家里。当时鲁老大给了我十五块钱,我就走了。以后的事,我就不知道了。"胡图丹听了供词,立刻叫他画供,仍旧钉镣入监。胡图丹便要立刻去提人,辛大头又上去回说,不如等到晚上去,给他一个措手不及的好。胡图丹也答应了。辛大头这番话,是惟恐那个包袱,还不曾栽过去。所以说两句冠冕话,延捱点时刻。看官你想鲁老大站在门口,那人来寄包袱的时候,要是不答应他寄存,可也没有这个事了。可是捕快的法子最多,不起念头便罢,要是起了念头,任你怎样也逃不出他的范围。一着不成,再换一着,总归叫你上了当,方才罢手。这便是以往从前的缘由。

如今鲁老大被押在监里,幸而家里人赶着来花钱,当晚也不曾吃甚么苦,并打听出被拿的缘故,还只当被贼诬攀了,总以为第二天过堂,一定个水落石出,就有他的亲戚朋友几个人,具了一张公保的状子,预备次日来投。等到次日,胡图丹一早就坐了堂,带了鲁老大上去,便根究他那个黑麻大汉是谁,可怜鲁老大影响都不知道。胡图丹便说他刁狡,先就把各样的刑法,用了一套全的,鲁老大只是叫屈连天。将近中午,方才吩咐带下去回押。就这个挡里,那纸保状也进来了,状上是说鲁老大怎样安分守己,断没有这样的事。胡图丹立刻批驳了,说了些"人赃现获,百喙难辞"的话。辛大头的伙计,听得有人来公保鲁老大,这一天却却是王小胆值日,连忙就来找辛大头道:"那件事怕不妥当。"辛大头问他听见甚么。王小胆道:"有一班不三不四的人,递了公禀,保释鲁老大。鲁老大今天到堂,又一句没认,只恐怕老爷回过味来,就不好办了。"辛大头道:"胡说!我说你胆小,果然胆小,现在鲁老大就是再添上几十个人来保他,无奈赃是在他家里搜出来的,从来说的捉奸捉双,拿贼拿赃,既不做窝家,那里来的赃?况且王老八一口咬定,更是洗刷不清。今天虽过了一堂,明天还要过堂,等我再去施上一点小计,不怕鲁老大不诬服。"王小胆道:"倒要请教。"辛大头道:"老爷预备给我们的新刑具,难道不会给鲁老大尝尝么?照老爷那个说法,只怕他是铜浇铁铸的,也支撑不住了。"王小胆点头道:"不错,不错。不过是诬良为盗,这事于天理上说不下去。"辛大头笑道:"我看你不但胆小,还有点迂腐习气。你看我罢。"当下无话。

次日果然又是提审,辛大头先就跪了上去说道:"小的昨天开导鲁老大,叫他说说实话,无如再也说不醒他。小的告诉他,如不说实话,新刑法难受。他说刑法倒也平常,总要咬紧牙齿,能打这里头挣出来,才算好汉子呢。小的想大老爷新制的刑具,正可给他试试,他熬不住,自然就说了实话了。"胡图丹一听有理,便叫掌刑的赶紧预备,带了鲁老大上来,先问他黑大汉是姓甚么,叫甚么,那里人。鲁老大哭道:"我那里见甚么黑大汉来?"胡图丹便叫带王老八上来,同他对质。王老八咬定了上次所说的话,鲁老大一味的喊冤枉,质对了半天。胡图丹便叫掌刑的,先预备过山龙,给他试试。当时就把鲁老大的衣服剥了一个干净,用这根又长又粗的锡管子,从大腿上周身弯弯曲曲的绕了过来。绕好了,刚刚这个大口朝上,便用百沸的滚水,一壶一壶的往里头灌,两壶也还可以忍受,捱到十壶之后,鲁老大浑身已是起了无数的潦泡,呼号之惨,耳不忍闻。胡图丹只要他说了是窝家,才肯放他。鲁老大熬不住,只得认了是窝家。又问他黑大汉是那个,也只得随口凑了一个名字。又问他偷的甚么东西,务农的人家,那里晓得甚么古董珠宝,只可随嘴儿乱说,说不对了,胡图丹又说他狡供。磨了一个多时辰,鲁老大说话渐渐的有些低了,头上的汗珠子如雨点一般。胡图丹晓得是时候了,就吩咐放下来还押,明日再问。当时由捕快架着出来,一路上哭哭啼啼,回监去了。

胡图丹退了堂,便着跟班拿了一张名片,知会祝乡绅,请他明天派人来领赃。祝乡绅听见拿到了窝家,正在那里盼望,忽听见说是县里来请他派人领赃,便派了一名得用家丁张桂去领。张桂领了主人之命,次日约摸小晌午的时候,一径往县衙门里来。还不曾到,早有一个人赶上来,扯了他袖子一把,道:"张大爷。"张桂诧异,连忙回头看了一看,却不认得。只见那人笑嘻嘻的道:"请大爷到对面这个茶馆里坐一坐。"张桂道:"我有事要到衙门里去。"那人道:"我知道,老爷起来还早,大爷只管去坐一会,也是与大爷有益的事。"张桂看见他这番模样,也摸不清他甚么主意,只得跟了他到对面一个茶馆里来。那人又拣了一个极僻的地方,让张桂坐下,泡过一开茶,那人方才开口道:"小人放肆,有句话通报。"张桂道:"我们萍水相逢,实在奇异得很,到底老哥贵姓?"那人道:"在下姓张。"张桂道:"很好,我们五百年前还是一家呢。到底有甚么事?敢请早点赐教,我实在有公事在身,不能耽误。"那人道:"大爷是去领祝乡绅家赃物么?"张桂道:"不错。"那人道:"我有一个朋友也在这捕班里,是个有一无二的好手。但是祝乡绅家的贼早已离开此地了,无奈县里老爷一味的蛮干,这个通班才发了急,捉个把毛贼子去抵一抵窝。此次抄出来东西,却实实不是祝乡绅家东西,但是大爷这回领了去的,要说不是这又坏了。非但这个小毛贼子没事,我们朋友不拘多少人都吃不住,并不是我们安心害他,实在要想在他身上追出那个贼的来路。等到追到了那个贼,祝乡绅家的东西,自然是全数水落石出。所以这回领赃的事,总要求大爷高抬贵手。"一面说着,一面就在袖子里塞了一包硬崩崩的东西过来,接着又道:"些些不成意思,随后再筹谢罢。"张桂在袖子里,接着用指头摸了一摸,约摸有个三四十两银子之数,心中大喜,嘴里便收摄不住,连珠的答应出来道:"你放心,你放心。凡事都由我包办。"那人谢了,又讲了几句闲话,才还了茶钱出门,分东西而去。欲知后事如何,且听下回分解。

辛大头栽赃鲁老大证服,皆寻常事也,一经作者曲曲传出,便觉有神。

知县官名胡图丹,胡图丹者,糊涂蛋也。非糊涂蛋,不能办此种糊涂案。鲁老大之不幸，辛大头之幸也。

王小胆名副其实，殆抱定公门里面好修行宗旨者。

第四十二回
用心思黑狱尽惊魂　动手脚黄泉难瞑目

却说张桂到了衙门里，里面发下一包银器来，张桂拎了他，一径回到家里。祝乡绅打开一看道："不是不是。"张桂道："既不是，待家人送去还他罢了。"祝乡绅道："扣下来，等他拿是的来换。"张桂笑着道："这件事捕快不知捱了多少打，受了多少刑罚。好容易才办到了一个窝家。他家是多年不曾破案，好容易才被捕役干了来，现在要在他身上追出贼来。现在领赃的也不少，老爷既说不是这里的东西，自然是送了回去，等别人来领。不过据家人的意思，横竖失落的赃，也断不会全数回来，现在也是有一点算一点。好在失落的东西还多，莫如老爷写封信去，说此次的东西是了，但只还有别的东西，请他再追罢。"祝乡绅听了，沉吟不语。停了一回道："也好，就照你办罢。"当时就写一封信给胡图丹，还催他追下余的东西。可是有了这封信，鲁老大的赃证，更是坐实了。

却说鲁老大受了几次刑法之后，本来有点年纪，又加着心中十分愤懑冤屈，正是喊天天不应，呼地地无门，又晓得胡图丹是不容他置辩，早已存了一个但求速死的意思。无奈手足拷镣，动转不得，只有苦苦的捱。自从祝乡绅领了赃去，又把他提出来，上了一回牛皮胶的法子。这个神气，就更是与鬼为邻了。辛大头看见他供认的不对，就叫伙计去教导他道："你要照着我的说，祝家的房子是怎样格式，偷的是些甚么东西，那黑大汉久已在逃。"如何如何，教导了一遍。鲁老大当时虽然听得明白，无奈到了堂上又忘了若干，虽然是认作窝家，说的话可总是牛头不对马嘴。因此胡图丹不疑心别的，只说是他狡展。一味的严刑以求，弄得浑身上下，无一块可以上手的地方了。就在这个时候，辛大头忽然又出了一个花头，打了一个禀帖，请胡图丹出票去提他儿子来问。胡图丹看了这个禀，正中下怀，大喜，立刻出票拿人。这时候鲁老大的房子，久已发封入官，家里只有一妻一子，因为鲁老大的冤狱，不得明白，已经变卖了田地，一半留着供给鲁老大的监用，一半就到府里去打官司，上控去了。辛大头没有拿到人，只得回去禀复，胡图丹听得上控二字，心里有点发毛，便想趁早替他定了口供，就是上头来提案子，也不怕他来。可是一样，胡图丹要鲁老大定供，也没有别的法子，只不过一味的刑求。但是鲁老大自从上了大红袍刑具之后，浑身溃烂，已无完全地方，奄奄一息的光景，已是十分不妥当。胡图丹虽然发急，也无可如何。

不多几日，果然府里有公事下来，并将控的呈底，一并发下。胡图丹看了一遍，其中已说明是捕役诬栽，县官偏听的话。胡图丹看了大怒，立刻把捕快捉了来，要打他一个半死。等到上堂之后，辛大头口似悬河，一席话说得胡图丹哑口无言，只得招呼赶紧把鲁老大医治好了再问。辛大头下来，邀齐同伙道："今天老爷接了府里的公事，说是我们诬攀。现在又吩咐赶紧把鲁老大调理好了再问。我们的事，既已到了这步田地，难道还留着一条祸根么？据我的意思，我们也不必替他医病。他病到这个样子，倒是绝好的机会，不如赶早打发他到妈妈家去罢。要就公事上说起来，贼凭赃证，我们须不是诬赖的。况且拿来的是个活跳的鲁老大，弄他到七死八活，是老爷的刑法，至于我们办案，凭眼线，凭赃证，是我们份内的事，不算过份，亦不会有余罪。他自己问不出，干我们甚么事呢？所以据我看起来，等鲁老大病好了，或是上司再派下个精明的委员，一点点的追究起来，怕得我们不得干净。从来的闲话，是缚虎容易放虎难呢。至于鲁老大，虽然得罪我，我报的仇也尽够了,这会事是为着我们大局起见。兄弟们有甚么好主意,不妨大家谈谈,顶要紧的是两句话,不论怎样,还是给他一个死无对证呢,还是留着他做我们的魔难呢?"说过一遍,又催着大家定主意。

就有一个道:"话是一点都不错,但其中还有点支节。王老八是这一案的发起人,鲁老大要是死了,少不得就要追王老八,要是王老八口头不紧,漏了出来,依然是个不得了。鲁老大的事,自然是照着大哥的话办了,可还要想个法子,安顿王老八呢。"辛大头道:"你这句话也不错,可是有一样,王老八自认了接赃把风分到几块钱以后,还没去再分,要按着赃数定罪,也有限的很。就算是上头疑心,要提他去,仔细拷问,他要自有义气的,难道还会替咱们兄弟们惹祸?要是真要是熬不住,总要松了刑,他才会说。就算是不松刑,逼着他说,到那时候,我自有伏伺他的法子。可不是说句大话,绝不能叫他制倒了咱们。"

又有一个说道:"万一老爷一定要逼着我们拿贼,再同从前的办法,我们怎样呢?"辛大头道:"这是糊涂话,祝乡绅家失了窃,咱替他拿到人,要说不是,为甚么祝家肯认赃去;要说是的,可是大老爷自己把他折磨死的。要不打他,不给他甚么过山龙、大红袍,他那里会死?等他磨死了,又问咱们要,这等不通的办法,我想他总不能开口;再不然,我们先下手去跪求祝乡绅,说是拿到窝家,老爷并不细心盘诘,一味刑求,如今弄得死了,一无着落,老爷还要逼着咱们去诬良为盗,外边的人不说老爷的糊涂,反说祝乡绅的刻薄。一篇的尖刻话,激动了祝乡绅,等他们去闹,咱们袖手的看笑话,不好么?"说完,大家通盘划算了一回,都道:"好极好极!就是这样办。"

辛大头道:"既是这样好,鲁老大的病,一时虽不得好,却一时也不得死。要等他自死,自然是顶好,怕等不及这事要出岔枝,要打发他早些,那就得帮他一帮。那位兄弟手脚利落干净,就请今夜晚上去办。老规矩固然好,能够做得一点痕迹没有最好。我记得我们班里有一个包见愁,他自己吹说,他做的事就是包老爷也看不出来,所以自己叫做包见愁。既然有这样大话,谅来还好。请不拘那位兄弟去找找他罢。"当下议定各散。

辛大头就立刻补了一张禀帖进去,说是鲁老大病重。胡图丹不过是吩咐医生当心调治,也没有别的话。次日午后,胡图丹在签押房里看公事,早有管狱的家人进来说道:"鲁老大病故了。"胡图丹未免心里有些吃惊,又想这件事还未定案,到底请邻封相验好,还是不请邻封相验好。但是他家属已经上控,断断不能不请相验,私自装殓,只得专人到邻封去请验,又补了本府一个禀帖。等到邻封的官来验,一来一往,已是五六天,尸身更是不堪寓目了。糊里糊涂填了尸格,做了一篇照例文章,就算了事。

果然胡图丹因为捕役并非不曾出力,是自己用刑把个窝家治死了,不得口供,便不十分来追究捕役,捕役算是逍遥自在了。至于祝乡绅失落的东西,后来是否由胡图丹赔他,还是祝乡绅到上司身边说歪话,撤他的任,当时自有交代,做书的也不赘叙了。欲知后事如何,且听下回分解。

鲁老大瘐毙狱中,可谓冤沉海底矣。考其究竟,皆因辛大头之七十钱而起。曾是人也,可不谨小慎微哉!

辛大头心思极巧,口角既尖,无论其为糊涂蛋矣。即以精严自诩,恐亦必受其欺也。

剖心记

凡 例

一、小说每多凭空杜撰,纵有暗指时事之作,亦皆隐约其词,令读者如猜哑谜。此书著者访得当日全案底本,故其中无一事无来历,可作国朝掌故读。

一、李明府毓昌事略,已载入李次青《国朝先正事略·循良传》中,赵瓯北《簷曝杂记》亦载其事,海内当略知其梗概。惟其戚林莲峰所撰专传,未经付梓,载之尤详。加以嘉庆十六年即墨绅耆请将李明府入祀乡贤呈,于毕生事迹,载之益详尽。此书博采诸家之作,汇为一编,绝无遗漏,惟出以小说体裁,间有不得不稍变原书之说者,阅者谅之。

一、《先正事略·循良传》载有李明府死为栖霞城隍神之说。此为旧日小说家之绝好材料,兹以语近神怪,不合于近时社会,故略去之。

一、书中所载上谕、奏折、呈词,及一切审讯、检验情形,皆录自原案底稿,无一字杜撰。间有原稿漫灭,不可辨认者,则加□□以志其阙,所以存真象也。

一、全书之线索,皆藉各犯当日供词,寻绎而出,布为起伏关键。故各犯供词,虽具载全案卷中,兹不复再录。惟仪亲王永璇一奏,为全案始末,定罪爰书,则全录之。

一、李明府为嘉庆中叶人,案既定,仁庙亲制排律三十韵以旌其忠,并敕东抚勒石墓前,以示后人。即墨去此不远,当访得此碑墨拓,及明府遗像。俟全书告竣,印单行本时,用电铜法印冠卷首,俾世人知稗官中非尽无信史也。

第一回
增感触开卷述原因　惓孝友立身定基础

近年以来,自从新小说发起之后,一时小说之作,风起云涌,数年之间,翻译的、自撰的,真是汗牛充栋;就是在下瞎说胡诌的,也不下五七种了。其中如历史小说、写情小说、社会小说、侦探小说,虽是东施效颦,却幸得看官们还不以为丑,所以近日又触动了一件事,要撰这部法律小说了。却是为甚么事触动起来的?看官们且听我道来。

近来朝野上下,不是天天说化除满汉畛域么?也有臣工建言的,也有百姓上书的。在下敢说一句话,是言之非艰,行之维难罢了。大凡一件事情出来,无论大小,总要说得出、办得到才是个道理。我看得化除满汉这件事,不过政府不做罢了。政府既然不做,这些旁边人,凭你建言的建言,上书的上书,有甚么用处!各人所建的言,所上的书,在下也曾从报纸上得看见过来,内中不是陈陈相因的腐谈,便是不能实行的办法。我最佩服的是皖抚冯梦华中丞所上的折子,有两句说:"伏乞皇太后、皇上以天下一家、中国一人为心,不独无歧视满汉之见,亦并无化除满汉之见。"又有两句说是"臣尤愿我皇太后、皇上立贤无方,实事求是,但论贤否,不论亲疏"。这几句说话,真是化除满汉的妙药,整顿内政的金针,看了真是令人五体投地!我因为看了这几句话,就触动了心事,要撰这部法律小说。

因为皖抚冯中丞,我却又想起前任皖抚恩中丞来。这位恩中丞被徐锡麟刺死了,恩中丞手下的人,拿了已经抵罪的徐锡麟来剖心致祭。但是社会上的人,都说是"野蛮,野蛮"。依在下说起来,野蛮不野蛮,我是分辨他不出来。剖心致祭,虽然没有这条法律,然而返躬自问,譬如此刻出了一个大有造于中国的英雄,眼看着强国强种,文明进化,一切种种都是他提倡的,他又能设法实行,一旦无端被刺客杀了,只怕社会诸公,也未尝不想拿这刺客剖心致祭呢!若是权力办得到,也未尝不想实行剖心致祭呢。再说得近一层,譬如我的父,无端被人刺杀了,为人子者拿住了这个仇人,岂有不想生啖其肉之理!只怕剖心致祭,还安放在第二着呢。恩中丞虽然不能比得大英雄,更比不得我父,然而人物虽然不同,其所亲之感情,是无有不同的。我因为这件事,又加上一层感触,要撰这部法律小说《剖心记》。做书的缘由表明,且看我叙这卷信而有征、毫不捏造的法律小说正传。

却说乾隆五十年乙巳,这一年山东莱州府府考。这位郡侯甘太尊,是一位爱材若渴的贤太守,在各考童卷中,看见一卷文字清真、书法严整,翻转看看卷面,心中甚是欢喜,便取在前列招复。到了堂复那天,这位甘太守高坐堂皇,细细留心察看,看见一个考童,年在十四五上下,两眸炯炯,举止庄重,便留心看着。只见他笔不停挥,不多一会儿,便誊正交卷。甘太守一面要他的卷,看了一看,一面招呼来至案下,问道:"你便是即墨李毓昌么?"应道:"是。"甘太守道:"十四岁的年纪是真的么?"应道:"是。童生十四岁,不敢虚报。"甘太守道:"你考过了试,还回即墨么?"应道:"是。"甘太守道:"我看你文字很好,举动也端凝。这府城里海山书院的山长张太史品学兼优,我看你与其回即墨,不如就在海山书院读书,专等宗师按临,岂不省了往来跋涉。"李毓昌想了一想,未及回言。甘太守道:"你若肯往那里读书,我这里拿片子送你进去。"李毓昌只得拜谢了。甘太守大喜,即给了一张名片,道:"你回到下处,就连行李搬到书院里去。我这里即刻叫人到张先生那里去知照。"

李毓昌领了名片,谢了出来,心中一路踌躇不定,怏怏回到寓所,出了一回神。只见同寓的一个考童也回来了,问道:"荣轩,你笔下怎么这等快?场场都是你先交卷。甘太尊和你说话,可是叫你到海山书院读书?"李毓昌讶道:"莲峰兄,你怎么便知道了?"莲峰道:"我如何得知!是我交卷时,太尊叫住问我:'既是李毓昌同县,可曾相识?'我回说:'一向相识,这回还是同寓。'太尊便叫我和你同去海山书院读书,所以我才知道了。"李毓昌道:"你去不去?"莲峰道:"这是太尊的另眼,如何不去!"李毓昌道:"我本自打算不去了,也是为着太尊好意,不便过却。"莲峰道:"这有甚不去!难得遇了太尊青眼,我们依着他,在这里用功。将来宗师按临,得他吹嘘吹嘘,好歹与我们前程方便。"李毓昌正色道:"莲峰兄,那里话来,我辈读书,科名自有定分,若当此进身之始,便想仗着他人吹嘘,便先成了个患得患失的鄙夫了。"莲峰听说,满面羞惭,连忙谢过道:"荣轩兄,这是我得意之后偶尔失言,望勿见罪。你若是肯留在这里,我也情愿在这里相随,早晚请教;若是你不愿留,我们且等发了案,一同回即墨也罢。"李毓昌道:"太守既有此好意,我们也不便过于矫情,只得暂留在这里,将来见机而行罢了。"莲峰听说,也就无言。当下在寓过了一夜。次日清晨,二人起来,带了帖子,走到海山书院,拜见山长张太史。

张太史接着两张帖子,一张是李毓昌,一张是林挺岳,连忙接见。行礼已毕,张太史先说道:"昨日太尊来知照过,说二位英年饱学,不胜钦仰,此后彼此同研,正好借重切磋。还未请教二位台甫。"李毓昌便道:"学生贱字荣轩。"林挺岳道:"小字莲峰。"荣轩又道:"承太尊推荐,得先生收在门下,朝夕得侍绛帐,尚乞不吝教诲。"张太史谦逊了几句,便叫搬到书院里来住。李、林二人即便回寓,取了行李,搬到书院,重新请了张太史出来,行了师生大礼,从此就在书院用功。

过了几时,府案发了出来,李毓昌取了案首,林挺岳也在前列。林挺岳不胜欢喜，便是张太史也觉着高兴；只有李毓昌行所无事。张太史见了他这等凝重，不禁暗服甘太守拔识得人。

光阴荏苒，早已过了两个月。一日，李毓昌走到张太史房里，禀告道："门生到此两月有余，多承先生耳提面命，本应常侍函丈，自求进益；争奈门生家里有事，意欲请假回去一次。望乞先生鉴谅。"张太史道："正是。我一向不曾问得，你家中还有何人？你才得十四岁，除了用功读书之外，还有甚事？"李毓昌见问，眼圈儿一红道："门生幼失怙恃，只有祖父在侍，年已八十余岁，老人多病，常须伏侍。幼弟今年七岁，家贫不能从师，早晚皆由门生指授认字。只此便是门生的事。"张太史道："如此不敢强留，但是你也当到甘太尊处告辞一声。"李毓昌道："读书人不便无事入公门，甘太尊处求先生便中代禀一声也罢。"张太史道："那么你几时动身？"李毓昌道："只求先生准了假，明后天都可以动身。"张太史道："既如此，我不便阻你，你索性后天走罢。等我明天去见太尊，先代你告辞，也是个礼节。"李毓昌听说，连忙拜谢。未知李毓昌回去如何，且听下回分解。

第二回

掇芹香知己遇恩师　折荆枝孔怀伤幼弟

且说李毓昌当下辞了张太史，自回斋舍，便告知林挺岳请假回去的话。林挺岳惊道："你既然请假回去，为甚不告诉我？"李毓昌道："我自要回去，你不见得也要回去，何必告诉你呢！"林挺岳呆了一呆，也不言语，起身去见张太史，也要请假回籍。张太史讶道："荣轩要请假，说是因为祖父年高，幼弟待教，你却又有何事？"林挺岳道："不瞒先生说，门生和荣轩，起初是文字之交，近来同研两月，朝夕亲炙，方知道荣轩是一个方正君子，门生心中已认定他是一个益友。因听说他要请假回籍，所以门生也要跟着回去，打算同在乡里，可以时常亲近的意思。"张太史道："荣轩不但举止端重，并且天性过人，你愿与他为友，也是你的长处。那么你们一起走罢。"挺岳拜谢了，回到斋舍，告知毓昌。毓昌道："你在这里用功很好，如何也要回去？"挺岳道："我也思家念切，所以趁此搭伴同行，在路上彼此也不寂寞。"毓昌听说，也就不再多言。

到了次日，张太史到府里去了回来，便请李、林两个到自己斋内，告诉说，已代回过府尊，府尊切嘱转致荣轩，回去上紧用功，不可荒废；又每人送与程仪京钱十千，聊作膏伙之助。说罢检出钱帖，交与二人。二人拜谢了，便各自收拾行李，准备动身。当夜毓昌与挺岳商议道："承莲峰兄雅意，与我结伴同行，但是也有不方便的去处：我是寒素人家，不能不事事撙节，不能比你。我明日打算自己背了行李，步行回去，你只怕还不能与我同行呢。"挺岳道："岂有此理！难道你走得，我便走不得么？我便陪着你走便是。"毓昌道："这个不行！你是走不惯的，恐怕走伤了，岂不是我害你的么？"挺岳沉吟道："你既然念着祖老大人，急于回去，步行未免耽搁了。我们不如同雇一辆车子，赶路又快，在车上又可以谈天，岂不是好？你如果嫌费，这车价都归了我出如何？"毓昌道："这个断无此理。"说罢，又沉吟了一会道："其实我近来心惊肉跳，这些虽然是思家所致，然而归心似箭，总想早点见了祖父，方才安心。同雇一辆车子也好，不过车价断没有归你一个人出之理，总要合出才是。"挺岳也含糊答应了，一宿无话。次日二人起来，雇定了车，拜辞了张太史，并求代为向甘太尊道谢，话别一番，登车而去。

一路晓行夜宿，到了即墨。毓昌回到家中，见了祖父，问知向日安健，自是欢喜；又见过庶母韩氏。韩氏便叫幼子毓材过来拜见哥哥。自此一家团叙。毓昌因为课弟之便，就在家中设个蒙塾，招几个学生,坐起馆来。这回他府考取了案首,又蒙本府另眼相待,大家都知道他是个有学问的,所以年纪虽轻,来从学的人却也不少。毓昌收了几处赘见束脩,又考了两课书院,取在前列,得了奖赏,凑起来,拿到挺岳家中,还他前次由府里回来的车费。挺岳道:"这些微小费,何必介怀,我决不收受。"毓昌道:"本来到了家时,就当奉缴,因为前回府尊送的十吊京钱,与及自己身边带的一吊多钱,在路上失去了,所以耽搁到今日,方能奉还。"挺岳讶道:"是在那里失去的?何以在路上并未听见说起?"毓昌道:"是在宿站上失去的,已经失了,说他做甚么。"挺岳顿足道:"你也过于迂腐了,失了之后,便当说出来,叫地保去查;倘使查不出来,好歹要客店里赔我。怎么一言不发,就这么过去了?"毓昌道:"莲峰兄,你只知其一,不知其二。那偷我几吊钱的人,自然比我还穷,方才出此下策。倘使一经张扬起来,查明白了,岂不是令其无地自容。所以我索性不去声张,正是留他一点地步。君子与人为善,何处不可行我的恕道。至于要客店赔偿,那更是非理的举动了。"挺岳肃然起敬道:"荣轩兄真是现在的古人,我深愧不如。至于这点点车费,譬如我自己一个回来,也要用的,决不敢受,请拿回去,聊佐膏伙之费。"毓昌道:"这个断无此理。岂不闻廉洁之士,一介不取,莲峰难道不准我行其素志么?"挺岳沉吟半晌道:"荣轩兄,你是个廉洁之士,我不敢相强。但是古人朋友相处,也有分金之义,这个钱,你只算我已经受了,转送与祖老大人,作为助你的甘旨之奉如何?"毓昌听说,便道:"承莲峰兄如此见爱,我虽不敢过却,尚待回去禀过家祖,方才敢受。"说罢辞了回家,见过祖父,禀知上项事情。祖父道:"你自不小心,把钱失去,既负了太尊盛情,又耽搁了莲峰许久,既然凑了出来,自然还了他为是。但是他既如此相谅,知你一定不肯收还,却说送与我的,你若再推辞,又似过于矫情了,只得受了他。不过受人之惠,不可忘报罢了。"毓昌唯唯听命,又再到莲峰处拜谢了。

光阴荏苒,不到几时,县中接了公事,知道宗师将近按临莱州了。

一众考童听了这个消息,莫不磨砺以须。毓昌也辞了祖父,约了莲峰,同伴取道到郡城来,仍旧到海山书院住下,拜见了张太史,专等入场考试。

话休烦絮,考场已过,发出案来,挺岳进了邑庠,毓昌却进了郡庠案首。簪花谒圣之后,甘太守专请了毓昌去衙门里,勉励一番道:"这回是兄弟在宗师面前竭力保你,又求他拔了你入郡庠。我看你言动举止十分端重,在海山书院两个月,张太史也极赞你的人品好。此刻的时世,文章易得,品行难求,所以我也乐得收一个优行门生。望你从此益加勉励,做一个完人。"毓昌感恩知己,拜谢不已。辞了出来,仍旧和挺岳结伴,回到即墨,见过祖父。亲友都来贺喜,自不必言。

大凡人事,总不能十分圆满。当着那科举时代,李毓昌不过一个十四岁孩子,被本府另眼相待,进了郡庠案首,这是何等荣幸,何等快活的事! 当时一众乡邻亲友,那个不说他前程远大,后福难量;便是他那八十多岁的祖父,看见了自然也是欢喜无穷。那蒙塾之中,因为他进了学,凭空也多添了十多个学生;那些有女儿的人家,也都托了媒人来说亲。你说热闹不热闹!

谁知他进学回来不多几日,他的幼弟毓材,便得了个外感的病。即墨地方本来没甚名医,因为毓昌进学回来,众亲友都送了贺礼,不免置酒请了一天客,那医生拿了这个用神,以为小孩子多吃了肥腻之品,停食在内,开出方子来,药不对症,那外感便传了入里,一天重似一天,任从毓昌十分用心调护,韩氏尽力提携,只因自己不曾懂得医理,便误了事,到了十多天,再也捱不过去,便自死了。韩氏未免儿天儿地的大哭起来,毓昌也不免号啕大哭。毓昌的祖父是年老的人,一听见小孙子不好了,吃了一惊,扶了拐杖,颤巍巍的忙着来看,不期心忙意乱,立脚本不甚稳,又且急步匆匆,被门阃绊了一交。毓昌正在哭叫小兄弟,听说祖父跌了,吓得魂不附体,忙忙跑来看视。不知有无性命之虞,且听下回分解。

札记小说

裴效维　校点

卷一

卖豇豆者

富家儿某甲,喜食时鲜,重值不吝,日必躬至市场访购。卖菜佣知其然也,群争罗致鲜货,以图其值。渔人有初获鲥鱼者,日已过午,不及入市,持一尾献甲曰:"是未上市之物也。"甲大喜,偿以百金。市人益钦动之。

一日又至市场,见菜佣担上悬豇豆二,长未及尺,盖亦将以饵甲者。甲见问值,曰:"二十金。"曰:"毋太昂乎?"意方踌躇,菜佣曰:"二十金何得谓之昂?吾昨售去一枚,且三十金矣。"甲掉头径去。追问之,曰:"吾之所以不吝值者,求尝人所未尝耳。既有人先尝之,即与平常蔬豆等,非吾所欲过问者矣。"

夫菜佣之作是言也,意将激之,使必出二十金也,而不知适以败事。此应对词令之间,君子所以慎审欤?二十金之不获,其小焉者也。

小儿语

学语小儿,偶发一言,每出人意外,而非常人之可思想而得者,录之亦可发一笑。

某小儿踞矮脚几而戏,偶置糖其上,飞蝇集吮,儿遽啼。问何故?对曰:"许多苍蝇,坐了我的凳子也。"又晨起,儿醒,求人为之穿衣,适无暇,嘱令姑迟迟。儿曰:"我已睡完了也。"乍闻之,均足令人发一大噱。

土中人

鼎湖山，粤中名胜也。全真辈聚众建寺观于山坡，为清修之所。光绪初，某道士于观旁掘井，入地七八尺，忽见一人头，大骇。提之不动。探知其全躯具在，掘而出之，则一古衣冠人也。汲之出穴，衣服随风化去。顾其人心口犹微温，大异之。为剔去耳鼻中泥土，试灌以粥糜，久之居然能咽。越三日，目微启，久之复活。自言为宋时人，本籍洛阳。避金兵之乱，逃至此间。不知何时死去，不知何由复生，更不自知此身之出自土中也。告之，则又不自知何时入土。光绪中叶尚生存。吾友朱培初曾亲见之，谓其状仅如五十许人云。先见其头而后及全躯，则其在土中非坐即立者矣。顾当日何以入土？入土又何以植而不倚？且经数百年不死？此真理之不可解者。谈物理家，其何以辩之？

区　新

区新者，粤中之无赖也。性嗜赌，赌负辄行窃，久之随众学为明火行劫。被劫之家，有识其貌者，遂列其名，控于有司。如是者屡，遂得剧盗名。不肖官弁，图获之以邀功也。又从而铺张其气焰，而区新之名乃大著。自是凡官粤中者，莫不以捕获区新为首务，久之且拟抚矣。

候补官某，久未得差，穷极无聊。后钻营得京员函，为之先容，得委购线捕区新，由是官囊骤肥。于室中供一神牌，其文曰"恩公区新长生禄位"。

李文忠督粤日，有请抚区新，予以武职者。文忠哂曰："是何物事，亦值得一抚耶？此而可抚，则吾平发、平捻时，当抚者正不知几恒河沙数，朝廷亦无如许武职也。"

某党人，亦慕区新名，啖以巨金，使入都刺杀某权奸。区利其金，允之。怀短铳走京师，伺于权奸之门。权奸乘舆出，区探手入怀，将觅短铳，而战栗大作，逡巡遂遁。

贩蜡客

川中某客，贩白蜡数万金，至汉口待价，适屯货多，价大贬。逆旅无聊，俯楼凭眺，见阶下砌遗一文钱，出入诸人，践踏而过，卒无觉者。拾级下，拟捡之，遍觅不得，疑为人拾去矣。登楼上视，钱固俨然在也，暗致疑讶。复下楼觅之，仍不见。再登楼，则见钱如故。疑为目昏，揉睛细察，且隐约辨其文为"乾隆通宝"。益致怪诧，凝视不动，将觇卒有见之者否。俄一荷担者过，俯拾之。客遽呼止之，下楼索视，俨然钱也。窃叹一文钱之福，且不如荷担者，此行母金，将不可问。继念："汉口之钱，非我所当有，莫若他适。"时市上传言沙市蜡价昂，计不如回走沙市，或可得价。策既定，买舟载蜡，逆流西上。解维甫一日，汉口大火，毁数千家，损失以百万计。镇上所屯蜡，都归熔化，价大起。客复返舟，获利倍蓰。

昔年与武进刘志沂共事，志沂为余言此，且能举客之姓名，盖即志沂友也，惜忘之矣。欧风东渐以来，学者动言破除迷信，鬼神之说，固不必言，即一切言命言数言朕兆者，皆欲痛剿而灭绝之。不知使其身亲此境，又将何如？窃谓造化弄人，事所或有，固不必如愚夫愚妇之处处都疑为有此事，亦不必如高谈新学者之处处都斥为无此事也。即如日食一事，推步家能推而知之，千岁之后，均能预测，固无所谓吉凶朕兆者矣。而古人每谓日食关于国君，尤以元旦遇食为甚，稽之古籍,所在多验。今人每指为偶然。何以光绪二十四年戊戌元旦日食,何以是年适有政变之事?借曰偶然,何以元旦日食,不在前一年后一年?曰地球轨道如此,不能前一年后一年也,则何以政变之事,又不在前一年后一年耶?何以两事恰在此一年之中耶?是诚欲索解人而不可得者,敢以质诸今之君子,惟不得仍以"偶然"二字还我。

潘镜泉

粤中潘镜泉,工谲智,性不羁,时人目为佻佻,呼之曰"荒唐镜"。道光间,肄业于城西湖书院,构文字祸,官吏捕之急,索于书院,已被逸去。乃使人逻于四门,期在必获。潘遁至某仪仗铺(专备红白器皿,赁作婚丧之用者,犹江浙之贳器店),曰:"若曹必救我,苟不然,捉将官里去,且攀供若曹矣。"铺中执事曰:"救君吾可任之,惟计将安出?"潘曰:"是易易耳。吾坐彩舆中,伪为新妇,若以鼓乐导舆出城,即无事矣。"从之,果脱于难。

狐 言

狐之能为仙,能为妖,能为祟,前人笔记每载及之,自来无破其伪者,何也?近日新学家,每以为科学大明,此种邪说,不攻自破矣。顾犹有目睹其奇,言之凿凿者。

甲辰游济南,得识清远刘祖乾,豪侠君子也。为余言,德人未据胶州湾时,奉李文忠札,于青岛筑营垒,盖时朝议以胶州湾为军港也。(胶州湾,海湾名,青岛即湾内之半岛,属即墨县。胶州别为一州,与即墨同隶莱州府,今升直隶州。人每多误胶州、青岛为一地,盖德人据胶州湾时,报纸载其事,每省去"湾"字所致也。)粤人某甲,以铁工佣于旅顺,与人博,大负,逃之烟台,辗转至青岛,投祖乾乞援,遂主祖乾家数日。问所欲,曰:"得归故乡足矣。"祖乾乃资以行李,遣其行。去数日,忽劳山道士某驰函告曰:"公友某甲,已如命留此矣。"

祖乾大诧怪,即日亲赴劳山,访道士问故。道士曰:"彼持公名刺来,言公忙不及作函,嘱吾收为弟子,岂遂忘之?"祖乾急饰曰:"是固有之,吾事冗且愦,遂恍惚耳。今何处矣?"道士曰:"彼嫌此间喧扰,已独往前山矣。"盖劳山有前山、后山之别:后山为众道所居,游人亦众;前山则殿宇倾颓,废置已久者也。祖乾曰:"前山荒僻,彼宁不怯耶?吾当访之。"遂至前山,则甲固俨在也。叩以何事出家,则曰:"人生求富贵不可得,即当深入穷山,匿此面目,复何颜见人哉!今幸得处于此,受公惠多矣。"祖乾曰:"虽然,子何以知吾识此道人,而假我之名以投之也?"笑曰:"吾初投公日,适道士使人赍山果馈公,公且手松子一握啖我,岂遂忘之耶?"相与一笑。

祖乾为留前山数日,无事则散步山门外,或倚石阑眺远,以为乐。阑下为峭壁,俯视樵人,长仅盈尺。二人倚阑闲话,偶以足蹴石,石堕阑外,恰一狐经其前,石几中之。狐窜避,回首仰视,作人言曰:"做甚么?"二人耸然避入。究其能言之理,而终不可得也。

奇女子

粤妇某氏,育一女,貌娇好,喜弄翰墨。妇佣于某巨室,挈其女偕。巨室子瞰女美,唆妇八百金,欲乱之。妇持以商女,女曰:"母得其巨金,即嫁之可也,乱胡为?"妇强之,女无奈,从焉。入侍巨室子,将一月,复遣之出,仍依母而居。自是郁郁,若有所思。

会有梁某者,拟纳妾,妇欲以女嫁之。女不可,曰:"从一而终,女子之道也。且母已得人八百金,是儿已报母矣。而必使儿再适人,非儿志也。"妇曰:"痴儿,是特桑濮之行耳,世乌有窬墙穴隙而为之守节者?"女曰:"儿非窬墙穴隙之流,当日既奉母命,儿即为夫己氏之妇。彼既乱而弃之,是彼之不义耳,儿顾不可以不贞。"妇怒,强迫之,不俟女之首肯,即使媒说合。梁亲来相女,见而大悦。粤俗,凡买妾者,说既定,必使女亲受定金,女有不乐嫁其人者,可却而勿受。至是梁出定金,女含涕受之。

嫁之夕,梁细察其举止,疑非处女,遂别室居之。凡娶妇买妾,皆以不贞为大戒,洞房之夕,审其非处女者,明即逐之,此亦粤俗也。梁故长者,故不为强暴之行,仅处以别室,使他妾侦之确,乃进而谓之曰:"吾将经商他出,汝宜暂归宁,俟吾返,再商所以取汝者。且汝终身事,当自好为之,吾不尔责也。"女闻言大哭曰:"君今之君子也,妾不敢怨君,所苦者妾命耳!君犹记妾受定日耶?泪盈双睫,君未之察也。生命不犹,实逼处此,妾知所感矣!虽然,君既行此大德,复能赐妾以百金否?"梁曰:"是不难,将去可也。"女曰:"毋然,俟妾去后,当使妾母来拜领也。"入室作书,怀之出,叩首别梁曰:"妾行矣,荷君子厚恩,所以衔结者,当期于来世。"遂行返家,见母不作一语,长跪而泣。泣已突出短刃,自刎死。妇大惊,号救不及。搜其身,得遗书曰:

"两负不贞名,所以觍然人世者,期有谅我者耳。今已矣!指点黄泉,或幽居之可托;凄凉碧血,问凭吊以何人?撒手一朝,伤心千古,儿固不敢有所怨也。梁君,君子也,既委曲全儿面目,复慷慨助我金钱。儿死,母当亲赴告,必有所赠,为儿丧葬费。此儿生前乞得之恩,不欲更以不洁之遗骸累母也。

妇得书,持以哭赴于梁。梁大骇,顿足惋惜,厚治其丧,终身引为憾事。

若此女者,得谓之贞耶?曰不贞。得谓之节耶?曰非节。然而烈矣。此常人之论也。吾则谓不然。彼其两负不贞之名,非其罪也,母实为之也。观其始终不怼母一词，惟一死以见志，虽谓之完人可也。若而人者，求之士大夫中，且不可多得，而犹得曰不贞、非节也耶？因谥之曰"奇女子"。

李 乙

新会海滘乡（按"滘"字为字典所不载，粤人读若"窖"。洼地积潦处，或水边湾曲处，均曰滘，地名多用之，大抵粤中俗字也），李姓聚族而居。李甲者，夙行敦谨，朴愿自守。族豪某，诬为盗，遂陷于法。

其弟乙忿极，而势力非其敌，无如何。遂尽货其田庐，挟资走肇庆，为小负贩。乡距肇庆二百三十里也。乙日荷担市上，售香烛冥镪之类。而于担中暗置铁焉，复以沙囊裹两胫，均日增其量。如是者五年。委担释囊，则轻如猿猴。而市上之人，亦无不识新会李乙者矣。

乙瞰月晦日，至所识肆，贳香烛等物，故作絮絮谈。谓："吾侪业此，月惟盼朔望日，烧香者众，可多赚几文钱。至于常日，则无殊坐吃也。"语已，携物去。俟日暮，尽释两胫沙囊，怀利刃返新会，抵其乡，才半夜。急叩族豪之门。阍人启户，识其为乙也，问："何事？"曰："余有急难求救于汝主，乞速通报，余不吝酬也。"阍人入告，豪已睡，披衣起，问故。乙曰："汝识我耶？"曰："汝乙也，胡不识？"乙曰："知吾来意耶？"曰："不知。"曰："吾为兄复仇来也！"声未绝，遽出利刃刺其心，刃出于背，释手遂行。家人阻之不及，追之亦不及也。乙奔返肇庆，仅黎明。荷担出，俟于邑庙之门。高要令来拈香，乙故犯其卤簿，且口出恶言。令怒，捉之入署，责而释之。乙复负贩如故。

越数日，新会令牒高要索乙。高要令捕乙至，示以牒。乙顿首呼冤曰："小人以晦日贳华于某肆，以朔日犯卤簿获罪，而彼杀人者以晦夜之半，彼此相距二百余里，小人岂能飞耶？"令审之确，遽释之。

停辛茹苦者五年,卒手刃仇人,而自脱于祸,乙真人杰哉!

炭中怪

趼人氏曰:"科学昌明,社会之福也。顾一二谈新之士,恃其凌烁之气,叫嚣之习,遂欲剿除旧说,务尽人而风从之,似犹非其时也。鬼神之德,圣人称焉;妖异之事,经史载焉。往昔达人,未尝不从而疑之也。使其事非信而有征,岂吾国数千年来,竟无一敏断之人举而破之,而必俟今日欧风东渐,借力于一二谈新之士也。吾所深知者,有一事焉,敢举以质之世之谈新之君子。

香山上栅乡卢氏,巨族也。族有妇某氏,一日忽发狂,自批其颊作男子声,大言曰:"吾处山中甚乐,奈何囚吾于床下?不释我,且取汝命!"家人大惊,搜床下,得炭一篓,无他物焉。盖妇翁为茶商,岁恒游于湘赣之间,彼中薪炭皆贱,故恒购归,一时未及用,遂置妇床下者也。发其篓,中有一炭,白如雪,大如拳,谓是物之为祟矣,以香楮送之于城隍庙。族有某甲者,夙无赖,尝走天津,以博负故,与人争,殴人致毙,逃之烟台;又以斗殴杀人,遁于沪,屡为不法事,警察捕之急,始返其乡。乡人畏之甚于虎也。是日适于庙前席地坐,将以伺人之隙也。骤见人以香楮送白炭至,执问故,具告之,笑曰:"此等物,乃能为祟耶?"以足蹴之,炭破为二。甲骤变色发狂,跳跃逾寻丈,自挝其颊,往来奔走,且走且号,无非自詈而语,语作湘南土音。乡人不解也,相顾错愕而已。

卢君炜昌,上栅人,此其远族之事也。炜昌与余共事,其尊甫自乡间来书,述其事如此。炜昌出书示余,相与寻索其理而不可得。未几,炜昌之兄墨林自乡间来,急叩以甲事。墨林曰:"近狂痫尤甚,且自宫矣,然而不死。"若此者,又何说以辩其为妄也?曰脑筋乱,岂彼妇亦脑筋乱耶?曰偶然,曰偶然者,谈新学家之遁词耳,乌足以服人?余与炜昌冥思屡日,终不敢持无鬼之说也。骨角之属,其炭色白,意者白炭其人骨也。以人骨而至于为炭,则其为冤焉怨焉,均未可知也。冤怨之魂,自附于其骨,冥事不可知,以理论则当然矣。初被杂于篓炭之中,迷惘不自觉其何居,及觉,所以祟妇以求出也。既遇甲,遂凭以为厉。是或甲平日之戾气,与彼冤怨之气相感召也。

说　虎

歙客某,以贩笔墨为业。一日经某地,见群丐缚一犬,将屠之,犬呜呜作哭声。客驻足观之,犬举首作乞怜状,遂出数百文,购而释之。犬自是随客,出入必偕,吴越齐鲁,凡客足迹所至,未尝相离也。

越数年,客返里,道经万山丛中,日且暮,彷徨求宿处不得。腥风忽起,一虎自山巅下,且扑且吼,迎面而至。瞬已及前,吼声益厉,直扑其颠,昏然遂倒,魂魄飘荡,不复自辨其为生死矣。久之,隐隐闻人声,觉惊颤略定。张目四顾,则数十人罗列其前,秉火炬、荷弓矢、横戈戟者,盖猎户也。旁置死虎。逡巡起坐,自抚其颅。众呼曰:"客苏矣!"给以水,饮少许,神志微复,举手谢众。众曰:"客携犬自随耶?"客四顾失其犬,曰:"诚然。今安在矣?"众曰:"客来省,此为君物否?"客闻言,支拄而起。众导视死虎,见胯下累然一物,则一犬首,坚噬虎势,犹未释口也。客审视,大哭曰:"是汝也耶?"声未绝,犬口遽释,首坠地。客捧之而号曰:"苦汝矣!今而后,吾之生命,汝所赐也。"

初,虎为猎户所逐,越岭至,遇客欲噬。犬狙伺客侧,俟虎起扑,突前噬其势。虎负痛,舍客狂逃,至前山而倒,故卒为猎户所获也。猎户逐虎,见客死道旁,既获虎,遂复返而救之也。犬仅遗一首者,虎狂奔时,盖已以后爪碎裂其体矣。然而终不释口。善哉!闻客哭而遂释之,岂魂犹有灵耶?

客感其义,盛以木匣,葬于路左,为立碣曰:"义犬之墓",加封植焉。自是过其地,必以楮锭肉饵哭而祭之,亦不自知其悲从中来也。

光绪丁酉,襄沪报笔政。客挟笔来求售,为余言此事。察其颜色,谈虎有余栗,而谈犬犹有余哀也,惜余忘其姓字矣。

捕蛇者

蛇人之弄蛇也,提于手,盘于首,加于颈,挂于肩,犹弄索也。蛇,毒物也,彼果何术以制之?曰药而已矣。药秘甚,非其徒,无得与知者。

昔闻有蛇人笼蛇求售于西医,医探手入笼取蛇,蛇噬其指伤。蛇人急进药,医却之,自以去毒止痛诸品敷之,经旬不愈,且腐溃不已,痛楚有加。无已,仍求蛇人。蛇人出药糁溃处,立谈之顷,痛楚顿息,经日遂瘥。求其方,千金不传也。

尝谓中国技术,何不精美,特秘之一字,致失其传耳。苟公之于世,相与研究,益从而改良之,其精进宁可限耶!

粤中某蛇人,提笼戴笠,徘徊野外,将以捕蛇也。睹路旁一蛇穴,大喜,蹲而察之。遽伸右手探穴,触蛇舌,大痛骤肿,不一瞬肿及肩;舌强不能言,泪簌簌下;左手亦骤麻木,不能屈伸。默念:"吾殆死矣!"忽一牧童骑牛过其前,见之,审视曰:"捕蛇耶?"微颔之。"中蛇毒耶?"亦微颔之。"药乌在?"则微举左手指其笠。童取笠下,遍察之,则笠檐破处,纸裹在焉。发之,则蜑虫盈裹,死且僵矣。笑曰:"是即药耶?"亦微颔之。"服耶?敷耶?"则微张其口。童撮而喂之且罄,蛇人色渐变,自肩以下肿亦骤消。良久,突起立,提蛇出穴曰:"孽畜几误我!"视之,盈咫之赤练蛇也。

欲秘其方而终不能,蛇人之愚勿论矣。顾蜑虫何以能制蛇毒?终使人不能无疑。

跛解元

顺德梁福草比部九图,为秀才时,以玉堂人物自况。某科秋闱后,意尤自得。揭晓之前一夕,梯贡院墙,瞰填榜故事。填榜自第六名起,至全榜填竟。监临主司退座,更衣少息,然后再出,补填前五名。梁瞰填全榜毕,试官已退座,终不睹己名,意气嗒然;加以跨墙露座,终夜未息,倦极欲盹。忽闻唱名第一名梁九图,喜极,忘此身之在墙巅也,一跃欲起,颓然坠墙外。家人舁之归,一足已跛矣。遂以书画著述终其身。

李侍郎轶事

李若农侍郎文田,出身寒微。幼孤,其太夫人佣于梁福草比部家,为伯乞通政思问乳母。通政既离襁褓,仍留司提挈事。时侍郎随母寄梁氏也。稍长,太夫人即使之就市上卖梨枣觅蝇头。通政束发就傅,比部延何铁桥先生为之师。每授读,侍郎辄于窗外窃听,如是者有日矣。先生奇之,加以考问,辄应对不爽。因言于比部,使为通政伴读,而不责脩脯,于是侍郎始读书。及长,与通政同案入泮,乡试复同年。明岁试礼部,侍郎托疾不赴。送通政行,临别握手语曰:"此行当努力,余所以不赴者,让君先着,即所以报君也。"是岁通政成进士。次一科,侍郎以探花及第。

缪炳泰

江阴缪炳泰先生,乾嘉时人,未悉其号,余惟于图像款中睹其名耳。善勾勒小影。乾隆季叶，南书房翰林某学士，出为江苏学政，使勒一像，神气宛然。任终返京，即以此像悬值庐。一日，纯庙临幸，见之，诧为神似，问何人所作。学士以直对。立命兵部，以八百里排单往取。学士惶恐奏曰："缪某布衣，恐不堪供奉。"即命赏举人。既至，命恭绘御容。缪跪对天威，良久不下笔。谕曰："毋乃矜持耶？可毋庸。"顿首奏曰："臣实短视。"即谕侍臣出眼镜盈盘，令择戴之，一挥遂就。时圣寿高，耳窍毫毛丛出，他日绘御容者，多不敢及此，缪独兼绘之。既进，上揽镜比视，大悦。即日赏郎中，旋补某部缺。嘉庆初，放山西某道，未及赴任卒，盖春秋已高矣。

先曾祖以嘉庆己未成进士，入词馆，犹及见先生，为勒一像，伊墨卿先生为之题记，藏于家。霪雨兼旬，恐书画受湿，抖晾及之，遂忆此事，笔为之记。故老传言，仅得崖略，或尚多未详尽也。

山阳巨案

即墨李荣轩大令毓昌，查山阳县赈务，被鸩死。昭雪后，得旨赠荫。《国朝先正事略》已为之传。惟限于史体，琐屑之事多不备载。余甲辰作山左之游，搜得手抄此案全卷以归，拟就其情节，勒为《剖心记演义》。脱稿两回，付诸竞立小说社。竞立旋停印，余亦辍笔。雨窗闷损，偶检及之，复撮其崖略如左。

初淮阳水灾，赈务既已，例委员赴各属查勘。时即墨李公荣轩，适以榜下知县，分江宁候补，即奉委查山阳县，携仆三人首途。既抵山阳，就邑中之善缘庵暂驻。旋遍赴各乡，查得浮开赈户无数，一一笔录存之，将为禀揭地也。公三仆，曰李祥，曰顾祥，曰马连升。李最狡黠，得公笔记状，潜告其友包祥。包祥者，山阳令王伸汉之仆也。包得李言，即以告王令。王令惧，谋所以止之，出巨贿，令包因李以进公。公怒，拒绝之。王令益惧，因包召李至与商。李曰："小人能为力，而不能为谋；苟谋定有所指挥，小人当效奔走也。"王令喜，授以谋，贿而遣之。

他日，公勾当事竣，将行，王令置酒祖饯。醉归，渴而索茗，不得。良久，李始以一瓯至。公嗅之有异味，置之。时公已醉极无力，李执耳强灌之，颓然遂倒。李之受王令谋也，归而商于顾、马，顾、马皆首肯，于是群小起而谋公矣。适所进，鸩也。李见公倒，呼顾、马至，烛之，血溢七窍。复悬绳梁间，举公起，缢之。及明，伪为仓皇状，奔县署请验。王令至，验为缢死，赠棺殓之。此嘉庆十三年十一月初七日事也。

越十有二日，公叔父泰清自籍至，知公已死，谒王令问死状，令以缢对。问遗仆，曰："主死仆散，事理之常。吾已荐之他往矣。"谋归其丧，令慨然馈百金，曰："归宜即营葬事，死以入土为安也。"

泰清持丧归，置棺中堂。公夫人林，贤而慧，无子。公出任后，即依泰清居。至是一恸几绝，思以身殉。夜梦公曰："世乏细心人，卿果殉，我冤终不白矣。"醒而异之，询泰清山阳情形，茫乎不知所谓冤也，妖梦置之。悲至，则叩棺长恸而已。

一日，偶检公所遗行箧。甫启视，即见蓝表羊裘一袭，折皱狼藉，一若仓卒所置也者。提出抖之，觉襟袖有痕而色异，非油非酒。试濯以水，水色赤；呪而嗅之，其臭腥；审为血也。大骇，持奔泰清曰："吾夫其冤也！此物奚而至哉？"泰清审之确，曰："冤则似矣，然犹未足以为证。"问："若何？"曰："必启棺验之，始可信也。"夫人曰："苟得明其冤，虽启棺何伤？"于是剖棺。剖棺而尸见，犹未腐也。面涂石灰，胸际置小铜镜并符箓等。启视心腹指尖，皆作青黑色；濯去石灰，面色亦然；双拳紧握。夫人大恸曰："天乎！谁杀吾夫者？吾誓雪此冤！"泰清曰："毋然。家尚有男子，此非妇女事，伸冤吾任之可也。"乃入都控于都察院，事闻得旨：

此案着交吉纶，山东巡抚提到李毓昌尸棺，派明干大员，详加检验具奏。所有原告李泰清着该部照例带往被质。

风声所播,山阳王令早有所闻,已驰贿济南,遍赂上下矣。检验之日,为六月十二,暑气逼人,而尸犹不腐。巡抚以次,众官咸集。以水银洗刷,遍体青黑,毒伤显然。官犹以为未信,必令蒸检,盖将以难尸亲也。尸亲以大冤所在,茹痛从之。及蒸毕,剔刮而验其骨,则两肋两锁子黑如墨。众官相视愕然。仵作犹不唱报。方伯某颇严正,睹此状,知为钱神作用,乃叱仵作欲杖之,始报委系被毒身死。

东抚既复命,旨提各犯入京,交刑部讯问,冤始大雪。特旨:

李祥、顾祥、马连升,均凌迟处死。李祥一犯尤为此案巨魁,着派刑部司官一员,将该犯解赴山东,饬令沿途地方官,多派兵役防护。到山东后,交该抚转饬登州府知府,押至李毓昌坟前,先行刑夹一次,再行处死,仍摘心致祭,以泄幽恨。

一时人心称快焉。此案除三犯外,包祥、玉令均斩决;淮安府王毂绞决;江督铁保、同知林永升均革职,戍乌鲁木齐;苏抚汪日章革职;宁藩司杨、护苏臬司胡克家均革职,留河工效力;其余佐贰杂职,获徒流杖责者八人。惟教谕章家璘,查无受贿分赃,亦无浮冒,得旨送部引见,以知县用。既惩创凶顽,复奖励廉洁,虽片善不遗,此则晚近所罕觏者也。

案既定,复特旨赠李公知府,赐其嗣子李希佐举人,一体会试。公叔清泰,本武庠生,亦赐武举人。御制《悯忠诗》三十韵,勒石墓表以旌之。《悯忠诗》敬录于后:

> 君以民为体,宅中抚万方;
> 分劳资守牧,佐治倚贤良。
> 切念同胞与,授时较歉康;
> 罹灾逢水旱,发帑布银粮。
> 沟壑相连续,饥寒半散亡;
> 昨秋泛淮泗,异涨并清黄。
> 触目怜昏垫,含悲揽奏章;
> 疴瘝原在抱,黎庶视如伤。

救济苏穷姓,拯援及僻乡;
国恩未周遍,吏习益荒唐。
见利即昏智,图财岂顾殃。
浊流溢盐渎,冤狱起山阳。
施赈思吞赈,义忘祸亦忘。
随波等庾狗,持正犯贪狼。
毒甚王伸汉,哀哉李毓昌:
东莱初释褐,京邑始观光。
筮仕临江省,察灾莅县庄。
欲为真杰士,肯遂斁琴堂!
揭帖才书就,杀机已暗藏。
善缘遭苦蘖,恶仆逞凶铓。
不虑干刑典,惟知饱饭囊。
造谋始一令,助逆继三祥。
义魄沈杯茗,旅魂绕屋梁。
棺尸虽暂掩,袖血未曾防。
骨黑心终赤,诚求案尽详。
孤忠天必鉴,五贼罪难偿。
瘅恶法应饬,旌贤善表彰;
除残警邪慝,示准作纪纲。
爵赐亿龄焕,诗褒百代香。
何年降申甫,辅弼协明扬?

徐锡麟案出后,恩铭家人取徐心以祭恩,一时哗传为野蛮。吾不敢不知其为野蛮、为非野蛮也。设有人焉,其君父或兄弟妻孥为人所戕害,试问彼为臣、为子、为兄弟、为家主者,其有剖心复仇之思想否也?窃谓指此为野蛮,不过仅就法律上言而已,就人情而论,必不能断为野蛮也。大抵持此说者,误以闯、献之徒之举动为比例,故执而不化耳。凡论天下事，必当设身处地，行吾心之所安，然后能得其平。不然，高持文明之论，为人情上之专制，吾恐终有妨于所谓文明者也。睿庙于山阳一案，特诏解李祥于李毓昌墓前行刑，并令摘心致祭，迨所谓王道不外人情者耶。世有指吾此说为顽固者，吾固自甘，且甚不愿与公等共进于文明也。

狐　医

平泉张晓瀛，患痰喘，历二十年不愈，医逾百人，药逾万剂，而病益加也。羸瘦骨立，自分必死，医术既穷，亦惟听之而已。光绪辛巳正月，病又发甚剧，饮食不进者数晨夕。家人皇皇为备后事。

一日晨起，于枕畔获一纸裹。发之，得红丸一。询所由来，家人咸茫然沉吟。久之曰："嘻！是岂仙人怜余求死之不得，而以是速余死耶？抑所以起余耶？"纳诸口而咽之。家人恐有误，走夺且不及矣。先是室中相传有狐，而曾不为祟。张嗜茶，瓶碗余沈，隔宿辄罄，家人遂相哗为狐而已。顾服丸后，气顿舒，喉中格格作响，吐痰盈斗。举家相庆。明日，复得一裹，丸色黑。再服之，疾更减。又明日，得灯草盈束，截为寸许，五色咸备。旁置小柬，楷书一行，曰："服之可痊愈。"字体类《灵飞经》，秀媚娟好。急煮服之，疾乃大瘳，如释重负。

于是益以为仙矣。洁治一室，烹佳茗供之，辄罄；增益之，罄如故。家之人有得窥而见之者，盖四十许之丽人也。薄而与之语，亦相问答。惟一二人得见之外，他惟闻声而已。叩其姓，曰："胡也。胡也者，狐也，吾实狐。"叩其家，则曰："吾祖居盛京之宁远州，偶游此耳。"问："茶之外，犹有所嗜否？"曰："淡巴菰。"取吸烟之筒，置烟而爇之。其得见者，则彼固俨然吸烟；其不见者，惟睹一缕青烟，自烟筒彼端出。张一妻一妾，信奉尤笃，乞得为仙人女，允之，即伏地叩拜。拜已，设仙母位,供香火。

远近闻风,问疾者坌至,然多不为治。问其故,曰:"疾者,孽也,其人多孽则多疾,无孽亦无疾;且无孽之疾可医,多孽之疾不可医。人苦不自省耳。"曰:"信如仙母言,世固多庸医杀人者,亦有说耶?"曰:"世之庸医,皆天医星也,如之何无说?"诧其言不经,则曰:"世有一等人,庸碌自安,自以为不求闻达,人亦以为高尚君子。其实无益于世,徒有耗夫禄食,论其罪,实不容于死,而又不犯刀斧鼎俎之刑,故天遣此庸医杀之耳。"曰:"庸碌自安,亦有罪耶?诚如仙母言,则天地好生之德之谓何?"曰:"此正天地好生之德也。天地之好生也,生一人焉,必无负天地所生,求有益于群生,天地斯喜之。苟其庸碌自安,徒分群生之禄食,是有害于群生也。故必降庸医以速其死,速其死即所以爱群生也。莠草亦天之生物,人必锄而去之者,以其有害嘉谷也,曷诧为?"

富家儿

富家儿某甲,喜修饰,居室亦整洁,厅事前植柳取阴。顾院地微洼,遇雨,辄积潦若小池然。其狎友某乙,时相过从,皆少年善谑,且喜作恶剧。一日乙至,适遇雨,乙御白纻衫,甲欲取浸潦中,以博一笑。乙不可,甲强之至再至三,乙长跪乞免,犹不可。乙忿然自解其衣,投潦中,再投再起,反复折叠,狼藉洎遍。顾谓甲曰:"必如是,然后快于心?"与甲大笑,乙突起挟衣登厅,旋转挥舞,污潦飞扬,四壁屏幛字画,点染殆遍。他日濯纻衫白如故,而屏幛字画卒不可治矣。

卷二

李善才

高密红土潭，居邑之东偏，水清而冽，深不可测，无敢游泳者，顾未尝以妖闻也。邑人李善才，一溺之后，而妖说丛兴矣。

善才，传者佚其名，幼孤，家素封。母有淑德，喜施与，有观音菩萨之目。善才幼时，丰肌肉，面白皙，美姿容，故乡人拟之为善才童子，遂呼之曰善才、善才，而真名转为所掩。善才慧，不解音律，而善辨琴声。读书目数行下，年甫舞象，下笔成文，动辄千言。家藏古匕首一，爱逾拱璧，时时把玩。为作歌云：

余家匕首锋如霜，荆卿把去刺秦王。

一掷不中荆卿死，至今余恨终未忘。

挂壁悲鸣夜出鞘，星流熠熠寒生光。

佩之登山临水去，蛟龙魑魅皆遁藏。

我之视尔真如命，尔其护我寿而藏。

但恐飞逐剑仙去，拂拭贮之虎皮囊。

又尝梦中得句云：

柳毅出龙宫，宫花尽意红。

恨多难着笔，作赋让文通。

及觉不知所谓。

是年就师邻村，距家里许。一日遄归，道经潭上。时盛夏，天方午，苦热，就潭畔解笠释扇，掬水而盥。忽异香扑鼻，有女子素袜凌波，自潭中出。大骇欲奔。女子欻已至前，执其袪。益惧，战栗欲啼。女出红巾为之拭面，桃靥藏春，柳眉解语，嫣然笑曰："唉！好男子，反为女

郎吓啼矣。子无畏,我水仙也,与君有缘,故要君于此。"举手反指云:
"妾即居此,盍辱临乎?"随其指处视之,长廊广厦,疏林半遮,碧瓦
白垩,掩映树隙。夙稔无此巨室,益惧,夺手欲逃。

女子强掖之行,瞬息已至。楼台近水,金碧交辉,墙柳拥青,沼荷
争白。门南向洞开,旁卧老虺大如犊,昂头欲起,狰狞可怖。女急叱之
去,肩随而入。见白石砌路,苔钱乱铺;苍松翠竹,夹道成林,阴翳郁
葱,不睹天日。善才至此,盖已如醉如梦,不辨东西,唯女子左右之而
已。复前行尽其林,忽天地开朗。达一宫院,庭旷阔,花木四周,丽日
曝锦,微风度香,仙境也。

行至半庭,见绿蕉成丛,一雏鬟自丛中出,年约十三四,憨态可
掬,手捻红花,俯首自簪。女知呵曰:"小鬟俊死矣!憨跳无状,独不
畏贻讥贵客乎?"鬟亦不畏怯,犹引手自扪鬟边花,牵衣问曰:"伊何
人?得毋即所谓善才者耶?"曰:"然。"曰:"向见南海童子,殆犹不
及,怪得阿姑着意也。"女斜睨之曰:"再饶舌,掌颊矣。"乃掩口前趋,
至门外,搴帘以待。女推善才入曰:"从此堕虎狼窟矣,子将安归?"
复哑笑曰:"尚作呱呱泣耶?行当为汝觅阿姆。"言次,由堂而室,已
至卧榻。绣幄低垂,流苏半掩,鱼锦裯重,龙须席凉。女捺善才坐,而
自倚枕斜卧,凝睇饱观,不稍瞬。

善才神魂稍定,默计无可脱理,含愁嘿嘿,流览室内。则玳瑁饰
梁,珊瑚嵌柱;屏张云母,帘漾珍珠;金迷纸醉,烟篆香浓。盖小鬟方
添香入鼎也。鼎状古拙,色兼苍翠,浓润欲滴。东壁悬柳毅传书图,笔
意生动,眉目流盼。凝眸久睇,几忘其为画也。旁一联,非绫非纸,色
近泥金。其文曰:

　　洞府有花皆智慧,仙家无事只琴棋。

下设碧玉案,供绿胆瓶,插青莲花。白玉床横设北窗下,棋一枰、琴
一张置其上。窃疑水晶宫殿,移置人间,广寒清虚,未必天上矣。

瞻顾良久,仍默无言。女揶揄之曰:"田舍郎,生平未尝睹此。使君

自来,当疑误入梵王宫。我若据案南方,使小鬟合十侧立,君必以为活菩萨,我恰好受善才童子五十三参矣。"善才俯不答。女复殷殷执手,问年岁。始低应曰:"生十五年矣。"女曰:"乙卯肖兔,小奴两岁,奴癸丑也。"

言已,忽顾小鬟曰:"贪笑谑,遂忘正事。日已晡,郎君得毋馁耶?速将桃来。"鬟领命去。少顷,将二枚至。女举以授善才。视之,晶莹透光,能见其核,一若水晶琢成也者。时善才苦渴,因言曰:"饥则犹未,实已渴甚,苟不见杀,乞赐琼浆一瓯耳。"女曰:"此冰桃也,但食之,饥渴都除矣。"善才面壁呋,陡觉肺腑清凉,精神发越。女又殷殷甚厚,初无恶态。疑惧少息,始敢与谈。乃曰:"俗眼不识真仙,卿果何如人,而行藏诡秘如此?"女曰:"君不闻洛水宓妃乎?即吾母也。奴所以恋恋于此者,为君故耳。"善才忆小鬟庭中语,及潭上"有缘"之说,知非噬人者,心益宁帖。女顾小鬟笑曰:"我道此桃佳,良不谬。疗渴解饥,都属余事,所足珍者,及壮胆之神丹,开口之宝钥也。"言已,顾善才而笑。善才亦笑。

女见善才意渐定,益喜,按其项,使就枕。自移枕对卧,而执其手,从容言曰:"久闻子天才俊逸,步趋青莲,妾吟君和,佳句定复惊人。"因吟云:

　　镇日含情头懒抬,忽传柳毅到门来。

　　郎君应号扫愁帚,皱满双蛾一旦开。

善才曰:"天才哉!吾当退避三舍矣。"女强之和,和曰:

　　貌惭仙子首羞抬,误入桃花洞里来。

　　若是刘郎真可意,洞门从此莫轻开。

女以手指其额曰:"谁道郎君稚?未合卺,便欲禁锢细君,为君妇者,不亦难乎?"善才曰:"必尽人而夫之,乃得遂其大欲?"因大谐笑。女又曰:"宵来不寐,偶拈绝句,请得为君诵之。虽然投桃者颇作报琼之奢望,想君或不吝教也。"吟云:

> 倚枕对孤灯，不耐观琴谱。
>
> 好梦几时成？又响芭蕉雨。

善才脱口和云：

> 织女诉离情，牛郎留笛谱。
>
> 凌晨乌鹊飞，泪洒丝丝雨。

女微吟再三，忽愀然不乐，樱唇敛红，柳眉锁翠。善才遽起曰："唱和雅事，句便不佳，无伤大雅，何忽作此态向人？"女曰："情缘殆尽于此乎？诗谶已兆矣！"善才曰："吾殆以卿为聪明人也，由此观之，亦愚妇耳。夫明皇，太真，笑牛女之暌违，誓生生之夫妇，其恩爱可谓极矣。然而马嵬兵变，生死长辞。敢问其谶兆自何诗耶？卿无惑焉。"于是女复喜，善才复卧，戏拍其肩曰："卿勿复尔，前篇从删，请再为之。"吟曰：

> 神女真海量，可入无双谱。
>
> 除却日午时，无刻不言雨。

女绝倒，钗为之堕，曰："郎君口孽哉！若见阎摩王，定堕拔舌地狱。"善才遽颦蹙曰："悲乎！吾竟不知命在何时矣。"因作反袂拭泪状。女大惊曰："郎何遽出此？天下宁有杀人痴女子哉？"曰："卿谓见阎摩王，岂非小生死谶乎？"女又大笑。善才忽庄言曰："今而后，知诗之感人深也，请勿复言矣。"问何故，曰："能使啼者笑，笑者啼，其感人不已神乎？"女又抚掌。

既而新月斜窗，花摇淡影，小鬟秉烛来治栖，两人迁坐北牖下，女徐弄琴弦，善才闲敲棋子。女目善才曰："君善棋乎？"曰："何敢言善，若遇陶士行，当百战百胜耳；如林君复者，或可与我并驱中原。"女默默为间，曰："君仅知棋局几道耳，能鼓琴乎？"曰："庶几伯仲渊明，余子碌碌，未足数也。"女笑曰："然则必不及渊明矣。"善才曰："渊明不可作，是未敢知。实告卿，吾不解琴，然而能闻声辨意。"女曰："脱不解当若何？"小鬟方拂衾，停拂反顾曰："听而不解，无殊对驴，罚作驴鸣何如?"女曰:"今宵佳会,即推小鬟作盟主矣。"善才诺。

女遂挽红袖,出素手,抚弦动操,钗颤环鸣。曲既终,曰:"弦上声如何?"曰:"仙乎!仙乎!初若置身风涛中,心荡神悚。既而情为之移,顿作天际真人想。"女愕然曰:"君真钟子期也!所抚者《水仙操》耳。"女又疑其所习闻者,复操独得之古调以试之。善才曰:"美哉!雍雍乎,喈喈乎!大有凤凰于飞,和鸣锵锵之致,听之使人动伉俪之情。"女舍琴而作曰:"神解也!诚如君言,此司马挑文君之操,所谓《凤求凰》者是也。此调久不传,奴于洞庭君处宛转窃得之。徵独人间无此曲,恐天上亦寥寥耳。君不解琴操,而独得其真,殆以神会者耶?"

小鬟忽呼曰:"阿姑姑,驴子其亡。"女瓠犀微露曰:"乐哉今夕!暑退凉生,荷香满院。果得长耳公仰天一鸣,顿使蝶梦皆惊,远胜关西大汉唱'大江东去'也。其如不得闻何哉?"善才遽合十曰:"阿弥陀佛!善哉,善哉!幸遇锺子期挽住,不然被张果老骑去也。"三人拊掌大笑。

女忽顷耳凝神曰:"莲漏已三下,牛女想已睡去,鸳鸯亦合双栖矣。"小鬟闻言,阖扉自去。良宵苦短。东方既白,小鬟推户入,洒扫房室,躞蹀有声。二人起,相对微笑。小鬟捧匜进,置架上曰:"门外何来喧嚷声?奴出视之。"遂去。既盥,女对镜理妆,善才枕其股观之。女忽拍善才面曰:"起!妖且至。"错愕顾视,一物高八九尺,人体而牛毛,无耳鼻及口,双目如镜,执匕首,见善才即攫之,背负而出。

初,善才立潭畔与女语,其邻周某实见之,方疑为谁家眷属,乃不转瞬而相与俱没。大骇,趋其所立处视之,笠若扇委焉。急奔告其母。母大哭曰:"吾儿其果鱼腹乎?"周为号召邻里,执长竿搜潭中殆遍,而踪迹杳然,丧气而返。团坐柳阴,无不扼腕,至有泣下者。曰:"积善之家有余殃,天道其愦愦矣!今而后,宁为恶矣!"

忽一人昂然来,状貌雄伟,环眼虬髯,盖求饮者也。自云王姓,世居海滨,采参为业。见众如此,问故。争告之,且言李母厚德,不宜遭此横祸。王慨然曰:"此水怪作祟耳,吾为探之。"众悦,奔告母。母亲出拜见,延至家,问何需。曰:"一牛皮,一匕首足矣。"母曰:"匕首吾自有。"出以授王,曰:"其如无牛皮何?"众邻曰:"吾等当为图之。"王视匕首,锋铓射人,若新发于硎。曰:"是秋水湛湛然者,不知决人几许人矣,宝刀也。"母曰:"是固吾儿所性命视之者,物在人亡,可胜悲恸!"言次,邻人异牛皮至。王又索玻璃破镜一具。谓邻人曰:"诘朝相见,尚求多备金鼓、火枪至,以助我也。"邻人去,王就外舍宿。

及明,邻众大集,王突出,众皆惊为厉鬼。察之,则以牛皮按人形作囊以自裹,仅露两手,涂以油墨,目际剪双孔,而以玻璃自内掩之者也。众哗然曰:"天假吾辈以王君,李氏郎当有救矣!"王举手曰:"脱无效,幸毋相尤。"遂行,众鼓勇欢跃从之。至潭畔,王曰:"诸君环列高堤,妖追我出,请鸣金鼓、火器,为我声援。"

言已跃入,于潭底得一洞,奔之。有鱼守洞口,其长不知几何寻丈也。王挥刀,断其尾尺余。鱼怒吞之,王入鱼腹,洞之而出,鱼遂死。见洞门紧闭,撼之寂然。默念:"妖必在是,而苦无术可破之。"忽砉然一声,洞门自辟,一小鬟探首出,若有所侦。王骤决之,随水飘去,则一鲤也。疾趋入,路虽平坦,而苦黝黑。约里许,豁然开朗,则非复水境矣。鸟鸣格磔,蝶舞翩跹,云淡风轻,颇似暮春景色。翘首以望,见贝阙珠帘,隐约可辨。迈步奔之,及门,径入。见美人对镜,有书生偎旁而卧,意必善才,急负之而出。忽闻有声若雷霆,自身后起。回首则景物全非,寒气逼人,水自地中涌出,若决江河。王努力狂奔。甫及洞口,内外之水适相交,澎湃之声,甚于裂石,波涛大作。泅而起。

岸上邻众见种种水族追王,急爇火枪,金鼓大作。王负善才登岸,气已绝。负归,救之而苏。母喜出望。酬王百金,不受,曰:"我非卖命者。闻夫人凤喜施与,吾辈途穷日暮时,往往在夫人覆帱中而不自觉,聊以为报耳。公子之庆生还,亦天之所以报善人也,吾何功?"固强之,曰:"夫人必爱我,请赐宝刀足矣。"与之,大喜,拜谢去,或曰是殆剑仙,则不可得而知矣。

善于颊上被女所拍处,有脂红掌痕,大如小儿手,终身不脱。痛定细思,始悟匕首歌、梦中作,皆谶也。然自是如江郎之才尽,不能为诗文云。

前游山左时,于友人案头,得睹手抄《李善才传》一篇,洋洋万余言。读一遍,爱其诗,录之,藏于行箧。偶检及,为追录其大略如此,以视原文,未尽其半也。

息妄念法

海宁周某家雇一仆,貌殊寝:眇一目,唇缺一寸许,牙黄外露,垢痕腻然。主母使送米佃家。佃妇貌娟好,微涡晕颊,流波动人,见仆嫣然一笑,盖哂其陋也。仆误以为有情,归涉遐想,久之成病,日就尪瘵。其母闻之来省疾,疑主人之督责严,而过于劳顿也。叩之,殊非是。再三致诘,始以实告。母痛子切,委典致于妇。妇殊无难色,欣然许诺,靓妆洁服,偕其母往就之。仆伏枕愧谢。母方欲避出,妇止之曰:"毋庸。"遽前问之曰:"若果爱我乎?"亟应之。"若知我爱若乎?"亦赧然应之。妇大怒,力批其颊曰:"我家男子胜龌龊奴万倍,屑向尔耶!"悻悻遂去。仆病旋瘳。

某甲貌韶秀,娶妇亦娟好。设酒肆于通衢,而以肆后余室居妇。鱼贩某乙,秃发掀唇,湿疮满顶。性嗜酒,每过肆,辄沽酒。既醉,则引吭长歌,声极清越。妇闻声思慕,而耻于失身,积念成疾,百药无效,渐以不起。夫百般譬解,叩其病源,终不肯言。委顿既甚,自念无生理,始冒耻以告,且自谢死罪。夫犹不信。日既午,歌声又作。妇长叹曰:"冤孽者此声也!"夫笑曰:"酬卿愿大是易事,盍早言乎?"趋出,煮酒,邀乙内室饮。饮既酣,请其歌,唇动吻张,歌声抑扬。妇强起,窃自寝室帘隙窥之，欲心骤息，大作哕恶，吐血升许，疾若失。

天下事，凡具有真知灼见者，必无妄念之可萌；其萌妄念者，皆略得影响之流耳。观于此，两人一误于见，一误于闻，遂致几以性命相博。及其被当头之一棒，豁然顿醒。吾不知其愧悔何以自容也。若是者，吾有大惑于近日之橡皮公司，惜乎橡皮公司独无此佃妇、鱼贩其人，遂令此一仆一妇之流，至死犹不知悔也。

张秀才

张秀才，高密人，传者佚其名。性脱略，嗜饮，胆气粗豪，人遂称之为"大胆秀才"云。馆于同里单氏，巨室也。宅中有园，具花木林泉之胜。顾恒加扃键，家人相哗以妖，无敢入者。

一夕酷暑，小酌微醺，谓单曰："夙闻君家园林竹木冠一邑，假山如画，久思吟啸其下，稍领佳趣，以未得闲，故不敢请，今愿窃有请矣。"单曰："园扃数年，久成妖薮，未敢以渎先生。"张笑曰："世上岂有妖魔？狡黠者妄言之，梼昧者误信之耳。妖由人兴，实凭意造。君勿惑焉。仆请入宿，为君察之。"单摇手曰："不可，不可！昼且不敢入，况暮夜乎！"张固笑而不信也，请益坚。单不得已，使健仆数辈，列炬启扃，呼啸而入。并力粪除，草草具床帐几榻，置酒具，即趋出。

张昂然屏人独入。适月至中庭，光明如昼。院旷阔盈亩，而山居其半，峰峦峭拔，高低半出墙头，起伏作势。花木半已暵萎。惟矬松奇古，老干多作虬龙形，高六七尺，或三四尺，苍翠蟠屈，错落于层峦叠嶂间。山下修竹千竿，阴森之气可掬；拂青云，扫明月，晚风微动，锵锵然韵胜笙簧也。微哂曰："似此胜地，顾哗为有妖，甘弃置之，愚哉！"摄衣升厅，举酒独酌，尽一罂大醉，解衣磅礴，裸卧榻间，懵腾睡去。

及醒，则仿佛前事若忘矣。推枕四顾，烛灭人静，始忆身在园中。

忽壁间板片爆裂作响。张惊,据枕窃听,时月已西斜,松影自窗间入,微风吹动,影亦摇曳作势。益惊,引手几上,取一戒尺以自卫。骤忆妖薮之说,不觉大惧。适夜风起,松竹谡谡有声。忽黑云一片飞掩月光,松竹之声益厉。乃蹑足著履,裸体奔出。及门将启之,而撼之不动。盖阍者居门外,恐妖出,早下钥矣。幸假山附墙,梯山而过。则别一院落,修竹芭蕉,怪石人立,犹不失为园林景象也。植立不敢动,侧耳窃听,恐隔墙之妖蹑其踪。牛喘鹿撞,躞躞方寻出路,才一转折,突一女子,披发盈肩,抱头裸体,赫然立其前。惊极失魂,遽前抱之,颓然就倒,亦不自知其然也。

初,阍人有女病痢,夜深痢作,迫不及衣,赤身出泄。竣而起,忽见一裸丈夫逾垣来,以为妖也,惊极。觉头脑皆鸣,胀痛欲裂,遂以两手掩目,不敢注视。及张卒然抱之,遂相与昏绝,互抱僵卧,相持甚坚。方女之出也,其母知之,讶其久不归,窥之,见其与一男子相抱卧墙下,以为私通,亟告其父。窥之而信。讶其不动,咳惊之,寂如故;近察之,则皆奄奄一息矣。烛男子面,则张先生也。阍人怒曰:"无怪其不畏妖而独宿矣!"挝户告主人。单闻而大惊,急趋视,曰:"是别有故,断非私约者。"力劈其手解之,各救得苏。"大胆秀才",盖从此嗒然矣。

嗟乎!天下之言不顾行者,盖比比然矣。如张秀才者,使其不强入废园,或入而酣然至晓,无此遭遇,虽拥此"大胆秀才"之号以终,未可知也。遭此而败,乃"大胆秀才"之不幸耳。虽然,今之人,其勿以此讥"大胆秀才"也。大言炎炎,而无惭衾影,问世有几人?

朱真人故居

武进张星繁为余言:胶州湾海中,有一小岛,岛中一石塔,无阶可登。星繁曾亲至其地，使人引缍猱升，复作软梯垂下，得登其巅。四面皆牖，而无门户，亦无下层，上作中霤。多字迹，扫去尘土，或朱或墨，色皆如新。审之，则皆登临者所留题，所纪年月，则六朝时年号为多。叩诸土人，谓是朱真人故宅。而《即墨县志》不载此人。后考得即《论语》逸民章之朱张云，然亦无可征信矣。甲辰游山左，寓青岛将十日，惜未一访之。

李文忠

李文忠之对僚属，恒倨傲侮慢，无所不至。然有面折其过者，则亦深自引咎。某大令进谒，行半跪礼。文忠仰天拈髭，若未之见者。既坐定，问何事来见。对曰："闻中堂政躬弗豫，特来省疾。"曰："无之，或外间传误耳。"曰："否，以卑职所见，中堂或患目疾也。"笑曰："是益谬妄。"曰："卑职方向中堂请安，中堂未见，恐目疾深，中堂反不自觉耳。"文忠为之举手谢过。
传说文忠自手书楹帖云：
受尽天下百官气，养就胸中一段春。
论者谓为真宰相语。

白云桥异事

白云桥，村名，属浙之德清县。村有吴姓男子，幼失怙恃，终鲜兄弟，以佣作自给。喜与里中恶少狎游。年十九，腹渐大，人疑为肥耳。既而膨脖不便俯仰，他体却不肥，众又以为虫。顾肤色、饮食如常人。会有妇科医者至，诊其脉，大骇曰："六脉和而血气萃，君其女也，断为娠矣；男子则非吾所敢知。"吴漫嗤之曰："君自习妇科，惟天下非尽人皆女也。"里中目为怪疾病。十月余，自觉无所苦，而腹中辄有物转侧。

适负麦易纴入县，遇大雨，狂奔至家，腹渐痛。忍须臾，绞刺不可当，伏枕呻吟，声达户外。邻媪怜其困顿，往馈之浆，曰："郎中喝耶？"哭不应，痛益剧，翻腾堕地，号哭震邻里。妇孺闻声来观者盈室，吴瞑吼无人状，惧而去者少散。忽号内急，邻媪扶之起，就便器坐，血大下。吴死复苏，便器中忽发呱呱声，视之女也。邻人咸致诧怪。视吴则面黄，腹且瘪矣。里人笑为"雄雌"。遂扬播四方，舟车来观者，户限几穿。吴惭而不能讳也。县令闻之欲上达，恐遭诘责，触法网，为村民累。乃拘吴，薄笞之，曰："拾得谁家弃女子，敢为妖妄惑人？"其女付无子者哺养，事始息。

宋宝佑丙辰题名录

科举取士，无裨实用。德宗朝，毅然举而废之，一时称快焉。夫制艺之不足以治国，去之诚是矣。然以其不能治国也而去之，则必当得一足以治国者而进之，然后国可以治。乃徒闻去其不能治国者，未闻进其可以治国者，则科举之废兴存亡，其间之相去，恐亦不能以寸耳。胶州李莲舟先生，曾见《宋宝佑丙辰题名录》一纸，先生为之按曰："理宗于淳佑后改宝佑，其年癸丑，丙辰则四年也。自丙辰至宋帝昺祥兴二年，宋亡仅二十四年。国运将竭，人才之困乏可知，而况取自科举者哉！乃观其第一甲第一名，则曰文天祥，字宋瑞，小名云孙，小字从龙，号文山。年二十，五月二十日丑时生。治赋，一举。第二甲第二人，则曰谢枋得，字君直，小名钟，小字君和，号叠山。年三十一，二月二十四日亥时生；治赋兼《易》，一举。第二甲第二十七人，则曰陆秀夫,字君实。年十九,十月十八日寅时生。治赋,一举。"又按:"文山,嘉熙元年丁酉生,元至元十九年壬午殉节,年四十六。叠山,宝庆二年丙戌生,祥兴二年己卯二月六日,负帝投海,年四十二。忠节之士,萃于丙辰一榜,斯亦奇矣!"云云。

余谓此数君者,才力不足以挽亡宋,终以一死塞责,或不见容于今之君子。然而凛凛烈烈,扶植纲常,有宋一代历史,惟此为无上之光荣,则不得不推此数君之节烈也。此则科举中人也。以视今之唾弃科举,留学异国,取法他人,初则昌明种族之义,高谈革命,继则山呼舞蹈,求取功名,且献媚上官,以图利禄者为何如也?此则非科举中人也。呜呼!吾纵极顽固,亦何爱于科举而为此言哉?诚以忠孝节义,萃于群经,士人以科举之故,犹知治经,圣经贤传,所恃以不绝如缕者,赖有此耳;忠节之士,遂或出于其间。科举废,新学昌,学堂立,学科既多,而治经之功以减,况乎更有唾弃国粹,粪土群经者厕于其间。循此以往,而谓忠孝节义之大经,犹得久驻于两大之间也耶?是则吾心所伤者已。自戊申以来,不揣谫陋,提倡经学国学,同类者多加冷齿焉,遂不禁感而出此。

旌表节妇

某富室,生一孩,形体诡异,蒂仅如豆,长而愈缩,盖天阉也。顾家无次丁,子畜之,且溺爱之甚。十七八即为之议婚,邑里皆知其病,无敢与议者,不得已婚于远邑。合卺后,为之媒合者惧有变,托故远出。所娶妇,有殊色,日致幽怨,诟谇时闻。偶归宁,对其父母恒现怼容,惟涩于言耳。富室以子故,愧无以对妇,恒下气怡色以悦之。如是几三年,妇忽有娠,逾十月,居然生子矣。富室亦不问所由来,且以含饴弄孙为乐。又逾年生女,举家安之,诟谇之声,亦渐无所闻。然而天阉者依然天阉也。未几天阉死,妇抚遗孤三十年,怡怡然无怨色。邻里状其节于官,官以闻于朝,得旌表焉。其孤长成,父老皆知为天阉之子也。

讲学家断断争气节,治家者凛凛严内外,采风者斤斤求遗逸,而表彰之中,此妇厕焉。论者几何不诧为异事,引为谈柄也。然而未免少见多怪矣。于屋漏衾影中求君子,举世曾有几人?得如妇者,以为薄俗劝,亦足以解嘲矣。以吾所见堂堂显宦之子,明明以嫖死,以色痨死,且死于通都大邑,众目昭彰之下,犹得以殉母闻于朝,特旨宣付史馆,列入孝子传者矣,遑论乡曲小人也哉!吾愿今之君子,得行其恕斯恕之,毋龂龂然以笔墨语言建筑怨府也。

刽子手

刽子手者,能绞人,能斩人,能磔人者也。每绞一人,官与钱一缗;斩一人,与二缗;磔一人,四缗也。粤中多盗,每一破获,可斩者累累,然不知其数也;而凡子弑父母、妇鸩夫男之自外府解省以俟磔者,亦正不乏人;绞者称是。以故粤中行刑,几无虚日也。得缗辄积之,岁不知其几千缗矣。是故生于粤而得为刽子手者,其受禄于天,正自不薄。

夫以负贩之夫,奔波劳顿,终岁不得少休,计其一年之所获几何?即贸迁有无,持筹握算,以争蝇头利者,其一年之所获几何?亦有甘为蠹吏,盘踞公门,上下其手,挑唆撩拨,因而为利者矣,然计其一年所获又几何?更有怀千金资本,或投于公司,以为股东;或投于洋行,以充买办。然而股东则徒拥权利之虚名,而无操持之实际;买办且当外窥市面,内结洋东。计一年之所获又几何?或者营谋一官,到省听鼓,衣食不给,啼号不免者无论矣;即幸而得一例差,署一瘠缺,一年之所获又几何?是故今之人可与粤中刽子手挈长较短者,厥为医士。门诊几何,出诊几何,舆金几何,挂号几何,清晨深夜又几何,规则厘然,不二价之事业也。计其一年之所获,可抵三刽子手。而学为西医者,又可从而倍蓰焉。无怪乎习为医士者之日见其多也。

羌无故实,意有所触,随笔写来,遂成此篇。虽非小说体裁,要亦不失讽刺之意。言者无罪,或当见谅于世之君子。自记。

王孝子寻亲记

王政,承德郡学诸生也。在襁褓时,父重华商于京师,以醉后与人斗殴,误杀人,亡命古北口,在围场为人佣作食力。自是三十余年,音耗断绝。政年弱冠,颇能读书,时时作寻父想。祖母林、母马哭挽之曰:"汝知汝父貌乎?何寻为?"

又数年,泣告祖母及母曰:"天下无无父之国,今明明父在而任其飘流异域,不能服劳奉养,尽子职之一日,天下复何贵有人子矣?"祖母曰:"吾耄矣,岂不愿汝父归?第念汝足迹未尝出里门一步,年来虽据道路传言,汝父在古北口,然沙漠风云,非汝所惯。而况外而道路崎岖,内而家无担石,资斧将焉措?"政曰:"无足虑也,儿自佣书卖字,以为路费;即不然,乞食亦所愿也。"祖母及母终禁之。

政乃伺隙潜行,走京师,访诸父执。佥曰:"前数年确知其在古北口围场谋生,然一岁之间,屡易其地,已难踪迹。况迩来久沉鱼雁,仍在故处否,莫可稽矣。塞外荒凉辽阔,欲遍历其境,虽穷年不可得,子将若之何?"政唯唯谢指导,竟赴围场,凡人迹可及处,无不到,见人即拜问。或曰仿佛有之,则喜形于色;或曰未之见也,则忧从中来。茫茫然不辨东西南朔,信足所至,日必百余里。其间有竟日一食者,有竟日不一食者,有并日不得食者。夜则投古刹中栖止,或露宿岩壑间,往往遇虎狼,濒死者屡,而政卒无退悔心。跋涉年余,十指皴裂,双足重茧,面目黧黑,形貌骨立,真乞人之不若矣。而寻父之志,虽百折不回。

一日,行至围场极北,倦极,见道旁关壮缪庙,趋憩廊下,坐而假寐。矇眬间,闻门外喧呶声。惊醒出视,见一叟挥拳斗两少年,少年皆仆,狼狈殊甚,而叟挥拳殴不已。政劝止之,纵两少年去,叟怒未息。政曰:"昔者吾父以斗误杀人,遂出亡,吾至今犹有余痛。故凡见斗殴者辄阻之,不听则以身翼之,恐其蹈吾父覆辙也。叟诚勇,何必与此龌龊少年较哉?"叟曰:"聆若言,非此间人,顾何以至此,而愈敝之状可掬也?"政告以故,且拜问老父踪迹。叟讶曰:"汝吾子耶?吾王重华也。吾母林,犹健饭耶?汝母马,亦无恙耶?"相与抱持大哭,遂偕归。举室相庆,闾里啧啧称孝子。是年政游郡庠。事在光绪初元也。

卷三

莱州府狱

顺治辛丑，苏属诸生以吴县令任维初横征虐民，聚众哭庙，鸣钟击鼓于府堂，遂成大狱，至今人多能道之。以此案牵及金圣叹诸人，遂附圣叹以传也。康熙三十七年戊寅，山东亦有昌邑生员刘范、徐卿及十学诸生千余，抱孔子主鸣钟击鼓，哭于莱州府门之举。同一举动而知之者寡，则案中无金圣叹其人，人遂不以挂诸齿颊也。此案亦起于县令无道，与辛丑案相仿佛。惟辛丑案则成大狱，秀才辈大失败；戊寅案则秀才辈颇吐气，案情则为官场所弥缝，为稍异耳。

先是掖县（莱州府首县）令管承宠患膏，潍县医士郭钦若药之而瘥，遂宠遇之。会管摄潍印，钦若思之以媚之，拟为谋即真，以潍缺优于掖也。以意告管，且定策雇邑之游民若干，冒为缙绅，走省城，诉巡抚，陈管德政，乞调繁。管喜其策，而不思此举实格于例也。遽予郭三十金，使给晋省者为旅费。利令智昏，殆此类欤！潍县乐舞生吴苏，饮博无赖也，奔走势利，无所不为。郭利用之，使约无赖二十余辈图此事，曰："事成酬菲薄也。"吴利其酬，如约行。郭则干没三十金。吴等徒步往，又纵博无厌，走七百里，几于乞食，始达省。而管令已奉札罢署事，回掖任，前谋不成矣。

或泄管令予金数于吴，吴大怒，唆诸无赖噪郭，毁其门。郭恨之刺骨，谒管令，譖吴反复。管令怒，授意潍儒学革吴乐舞生。吴被革，仍就童子试，入莱郡。郭又走报管曰："公之不得潍，吴之反复所致也。今彼既至郡矣，某亟思为公报之，而拙于谋也，公其教之。"管素有心计，侦知吴喜博，遣掖之无赖陈玉秀往诱之戏，而以捕役随之。博甫交，玉秀大呼："吴负千钱！"讧而斗。役掩执之诣管。管呼杖，吴大噪，讦郭干没及己劳苦状。管馁，舍之。趋白府，以博徒招盗为词，入吴罪。时莱守为陈士矿，惑于先入，不察情伪，杖吴二十，荷校通衢。

时赴试秀才咸集郡城，莫详吴之为人，辄呶呶以辱斯文尤守，且诟管纵奸噬人，势已将汹汹。而陈玉秀狐假虎威，辄酒醉攘臂行市上，与诸生遇，即喃喃詈不休。秀才辈尤恶之。昌邑武生徐卿，屠夫也，与侪辈行，遇陈睥睨过，徐颐指目语侪辈："是即设计陷吴生者。"陈微闻之，大怒，谓："何预措大事，而敢指斥我？若逋我博钱欲赖耶？"扭之，以属游徼者。廪生刘范至，求解不可。同庠十余生趋府白其冤，守不即出。诸生呼声渐高，守使隶传闻。隶固陈党，挥大杖扑诸生。时聚观者百余人，咸大忿，争掴隶。铃木吏厉声叱逐，诸生聚益众，大诟于门外。内署闭，诸生狂哭，以头触扉，喊声震天。

初，守不得志于学使陆鸣珂，至是颇自危栗。使教官约乡先生数辈，聚诸生于明伦堂，恬以甘言，怵以官势，绐使和好。管令至，傲睨嬉笑，旁若无人。昌邑教官言："事在潍掖，而昌邑人无端被祸，徐卿无罪受辱，当有以处之。"乡先生右诸生。新任潍令某，盛气凌人，欲折诸生。以故含怒，列阶下者近千人。刘范排众，平气启白："但求惩玉秀及府隶，诸生即奉身退。"管不应，而潍令语益悖。堂下怒声轰发，争搏潍令。令仓卒走，管亦避退，诸乡先生皆逡巡遁。惟余教官数人，勉事弹压。

诸生哭于圣庙，声闻数里。黠者抱孔子主以出，诸教官大骇，罗跪俯伏不敢动，亦不敢夺。诸生遂拥之行，民亦多哭。从者迎入府，置主于署门，环对长号。守大窘，役皆走散。学使侦知之，方喜守被困，少泄其憾。而是时众聚难散，实不可收拾。诸生击鼓谒学使，学使为之易试期，亦实纵之以削守势也。诸生既犯大吏，谋所以告巡抚者。守因得乘隙夜出，谢学使，而阴令教官携主去。已而学使不直守，责令亲杖隶与玉秀，以谢诸生。守犹有难色，旋以众怒难犯，卒从其说。此则诸乡先生实赞翊之功也。于是诸生始就试。

夫以一宵小启衅,而能傀儡守令,侮辱诸生,岂非偏听生奸之为患哉?或曰:"大变暴著,而竟能消弭于无形,是则弥缝之巧也。"吁!天下事岂仅此而已耶!

张玉姑

太原富人张某,生二女:长曰金姑,适同邑李氏而早寡;次曰玉姑,字同邑曹氏。曹翁服贾南中,婿随往,故年已及笄,鸳盟虽订,犹未结缡也。久之,道路传言,谓曹翁父子皆客死。张遂商诸玉姑,将别字他族。玉姑不可曰:"微独道路之言不足信,即信矣,儿已许为曹氏妇,宁有他适之理哉?"张强之,玉姑默不语。张遽使媒说于同里姚某,娶有日矣。

曹氏子忽从南中归,行李狼狈,径投岳家。张大骇,穷叩其行止,殆知曹翁客南中,构讼事,商业凋败,郁郁以死。遗嘱其子归投岳家,谋毕婚,且谋归榇也。张闻之,窃喜悔婚之不谬,惟思所以遣之之法耳。

曹子之入门也,婢媪辈皆知之,窃告玉姑。玉姑喜,取白练剪断之,曰:"今无事于汝矣。"及夕,屏人私诣曹,曹骇欲却避。玉姑止之,曰:"郎勿尔,妾已奉父母之命,凭媒妁之言,以为君妇,无私奔理。今既事出仓猝,不得不冒不韪,为我二人谋终身。"曹少定,问来意。玉姑曰:"老爷惑道路之言,以妾别字姚氏,娶有日矣。妾方拟以尺帛自殉以谢君,不谓天怜此志,使君今日来也。"曹曰:"将若何?"曰:"计惟与郎偕遁矣。"曹曰:"仆之困顿,卿当知之,行旅之费将安出?"玉姑曰:"是无虑,妾稍有私蓄,虽行千里,勿虞不给也。"曹曰:"虽然,业日方长,使仆而终困也,将何以处卿?"曰:"君毋虑,乌有丈夫而终穷者？即终穷，妾以守从一而终之义以出此，必无悔。"曹尚踌躇，玉姑促之，乃窃双卫偕遁，径投其姊金姑家，挝门。金姑隔户谓之曰："若遁耶？"曰："然。"曰："与曹郎偕耶？"曰："然。"曰："曹郎来，吾已知之。今偕遁，老父当先疑为宿我处。若追捕，必先及此。若宜他往，毋自投于阱罟中也。"玉姑以为然，遂相将他去。

张失女及婿，仓皇追逐，果先至金姑家。金姑隔户曰："妹果偕婿来，第儿未纳之，已他去，急驰之可及也。"张曰："是必匿汝家，速启户，毋多言。"金姑曰："纵遁逃而不捕，必入我家，何故？"张怒，益疑玉姑在内，举鞭挝门曰："不启将毁而入矣！"半晌，金姑启扉。张率从人人，大索不得。惟一木柜，金姑踞坐其上不动。张欲启视，金姑曰："封锁已久，钥已失去，无从启也。"张曰："奸人必在是矣。"叱从人昇之去。抵家发视之，一僧裸伏其中，已死矣。大骇，不知所措。继念："饰僧尸为女，而以玉姑暴卒讣姚氏，可塞责。"计定，取尸出，被以女衣，加假髻，停尸内堂，即夜延僧众唪经。一面讣姚氏，谓日辰不利，故微明即大殓。将以掩人耳目也。漏四下，忽见死者伸拳舒足。众大惶骇，谓是尸变，哗然尽奔入室，争先闭户。僧众无可走避，豕突出门，铙钹法器，委弃满地。

初，僧实私于金姑，玉姑之投之也，金姑适先纳僧，故设词以拒之。及张至，无可支吾，故纳僧柜中，使暂避。张强昇之归，僧大惊惧，且闭之已久，昏然遂暝。至是乃苏，欠伸起坐，见人众奔避，方致疑惑。举目四顾，见穗帐低垂，香楮狼藉，已所卧者灵床也。自念："吾其死耶？"俯仰之顷，觉身被女服，尤为诧怪。欲起立，觉双足不似平日。俯视之，则弓鞋缠趾际。急解去之，徒跣出门，去将归寺。路经卖豆腐者家，见灯影外射，室中磨声隆隆然，觉渴甚，叩门求饮。卖豆腐者莫叟启扉，见一严妆女子，疑为大家之逃妾也，内之，导使入房。叟有女凤黠慧，一见僧即嗤曰："若个莽男子，伪为妇人，将赚谁何？爹且导之入也。"叟闻言大惊，遽操杖欲挞之。僧惧，跪而自投，愿尽纳衣饰以自赎。叟乃出布衣一袭,使易之,纵之使去。

僧出惘惘将归,既近寺门,见寺邻屠人妇,方当路蹲而溲。妇颇具姿首,僧夙涎之者,至是遂强调之。妇亦不甚拒,相将入室。忽屠人返,见僧大怒,举屠刀杀之,欲并杀妇。妇诡词乞免。盖屠人黎明荷豕肉入市,妇送之,将闭户以便,旋而遇僧。屠人至半途,顿忆忘其秤,故返也。于是弃僧尸寺前井中,入市如故。市毕归,则乡人汲水,发现僧尸,报里正取出,鸣官请验矣。惧而逃之交城,设酒肆,谋升斗。一少年时至肆中沽饮,久之渐稔,时或对酌。一日,醉后微露杀人事,少年亦不细诘,颔之而已。少年者,张玉姑之婿曹郎也。

初,曹翁之将没也,语其子曰:"人情恒以贫富易其冷暖。我死,若投妇翁而得意,斯已矣;脱不然,当投交城令陈公,或能恤助汝;陈公与余生死交,必不恝置。"语已,伏枕作书,备极恳切。以授其子曰:"以此投陈公,当不误汝。"故曹之偕玉姑出亡也,径投陈,诡称已娶妇,家无片瓦,故偕之来。陈果念旧,留署中使司笔札,而丰其廪饩。经年余,陈调摄太原令,乃藉以平反是狱云。

当僧尸之发现也,官验之,所谓僧者,而衣俗家之衣,乃募能识别是衣者。或识为莫叟物,官捕莫,捕指为杀人。叟呼冤。官怒搜其家,欲得凶器也。已而搜得女衣饰等,官又疑谓是非卖豆腐所宜有。时张氏走尸事,亦已由里正报官。官视衣饰等殓物,传张使认,良然。提叟与质,叟曰:"冤哉!是夜吾方操作,有叩门者,启视之,一严妆女子来求饮。既而察知为男子之伪饰者,彼愿自卸其妆,而易吾衣以去。胡为而指为张氏之殓物也?"张虽明知之而不敢承,坚称:"吾女死而走尸,乌得诬为僧?必尸走而复仆,为叟所劫也。"官严鞫叟,叟遂自诬杀僧。再加拷掠,并自诬劫女尸。问弃尸所在,即又不能实指其处。以故案悬年余未结。

会官以他事被劾去,陈公来摄篆,阅案至此,以一老叟,于一夜之中,既劫尸又杀人,不可无疑,乃聚诸幕友共商之。曹阅卷审其月日,大致疑讶。入室以告玉姑,玉姑亦疑。使曹取卷至,夫妇共寻绎之。玉姑曰:"以妾遁故,老父或托言妾死,以谢姚氏,事在情理之中。顾何以其尸忽走?是又有故。"思索久之,曰:"是矣。父托言妾死,而苦无尸,故贿此僧饰以女服,使伪为死人,中夜起立,诈为尸变,而遂逃也。苦渴忘形,叩门求饮,情亦或有之。审是则叟之前供为不诬也。第孰为杀僧者?苟吾父恐其泄而追杀之,则此案结,吾父苦矣。"曹俯首久之,抚掌而起曰:"慧哉卿也!苟非如卿言,则彼啐经僧众,阅死人多矣,岂有不察其伪哉?必贿为之无疑。盖非独贿一僧,且兼贿众僧矣。至于杀僧者,吾已得其人,必非岳父所为。卿勿多虑,行当破此案耳。"乃具以情告陈公。

传张至,问当日情形。张仍如前供。问女以何疾死,曰:"暴病。"问走尸何所,曰:"是当问莫矣。"陈公笑曰:"莫须问莫叟,吾还汝女可乎?"传呼请曹孺人,则玉姑已盈盈立案后,遥拜认父矣。拜已,遥谓父曰:"案已大白,爹爹宜早承,毋自苦也。"语已冉冉入。张惊骇不知所措,始尽吐前事。时曹已为备牒至交城取屠人,不日取至,一鞫即服。陈由是竟得神明之目焉。

跰人氏曰:以玉姑一遁之故,遂生出如许枝节,几酿成一大冤狱。顾人不以玉姑咎者,为其全节也。使非曹郎佐陈令,则莫叟将终于覆盆,屠人幸逃夫法网矣。此中处置,若天实为之,不使节妇抱几微之憾也者。读之令人神气一抒。

劳山零拾

劳山为山左名胜,距即墨西四十里,滨临东海,与田横岛隔水相望。往游者,自华阴以至八仙墩张仙塔,当绕行一百三四十里,其间胜景，指不胜屈。土人相传其陈迹，有足述者，为记于左方，忆及即录，不计次序也。

孤脉峰之巅，露一洞。洞中一神像，自下视之，色相庄严，俨然菩萨也。峰峭削，从无能登之者。相传国初时，有刘道人者，就峰下结草为庵，苦修有年。一日，忽闻洞中有弦歌声。出户仰视，云净如洗，风日清朗。信步行，亦不知为险阻，欻许即达峰顶。入洞中膜拜已，于神座下获一绿琉璃杯，就洞中喜跃大笑大叫。峰下行人咸闻其声，聚而观者几千人，互相疑讶，以为神仙现化也。亡何，道人冉冉自峰顶下，杯犹在手。语人云："此仙物也。洞中神像，亦白琉璃所为。"里正以为怪异，闻于官。邑令张某，亲来验视，则更无可梯阶矣，仅取绿琉璃杯去。自是不闻有再登者。

双塔口，相传唐师征东时，曾建双塔于此，以便海上了望，识别归途者。数里外，有砖塔岭，岭巅有骷髅花。相传昔有夫妇二人，获稻于双塔之旁，其母馌焉。会雨雹骤作，其夫负妻急奔避塔内，而舍其母。神怒其不孝，使神龙抓塔并二人，掷此岭顶。至今砖迹尚存，故得名。骷髅花，开时逼肖骷髅云，即此夫妻之魂魄所化也。语虽不经，存之亦足以恫乡愚而儆薄俗，故君子不置辩焉。

上清宫之北，有洞曰烟霞洞，为刘仙姑修真处。仙姑之史，则不可考矣。洞前一白牡丹，巨逾两抱，数百年物也。相传前明有即墨蓝侍郎者游其地，见花而悦之，拟移植园中，而未言也。是夜道人梦一白衣女子来别曰："余今当暂别此，至某年月日再来。"及明，蓝宦遣人持柬来取花。道人异之，志梦中年月于壁。至时道人又梦女子来曰："余今归矣。"晓起趋视，则旧植花处，果含苞怒发。急奔告蓝，趋园中视之，则所移植者果槁死云。洞前花至今犹存。此则近于齐东野语矣，然《聊斋志异·香玉》一则，即本此而作也。

万历间,憨山和尚挟巨资至下清宫,拆毁三官殿,投神像于海,逐去道侣,招僧建大佛殿,将落成矣。道人耿一鸾赴告于有司,执憨山充配广东,复建三官殿。憨山至粤,建大丛林,门徒无数,复坐化,是为七祖云。今下清宫外,佛殿遗址尚仿佛可认。土人每抚摩太息,惜憨山之不得坐化劳山,少一胜迹也。

摸钱涧,土人相传前明时,道人李灵仙收一瞽者为徒,曰徐复阳,投九钱涧中,令复阳日往摸索。经一年,摸得三钱。三年尽得,目复明。功果圆满,飞升以去。上天以灵仙传道废人,法当诛罚,令刀下解尸。灵仙知之。会即墨决囚,夜间以酒醉役人,纵囚而自缚,幻为囚状。处决时,有白气自腔中出。闻复阳自云中呼曰:"师傅随我来!"监斩者不敢隐,特以上闻,以为误斩神仙。故终有明一代,即墨之犯辟刑者,仅陪决不处决云。是又齐东野人之语矣。

楹联触处皆是,可诵者殊鲜,为摘录数联于此:
老去自觉万缘都尽,那管闲是闲非;
春来尚有一事相关,只在花开花落。

有山有水区处;
无是无非人家。

柯斧青山,担去白云将换酒;
纶竿沧海,钓来明月却忘鱼。

秀色可餐,坐客多情分不去;
白云入卧,野人无意得将来。

拨云寻出路；

待月叫开门。

厉鬼吞人案

"始作俑者,其无后乎!"后人据朱注,谓刍灵木偶之属。不知非也。人死出殡时,前导作方弼、方相像,谓之开路神。南方以纸为之,齐鲁间则饰生人作此。至今犹有此风,业此者即谓之"作俑",盖亦贱役之一云。

即墨秦魁,居临河,读书未就,而家贫甚。顾美丰姿,多技巧。既无生计,遂业作俑。既而丧其偶,惟一母存,困益甚。其邻屈生自明,家小康,时周恤之。秦感甚,兄事之。屈妻刁,秦呼以嫂。久之成至交,休戚相关,有如骨肉矣。

屈无族党,惟一姊,曰屈大姑,慧而贤,嫁生三子而寡。夫族贫无立锥,屈或时有馈赠,辄不受曰:"吾十指犹足自谋,尚无需此也。"觉刁氏轻其贫,恒数年不归。惟屈时往存问。尝谓屈曰:"吾观刁之为人,柔婉中藏权术,武则天之流亚也,弟其慎之。"屈宿知其不协,以为姊之为是言,亦流俗报不睦者之见耳,阳应之。爱其次甥,自顾三十无子,拟抚为嗣,商于刁。刁阳喜而心恶之。一日屈省姊,醉归渴甚,呼茶,茶适馨,促刁烹。刁出怨言。屈怒曰:"呼!无异乎姊之谓汝似武则天也!"刁默然。逾半月,屈有耕牛毙于陇;亡何,所畜驴又毙枥下。屈殊闷损。

先是有柳仙者,操子平麻衣之术,言人祸福,辄多幸中,以是得仙名。恒往来村中,是日又至。刁语屈曰:"吾家运蹇塞,虽牲畜罹灾,无预人事,然于吾实有损焉。柳仙至,盍往卜之?"屈诺而往。柳望见之曰:"君色晦且涩,得毋损财乎?"曰:"然。"以实告。柳审视数四曰:"牛驴区区,无预于数,恐更有甚于此者耳。"使袒而察其背,复扪其腹,又使跣而视其足。既而叩其生辰。推算良久,太息不已。屈亟问之,曰:"言之无益,更何必言?"固请,乃曰:"察君之貌,君子也,惜仅余三日寿命矣。世间又亡一长者,可胜既哉!"屈叩其所以然。曰:"额无生骨,鼻无梁柱,目无守睛,足无天根,背无三甲,腹无三壬,不寿之征,君有其六。又以生辰干支推之,三日后刑冲克犯交至,生气绝矣。君急归部署后事,或可免临时失措,他非所知也。"

屈嗒然归,僵卧不语。刁问之,曰:"悲哉!三日后,吾与汝诀矣。"刁愕然曰:"何谓也?"以柳言告。刁大戚,挥涕:"使术者之言验,妾义不独生,当从君地下耳。"言已呜咽几绝。屈怜之,且从而慰藉焉,曰:"术士之言,乌可尽信,吾健饭无恙,何足以死我?殆妄言耳。"刁泣良久,忽敛哭止泪而言:"妾闻仙道之流,能知人生死者,辄能生死人。柳仙或其类,盍速往求之?迟恐他适矣。"屈卧不应。刁拽之起,言之再三,继之以泣。屈姑从之。柳曰:"去而复返,得无疑我言乎?"曰:"否。窃闻术能知人生死者,其术亦能生死人。敢以重劳先生,苟能起余于白骨之中,则所以报酬者惟先生命。"柳曰:"此数也,乌可逃?敬君长者,姑妄为之。君数不死于疾,而死于鬼。至期于晡时,得胆壮有力者四人,围君痛饮,轰然笑语,故为豪气,鬼即不敢近,过酉晷,即无恙矣。"屈归,刁犹嘤嘤啜泣,泪盈襟袂也。屈解之曰:"柳仙许我矣,卿泣胡为?"以术告,刁喜。为计里中之强有力者,得四人。

至日,具盛馔于别院,邀四人围屈豪饮。刁自即家治具,而使秦魁往来传送焉。既达黄昏,仅得半醉。瓶罄已久,而秦不至。屈隔墙呼之,刁应曰:"秦家叔叔以腹痛,故归已久矣。"屈不及待,自携壶取酒,久之又不至。四人躁不及待,将告辞,忽闻刁号呼曰:"客速来!客速来!吾夫休矣!鬼!鬼!"众大骇,蜂拥至。则阶庭间鲜血狼藉,刁则颤立动摇,襟袖悉索。问鬼何在,曰:"夫自外至,蓝面厉鬼随之入,猝扭其颈,而啮其耳。继张巨口,捧而吞之。妾第见头之入咽也,已惊绝。今始苏,则人鬼皆无,不知其处矣。"众急出四望。时四月初旬,新月微明,似见一物,隐约北行。共逐之,物绝尘而奔,众追益力。将及河,物卓立堤上,衣黑衣,赤发覆其首,茸茸及肩。忽回首南望,面色如靛,目深不见睛,牙獠唇外,赤髯如戟绕其颊。众鼓勇,走将近,物翻落河,浏然有声,震撼蘋渚。众迫河旁窥探,第见宿鹭惊飞,浪花乱滚而已。沿堤巡视,东西行各半里许,杳无所见。宿醒亦醒,相约遂归。村柝已报子,刁犹倚门而泣也。

众告以所见,刁战栗而言曰:"妾甚恐,敢烦寄声秦家老夫人,为我作一夜之伴,感且不朽。"众如秦家,叩门,见纸窗间灯火犹明,呻吟之声自室中出。门启众入,则秦魁方偃卧而呻,秦母为之按腹也。秦见众辄问:"宴散乎?屈兄无恙否?余窃以为术士之謷言也,无论健饭无恙之人,无有死理,亦乌有聚众轰饮,而可以却鬼者哉。"众曰:"君尚未知耶?"语之故。言未竟,秦惊跃,一号将绝,母抚而呼之始苏。骤起坐曰:"屈兄何如人,而惨罹此祸,世竟有此怪事哉!"言已泣数行下,历述与屈契合之情,与恤己之德,嗟叹惋惜,不胜痛悼。众乃致刁氏意。秦即促母往,且乞众为伴送。至则刁犹俟于巷也。揖母入,始扃户。

明日,刁使人邀众及保正至,哭拜曰:"未亡人构此横祸,心碎肠裂矣!夫命当何处索也?愿君子为我筹之。"保正令以四人作证,呈于官。时宁波周证山先生为即墨令,凤著循声。得状,急集讯。刁及四人各对如前言,保正亦无异词。往验其家,血迹犹新。传讯四邻,如出一口。勘河干鬼所投处,水流湍急。以绳约之,深四丈余也。竭川无术,怅望而已。以事涉神怪,无由理测,姑各遣归,候徐察究。

屈姊大姑,察其弟之冤也,具状诉之,格于隶役不得入。乃抱状哭于门,声嘶目肿,屡日不辍。先生闻之,取阅其状,有"世上有杀夫之妻,古来无吞人之鬼。严鞫刁氏,庶洗奇冤"之语。先生温语抚慰,令归静候,允为昭雪;且怜其贫,赐以千钱。顿首谢曰:"所以呼天吁雪者,以弟死不明,求所以白其冤耳,岂因以为利耶?以此而受赏,弟死之谓何矣?"先生拊案曰:"是巾帼之义士也!"感其诚,堂讯数四,卒无端倪,案终搁。大姑忿然曰:"懦夫不足预吾事!刁欲生,须吾死耳。"即拟上控,会疟作,困甚不克行。及愈,已严冬,雨雪载途,孺子无所托,资斧尤艰,痛心疾首,付之浩叹而已。

次年春,周令以他案罢去。新令尹为磁州康公霖生。公年甫三十余,若不更事者。治事月余,微独判决听于吏胥;即进退举止,皆由左右扶掖。隶役辈咸傀儡视之。一月后,忽谓众曰:"吾接印日,干支大不利。明当与尔等更始。"及明,大设庭燎,拜印升座,摘发吏胥奸状,痛予杖责,莫不慑伏。取一月来之判决尽反之,视案牍若观火,裁断如流,受判者惊为神。阅此案及大姑所诉状,曰:"此案胡久悬耶?夙闻周公有循声,于此案胡为而智出女子下也?"即为传讯,详问颠末已,复诘四人曰:"鬼之大,可倍几人?"曰:"大亦犹人,状可怖耳。"问:"投水时作何状?"曰:"吾等未及河干,不睹其状,惟闻落水声溯然而已。"问:"饮于隔院,遂无传送酒馔者乎?"曰:"是屈之挚友秦魁司之,即彼之西邻也。"问:"秦执何业?"曰:"作俑。"公颔首默然良久,问刁曰:"鬼唊尔夫,秦魁见乎?"曰:"尔时秦以腹病归久矣。"公笑曰:"尔谓鬼果入水乎?鬼仍当窟于尔宅,吾当为尔发之。"即传命拘秦魁。苉屈氏前后勘视,见屋后有小园,积薪于一隅。公命去其薪,遍掘薪下土,觉墙下土活于他处。公曰:"得鬼窟矣。"深锄之,未几而败衣见。揭其衣,则俨然僵卧者屈自明也。尸未尽腐,洗而验之,心下刀痕犹可按也。公顾刁氏曰:"汝识之否?"刁面色灰死,顿首乞为丈夫伸冤。公曰:"汝前后供词凿凿,谓鬼之先啮其耳也,而两耳完好如故;鬼未剜其心,心下刀搠之迹,又何自来耶?"刁叩头不复作一语。公顾刁指秦曰:"杀人者汝二人也。"秦犹诡辩。公命搜其家,得凶刀,验与伤痕吻合,一讯遂服。

初,刁私于秦,既六年矣,事秘无知者。忽屈谓其似武则天,刁自疑事泄,大惧。且屈欲以甥为子,益非所愿。窃谓秦曰:"吾欲畀尔三十余亩之腴田,二十六岁之美妻,尔欲之乎?"秦曰:"固所愿也,特无畀之者耳。"曰:"苟能杀自明,妾与田,舍尔其谁归?"秦大喜。故合计贿柳仙,然后投毒牛驴,而遣之使卜也。必招众饮者,用作证也。必哀众为招秦媪者,使亲见秦病,证尤确也。鬼则秦饰为之,仍作俑之故智也。其投河不出者,秦善泅,且居临河,水中从间道归也。

既伏罪,即置于法。公又遣役致屈大姑。役至,则屈大姑方欲行也。公下车日,大姑即拟奔诉,疟复作,不得行。病愈,正欲赴诉,方出门而役至,得其故,大喜。趋案谢,叩头无算。公敬礼之。为判其次子嗣屈,以承外祖之宗祧,副自明之素志,且使大姑得持其家务也。更行牒捕柳仙,惜已不知所往矣。

或问公:"此案难测,何破之神也?"曰:"智哉屈氏!'世有杀夫之妻,古无吞人之鬼。'而语尽之矣。特前任周公一时忽略耳。鬼不吞人,固矣。且能吞人者,其物必百倍于人身而后可;今曰鬼之巨亦犹人,其非为鬼吞亦明矣。非鬼吞而亡其尸,其为杀而埋之也明甚。且鬼之为物,有影无形,举动无声;而谓入水溯然。固知为人所饰者也,第不知谁实为之者。及供秦魁业作俑,则知魁即鬼矣。惟水不出,莫得其故,孰意其又善泅哉。"

案既结,远近颂神君焉。

甲辰游山左,暇时辄与二三老人曝背檐下,琐琐谈故事,莫不详且尽。因取日记簿,随所闻而记之,此其一也。及返沪,屡思编次之为一小册,饥来驱人,日暮易尽,未暇及也。前数月,偶见某家小说中载一事,与此相仿佛,而曲折中益为怪诞,此盖小说家借以动人之通例,本无足辩。惟以循吏明察所得之案,而托之于侦探,似嫌失实,因记之以存其真云尔。

龙

龙之为物，曾无有睹之者。小说家或有所记载，大都寓言十九，或故神其说者耳。

光绪某年，济南大风雨，雷击一龙，掷市上。时吾乡李山农观察需次山左，督办某金矿，寓省城。其仆入城，斫一爪以归，其大如婴儿腿，腥羶不可近。观察取其鳞数片，使化学师验之，不得其原质。鳞为方式，累无数薄层而成，其大如掌，然终不知其果为龙与否也。

粤中有秃尾龙之说。相传某童子，豢一小蛇，蛇渐长，至室不能容，乃纵之溪涧中，而断其尾曰："将以为识验也。"既而蛇成龙，以秃尾故，不能升天，每飞腾至半空中即复下。其飞腾一次，必大风雨为灾。光绪初（在丙子、丁丑之间，时余尚稚，不及忆其真矣），三月初九日之灾为最巨，覆舟以百计，死伤人畜以千计。广州榼具，为市一空，至有以缸瓮殓者。诚奇灾也。当难发时，余方随族老扫墓花县，舟次赤泥（地名），舟子忽惊告秃尾龙起，急维舟大树下，人则避之岸上。舟人遥指曰："是秃尾龙也。"望之，第见天际黯云一段而已。俄而风雨大作，雷电挟冰雹至，一时顷即止，花县幸不成灾。翌日，返舟省河，则死尸塞流而下，俯者、仰者、残胫断肢者、失其颅者、穿肠破腹者，掩面不忍睹，偶瞥及之，毛发为之森竖也。而谈者莫不归罪于秃尾龙。

甲辰游山左，知山左亦有秃尾龙之说。胶州猫儿岭下，有虹溪，溪尽处，有泉曰龙泉。相传李氏妇浣矶上，有鳅绕矶，游泳数匝而去。妇若有所歆感，归遂娠。数月，忽产蛇，骤离母腹，即暴长七八尺。其夫骇甚，执锹斩之，仅断其尾，蛇夺门去，入溪而没。是秋大雷雨，溪暴涨，有黑龙游戏波间，秃尾宛然。俄风云拥之去。龙去而泉涌出，故曰龙泉。祈雨辄应。每将大雨,龙或隐约掉尾云中,人咸呼为"秃尾老李"云。同一秃尾龙,一为患,一不为患,殊不可解;而其不能使人直见之,则一也。

俗又有龙起水之说。新会黄伯棠为余言:童时偶行江边,忽一老农呼之曰:"童子速伏,龙起水矣。"语已先俯伏。黄不知何故,亦随之伏。一瞬间,有声如吼,自顶间过。微窥之,水也,映日光如五色玻璃,闪烁不定。骇极,闭目不敢动。时有水如块,自上下坠,移时始息。老农掖之起,曰:"幸哉!子之遇我也,脱不急伏,已为水夹去矣。"

审是,则水之自起,或为气吸起,亦无所谓龙也。大抵山川之气,起而为云,云状善变,偶幻作此形,人特从而附会之者欤?昔者禹平水土,"驱蛇龙而放之菹",能驱之,能放之,与蛇并称,是特与蛇同类之一物耳。窃谓当日必曾有此物,惟大而无当,其能力不足以自存,久已归于天演淘汰之中,故仅得留一名于世界,其物则已绝矣。若鸾凤、蛟麟等,有其名而无其物者,当以此例之,窃敢武断斯言。

按:驱蛇龙而放之菹:菹:《集韵》:"子邪切,音嗟。泽生草曰菹。"《唐韵》:"侧鱼切。"《说文》:"酢菜也。"《侯鲭录》:"细切曰齑,全物曰菹。"是皆作小菜之属解。每见塾师教童蒙,辄读作侧鱼切。是禹平水土时,以蛇龙为小菜矣。附记于此,亦一笑柄。

尝　鼎

小人之侮人也,恒出以轻薄,使受之者无可如何,最足令人忿懑。顾有不以其轻薄为轻薄,反使之无可如何者。虽一笑柄,亦未始非一小小快心事也。

江宁某学堂,聘某西人为监督。某居中国久,于中国礼节习惯、风土人情,莫不深悉。一日设宴,宴江宁守,悉用中国烹饪,就命堂中厨役治馔。饮将阑,惟陪簋(俗称压桌,亦曰坐菜)未陈。适某学生晚膳,求益蔬茹。厨役曰:"无矣。"生方欲许以值,役遽指陪簋曰:"仅有此,子必欲之,请取其一。"意盖以此为监督宴会之品,欺生之必不敢尝,故戏之也。生闻言,竟捧一簋去,啖之无余。陪簋例为四,至是仅得其三。宴既,某呵厨役:"陪簋胡不足?"役言:"小人既备矣,某生取其一,小人不敢与争也。"某愕然,呼生问之。生曰:"然,是固役使我取者。"为述问答之辞。某闻之,固不能直役也,而尝鼎者已不止一脔矣。

六 九

乡人贾人曰六九,忘其姓氏,第称之曰"六九"而已。谑者或戏书之为"戮狗"。粤中土音,"九""狗"无别也。有疑其命名之异者,叩其所亲,乃得其详。六九之父,善人也,五十无子。其母忧之,为置妾,十余年仍不育。母贤,遇妾善,不以其不育而少之也。妾病且殆,母抚之若女。妾感极,濒危,伏枕叩头曰:"妾受夫人恩,无以为报,脱鬼神之说果不诬,死见阎王,当求为夫人子耳。"语已遂卒。越年余,果举一子。时母年已六十九矣,因即命之曰六九,以志异也。母年九十余而考终,犹及抱孙云。

天下不可以理解之事,何处蔑有?如六九者,实咫尺间所见闻。鬼神之说固不足信,即以七旬老妇产子论,当亦生育学所不及研究者,夫乌在寻其理也。

某京卿

某京卿少时，跅弛自放，不可一世。应童子试，题为"井上有李"。备笔书曰："似杏而非杏，多了一道缝；似桃而非桃，少了一身毛。东风而摇之，西风而摆之，有蒂何足恃，不能借一枝，滴溜溜一落，而落于井栏之上者有李已。"文宗贴为笑卷，京卿往蹲其下。观者或诧怪曰："谁家产此现世报？"则张目自指其准曰；"吾是也。"群目为玩世不恭。后登第，仕列卿贰，不久即弃官归。

其夫人亦有名士风，终身称夫字。语人曰："岂如细人辈，以扭捏为贤淑哉！"有田在城南之西偏，岁往监获，使县令具鼓吹旗帜前导。足甚巨，著赤舄盈尺而纤。乘舆必伸露帘外，其目无余子，亦可想已。京卿偶袒小妇，夫人方欲理论，适京卿同年某来访，夫人隔屏高语云："与渠共贫贱二十年，以十指供饮食，得志相负可乎？"同年悚然，向上拱揖，代责京卿，然后退。

语有"难弟难兄"之说，此又"难夫难妇"也。

宋芷湾先生轶事

宋芷湾先生名湘，粤之嘉应州人。相传先生微时，曾操剃发业。某贡士讲学于广州。一日值课期，某学生适欲剃发，传匠至，则先生也。时先生年尚少，偶问学生今日所命题，学生告之，且曰："汝岂解此耶？"曰："曾学为之，未敢自信也。"学生异之，即命拟作。先生即为拟一稿而去。学生即冒为己作，以呈贡士。贡士读之，曰："是非汝所能为，必有捉刀者。"具以告。贡士尤异之，呼之来，叩之曰："汝具可造才，胡乃舍之而执此微业？"先生告以贫。贡士曰："汝且辍汝业，来为我司爨，得隙，尚可学为文也。"先生喜从之，而每失炊。贡士曰："是汝以听讲，故致误也，盍改为余司出纳？"先生益喜。由是学业大进。年余，学使按临嘉应，贡士促赴童子试，果获售。明年乾隆壬子领解。嘉庆乙未成进士，入词馆，蜚声遍海内矣。

按先生家传云："九岁师伯叔文会，即伸纸为文，有奇气。"是先生当为书香世族，何至执剃发微业？说颇可疑。说者又谓："粤中剃发匠，强半为嘉应州人；嘉应州人，强半业剃发。此盖王师入粤，先下嘉应，剃发令下，就命嘉应人操刀为之，子孙遂世其业，无足为讳者。"然吾终不敢尽信，以重诬先达也。或曰："人以先生文章彪炳一时，而适为嘉应人，故附会此说，以励学者耳。"说似近之。

改正《十三经校勘记》

南海曾冕士明经，名超，生平浸淫经史，过目不忘。暇时辄入书肆，求未见书，或购之，或借读。书贾亦莫不知曾先生者，恒乐为代觅藏本。一日，某书肆珍重出一巨帙示之，启函则写本《十三经校勘记》也。时阮文达督粤，是盖文达手著，出以命镌者。明经必欲借观，书贾珍重付之。既返，则涂乙无数。大惊，不敢隐，以告文达。文达取所涂乙者复勘之，所改正良是，大折服，礼聘为上宾。今世传阮刻《十三经校勘记》，盖皆经明经所改订者。明经之学，固可折服，而文达之雅量，尤非今世骄矜自喜者所可及也。

卷四

盲　烈

一举一动，中夫礼，合夫义者，惟士君子能之，非所以责儿女也；惟诗书之族能之，非所以责乡曲愚氓也；惟聪明智睿者能之，非所以责疲癃残疾也。乃山左马有才之女，特以死节显。呜呼！是岂尼山邹峄之灵之所钟，虽乡曲残废之人，所禀亦独厚欤？

马有才，胶州流户也，家无恒产，佣佃自食。有女生八岁而盲，家人欲使习琵琶度曲，弗肯为。年十九，嫁盲人庄延生。庄亦流户子，父贫不能存，遂与妻去为丐，拊肩扶杖，哀号市中，以求一钱，市人不以人比类，女不怨也。然特刻苦铢累，阴畜十头，粟二十石。延生借是不为丐，而闾阎终以丐遇之。

越数载，延生以疾死，无子女。营葬毕，尽以资畀兄子庄化起，曰："族无多人，此汝所宜袭有。苟念骨肉情，岁时以一陌纸、一杯羹奠汝叔，未亡人死且瞑矣。"问："叔母将何适？"曰："将以殉汝叔也。"邻里皆大笑，且消让之。女一夕雉经。化起农家子，且赋性愚戆，不知殉节为何等事。大惊，救之苏，以为奉养不谨也，跪请罪。女不言。邻里恐为化起累，恫喝而禁制之曰："若必死也者，则必白诸官乃可。"盖挟此以难之也。女昔丐城市中，道路所风稔，乃夜遁去。家人追弗及，以为久不丐，复发狂耳。时蜀人张象翀刺胶州，所谓名进士也，以秩满行取入都，方从州人乞千金，以抵干没。女登堂陈欲殉夫意，且言："犹子善事我，死勿复相累。"张心厌之，以为不祥，辄谩骂曰："若死即死耳，何预乃翁事，而敢哓哓败人意！"挥役驱之。女径归其里，以刺史语遍告邻右。邻右皆嗤之曰："刺史按部，吾曹望之如天上人，渠得见耶？妄语！"勿信。女知人之不备也，猝于是夜缢死。

化起犹惴惴，数日不敢饮食。里之衿耆得其状，使里正以闻。里正故轻女，又闻刺史之厌之也，曰："死一丐妇，何等大事，而敢以烦官府？"终不言女死。年仅三十五云。

呜呼！死节，天下之尊德也；乞，天下之贱行也。以贱人而有尊德，天下之贵人，正不知愧几许也。

捏粉人匠

吴跰人屹坐斗室中，闻户外儿童笑语声，久之不散。启户视之，一人踞地坐，陈大木匣于前，捏粉作种种虫鱼鸟兽人物。盖所以供孩童玩具者，亦食力之一流。群儿围观，故笑言杂沓也。近察之，所作人物，须眉欲动，神采毕呈。市上业此者不少，而此制独精，已窃异之。忽一童子出资，使捏一印捕殴一乞丐。其人谢不敏。强之，曰："捏印捕则可，乞儿吾不善捏也。"重其值，终不允，仅捏一印捕去。问曰："观若所制种种，莫不酷肖，胡独于乞儿谢不能？"曰："吾岂不能也哉，以乞儿虽贱，亦吾国人，吾不忍状吾国人之丑态，而张外人之威焰也。"

呜呼！吾不信蚩蚩小民中，而有此人也，是殆隐君子欤？今之谈时事者，每鳃鳃然虑吾国民程度之低。若此人者，其程度较诸君又如何耶？惜乎未叩其姓氏，遂交臂失之耳。

谜讧

曾、曹二士人，相约会于某所。及期，曹先至，曾久不来，曹颇苦之。乃曾至，谈正事毕，曹戏谓曾曰："有一谜，请君猜：'曾孙来止'，打《史记》一句也。"曾思之不得,请谜底。曹自指其鼻曰:"我太公望子久矣。"曾怒其戏己也,曰:"仆亦有一谜:'将军魏武之子孙',打俗语一句。知君必猜不着,请径揭出之。"因指曹曰:"□你的祖宗。"曹操之"操"字,本读去声,恰谐俗语。曹闻之大怒,竟至斗殴。

高密疑案

高密某甲,送妹归婿家,道远天暑,经道旁酒家,甲欲沽酒解倦,使妹跨驴先行,曰:"吾饮三杯即至,缓行以俟我可也。"酒殊酞馥,饮之而甘,酺不已,遂沉醉暂眠。妹行三十里,甲未来,下驴止村中,候之日下舂,问后至者,弗见甲也。妹窘甚,求宿于某翁媪,辞以室狭避嫌。妹哀乞至再,不肯行。媪言:邻匠乙,佣作外县,妻归宁,倩丙妪守舍,幼妇可同栖,我为尔秣驴可也。妹喜谢,往投之,妪辄纳焉。晚食毕,妪暂归省其家,向其子丁言:有少妇宿乙家。丁闻言,止其母勿往,儿行将伴之宿。妪竟从之。丁遂去,与妇戏狎成奸,居然同梦矣。

讵乙适自邻县归,夜深叩门,而外户不扃,疑焉。入伏窗外,闻男女媟亵声,以为妻有外遇,大怒。踢门突入,锜斧乱下,杀两头。扪得裤,即以为囊。未及燃灯审察,又恐邻人捕系,仓皇负囊出奔,将赴县自首。行经妻父村,大骂门外。时已昧爽,妻披发应门,夫妇相见,互猜惑。妻问:"若负何物?来何早?"夫大骇,问:"若尚在耶?抑鬼耶?"妻谓:"吾归甫三日,何云鬼?"乙知误杀他人,弃囊疾遁。妻父以火至烛之,血液模糊,赫然两人首也。念:"苟惊邻人首于官,则婿不免杀人罪,不如弃之。"就近有圊厕,将往投焉。提囊疾行,将近,见厕上有黑影蠕蠕动。大惧,疑为鬼,举囊遥掷之,砉然有声,与囊同坠溷矣。

及明,有人如厕者,见一人足露溷上,惊告里正出之,则村人戊也,并得血裤及人首。鸣于官。而前村乙家死两人,失其头之报亦至。验之,头与尸合。官循例责差役、里正缉凶,而以戊为失足坠涧。而家属坚称戊久病痫,为人谋害者。亡何,甲亦访至。官令遍传两村邻里至,鞫之,得甲妹借宿状,某翁媪拒辞状,丙妪纵子行奸状。而究不知杀人者谁何,戊之坠涧何故也。

乙妻族窃喜,谓婿可幸免矣。忽某僧踵门求贷十千,乙妻父拒之。僧悻悻去曰:"吝此区区,请勿后悔!"遂去,诣官投首,谓某夜至某处作佛事,天将明,事毕而归,经乙妻父门,见数人窃窃私议,因隐身暗处窃窥之,见其弃人头状。并谓戊适踞厕而私,渠等恐事泄而推之使坠者也。官疾提乙妻及其父至,严鞫之,得乙负人头经门外状;而执谓投头涧中者亦乙所为,所以卸误杀戊之罪也。于是悬拟杀人者为乙,缉之终不获,悬为疑案而已。

夫翁媪避嫌,介绍于邻里,本无恶心。而守舍妪不禁其子,混置雌雄,实为祸首。所最可疑者,乙昏夜杀人,铓下则惊痛遮拒,在所不免,何以不闻有格斗状?且斧不及刀之长而利,持以杀人,殊觉笨重不灵,二尸岂僵卧待杀者?而两首齐断,如是其速,遂无一人焉起而号救哉?又暗中无灯,彼焉知裤之所在,而从容贮顿?此皆不能无疑者也。高密老吏陈姓,举此事以语余。余举此疑以叩之,陈无以答也。余谓乙夜归杀人一节,特传者附会之辞耳。正惟不知其杀人情状,此案之所以为疑案也。

侠　妓

惠州刘翔之,富家子也。美丰姿,性聪敏,读书目十行下。父兄期以远大,年十八,授以资,使游学。以是将之日本,取道广州,止逆旅中,以俟海舶。岑寂寡欢,时就同寓张某接谈,数日渐稔。张贾人也,风俗奢靡,商贾交通,恒借衍院为晋接地,宴会酬应无虚日。

一日,张又宴客珠江花舫,挟刘与俱。席间见一妓,星眸点漆,樱唇绽朱,丽人也。屡盼之。张觉,拉使连坐曰:"成一对璧人,吾当任媒介。"刘低叩绮年芳字,辄低应曰:"阿宝,生十七年矣。"相与喁喁,握手不知云何。席间人亦不之顾。宴终惘惘别。他日又央张同往。如是者屡,渐见情好。宝叩知刘家世,即欲嫁之。刘曰:"敢不与卿同愿,所恨者身已聘而未娶,苦无置卿地耳。"曰:"贱妾敢望敌体哉,他日夫人来归,得抱衾裯,愿斯足矣。"自是情深啮臂,结订同心,留恋半年,已忘东渡。刘又少不更事,挥霍绝豪,所挟游资,至是都罄。

宝见其举止渐不如前,叩得其故,曰:"以儿女私情,几误郎君大事。郎君宜速东行,游资且无虑。"刘曰:"日对佳人,得以此终老,愿斯足矣,东行胡为?"宝愀然曰:"郎知妾以身许郎之意乎?"曰:"相爱耳。"曰:"否。妾本士族婢,主人精相人术,恒与人论风鉴,谓某也当如何,某也当如何,辄多奇验。妾窃得其绪余,亦颇解此。揆镜自视,骨格似尚不至为奴子妇,或将为贵人妾也。少主貌清贵,窃欲终身事之,遂私焉。为主人所侦知,怒,鬻妾勾栏。驱遣之日,谓妾曰:'吾非忍出此,然鉴汝貌当横折,故使汝历风尘之苦,或足以准偿也。至彼中择人而事,汝自主之,无复禁制者矣。'向者得遇君,骨俗而神秀。骨俗主富,神秀主贵,故欲委以终身焉。不图以燕婉之私,误君岁月,妾之罪也。床头私蓄数百金,敢以贶君。君宜即东行,他日毕业归来,团聚有日,正不必惓惓于此时耳。"言已,出纸币一束授之。

刘受币,仍留恋,阅数月又罄尽。宝再赠之,留恋如初。如是者屡,不觉经岁矣。宝焦灼问之曰:"郎必如之何者而后东行?"曰:"仆日日可行,所以如是者,特恋卿耳。"曰:"郎不早言。向所以赠郎者,合之当足以脱吾籍,侍郎远游,今已为郎罄矣。虽然,曷弗驰函请命于堂上?或可为也。"刘泫然曰:"实告卿,吾已屡禀堂上父母,以我沉迷于此,怒,贻书谴责,故靳其资斧,不然吾何至是?"宝低徊久之,不作一语。明日将暮，出一匣授刘曰："妾姊妹行曰骊珠者，居佛山，为人任侠。郎为妾持此贻之，此中有书，彼见之，当有以助我，助我即助郎也。妾为郎计久远，郎其勿惜玉趾，为妾一行。"

刘诺之，乘火车行至佛山，遍访不见其人。日既暮，火车已停，欲返省垣不可得，无已投客邸宿焉。彷徨中夜不得寐，就灯下发其匣视之，金珠盈焉。中一函云：

> 郎以妾故，留恋经年，使郎虚掷光阴，沉迷酒色，得罪堂上，踯躅客途，妾之罪也。夫郎既以一女子之故，灰其求学之心，使无此女子，则郎自当奋志芸窗，力求学问，以赎罪高堂矣。金珠一匣，敬以赠行。给郎他出，妾即仰药。所以绝郎之留恋者，即以振郎之志气，郎其谅之。呜呼！茫茫泉壤，今生之晤会无期；杳杳痴魂，他日之遭逢有梦。情逾金石，誓重山河，固不必以生死间吾初志也。

刘睹书大骇。侵晨驰返广州，则已玉碎珠沉，返魂无术，鸨且已棺殓之矣。买地葬之，题其墓曰"义妾之墓"。尽货其金珠，东游之役始成行。

三年毕业，归省父母，则有青衣侍母侧者，俨然宝也。俟刘拜父母毕，然后盈盈下拜。刘大惶惑，不知所措。母语之故，始恍然。盖尔时宝久以余蓄脱籍于假母，仍依之以居。欲随刘东行，又恐妨其学。顾又屡遗之不行，故馈以金珠，伪死以绝其念。所葬者空棺也。刘行后，宝即径至惠州，投父母自首，且诉相从之意。父母怜而收之。至是始相见云。

若宝者，宁独侠而已哉，抑且智矣！

綦烈女

烈女綦氏，孽出，母不容于嫡，被逐，并将鬻女。其季父佩兰怜而鞠育之,是故女托身于季父。女长,姿容端丽,沉默寡言,许字同里孙氏。娶有日而婿殂,讣至,佩兰匿不以闻。曰:"吾犹女凝重端庄,非寡鹄相,当别字之耳。"时际夏令,女与婢媪辈就庭际攻女红,其嫡母适至,詈之曰:"贱婢克杀汉子,犹自扬扬若无事者,得无羞杀人!"女闻之色骤变,遍询婢媪辈,得其详,色转自若。

先是佩兰有鸦片瘾,于后院除小舍,治具精雅,为偃息之所,家人鲜有至者。一日薄暮,佩兰自外至,见有人卧榻上,呼之起,则女也,泪被腮颊,双袖尽湿。问故,则曰:"腹大痛,恶烦嚣,来此暂避耳。"佩兰以其夙不谎也,信之。次晨炊已熟,家人将会食,而女室犹扃,呼之不应;挝门大呼,亦不应。大惊,毁门而入,则女偃卧在床,色如生而体已寒矣。犹不知其殉节也,谓腹痛殒命而已。及殓,于衾中得一角盒,然后知其饮阿芙蓉而死。急研讯婢媪,得日前情状。佩兰乃大哭曰:"吾儿盖死义也!昨入小舍,所以便掩泣,兼以窃鸦片耳。"时其嫡母犹作申申之詈。

含殓已,传有客至。佩兰出迓,则前为女作伐之李生也。因喑问而悉其颠末,悚然起敬曰:"此真烈女也。然生异室而死不同穴,岂不遗千古之憾哉!吾当为告孙氏,使合厝以慰贞魂,何如?"佩兰曰:"是吾心也,予其为我言之。"李如孙氏,则孙已扫径迎劳矣,揖而言曰:"以亡儿婚姻,又劳枉驾。"肃入厅事,待以謇修礼。李曰:"足下近通数学乎,何前知乃尔?"孙曰:"非也,乃亡儿自言之耳。畴昔之夜,长男妇梦亡儿,纳之,南向坐,而北面拜之。问胡为,曰:'将求后于嫂也。'曰:'是应尔之事,曷拜为?'喜而起辞,将出复顾曰:'嫂氏志之,弟完婚有日,明午前,当有吉语闻也。'晨起,长男妇以告,犹以为妖梦。而君来,适以其时,知梦必有因矣。"李不胜嗟讶曰:"以女之节烈,士之精灵,真所谓合之双美者哉!"因以佩兰意告,孙亦乐从。次日,即以肩舆载木主归。迎女柩为合葬焉。

越三日,佩兰来省墓,孙款之。佩兰极称婿梦中事,以为灵异。

孙曰："不若烈女之精灵尤著也。"因道女之体态举止,并服饰簪珥,一一符合;唯言耳旁一黑痣,为女所夙无。佩兰俯思久之,曰:"是矣,就义前曾患小疮疖,以钱大膏药敷之,然非痣也。第不知何所见而得其详如此? 闻之乎?"曰:"亲见之耳。亡儿夙为老母所钟爱,其亡也,故禁家人,秘不使老人知,恐以致其哀也。弟日趋视,惟诳以病未骤愈而已。方君之未来也,升堂省母,将入门,闻女子喁喁细语声。搴帷而入,则与老母坐谈者,俨然一新妇也。见余亦不避,且问老母是为谁。老母笑曰:'尚未识若翁耶?'彼则盈盈而下拜。余大惶惑,不知所云。老母晒曰:'如此大喜事,而不以告何也? 吾虽老,犹不至畏举动之劳。何孙妇入门,竟不使吾知耶? 吾方独坐无聊,忽少妇自东廊出,径前起居。吾茫然不知谁何。坐谈良久,始知新娶次孙妇,已庙见矣。娶以前则不我闻,拜见又不先达,使之突如其来,令人无置喙处。将谓老人吝一戋戋见面金也?'出告家人,潜往视之,则渺矣。"

此则记为平度州事,州人极重视而盛传之,谓修志时当采入也。

跰人氏曰:凡忠孝节烈之士女,当以行传以事传,不必以神怪传。则此篇烈女殉义以后之事,正不必多费笔墨,转使沦于不经。不知忠孝节烈,虽不必以神怪传,正不妨以精灵传也。语云:"至诚金石为开"。况义烈之气,偶聚而成形,未必为理所必无也哉。吾党正不必深持无鬼之论,博一己之高尚,以泯节烈之精灵耳。

霞云阁主人别传

红尘十丈中,有楼焉,眉曰"霞云阁"。阁主人丽姝也。姝之姓字不可知,以典觞侑酒为业。自隐其小字,仅取所以颜其妆阁者榜于门,人即以其妆阁之名名之。十年来上海北里之风,盖如是矣。姝鄂产,初鬻于秦淮入乐籍,辗转复鬻于七里山塘间,遂冒为吴娘。机警善变,恒于言笑外得人意,故所遇多贵人。

年渐长,知盲受羁绊者之必非骏物,而不能展其骥足也。于是谋诸债家,自赎于假母,而负债转累千金。苏沪之间,故有一种操母金以权子者,以资贷于妓女,己则反委身为之厮仆婢媪,所以监督之而责偿焉。与京师之放官债者,殊途而同归。俗谓之"带挡"。姝虽脱于假母,而受监督于债家,终不自慊。既而迁沪上,遂谋适人。

所谓适人者,非适人也,将使纳之者,为之偿其欠负,暂随之去,未几即借故求下堂,或竟挟之以逃,仍操旧业。如是者俗谓之"浴",殆取去垢而身轻之义欤?世顾有一种大腹贾、纨袴儿,甘为若辈浴具者。

姝凡再浴,终以豪纵,故债级层累而益高,门前车马亦以是而益盛。奢靡相尚,沪滨之风气然也。姝之于客,无不貌为亲昵,务得欢心。而谋所以托终身,恒窃窃自难其选。管生,磊落恢奇之士也。生平择配苛,年弱冠未娶。居恒语人曰:"夫妇,人伦之始,使偶非其人,岂非毕生之憾?吾所得见者,皆庸脂俗粉,不足为管某匹;不得见者,更不敢妄信。使果无可物色,宁终身鳏耳。"会于歌场中遇姝,遽相倾倒。居亡何,即有委身相从之说。议垂成,管之亲若友咸尼之,顾亦有尼姝者,遂不果决,然缱绻流连犹昔也。岁暮,群负咸集,姝商于管。管自遇姝,所以为缠头之费者,已达三千金,至是无以应。狎客中有王某者,面团团而腹便便,凤涎姝色。姝谓之曰:"能以三千金来,此身属君矣。"王喜,遽以千金为定。他日又捆载二千金至。姝曰:"前日之言误耳,实非万金不足以毕吾负,将何以从君?"王愕然,计无所出,囊金返。而姝已以所获千金,谋卒岁矣。他人以其遇王如是也,益实其适管之说,里巷喧腾,莫可为辩。管忧之,叩其所负究几何。曰:"三千金。"曰:"责重而力轻,卿其谓我何?"愤然曰:"请以五月为期,将有以报子。"尽举辎重付管。

航海北行,抵津门,就某院居。服御饮食,拟于王侯。左右婢仆,俯眉承睫,颐指气使,继以呵斥。居停窃议之曰:"吾行非官太太,宁容是人？"姝闻之曰："此龌龊地，不足以辱我。"弃之走京师。长白某相国公子，奇赏之。姝亦知为奇货之可居也，竭能以事之。不数月，获其五千金而归。集诸债主，出所获金，使俵分之，仅偿其半。复走汉口，求得其稔客某观察而媚之，乘间言曰："人生不幸作女子，更误落欢场，苟不得多情如公者事之，身世何堪再问矣！妾此行实逋负而来，公苟分一席地以容，妾愿终身侍巾栉，不复返沪矣。"观察曰："吾宁为若逋逃薮哉？苟如是，人其谓我何？若果事我，当为若偿之。"遂授以五千金，曰："债毕而归可也。"姝又挟之返沪，尽偿夙负，归于管。管曰："昔者吾叩卿，卿谓负资三千耳，今竟达万，何也？"姝哂曰："以百万言之，恐惊江东之士耳。"

初，姝之归管也，人咸窃窃然议之，谓其不克相守以终也。顾姝自是竟一变其豪奢之习，操作若贫家妇，夙夜攻女红，无倦色。管曰："卿过矣，吾家尚不至以十指求食。"姝曰："求食云乎哉？借博微资，奉诸高堂，以为甘旨之佐。顾亦知甘旨不俟吾佐，第老人喜勤俭，或足以博开颜一笑耳。"管有妹将适人，母谓管曰："兄弟无多，妹将适人矣，为之兄者，遂白手相送耶？"管默然，实有所吝。姝闻之，他日检奁中金珠数事，乘管他出，进母曰："此渠所以持赠小姑者，又以所值微，无颜自达，委妾为走伻，妾窃有喜焉。"问何喜，曰："喜可望赚阿母赏脚钱也。"相与一笑。说者谓管氏上下之间，和洽倍于平昔，姝实有功焉。

嗟夫！士君子抱经世才，怀匡时志，而不遇于时，逃之狂狷者，盖有之矣。若夫女子，则吾未之前闻也。当其豪奢放纵时，何莫非士君子放歌痛哭时哉！使不遇管，毋亦终于豪奢放纵，如怀才君子之终于放歌痛哭已乎！茫茫天壤间，终身无所遇者，正不知几许，吾恶得一一而哀之也耶？吾于此无暇称姝之贤，急欲贺姝之遇。顾老泪滂沱，又不知何自而至也。

刘玉书

刘玉书，生性蠢拙。幼读书，日授数十字，诵终日，不能上口；十四五，尚不辨之无。父忧之曰："蠢若此，他日何以自立？"乃为纳资捐一杂职，俾至部投供候选，冀他日得一缺，为啖饭处也。刘长，蠢益甚，加以迂拙。顾行止庄重，跬步必循规矩；与人对语，呐呐如不出诸口。

候选二十年，选得广东某巡检缺。故事：末秩得缺，得于午门外谢恩，惟徒存此例，无有行之者。刘居京师，久习闻此说。得缺之明日，天未黎明，肃具朝衣朝冠，恭诣午门，行三跪九叩谢恩礼。是时天方雨，刘于雨中叩拜从容，惟恐陨越。适某邸入值，乘舆过，见而异之，使傔问为谁。刘谨对："新选广东某县某司巡检刘玉书，叩谢天恩。"傔走报，某邸以为奇。既入朝房，遇两广制军某公。盖公时方入京陛见也。顿忆刘事，因语之曰："贵属下某县某司巡检刘某……"将举其事以为笑，讵言至此，内忽叫起，遂不及竟其说，匆遽而入。自此，某公亦未复与某邸遇，陛辞回任。刘恰亦领凭到省，趋辕谒见。公忆某邸在朝房语，优遇之。问："某王爷安好？余出都时未及见也。"刘唯唯。

到任未一年，即奉檄兼办就近某厘局，获资巨万。既而以事晋省，复谒制军。制军谓："汝职太小，盍过班？"刘亦唯唯。旋捐升县令，即历署优缺。不数年，叠捐叠保，居然临司矣。请咨引见，制军备土仪及书，令赍呈某邸。刘抵都引见事毕，即躬赍礼物，赴邸求见，而未备门者引进费。门者呵之曰："若欲求见，当于四鼓时来。"刘亦唯唯。果于四鼓往，则邸方乘舆将入值。刘即舆前叩见，呈书礼。邸颔之。就舆中拆视制军书，书中常语外，兼及刘某心地忠厚，才具优长，已荐保至道员云云。盖终以刘为邸之私人也。某邸此时,已尽忘前事,亦不解制军书中言,颇以为异。沉吟自问曰:"刘某何人,而劳谆谆道及?"既入见,适某道缺出,上问谁堪胜任者。某邸意一时无人,即举刘对,竟被真除。

世之升官发财者,皆得之于机巧迎合,刘独得之于朴愿愚拙,不亦异乎?为此言者,特就一面言之耳。不知刘之升官发财,虽得之于朴愿愚拙,而其所以升官发财者,仍不出于机巧迎合。盖非某制军之机巧迎合,刘必不升官发财也。不过机掀启于彼,而转动发于此,人自不觉耳。

南海某生

光绪乙丑,南海某生入闱,一艺甫成,适为同号生某邀去,以疑义相质,谈良久,始返舍。搴帘欲入,见舍内一伟丈夫,俯首振笔,状极得意,疑误入他舍也。却步细认,良不诬。就帘隙窥之,见其人面鳖黑,额圆而顶锐,张口似笑,口之巨几占全面,唇上横列一目,黝而深。不觉大骇,惊极而叫,遂仆。邻舍闻声,咸来省视,救之苏,自言所见。科场果报之说,入人最深,众咸疑为冤鬼,不敢入舍相窥。号军启帘,无所睹,众遂散。生逡巡入,见几上三艺俱在,视己所作,被涂乙殆遍,不觉窃喜。惊定后竟录之,是科遂获售。

榜发之日,生梦伟丈夫来曰:"姓石名才,字贞吉。与若祖为文字交者几三十年,后在闱中相失,终身不复见。前日见汝,察为故人孙,故为成三艺,成汝之名。余被困闱中颇苦,今幸得出。越三日,当以百钱至城隍庙相赎也。"生梦中慑其貌,不敢多言,唯唯而已。三日后往游城隍庙,见冷摊上置一破砚,砚底仿佛有名,已为积泥所掩,洗而读之,铭曰:"不作廊庙之柱,乐受文人之笔,守墨虚心,字曰贞吉。"款识则其祖名也，大异之。叩其值，仅索百钱。遂购之归，携以返里，呈于父，备述其事。父曰："是汝祖物也，宝之三十年，后忘于闱中，终身恒不乐。今幸得璧返，且具灵异，佐汝成名，宜持以告庙。"因纳诸其祖木主龛中，岁时奉祀，至今不衰。

世传神怪之事多矣，有伪造者，有寄托者。谈新之士，恒龂龂辩其为妄。吾谓造言者固妄，致辩者亦迂。姑妄言之，姑妄听之，有时或转足以博一噱，似犹胜于枯坐无聊也。

烈　鹅

先儒谓雁有夫妇之义，雌雄相偶，各匹其匹，不相淆乱。雌者死，则雄为鳏，不更与他雌偶；雄者死，则雌为寡，更不与他雄偶。是故先王制礼，婚姻有奠雁之仪云。虽然，雁之为雁，果如是否欤？吾非雁，不知雁之情，人云亦云而已。粤中以雁难弋获，故婚礼以鹅代焉，亦古之遗意也。凡婚礼之鹅，必雌雄各一，女族受而畜之，鲜有杀之者。

某氏嫁女已十年，所畜鹅犹在，睨睨相呼，无殊鹣鲽。一日大风雨，客至，无以为馔，主人命烹鹅，遂杀其雄，置地上，以俟汤镬。雌者绕之悲鸣，追杀鹅者而啄之，逐之不去，扑之不惧；杀鹅者走避，则绕鸣于雄侧如故。俄而猝然倒地，喙吐绿汁，视之死矣。剖而验之，则肝裂胆碎矣。异而白之主人，主人亦异之。与客临视，客曰："是烈妇也，余不忍食其肉。"言于主人而双瘗之。

观于此，则雁之各偶其偶，而不相淆，说可信矣。嗟夫！禽鸟之属，尚有以义自处如此者。吾独慨夫世之人，有夫死而改适者，有数月而改适者，有数日而改适者，有不改适而丑声四播者。吾亦亲见妻死之日，即央人作伐，图再娶者。呜呼！夫妇道丧，人伦之始亡矣。谥之曰"烈鹅"，以愧世人。

某酒楼

　　金陵某甲就上海,赁楼一楹,辟酒肆,觅蝇头,借以自给而已。越数年,市面衰落,肆将不支,又值岁暮,竭蹶捭当,无复可望,拟明日闭门休业矣。是夕,一叟荷囊至,入座沽饮,命治馔,辄曰无矣,历数品皆然。叟曰:"夜未深,何以诸品皆罄?"曰:"实告君,明即休业,是以多不备也。"曰:"吾屡饮于此,生涯颇不恶,何便休业?"曰:"主者资本既竭,虽生涯盛,又将奈何?"问:"主者谁?"曰:"某甲。"叟即请见,谓之曰:"闻君明将休业,余以为深可惜。苟非有万不得已者,勿宜弃之。"甲曰:"房税积三月未偿。租界业主,有苟待居客之特权,积租三月而不偿,彼即逐去居客而封其门,门内物,彼得据而有之,谓以抵租金也。明即其期矣。"叟曰:"三月之租,为数几何?"曰:"六十金。"曰:"苟有以偿租金者,又将几何而后可以继此业?"曰:"是无定资,厚固佳,即不尔,数金数十金,皆足以支目前也。"叟发囊出二百金畀之曰:"持此仍营汝业,毋中辍也。"甲大惊喜,转疑是梦。叩叟姓氏,叟曰:"吾某姓,居某乡。家人以纺织为业,织绩多则贩于上海而售之。岁凡再至,至则必饮于此,故闻子休业,而不能恝然也。"甲谨志其姓氏里居,买馔于别肆以享之。叟醉饱去。明即营业如故。

　　由是业骤盛,获利倍蓰。而经年叟不至。甲怀金至其里,将报之,遍访无此人,大异之。既返,与家人窃议,疑叟为狐仙,洁一室以奉之,朝夕礼拜为谨。业亦大盛。又十余年,甲女得侍贵人。贵人有房产于通衢,命甲迁其肆居之,免其租值,于是竟煌然大酒楼矣。

清远健妇

幼时,家用一佣妇,清远人。言其乡一健妇,自邑城返乡,身怀数金。一无赖涎之,怀刃相随,将尾之至野外,要而劫之也。妇屡回顾,知其意,解所束带,就涧边濯之,提带径行。无赖四顾无人,拔刀相向。妇笑曰:"能胜老娘,便如所愿。"无赖挥刀下,妇挥带迎之。带湿而软,与刀相撞,彼端即就刀反卷数匝。妇力拔之,无赖几仆,刀堕地。妇急拾刀在握,笑相向曰:"来!来!"无赖跟跄遁。此不以勇胜,以智胜也。

禁鸦片遗事三则

道光间,林文忠公督粤,申鸦片之禁,以茶与外人易烟土,焚之。此见诸奏案,举国皆知者矣。不知当时竟有因是以致富者。当焚烟土时,公亲临监视,至烬灭乃已,所以防盗窃也。聚土而焚,外虽燃而中恐不得爇,则使人以竹杠翻覆挑拨之。于是数十役夫,群杠并举。诸役相约:预去杠中竹节,挑拨时力故捣之,则土尽入竹杠中;一杠满,复易一杠。事后鸦片价骤昂,凡私售者,皆十倍取值,群役尽成富人。

桂林某翁,以末秩仕粤东,久赋闲,贫病交迫。粤俗信鬼神,凡有小疾苦,恒于夜间炷香,烛于门外,喃喃祷祝。翁家居粤久,染粤习,家人学为之。香甫爇,忽二人舁一巨箱至,径入门,止之不可,委地遂去。发视之,烟土也,值盈万,由此营运遂富。盖是时烟禁方厉,凡私相买卖者,必预约一暗号,以为受授之所。此买者约以炷香门外为号,故致送者误投。及既察为误,以禁物故,不敢追求也。某翁子为余父执辈,以非盛德事,讳其姓氏,然近亦中落矣。

当烟禁最厉时,人尚多未戒尽者。士子入场夹带烟泡之法:有携牙柄团扇,空其柄以内者;有为夹底水烟管以藏之者;有以铜制烟盒,盒之底面皆嵌铜钱一枚,盒旁凿作铜钱累叠纹,盒中亦作方管,自底透面,携带时以钱串贯之,状如五六十文钱等者。诡异之制不一。扇柄、烟管,久不经见,惟此盒则尚有藏之者云。自重申烟禁以来,考验官吏,号称严厉,此等制造,又不知多翻几许花样也。

徐次舟观察轶事

徐次舟观察赓陛,初以县令仕粤东,历署繁剧,喜以察察为明,故士论或议其刻。然其强项之气,有足多者。

其摄南海县时,值穆宗毅皇帝之丧,哀诏至,百官例赴万寿宫哭临。时广州将军某,举止跋扈,肩舆直入。明日,观察以丈许白布,大书"文武官员军民人等至此下马",以竹竿挑之,素衣冠,执立于东华门外,若秉幡然。将军至,则扬于舆前,大呼:"请军帅下马!"将军无奈,降舆步入。

又某都统于国恤日,鸣锣出,为观察所遇,执鸣锣者返署,杖之数十,仍送归都统府;别具禀牍,谓"倘律以大不敬当诛,姑念其无知细民,已薄惩之,仍请示办法"云云。都统无如何,反作函谢之。一时同僚罔不咋舌。

又曾作函于某国领事,函中称之曰"贵领事"。领事复函,谓"本领事职位,等于贵国司道,贵国县令之称司道曰'大人',则阁下致函本领事,亦应称'大人'"云云。观察以函致驳之,略谓:"敝国县令之称司道为大人者,以其为司道也。贵领事职位虽尊于敝国司道,而究非敝国司道。且两国交涉,系主客之谊;主客相交,无责人以称谓之理。且'大人'二字,亦何足为荣?敝国有一种书画家,无论为舆台仆隶作书画,皆称之曰'仁兄大人'。贵领事如必责我以大人相称,则我即以此'大人'二字称贵领事,恐贵领事转滋不悦也。"领事竟不能答。

相传观察署南海令时,某老妇失一豕,指控为某甲所盗。甲称冤,且曰:"凡盗豕者,若驱之行,则蹒跚而迟,必为人觉,故必荷之而趋。小人手无缚鸡力,何能盗豕?"观察曰:"诚然,吾亦夙知汝为安分者,又念汝贫,赏汝十千钱,俾作小负贩,嗣后当益图上进,无负余之栽培也。"言次,仆人已取十千钱置案下。甲大喜,叩谢讫,取钱一一荷肩上,起欲行。观察呵之曰:"止!汝谓手无缚鸡力,十千钱何止六十斤,乃能荷之以行耶?吾未究尔盗豕之法,而尔先言之,是尔工于盗豕者也。"顾左右呼杖。甲大惧,崩角自承。

又一日,呵殿出,遇一童子哭于途。观察顾见之,呼至舆前,问:"何哭?"曰:"筐有二百钱,为人攫去,故哭也。"问:"何业?"曰:"卖油果。"问:"油果安在?"则举其筐曰:"已售罄矣。"问:"筐盛油果者耶?"曰:"然。"曰:"得钱亦置筐内耶?"曰:"然。"曰:"然则筐胡弗为汝守钱?致被人攫?吾当为汝审筐。"即带童子及筐返署。一时途人哄传徐青天审筐也,争随至署观审筐。观察升坐大堂,纵人入观。于案上置水一盂,令来观者自东阶升,投钱一文于水中,然后自西阶下。差役往来弹压,毋少紊乱。诸人以一文钱细故,如命往投。观察高坐监视。忽一人投钱讫,将趋下,观察指之曰:"此抢钱贼也!"搜其身,二百文犹在橐。以赃及所投钱均给童子,而惩抢钱者。人问:"何以知其抢钱?"曰:"一筐中杂置油果与钱,则钱必受油污。投之水中,油必上浮,故一望而知也。"曰:"何以知抢钱者之必来?"观察曰:"吾扬言审筐,一时路人争传,彼方笑吾愚,而疑吾癫,乌有不来者?脱不来,则观者无虑数百人,所得钱尽以畀童子,偿所失,且有余,亦足以了一事矣。"

误　累

河南鹿邑县,出有大盗案,已达部,而正犯未获。县令朱某,以甲榜出宰者也。请巡抚海捕牌,出省搜缉。选老捕役二人,各佩一刀往,久无踪。一日至湖广界,旷野无人处有古庙,二人拟暂息。入庙,见一人枕袱,睡熟案上。二役深通律例,知强盗拒捕,格杀勿论,且得赏。因熟悉生心,共按而杀之,舁尸门外,踏地如战场;又各自砍其头、臂作伤痕,委一刀于旁。往报官,官验之信,即出印结回文。二役归,得赏。申呈结案。已而令行取入都,升主事。久之,云南提获某盗,有鹿邑劫财之供。刑部参劾,朱委罪于捕役,提解至京,一讯即承,并不知所杀者何人也。官、役均拟辟。

趼廛剩墨

裴效维　校点

盗被骗

丙午冬以迄丁未春，上海拦路劫夺之风大盛，谨慎者至不敢夜行。粤人某商于沪，另室居妻孥，以岁暮事繁，深夜始返其居。路遇拦劫者，将裰其衣。某哀之曰："子毋然。子之所以为此者，图财帛耳，虽尽裰吾衣，能值几何？吾幸携有钞票在，敬以为赠，请免吾衣可乎？"言已，手出纸一束授之。盗大喜，攫之而逸。某急奔归家，对妻孥吃吃笑不休。盖其所以授盗者，实一已废之流水帐册也。特不知盗解视见之，何以为情耳。

嗅　瘾

吸鸦片成瘾，人皆知之矣；不知嗅之，亦能成瘾。吾乡李山农观察，生平不吸鸦片，而独喜嗅之。寓中清客二人，专为烧烟而设者，为之爇成松泡，就鼻嗅之，数十年如故。偶不嗅，则涕泪交下，若烟瘾然。

龙

李山农观察在山东时，一日雷雨大作，市民哗传雷击一龙，堕城中。其仆趋视，携一爪归，大如五斗箕。旋为邻人宵分以去，观察仅得鳞二枚。时方拟开金矿，寓中延有西洋化学师，使化之，不得其原质。曝干揭之，盖累数十层而成一鳞者。鳞作方式，其纹亦都作正方形。甲辰,余游济南,东人犹有能言之者。究不知果为龙否也。

巧　对

戊戌政变,谭壮飞先生被戮;其尊人中丞公,亦以是去官。时人有集讣帖之首句、殿试策之末句为对者,曰:

　　罪孽深重,不自殒灭,祸延显考;
　　末学新进,罔识忌讳,干犯宸严。
此真是佳句本天成,妙手偶得之。

小塌饼

小塌饼,谈者佚其姓名,此其诨称也。流寓上海。性狡黠,屡以事逮案,官屡惩之,小塌饼怼官。一日,复犯事至案,由警署送公廨时,途中潜以两手掬细石盈握。至案下,突起,力掷之。中西官面目咸着,大怒,痛挞之,复判押警署狱三年。时尚无押西牢之例也,判已,例由捕役押至堂下之木栅内少候。

小塌饼至既入栅,瞥见栅外二役相对喁喁曰:"此五百金之重赏,不知谁得致之?"一曰:"苟贼在上海,或为吾辈有,未可知也。"语已,出一纸共视之。小塌饼眴焉,则松江某氏,为剧盗行劫,华亭令悬赏缉盗,行文至沪也。后列赃物及被劫日月甚悉。小塌饼一一默识之。

既入狱,与诸囚杂处,有怨者,有恨者,有悔者,有泣者,愁惨阴晦之象,盖履之者莫不为之惕然惧,怆然悲也。而小塌饼酣嬉笑语,旁若无人,几不自知身在缧绁之中也者。如是累数十日。同禁之囚异而诘之曰:"子岂不解愁苦者耶?何自忘其为囹圄中人也?"笑而不答。固诘之，乃窃窃语曰："吾与子皆囚矣，言之或无害。吾入居于此，将以避祸也。"则喑曰："祸有甚于狱处者耶？"曰："子良家子，故以狱处为莫大之祸；若余，则视之为天堂矣。某月日，松江某氏被盗，余实为之首。官悬五百金之赏以购余，余乃星夜至此，故为小小不法事，以求羁禁。又虞官之薄责而释余，余终不获免也，又故掷石以撄其怒，于是乃得判押三年。今兹捕役辈网罗四张，夫焉能料及余之已逮狱者？俟三年后出狱，巨万之赃，固犹余囊中物也。"

囚闻之，默计："官悬五百金以缉彼，吾苟首发之，纵不吾赏，或可稍减吾罪。"计既定，俟狱卒至，窃告之。狱卒希五百金之赏，乃以达之警察长。警察长白之公廨。提案讯之，则故作惶恐状，诘问数四，始自承。诘赃所在，则曰："埋松江某桥下。"官讯之确，乃移交上海令。令再讯，无移词，乃备文饬二役押送华亭归案，桎梏就道。

途次，故喁喁与二役语，乞少宽假曰："余不忘报也。"役笑曰："囚且将就法，复何以为报？岂欲以颈血饮我辈耶？"曰："否。此至华亭，则某桥所必经之地也。是故吾匿赃之所，而旷野无人。此去经其处，吾先发之，取如干以为酬。吾诣官，有死而已，藏此复何用？子二人得之，不无少补。吾供出匿赃处，官发之而数不符，顾原物宛然，不少讹舛，亦疑所短者为他盗所分去耳。案既破，则官之责尽卸，必不穷追，是于子二人亦必无言也。"役疑信参半，小塌饼故絮絮言之。役心动，窃相议。行至一地，小塌饼曰："前至某桥不远矣。连日被桎梏，手足殊酸楚，发掘恐不易；吾又适内急。子盍去吾桎梏，俾吾从容更衣，子二人逻守吾侧，吾纵有翅，当亦不能飞去也。俟吾更衣毕，子等随吾往发之，任取不靳。"二役又窃议从之，尽去其桎梏，而左右夹辅之，乃蹲而解。事已，同行，二役一先之，一后之，虞其遁也。

行里许，达一河，河水已涸，架一木为桥，宽仅容足。小塌饼喜曰："至矣！物即在彼岸之下也。"前役见桥窄，赵趄前行；小塌饼亦如之，后役亦敛手踯躅以前。三人皆至桥中，桥板软，戛戛有中断之势。

小塌饼作大惧状，伫立呼前者缓行，而后者已继至，相距咫尺。小塌饼忽腾一足起，后者未及号，已坠桥下；前者惊顾，突挥以拳，亦坠。河水虽涸，而泥泞不可言状，二役竭力挣起，而淖涩没胫，出全力乃得移一步。竭蹶登岸，苍茫四顾，则荒烟蔓草中，夕阳一抹，晚鸦噪晴而已。相对愁叹，互致怨恨，而终无如何。

逸　囚

西牢之处犯人也，被以囚衣，左右异色，居狱中作工，各有其职，彼此不得接谈。门前则有司职守者，左右矗立，终日无间。其有囚之亲友欲入狱存问者，必经警察长允许，乃得入。既入，则司狱者引与相见。其所谓相见者，第使之遥遥对立，入视者与囚语，惟能抚慰，不能及其他。处处皆有人伺察之，立法之缜密，至为完备。

一日侵晨，大雨如注。粪夫披蓑戴笠荷粪担来，置蓑、笠、粪担庭间，入内涤厕。事已而出，则失蓑、笠、粪担所在，大惊怪。遍致诘问，问及门者。门者大诧曰："若非已荷之去耶？"曰："吾涤厕方出，曷从去？"门者顿足曰："休矣！囚其逸矣！"急鸣于司狱者，大集群囚，按名点视，果遗其一。四出侦寻，至数十武外僻路间，蓑、笠、囚衣等委地焉，囚则已如天外飞鸿矣。

方　言

方言各处不同，然一经笔谈，虽言语不通，亦可达意，此惟通人为然耳。苟笔谈而作俗字，则仍多不解者。安徽黟县，称男子必缀一"汉"字。汉者，俗语丈夫之通称，此犹可解者。其称叔父曰"椒汉"，

"叔"旁强加"弔木"字,已奇;称弟曰"汉",称兄曰"弔汉",以乃弟头上之两点,移置乃兄之首,尤奇。使笔谈作此,见者当亦瞠然。

瘓 驰

曾见一丐踞地坐,以两手撑地,耸其臀向前,然后得行一步。盖病瘓者也,意颇悯之。忽疾风浓云骤起,雨大至,杂以冰雹,急走避人家檐下。回顾丐者,已起立,狂驰以去矣。呜呼!叔季之世,诈伪百出,吾岂不知之;固不虞穷至为丐,仍出之以伪也!是可为世道人心一恸已!

蝇 钻

西洋人以玻璃制为困蝇器:状如钟,钟唇内卷,成一圆槽;下置三足,高约半寸弱;钟蒂处开一孔,由孔注水满槽内,别为杙以塞之。器下置腥膻少许,蝇嗅得,辄从器下入。及饱食腾起,已为器所困,腾扑不已,卒坠水死。盖蝇飞多向上,亦惟知向亮处求脱,而不解器下可从出也。同乡梁少梅见之,戏字之曰"蝇钻"。余亦戏下一转语曰:"然则此物,可为钻营者之鉴矣!"

诈贿被侮

衙役之辈,遇事敲诈,久为社会所切齿。苟贤有司执而痛惩之,当无不称快者。然惩之之快,犹不如玩弄之之为可笑也。

昔慈安太后宾天时,哀诏至沪,臣民遵例穿孝百日。乃于此百日之内,有御枣红马褂以出者。某役见之,以为是可择而噬者也,遽前呵之。其人作惶恐状,问何故。役呵曰:"国制,汝不知耶?"曰:"国制奈何?"曰:"汝御红衣胡为者?"曰:"红衣不可御耶?余制此已三年矣。"役怒曰:"蠢奴才!不足与言,惟当捉将官里去。"遽前执之。其人大惧,愿出资免。役伸手索资。其人摸索囊中,良久,仅出十文钱,授之曰:"吾仅有此。"役怒,复前执之。其人哀之曰:"毋然,吾当质物以酬汝。"役许之,同趋路旁质家。其人解所衣枣红马褂,质钱两串,纳囊中径去。役追索资,其人嗃曰:"若胡为而妄索吾资?"役亦嗃曰:"汝违制穿红衣,岂忘之耶?"其人笑问曰:"然则吾之红衣何在?"役嗒然。

对　联

南京初辟马路时,当道拟创行人力车。某庠生具禀,愿备车辆出租,乞免捐税,而自愿粪除马路为报效。时人为之集一联曰:

斯文扫地;

大雅扶轮。

工切典雅,谑而不虐,传诵一时。

集《四书》句

丁酉秋冬之间,襄《字林沪报》笔政,与嘉善张苇芝共晨夕,相与评论时事,皆喜为诡谲之谈。苇芝曾戏集《四书》句为八股体,以刺从政者,题曰《俗吏篇》。今八股已废,苇芝亦久归道山。偶于败簏中检出此纸,录存于此:

今之从政者何如？古之所谓民贼也。夫学而优则仕，于从政乎何有？不能正其身，谓之殃民，国人皆曰可杀，唯何甚！昔者窃闻之：君子之仕也，行义以达其道。其君用之，国治而天下平。是故在上位，在下位，道不同，尽心焉耳矣。古之君子，诚如是也。今之君子，异乎吾所闻。朝廷莫如爵贵，人之所欲也，吾何为独不然？虽然，则常闻之矣：天子使吏治其国，有官守者，有言责者。忠信重禄，所以劝贤也。不以其道得之，耻也。君子尊贤而容众，有民人焉，有社稷焉。仁义礼智，所以劝百姓也。见贤而不能举，命也。今也不然，有贱丈夫焉，嚣嚣然曰："诵其诗，读其书，日省月试，难矣哉！吾弗为之矣。"去其金，求则得之，犹运诸掌也。践其位，行其礼，胁肩谄笑。有是哉？天下皆是也。观其色而不耻者，是诚何心哉？听讼，升堂矣，无财不可以为悦，以杖叩其胫，方六七十，如五六十。怨乎？彼将曰："自取之也，又何怨？"鄙夫，无知也。有土此有财，放于利而行，馈五十镒而受，馈七十镒而受。虽多，彼将曰："以身发财，不多也。"得志，居移气，养移体，食前方丈，般乐怠傲，无所不至矣。不得志，一箪食，一瓢饮，衣敝缊袍，放辟邪侈，无不为矣。今居中国，东夷之人也，西夷之人也，欲辟土地。有大人者，空空如也，曰："和为贵。"当今之世，加之以师旅，因之以饥馑，野有饿莩。有司者，怡怡如也，曰："吾不能。"噫！斗筲之人盈天下，圣上复起，亦无如之何也已矣！

借　对

尝谓对偶文字，为吾国独有之妙制。盖他国皆多双音以上之字，惟吾国一字一音，然后得此整齐之什也。然文章一道，进化无已，于正对之外，又有所谓借对者，字面则字字工整，字义则相去极远。此惟别具巧思者能之，笨拙者不能也。以余所闻，如："树已半空何用斧"，对

"果然一点不相干"；又"杨三已死无苏丑"，对"李二先生是汉奸"。皆巧不可阶。相传上一联为南皮张相国所属；下一联则京师人因昆剧丑脚杨三以科诨著于时，一旦死去，故撰为出联求对，所属联不知何人手笔，盖指李文忠而言，则未免有伤忠厚矣。近复闻人言：有出联求对者云："未得同心齐杀贼"；一时属对者不下数千，惟一联最佳者云："申生重耳晋亡人"。此等借对，真可谓异想天开。余曾拈奥相"梅特涅"三字，以对吾国伯相"李鸿章"，盖妙在"特"为兽名也。

复　苏

择一空敞之地为市场，四乡之人，定日麇集其间，互为交易，北人谓之"集"，粤中谓之"圩"。赴其地者，北人谓之"赶集"，粤中谓之"趁圩"。盖古者日中为市之遗意也。

广东兴宁县某市场，一日趁圩者既散，独遗一人，僵坐弗动，抚之，冰矣；察之，则服鸦片自尽者也。有识之者，言此人家在二十里外某村中。遂鸣诸里正，一面使人飞报其家。及其家人驰至，日已昏矣，审视为自尽，亦无他言。顾家贫甚，仓卒无以为殓。乞诸善堂，得薄椁。草草殓已，即觅土工，瘗于就近之义地。会天将雨，家人不及临穴，黉夜驰归。

越十余日，为俗称"回煞"之期。家人方哭奠，其人忽自外归。家人大惊，狂窜入室，急闭户，隔户诉之曰："家贫，不能丰殓，知无以对君，然请念骨肉情，毋为祟。"且哭且诉，惊惧齿震，不能成声。其人自户外言曰："若辈毋惧，吾未死也。且辟户，吾将以情告若。"家人以鬼之能为人言也，惧欲死，号佛呼救。其人请辟门益力，而户内人惧益甚，拒益坚，相持良久。邻人闻声来，见之，亦惊惧却走。有勇者入，叩其故。其人自诉曰："吾初本服鸦片求死，瞑然无知。及夜半，觉有秽水入腹，味大恶，狂吐而醒。扪四壁柲，自知已在棺内。默念：'不毒死，将复闷死矣。'腾足以起，棺划然辟。抚摩觉甚薄，知为施椟。而泥水满中，自顾亦淋漓尽致。顿悟顷之入腹者，即此泥水也。竭蹶以起，遍体沾湿。自念：'以穷迫，故求死。今乃复活，无面目见人。'四顾审视，知为义地。忆三里外某寺僧，向所稔识，不如且往依之，或求剃度，遂踽踽往。住十许日，僧苦劝之归云。"家人隔户闻之，疑惧始解，辟户相见。

逾日，访诸市场土工。土工见之亦惊，乃曰："往日瘗君，甫成穴，舁棺其中，未及覆土，而雨大至，遂相率奔归，拟明日竟其事。及晨而往，则棺辟而尸杳，吾侪以为尸变耳。然事近怪异，一惊扬，则官府莅验，从此多事矣。遂仍覆棺盖而掩之。至今栗栗，不敢夜行，恐尸为祟。固不虞君之得庆更生也。"至义地，发其土，空椟俨然。

土人遂相传以泥浆水救服鸦片者，为无上妙药。试之，辄得吐而愈云。

主权已复乎，国家已亡乎

吾国凡通商之处，几皆成为外人治外法权之地，而上海为尤甚，此尽人皆知者也。各国之旅居上海者，凡国家办公之处，皆别以某国字样，盖办公处名义从同，不得不以国为别也。近日中国邮政局新建屋舍，榜门之华文曰"上海邮政总局"；西文则书LTHerial Posto FFice等字，译言为国家邮政局也。合华、洋文，皆无中国名义。若内地局署，吾固一望而知为中国之局矣，以无他国杂居也。今乃在华洋各国杂居之地，吾视之，乃大惑不解焉。岂中国之主权已复，上海为中国所有地，更无俟冠以国名，一如内地之各署乎？抑中国已亡，遂无中国之名义乎？不然，上海一隅，各国之邮政具在，将何以为别也？此两问题，立于绝反对之地位，而乃同出于此数字一名词之中，是不可不研究者也。由后一说，吾不敢知。由前一说，则各处之邮政信箱，与夫邮政信差，何以又皆有"大清邮政"字样也？

瓶水解毒

粤中多祠堂，然惟祭时一辟门用之，余时闭门无所用。高堂大厦，置之可惜，遂有租与他人为学塾者。某祠所设塾，学生大小不一，多寄宿者。某夏日，师他出，及夜不归，学生相聚谋消夜。消夜者，粤中方言，夜间酒食之谓也。于是有谋酒者，有谋肉者。一学生建议曰："祠后菜园，畜鹅甚夥，盍盗其一，以果我腹？"众韪之，相将秉烛入。某生瞥见一鹅，昂其首，遽前捕之。凡捕鹅者，必执其颈，使不得施其喙也。手甫下，嗷然大号，扑地狂哭。众大惊，趋视之，则一巨蛇缠其臂，以尾刺腋下。盖蛇昂首吸夜露，彼误以为鹅也。众相视无策，不敢救，亦不能救。一小学生适持一针，戏以针刺蛇目，蛇负痛窜去。众异此生归宿舍，置榻上，已奄奄一息矣，不知解救之法。相约苟有变，当以暴卒告其父兄而已。遂相率归寝。

夜半，此生忽苏，大渴，求茗不得，取水注之水饮之，各生之水注为之尽涸，渴仍不已。念大堂上一巨花瓶，或当有水。摸索往探之，有水半瓶。及倾侧罄饮之，渴始少解，后归寝。及天明，觉床席尽湿。自抚其体，则有汗如涎，触手滑腻。惊起拭之，霍然无病矣。或曰："此瓶水能解蛇毒故也。"惜乎未及考察此水当日曾养何花者。恐未必养花之水，尽能解毒耳。

桂琬节孝记

妇女之殉义殉节，多以绳、药；若夫饮刃伏剑，盖寡闻焉。大抵绳、药二物，其痛苦之至也徐，及其至也，虽欲求免不得矣。至于刀剑，则痛苦之来也骤，多有惊骇而释手者。是故慷慨捐躯，从容就义者，其求死之志虽决，而所以致死之道，亦默有所取舍者也。惟桂琬以饮刃闻，则其义烈益有不可及者矣。

琬为桂中行太守之女公子，幼有至性，事亲以孝闻。年十六，适蒋氏，未期年而寡，琬誓以死殉。家人伺之密，不得间。琬亦恐伤其姑心，勉营丧葬，依姑而居，强食息笑语者数年，人以为事过情忘矣。嗣以母疾归省。时太守任徐州郡侯，琬入署，视母疾且殆。窃念弟妹多未成立，则母之所系者綦重，而己身前已许夫以死，故己可死而母不可死也。达午夜，焚香告天，请以身代母。自书"蒋门桂氏舍身代母"八字，置炉下，拔刀自刎，血流渍地。及家人惊觉，已不可救矣。越日，母疾顿瘳。郡人谓孝女之至诚格天之感召也。剧资筑亭署旁，以旌其孝。盖至今亭犹翼然云。一死而节孝兼备，抑亦奇女子矣！

趼廛笔记

裴效维 校点

复 苏

童时从蒙师冯竹昆先生读书,与同学潘若祖(此其名也,童子无字,后相失,亦不及知其字矣)甚相得,时过其家。其祖母年七十余矣,言其当五十余岁时,感疾卒,茫茫然不知所之,猝遇其亡姑。姑讶曰:"若何得到此?其速归,毋自误。"以失路对。则曰:"此无妨,吾当导若归也。"携之行,甚疾,初觉阴惨之气逼人。既抵一处,烈日当空,曝脑痛欲裂,光障目,睫不得开。姑折一巨荷叶以代盖,遂无所苦。抵家门,闻子妇辈哭甚哀,仓皇入视,迷惘无所睹。良久,豁然苏,则已陈尸三日矣。

趼人氏曰:世固多巫觋之辈,借地狱轮回之说以猎食者矣。此姥所言,乃绝不及此,知其必非谎言以惑人者。然则鬼神之事,不尽诬乎?若祖之父某公(忘其名字)谓余曰:"自闻家母此言,使人追远之念,不敢少懈,凡遇祭先,俨然如在其上矣。"是说也,则可以立教。

狐 言

甲辰冬,游济南,识清远刘祖乾。言其在青岛时,有同乡某,自旅顺逋负而来者,助以资,使之返里。某悉刘与劳山某道士稔,窃其名刺,往见道士,言愿为弟子,乞得刘刺为介绍。道士留之,作书复刘。刘得书,颇致疑讶,自造劳山访之。道士言:"彼厌此间嚣杂,已独往前山习静矣。"刘至前山,惟破庙数椽,某作道装,挥尘默坐,意颇静穆。见刘,举手谢过,遂留与盘桓。同至庙前闲步,下视悬崖万丈,殊懔栗。误蹴一石,石坠崖下。适一狐过,石几中狐。狐跃而避,去数步,辄回顾视二人曰:"作甚么?"

跸人氏曰:祖乾亦讲新学,究新理者也,当语此时,且谓余曰:"天地之大,无奇不有。今之新学家耻言鬼魅,正与迂儒之持无鬼论,同一见解耳,未见其有所高尚也。天下事之类此者,正不知凡几,胡可以常理论哉?虽然,设非余之目见,余亦不信也。"语此时,余笑谓之曰:"谚叱言之不经者曰胡说,殆即狐说之误矣?"相与大笑。

失 烟

童时,闻邻翁扑其孙甚厉,孙哭之哀,且呼冤。先君不忍闻,就问何故。翁曰:"吾予以一饼金,使购阿芙蓉,归,则得一空器。是非亡其金,即以烟与人矣。"问其孙,则曰:"吾固已购烟,且满一器,至于归而空,非我所知也。"先君曰:"是大易事,盍偕至烟肆一审乎?"翁诺。时已晡,笼灯而往。即至,肆主曰:"是儿与我一饼金,购烟去者,亡金,其冤也。或以烟与人,则不可知。"翁将复施扑责。肆主验其器,良久,忽咋曰:"翁勿扑,童子其冤。使彼以烟与人,虽尽,器必不净。彼以器来时,四周之余烟尚可滴也。今验此器,虽百涤不得如是之净,此中其有异乎?"翁验之,良然。而器底有翁自注之轻重数字,绝非以他器易者。遂相率谓为鬼所摄云。

或曰:此事恐不信。跸人氏曰:吾信之且笃。不观于有烟瘾者乎,依时以进,俄顷不可延;量率以授,锱铢不能爽。苟不然,则涕唾涟如,面无人色矣。人即如是,为鬼可知,死且不能绝,何怪其攘之路人也？孾是痼而不戒者,其亦将沦为此鬼也欤!

神　签

光绪壬午八月,得先君书,诏赴宁波省疾。时余年甫十七,家母恐年稚不习风涛,使卜于神。乡有灵应祠,祀玄武,载在祀典,云极灵验。往卜之,得一签,语曰:"天昏地暗雨来急,如此风波不可行。"大惧。念以此归,则母必阻不使行,而父病何可缓?商于庙祝,易一上吉签以归,乃成行。以十九日登舟展轮,出虎门,即遇大风雷雨,舟几覆,颠簸于海上者十日,至二十九日乃抵吴淞。不可谓非验也。

红　痧

壬寅、癸卯间,上海盛行红痧之症。初起时,觉骨节酸痛,或微热。一二日间,遍身发红点,若疹然,遂名之曰"红痧"。此症初行于粤,粤人以芫荽煮荸荠啖之,良愈。然非险症,虽不药,亦自瘥,从无患以死者。沪人某甲,夙崇西法,举中国所旧有尽弃之,饮食器用,非西法不安不饱也。亦患此,急以叩西医。西医曰:"易耳。以凉水浸巾,绞起而覆之身,疾即已。"甲试之,死。

跅人氏曰:死有恶其不速者,如甲是已。西医非不可备一格,然遇难起之症,医者束手,姑以试之,可也;或夙知某症为彼族专长,就之,亦可也。乃不思其故,病即投之,岂中国遂无医者耶?西医之治伤寒,几曾见其愈一人也?更有狂悖之徒,就医学于彼族,犹未毕业,即狂吃而言曰:"中医将绝于世界。"信斯言也,是中医徒杀人,而不能救人者也;不然,曷至于是?然则公之祖若宗时,为无西医之时代,公之祖若宗,胡为不皆死于医,而犹得传种以逮于公也?此则大惑不解者也。

族叔至泉患目疾,就某西医求治,叩以:"吾中国医家有言:'外表之五官,皆连于脏腑。'信耶?"西医曰:"外自外,内自内,何得相连?如君患目,斯患目矣,于脏腑乎何有?"乃为之发药,朝服者,夕服者,晨洗者,暮洗者,纷如也。而十诊不愈,且有甚焉。延一月矣,复就某中医叩之,曰:"肾水亏也。"投以药,两剂有效,五剂而瘥。

甲辰秋,余得虚怯之症,闻声则惊。叩诸医生,云:"服天王补心丹,至一年可愈。"厌其久,就诊于陈仲簾。仲簾,西医也,投以药,十四日愈矣。西医固未可尽诬,吾特恶夫挟西医以诬中医者耳。

扶　乩

扶乩之戏,恒有所见,而究难测其理之所在。谓为术士之手法欤,则文人亦有能为之者,或亦有以童子为之者,其非手法可知;谓必符箓之灵,则世上乌有如许神仙,且任一人呼之使来,挥之使去也?儿时,诸长辈偶集家祠为此,群问休咎。戏谓余曰:"童子亦有所祷耶?"余曰:"欲叩终身事耳。"乩即盘旋动,作一古装人,长髯岸帻,当风植立,回首却顾,衣褶须眉,栩栩欲活。复判二语曰:"其中真妙处,尽在小桃源。"今四十余岁矣,一无所验,此又何耶?坛设祠中累月,忽一日,曾叔祖璞完公临坛,遍斥群从之不肖者。自是众惧,毁其坛。观于此,又不敢尽拟为子虚也。

射　覆

甲午、乙未间，与楚雄何景唐比邻居，岑寂无事，学为卜筮。于是《易林》《易隐》等书，纵横满案。迄今思之，殊可笑也。然亦有偶验者。余游市上，购一日本蛋饼归。饼本圆式，而折作三角形。中藏色纸二事，刊有卦名及吉凶语判。盖亦备占验者之购求者也。袖使景唐射之。演卦成，曰："异矣！是与我同类者：形尖，色黄，有文字，甘而能食。此何物也？"则不得谓之非验矣，特未演为繇词耳。

入土不死

罗浮山道侣，掘地得一裸尸，抚之，胸际尚微温，似有气息。舁之入观，试以清水哺之，尚能咽。数日，易以粥糜，久之，居然复苏。自言宋时人，金兀术下汴时，从汴梁避兵至此。问何以入地，亦不自知。言惟忆枯坐一处山头，渐无知觉而已。叩其姓名及当时事，都不省忆。问所习，曰："运气。"此人至今尚存，且甚强健云。此为南海朱培初所言，培初曾亲见其人。

跣人氏曰：可以囊括天下之事而无遗者，曰理，曰数。大抵儒者言理，术家讲数，愚人亦多舍理而信数。若此事者，真理与数均无可归者矣。姑勿论入地千年不死，为理所必无；即以数而论，亘古以来，恐亦无此奇数也。持此以质之言理言数者，不知又将谓之何？

盗跖踞文庙

广州府学门斗某，本读书子，性鲠而数奇，困顿无所依，遂沦落为门斗。会仲秋丁祭，先期粪除学宫，某率役操作。及夜而倦，就庑下宿，曚眬间梦有人呼之曰："起，起！神其来。"仓皇顾视，则一青衣人立身旁。起问何神，曰："勿问，且与子暂避。"乃偕之至暗陬匿焉。俄闻有声窸窣，狗窦中一人匍伏入，继之者鱼贯也。既而皆就座，喧扰殊甚。一人貌极狰狞，踞中席。四兽环其旁，状在虎、豹、犀、象之外，不可识。百余人列两庑，喜舞跳跃，不解何故。以问青衣，青衣人曰："踞中席者，盗跖也。旁列四兽，为浑敦、穷奇、梼杌、饕餮。两庑纷列者，为宋江以次百八人，及历年著名之窃贼也。"问："宫墙重地，何以容若辈？"曰："是何足异？彼踞此有年矣。"问："先师何以容之？"曰："凡祭祀之典，神非享其仪，享其心也。故与祭者，虽似致敬尽礼，而其心初以为神道设教，未必果有神焉者，神即不之享，祭如未祭也。天下之与祭者多矣，如此者百得一二焉。其或致敬尽礼，如在其上，如在其左右者，则视其平日之所为矣。其平日有淫邪之行者，则淫邪之鬼享之；有贪鄙之行者，则贪鄙之鬼享之。所祭者不享也。若此庙自林少穆主祭之后，先师从未来享，盗跖乃从而踞之耳。"问："踞之者何必盗跖？"曰："祭者盗跖，享者自盗跖耳，又何足奇？"问："先师何在？"曰："伦常日用间，处之无愧者，先师即凭之。先师何不在，而亦何常在之有？"某正欲再问，忽闻殿后吼声大作，一人雄冠剑佩出，盗跖以次众鬼纷窜兽散。某亦惊悟。明日以告人，鲜有不嗤其妄者，而某颇自信。恒自悔曰："惜乎！未叩青衣之为何人也。"常窃就庑下宿，冀再梦，终不可得。庚子返里，佩伯从兄为余言。

跖人氏曰：此为门斗之寓言欤？抑果有是事欤？未可知也，然其言则殊近理。祭者何人，斯享者何鬼，正如磁石之引针，琥珀之拾芥，物类相感，有不期然而然者，乌得谓之妄哉？呜呼！天下之文庙多矣，其不为盗跖所享者，盖寡矣。

宋江解填词

《瓮天脞语》载宋江潜至李师师家，题《念奴娇》一阕云：

天南地北，问乾坤、何处可容狂客？借得山东烟水寨，来买凤城春色。翠袖围香，鲛绡笼玉，一笑千金值。神仙体态，薄幸如何销得。

回想芦叶滩头，蓼花汀畔，皓月空凝碧。六六雁行连八九，只待金鸡消息。义胆包天，忠肝盖地，四海无人识。闲愁万种，醉乡一夜头白。"六六""八九"，谓即指百有八人也。或云："此为明代人附托者。"说近似之。

《水浒三十六人赞》

龚圣与作《宋江三十六人赞》，无公孙胜、林冲，而加入晁盖及病尉迟孙立二人。赤发鬼刘唐，则作尺八腿；双鞭呼延灼，则作铁鞭呼延绰；急先锋索超，删去急字；病关索杨雄，作赛关索；双枪将董平，作一直撞；没遮拦穆弘，作穆横；金枪手徐宁，作金枪班；扑天雕李应，作李英。按《水浒》演义，晁盖称托塔天王，在宋江前称首领，不在将列，而《赞》称为铁天王。病尉迟孙立，在七十二地煞内，《赞》乃及之。或《水浒》尚有别本欤？抑传误欤？《赞》载《癸辛杂识》。

挽　联

余生平于诗文，喜性灵语，而恶雕饰，于联句亦然。生平所见寿联、挽联等，殊鲜当意者，意此道或非性灵所能为也。庚子夏，上海妓者陆素娟死，房县戢元丞为之开追悼会，有以挽联属者，为之句云：

此情与我何干？也来哭哭；

只为怜卿薄命，同是惺惺。

壬寅游汉口，因吴县沈习之，识谢鑫生，仅一面。鑫生旋卒，讣至，挽以联曰：

与公仅一面缘，竟成千古；

累我洒两行泪，望断九泉。

自视尚无雕饰痕。

地毛黑米

灾异之事，史不绝书。自今人之眼观之，鲜不斥为诞妄者矣。虽然朕兆之说所不敢知，而怪异之事，则时有所见矣。光绪甲午，上海地生毛。时余寓西门外，与城垣仅一壕之隔。城垣下为屠户，家人于门外采得毛至，视之，若猪鬃然，疑为隔壕之物，为风吹至也。不数日，而城内外哄传地生毛矣。制造局画图房旁一丛最盛，拔之，长可四五寸许。同人相约勿动，觇其变。乃不久即失所在，亦不见其萎瘁也。己亥，苏州、无锡等处乡人掘地，得黑米无数，煮之不成饭，焚之有烟焰，其非炭可知。余曾亲见之，凿然米也，第色黑如枯墨耳。

绍兴女

咸丰间,长发军陷绍兴,郡有王姓者,一家被虏。王有女二人,具殊色,皆已受同郡某氏之聘。酋得之,以长女赐其先锋将王某。女不从,触柱死。酋复以其少者赐之。少女从王入室,谓王曰:"身既俘矣,乌敢不从?第念祖、父、弱弟均在虏,子能为我出之,然后择吉为婚可也。"王大悦,曰:"吾当为卿图之。"长发军每虏人,辄置公馆中,供使役。王谓其酋曰:"公馆中老耄者众,不足驱策,徒耗米粮,奈何?"酋曰:"盍杀之?"曰:"杀之亦无益,不如纵之。"酋从其言,于是女之祖从而得释。越数日,又谓酋曰:"公馆中童子众多,既不能供使令,更相聚打骂哭泣,令人厌欲死。"酋曰:"杀之。"曰:"此不必杀,纵之,使扬于外,俾他郡人知我恩德,不亦可乎?"酋又从之,而女之弟亦得释矣。王语女曰:"卿祖及弟均释矣,所羁者,为卿父耳;卿父方壮盛,吾无以为词也。虽然,当缓图之,必有以报卿。"女闻之,曰:"弟得释,我王氏有后矣。"遂绝食,七日犹未死。王谓之曰:"卿父尚在,何自苦为?"曰:"仓卒之际,存祀为急;吾弟得释,祀可存矣。父之生死,惟子是命,不敢计也。"曰:"卿盍从我?必生卿父。"曰:"吾义不可生也:生而不从子为失信,从子为失节。且子姓王,我亦姓王,同姓不婚礼也。使吾生而何所适从耶?"王曰:"卿烈女子也,吾不敢强卿。卿其进食,当并卿父而释之,不敢以非礼相干。"女瞋目曰:"子欲生我而陷我于不信耶?吾当报子于地耳。"卒不食死。王义之,言于酋,并释其父。

跅人氏曰:女其圣者欤?于呼吸存亡之顷,存祀、守身、循礼、就义,而不露一毫凌厉激烈之状,何其从容也!就义之言,婉而多礼,知其涵养功深矣。乃数十年来,湮没焉而不彰,谓非采风者之过欤?会稽林蓉圃知余有笔记之辑,乃举以告余,惜已佚其名矣。

记戊寅风灾

龙之为物,号称为神,然究未有目睹之者。尝谓禹治洪水,驱蛇龙而放之菹;能驱之使往者,其为物之无用可知。世人之不得而见,盖已亡种矣。顾何以数千年来,犹奉之为神物也?

光绪戊寅三月初九日,余从族老泛扁舟,至花县扫墓,舟子忽呼曰:"龙!龙!"推窗视之,见天际垂一白气,隐约莫辨。舟子谓飓风将至,急驶入一小港,为避风计。俄而烈风、迅雷、暴雨大至。视白气犹夭矫天际也。良久乃霁。明日,舟过珠江,见覆舟无算,浮尸塞流下,始知昨日之劫之巨也。知其事者,谓是日龙起于西樵山,初无雷雨,但见气从山腰起,拏空而上。某姓墓石,尽被揭去,不知落于何所。龙随风至省垣,所过处,坍倒房屋无算。是役也,爱育善堂备棺殓尸,至二万八千具,其他善堂犹不及计。省垣棺木,为之一空,至有以瓮殓者,巨劫哉!然亦有躬被其难而不死者。

某老妇,当风雨时,枯坐一室。及霁,启户出视,则景物都非,盖风摄其室至三十里外矣。此事终不可解。风摄其室,可也,然何以地亦随之而起?岂非一大怪事哉?甲乙二绳匠,相对作绳,风骤至,闭目不敢动。风止,启目,则已自城西被风卷堕城南,手中犹相对绞绳如故,毫末无所损。相传此数人,皆素有隐德者云。

是日天本晴明,省垣药肆所曝药丸,为风吹起,倒卷至西樵乃落下,一时又哗传天雨药也。

内子为余言,时甫八岁,居三界庙旁。是日兼雨雹,儿时好戏,持帚冒雨,至庙前旗杆下扫霤。忽觉火光夺目,霹雳骤起,大惊欲号,犹未出口,顾视旗杆,齑已粉矣。相去不过咫尺,而不及于难,亦一奇也。

事后,人竞传曰:"龙,龙……",而卒无见龙之真相者。

龙 鳞

李山农观察官山东时,忽一日,天大雷雨。既霁,仆人自外归,以一物呈观察,云龙趾也。适雷雨时,空际坠下一龙腿,市人争脔分之,仆亦攫得一趾。审之,粗如人臂,鳞甲满焉,灿烂作五彩色。乃取鳞数片,以为玩具。鳞方形,其纹亦方。时观察方办金矿,化学师数人在寓,命化而验之,云无原质。今观察已作古人,龙鳞或犹在也。观此,则龙之为物,不尽诬矣。甲辰游济南,惜忘以此事叩土人,片鳞碎甲,当犹有藏之者也。

昼 晦

庚子三月初十日,天既明,云密布,有雨意,俄而雷声大作,时盖辰初也。迨辰正时,云间隐隐作绯红色,俄转黑色,俄转黄色,俄成焦黄色。顾视室内,昏若黑夜,伸手乃不见其掌,居人咸爇烛矣。巳初,雨大至,天复明。数日间,报载是日苏州、宁波及长江一带均昼晦。于是人咸谓为拳匪之朕兆也。然拳匪自乱于北地,何与南方事,乃劳苍苍者之示象耶?

蛇 人

蛇人之捕蛇也，视其穴，即知蛇之大小，毒之浅深。涂药于手，探穴以求之，犹提鳝耳。新会某蛇人，误探一毒蛇穴，大窘，手不得出，痛欲死，顿失音，虽欲号救，不可得矣。适一童子过，见其状，讶曰："若为蛇所苦耶？"颔之。"欲求救耶？"亦颔之。曰："余苦无药，奈何？"蛇人以目顾田畔。童子视之，一笠在焉，曰："此中有药耶？"又颔之。视其笠，无他物。反复视之，于破处得一纸包。发之，则蜃虫数枚，死且瘪矣。蜃虫，俗称臭虱者也。问："此即药耶？"颔之，张其口。问："可食耶？"颔之，乃纳其口中。蛇人嚼之，若有余味焉。咽下，良久，猛提其蛇出，曰："孽畜几败我！"

蜈蚣毒

新会黄伯棠，役一童子，粪除不洁。梁间坠一蜈蚣，啮其趾，毒作而痛，号叫欲绝。黄固医家，投以败毒诸品，不效，且昏绝矣，惶急无措。或曰："以表心纸烧烟熏之，即愈矣。"姑试之，烟至而痛止，一饭顷，已矍然起。

跰人氏曰：天下事有不可以理解者，此类是也。右二则皆伯棠亲为余言者，谓研究其理，终不可得也。西人药品，动考其原质，蜃虫或尚可化分而验之；至于烟，特化学家之所谓炭气耳，炭气重，人且不舒，何以能败毒止痛，其理又安在也？虽然，是必有其所以然之故，吾辈特不得其研究之法耳。

鬼求医

相传上海初辟商埠时，某医士名噪于时。吴淞某营官病，召使诊之，乃乘舆往，归已暮矣。时虹口一带犹为丛葬处。舆夫四人，以二人笼灯前导。途次，忽一老媪遮要之曰："得非某先生耶？"曰："然。"曰："吾家娘子病殆，乞先生一临诊也。"问何处，曰："前村不远。"诺之，媪为先导。抵一处，宏楼大厦，似显者居，而灯烛昏暗。降舆入，媪导至一室。医坐定，出烟壶嗅鼻烟。媪移几近榻前，医就几侧坐。纱帐中出一纤手，瘦削若春笋。诊之，辨为鬼脉。大惊，踉跄出户，登舆呼疾行。行数武，顿忆烟壶置案上，未携出，乃命一舆夫往取。舆夫至原处，则荒冢累累。举灯烛之，烟壶俨然置冢上也。医归，以惊悸死。初闻此事时，谓是张玉书事。后叩诸老人，言玉书卒于河豚，非惊悸也，当是别一人事。

猴　酒

家母言：北地人之入山采宝石者，石产山巅，山高不可陟也；且其巅多巨猴，尤不敢近。乃挟弹往，自下弹之，虽不中猴，而弹之频。猴怒，辄拾山石掷人以为报，则宝石杂焉。因而取之，亦善法也。一日，忽掷下二罂，山下固沙地，罂不破。携归，发之，贮酒满罂。近村人闻之，皆以为异，争往乞取，冀尝异味。家母幼时，曾及尝之，云味甚甜美也，惜已忘其山名矣。外祖，直隶宣化人，居东八里，或即彼处就近之地乎？然猴何以能陶能酿？知其去人不远矣。欧人每言人乃猴类之进化,理或然欤? 先君则曰:"是必非猴,或前代人避乱山居者。山无盐,淡食久则毛生,故传种至今耳。"盖旧有淡食生毛之说也,是又一解。

叶中堂乐府三章

叶名琛以大学士督两粤时,城陷,为英人虏去,此事诸家多所记载。扪虱谈虎客近辑《中国近世秘史》,亦据薛叔耘《庸庵文集》采入,并采其镇海楼题壁诗。诗与吾家所抄存者略异,而又以镇海楼为印度地,或不免微误耳。粤城自有镇海楼,印度何必与之吻合也? 时叶狃于扶鸾之语,不为备,事既败,有撰为乐府以讥之者。为录于下。

其一云:

叶中堂,告官吏:"十五日,必无事,点兵调勇无庸议。"
十三夷炮来攻城,十四城破无炮声,十五无事灵不灵?
谶诗耶? 乩笔耶? 占卦耶? 择日耶?

其二云:

夷炮攻城破,中堂书院坐。
忽然双泪垂:"广东人误我!"
广东人误诚有之,中堂此语无可疑。
请问广东之人千百万,贻误中堂是阿谁?

其三云:

夷船夷炮环珠江,乡绅翰林谒中堂。
中堂口不道时事,但讲算学声琅琅。
四元玉鉴精妙极,今时文士几人识?
中堂本有学问人,不作学政真可惜。

此诗亦载吾家抄本,而不著作者姓名。

父老传言，近日外人侦知叶之迷信鬼神也，故以纸糊巨炮置桅盘上，任风吹落江中浮泛，又故放舢舨追捞之。间谍走报，叶大喜，谓有天助，故彼之铁炮且浮，必不足为害也，竟置酒相贺。真愚不可及哉！

轻身法

《本草》所载各药，多有言久服轻身者，殊非贵品，而绝无人一试之，岂惧为古人所欺耶？汪䎛庵辑《本草备要》，言川中有虐其婢者，婢遁入山深处，无所得食，乃拔草根啖之，甚美。久之，竟不复饥。一夜宿树下，见草动，疑为虎，猱升树上避之。及晓而下，凌若飞鸟。自是身轻于燕，腾跃如飞。家人入山采薪，见之，走告其主，张网求之，弗得。或曰："是岂真有仙骨者？不过偶食灵药耳。诱使火食，必不能再遁矣。"如其言，设酒馔于路，婢果来食，食已擒之，果获。询其所食，导往验其草，则黄精也。观于此，则凡所谓久服轻身者，必皆不谷食而后可者矣，又何怪世人之不肯一试哉！罗浮山产黄精，道士云生服令人大泻。则此说又似未可尽信。

生　魂

吾乡佛山书院，与海防同知署衡宇相望。肄业生偶于院中设坛扶鸾，乩动，画一皮匠担，一皮匠挟一破履盹其旁，地置破履一。抹去，再祷，仍作前画。如是者屡，送之不去，群致疑讶。庖人某自外至，见之曰："何类补鞋阿三之甚也？"众诘其说，曰："适于分府署前，见补鞋阿三盹焉，其布置神气，绝类此画。吾当呼之来，使自视其行乐图也。"言已经趋署前，视阿三，盹如故。蹴之醒，欠伸而起，仰视，见庖人,曰:"吾适梦至书院,诸相公饮我以酒,乐甚。汝呼我何为?"大骇,返告诸生,则仙已去而乩不动矣,知适所来者生魂也。然皮匠何以能作画?殊不可解。或曰:"是别一點鬼引其生魂来,故画其像以侮之也。"是或然欤?

绿 米

南海梁简卿孝廉,世居西樵,出馆于省垣。留妇乡居,主家政。一日,有来化米者,非僧非道。婢与以米,不受,曰:"须汝主妇授我也。"婢告主妇,主妇怒,诃婢。婢出,诃化米者。其人怒,举米撒门内,米顿成绿色。自是祟大作,举室不安。贻书促孝廉归,祟益甚:或火发于橱,启视,又无恙;或烟焰蔽室,大惊惶,呼水扑救,而烟焰已熄,绝无火灼痕;忽檐际火星迸射,若花炮然,移时始止。孝廉曰:"是幻术耳,无能为也。"嘱家人勿惶怖。俄而火发,毁其室两楹。或言:"某道士善治鬼魅,宜求之。"孝廉诺。道士应召至,言可祈禳。设坛作法,亦无他异。惟坛供鸡卵如干枚,禳毕剖之,皆失其黄。及夜,云送妖至社坛,戒仆人先至坛,爇香烛,即走避勿近,谓恐为妖伤也。有黠者窃匿坛后伺之。道士即席,禹步作法。良久,作追逐状,奔社坛下,喃喃若有所祷。人受其戒,多不敢近。黠者窥之,见其于坛置香炉内,检出绿米一撮,以纸裹之,袖藏而返云。然自是祟竟不作矣。或谓化米者与道士实相狼狈,以妖术诈人财者。说似近之。

周师傅

陈澄波言其旅人卓溪家,忽妖魅大作。诸妇女夜坐谈笑,中一人忽失其履,遍烛室内外无有,谓诸婢误蹴之去矣。至次日,忽见履置其祖宗神主头上,大致诧怪。及会食,围坐甫定,忽一砖自室外飞至,掷几上,碗盏尽碎。自是每食皆然,昼夜不宁。而尤侮其神主。窃迁之于别室,魅亦随往侮之。或煮饭熟,启其釜,则粪秽满中。卓溪愤恨不已,而无如之何。或言里有周师傅善治鬼。卓溪聘之至,祈禳一日,魅果息。周师傅者,善治鬼病,应手辄愈,而殊不自炫,求治者亦不较值,一方称长者。巫觋中乃有君子,吾于此有慨于士夫矣。

夙冤

同邑罗某,讳其名,作贾于上海。兄弟二人,各挟其妾,居平安坊某屋中。忽一日,佣妇涤溺器毕,置小院中。溺器突飞起,互相击撞,砰訇有声。会午餐,食馔毕具。所役一苏妇瞠目视良久,曰:"六鬼团坐食,主人不可近也。"问其状,曰:"一赤足童子,年可十三四,上身无衣者。其一黄瘦,颈有疤痕,侧其首,似不得正者。"余一一都能状之,今述者不可复记忆矣。罗详叩状貌,辨黄瘦者为其戚之故仆陈天保,余不可辨。自是室无宁时。所役二女仆:一粤妇,一苏妇。粤妇不能见。苏妇能见之,谓赤足童子最可厌,室中诸物之飞舞者,皆彼所为也。渐祟及人,每附于诸妾之体。鬼附时,则觉寒战不已。以桃柳枝击之,鬼亦不惧。被附者经一次,则数日不豫。苏妇曰:"鬼之附人,非附也,特持之有握其吭耳。"

罗大窘,召道士禳之,且告以陈天保之名,而诉其来历,曰:"天保本婺人子,沦落无所依。吾戚某商于沪时,怜而收养之,使执杂役。旋妻以婢,已生女矣。后随吾戚返里,遂卒于粤。吾于彼虽无恩,亦无怨,且为彼恩主之戚,胡为而亦祟我也?"罗语道士时,苏妇忽曰:"黄瘦鬼惭悔现于色矣。渠言为祟非己意,为众所挟耳。渠欲归广东,苦无路引。请代办之,彼当自去,不敢受禳也。"罗即使人至邑庙求得路引。路引者,谓为城隍神之牒,牒沿途鬼神,使无阻行者,若阳世之护照云。取至,焚之。苏妇曰:"黄瘦鬼欢谢而去矣,云附央思轮船以行也。"检日报,是日果央思出口。道士旋作法,苏妇曰:"法不验也,五鬼坐道士旁,嬉笑狎侮,殊不畏,亦不享其祀。"道士惭而去。自是祟益甚,罗不得已,拟迁居避之,又恐鬼随去。乃使诸妾乘舆,遍谒各庙,然后至所设肆中,于楼上居焉,果相安。故居则反扃之而已。

当诸妾之谒各庙也,至红庙,庙前有布铺,粤妓名带喜者,适于铺中购布。既归,忽迷惘,取所购布碎裂之,或剪作小衣。人大惊,问何故。鬼忽附其身曰:"吾五人同随罗氏妾,睏其所往,将永随之。讵若辈诈甚,遍至各庙,吾辈不得入,惟徘徊于外以俟之。吾于红庙外与同伴相失,故随之归耳。"带喜固粤妓之交西人者,俗谓之咸女妹者也。所交西人不信,云是病,延西医验之,无病状。罗友霍炎南闻其异,偕友数辈访带喜,叩其事。坐甫定,忽酒罍数事自室内飞出,几中其颅,踉跄遁去。后带喜亦先谒各庙,移居以避之,乃安云。

初,罗之迁诸妾以出也,未携一物,惟加键于户而已。而其家人被祟,则人尽知之。其旧役之某仆妇,一日将来起居,踵其故庐,望门而讶曰:"已迁去耶?殆即在肆中矣。"遂至其肆,见罗曰:"娘子辈已迁耶?"罗颔之,以手指楼上示意,一若恐为鬼闻也者,其为祟之烈可想矣。仆妇乃登楼,沿梯而呼曰:"娘子无恙耶?老身来起居,误踵故庐也。"苏妇出迎之,忽大惊,返奔曰:"娘子速避,四鬼随彼妇来矣!"群妾大惊,顿迷惘,较往时益厉。苏妇言,五鬼之中,独不见赤足童子。则知祟带喜者,为彼童子也。鬼至肆中,凌厉恣虐,祈禳厌胜,诸术都穷。顿忆陈天宝言,鬼无路引,不得他去,遂作避地计。然犹恐其或能往也,先附轮船至镇江,延数日,复上溯芜湖,附运米船归粤。自是无信。

年余,罗忽踉跄自粤来,言鬼随至粤,虐祟至不忍言。将至江西,控于天师也。遂买舟至龙虎山,控焉。天师命法官为之作法,三日,谓之曰:"此宿冤也,非法术所能禁制。吾特为若排解之,已导之使去。然冤终不可解,二十年后,彼将复来。惟多行善事,或可解脱耳。"又导之至一暗室,曰:"入此,可见冤之所在。"罗如言,入室,黑如漆。凝神久之,忽见壁间一镜,镜中现一物,毛茸茸然,全体皆狼,大亦如狼,惟手足具人形,迄今不知为何物也。然自是遂安。

跰人氏曰:此霍炎南为余言者也。炎南与罗共门户,其被祟时,正与共门户时也。谓鬼作祟时,竟能撼窗扇,格格作响。至其恶毒之状,有口不忍言,笔不忍述者,从知怨毒于人之甚矣。或谓:"罗于暗室中,实别有所见,以不能告人,故饰言一怪物耳。"是虽不可知,要亦不必深求矣。此事距今已近二十年,不知鬼果复至否?

董杏芬

上海董杏芬,名燧,以字行。甫能言,矢口决晴雨,无稍爽。康熙间,获异书二帙,读之,得仙术。馆钮星若家,会钮将聘妇,欲得金陵纻丝为礼。顾时已迫,杏芬请行,持金闭户,戒勿扰。越宿,挟纻丝出。其书秘不示人,或窃窥之,不可识。一日书忽自焚,乃曰:"吾将死矣!吾死三年后,可焚吾棺。"未几,果死。届三年,如其教,举棺焚之,棺中仅遗一舄。后里人有见之于吴门者,乃知其尸解以去矣。先是董族有贫者,杏芬教取杏核,去其仁,纳药于中,烧之成银,如仁大。曰:"恃此度日可耳,慎勿告人。"后其人死,遂无传。此则见《上海县志》,当不诬也。

神　医

乔镇，字孟安，上海庠生，以医名。偶步郭外，见殡者，有血自棺缝中流出。询知为贫民妇，产三日不下而毙者。问："殓几时矣？"曰："未终日。"曰："可活也。"就树下剖其棺，团艾灸其脐。儿骤产，呱呱而啼，验之，男也；灌妇以药，旋苏。时人神之。乔以医药世其家，居邑城绣鞋桥西，制药济人，无不治者。人号所居为"药局弄"。药局弄，今犹存也。事载乔重禧《柿泽堂文集》甚详，兹仅撮其略耳。

南海剧盗

陈某，谈者佚其名，乾隆时人，南海剧盗也。案山积，官吏悬巨赏，购之弗得。县令复饵其伙以巨金，求必获。伙乃饮陈于妓家，拟醉以酒而缚之。陈已有所闻，然亦不惧，赴之。既而佯醉，伙乃缚其手足，舁之至署。陈闭目，绝不少动。令乃下之于狱，严加桎梏。陈竟安之，酣睡竟夕。及曙，令提至案前，将研讯，陈植立不跪。呵之，陈笑曰："吾膝岂为尔屈者耶？昨醉我以酒，我宁不知？所以伪醉以就缚者，以尔之诈力，竟能通我伙伴以图我，欲就观尔狡诈之状貌耳。虽然，尔之图我，不过为升官计而已，亦非仇我，故我亦不尔杀也。"言已，振臂一呼，声震屋瓦，桎梏尽脱。纵步至庭下，耸身登屋，过四牌楼，拟出西门，皆由屋上行也。至一酱园，误践屋上废缸，遂坠地，缸覆其首。默念："吾初未见此缸也，胡为而践之，得毋我恶贯满盈，数不可逃耶？吾亦何爱此顽躯以与数争？不如仍自首。"因复循道至县署。吏役辈见其来，尽股栗，莫知所为。陈径登大堂，振臂呼曰："为我呼县令来！"左右奔告。

初，陈之振臂以去也，令大惊怖，遁归内室，惊喘未已，闻其复来，益惶惧，不敢出。陈待之久，叱曰："尔不敢出，乃谓我不能入耶？"径奔内室。令睹之，蜷伏不敢动。陈捉之出，捺坐大堂上，哂曰："竖子何怯也？伸我欲杀尔，不俟复来矣。我正告尔：我已悟大数之不可逃，故返而就戮，第须从我三事。"令战栗问何事，曰："一、以尔之公服被我，我坐堂上，尔拜伏堂下，行庭参礼。二、当以盛馔享我于大堂之上，纵百姓来观，使我尽醉。三、就刑时，吾仍被公服，以尔之执事肩舆，送我至天字码头。"天字码头者，粤中刑人处也。令闻之，嗫嚅曰："当无不可。惟公服执事，朝廷名器，吾不敢专，当先白诸大府耳。"曰："吾俟尔于此，速往请命。"令鞠躬曰："某即往，惟公勿欺我。"怒斥曰："吾岂若做官者之为反复小人耶？且欺尔竖子何益于我？"令乃往白大吏。大吏曰："彼诚肯就刑，从之何害？"

令返署，奉之以衣冠，使坐堂上，拜之。拜已，具盛筵旨酒。陈乃高坐堂皇，狂恣饮啖。署中重门洞辟，百姓来观者，踵趾相接也。既醉，传呼伺候。陈登舆，令从之，执事前导，锣声锽然。至天字码头，降舆，使颈受戮，仰天大笑。挥刀斩之，首已坠地，笑容犹可掬，笑声格格犹自腔中出也。

趼人氏曰：此盗豪矣，然何其呆也！身已就戮，而必欲一被仕宦之衣冠，何为哉？虽然，此盗而衣冠者，已就刑矣；彼衣冠而盗者，举世皆是，而独逃于显戮，其亦有愧于此盗也欤？

上海灾异记

前记《地毛》《昼晦》二则，余亲见之于上海者也。兹偶检《上海县志》,"祥异"一门自顺治元年,迄同治八年,已洋洋几及万言,然后知余前所记者,未免少所见而多所怪也。爰节取自通商后所见之尤异者,记数则于此,以质诸久居是地之老人。

道光二十五年乙巳六月二十九日,居民夜闻鬼声。二十六年丙午十月五日亥刻,地震,红光隐见半空,有声如雷。二十八年戊申三月一日,无云而雷;六月二十三日,雪。

咸丰元年辛亥六月七日,北门外民家地出血,是月见雪。二年壬子五月,地生白毛。三年癸丑五月,北门外地出血;十一月七日,河水沸。四年甲寅十月十六日,河水涌,高五六尺;十一月五日,黄浦水沸,有沸高至二三尺者,南至嘉定,北至苏州皆同。六年丙辰二月,天雨血;三月,有黑雨;六月,地生毛,有红白黑色,长者五六寸,臭微腥;八月十一日,潮日三至(九月十日、二十五日皆同)。七年丁巳六月十六日,小南门外民家涌泉如血。八年戊午,地生毛;七月十一日,潮日三至。九年己未六月四日,雪;九月十七日,空中有声。十年庚申闰三月,天雨血三日。十一年辛酉十二月二十六日,黄浦江冰,至明年正月十四日始解冻。

同治元年壬戌二月,东乡池水生五色蛇,有足,长约五六寸,触之则缩成寸许;七月三日夜半,天忽开朗如昼,旋复冥。五年丙寅八月八日,海啸二三时始息;冬,漕河泾赵姓伐古树为薪,树杈中生大菌,具人形者三,一破于斧,一为伐树者窃去,仅存其一,高尺许,眉目耳鼻如寺中弥陀像。(光绪庚寅冬,上海大雪五六尺,苏州河冰,西人之旅沪者亦载入日记。)

趼人氏曰:欧人不信灾祥之说,以科学发明,遇事能究其真理,穷其真相也。欧风东渐以来,中土人士偶得其矢橛,遂亦以一切怪异之事为妄,几谓史册所载之"五行志",无一非附会者。试为平心论之,吉凶灾祥,姑置勿问,然此等怪异之事,载之志乘,自非虚构;且为日未久，父老犹有存者，尤不可诬。其所以致此之由，果安在也？此则不得不记之，以存吾疑矣。

卜　地

某甲惑于堪舆家言，母死，久不葬，偕其兄跋涉求吉地。未几，兄亦死，地犹未得。又逾数年，乃卜得一大吉之地，谓葬之子孙富贵不可言，顾又不以葬其母。人问其故，曰："以葬吾母，则将发及吾兄之后。故吾欲留为己用，则所发者惟吾子孙矣。"未几，甲病殆，其友某来省视，问疾已，忽称贺。甲曰："吾病且死，何贺为？"友曰："子不病不死，虽有吉地不得葬，子孙富贵，期于何日？今子将死，是子子孙孙之富贵且至矣，胡为不贺？"甲闻之，掩面自惭未几，竟以愧悔死。

跰人氏曰：右一则，为顺德李渭川所言。甲即李友，贺之者即李也。尝谓："惑尽天下后世者，莫如形家之说。顾士大夫且津津而乐道之，江湖无赖之流，更从而蛊惑之，遂使沉痼至于不可收拾，任百喙之辩而不得白。"余故欲以不辩辩之曰："天下之最尊无二上者，莫如专制国之皇帝。'普天之下，莫非王土'，是土地彼皆得而择之也。'率土之滨，莫非王臣'，是人民彼皆得而役之也。'富有四海'，是天下之财皆其财也。彼为皇帝者，胡为不遍征其国之堪舆家，遍历各行省，使所过之境之官吏供给之，务得一万年不败之地而后已，使其子子孙孙得实践乎万万年之说？胡为而数百年即一败至于不可收拾也？岂历代皇帝皆计不及此耶？借曰万年不败之地不可得也，则'发祥达于数世'，为彼辈之熟语矣。每一皇帝死，必择一发祥数世之地以葬之，斯亦可臻于万年不败之境矣。"持此说也以往，吾知彼辈之词，必为吾所穷。

鼋食鸭

临桂倪云劬大令,诗才俊逸,风雅自喜。宦游于粤,粤中士大夫多喜与之游。任顺德马宁司时,以署中有园,园有池,颇雅洁,购绿头鸭数百翼,畜之池中,与芙蕖相掩映,颇似鸳鸯,日吟啸其中以为乐。顾所畜鸭,日有丧失,察之,殊无行窃之迹,疑或失群伏园陬取。临池有榭,嵌玻璃为窗,窗外为池。夏夜面窗读书,偶举首,见窗外立一人,状貌黧黑,而须发皤然,面窗内,吃吃作鹭鹚笑。俄伸一掌,穿玻璃而入,作乞物状。大令顿悟窗外即水,更无置足地,彼何以能立?玻璃何以能贯以掌?此殆妖也。抚几叱之,顿没。视玻璃,无恙也。明日,使人涸其池,索之,得一穴,穴有鼋,如车轮,重几百斤。乃杀而烹之,亦无少异,然自是怪绝而鸭亦不复失矣。或讽其忍,大令曰:"物非善类,已能幻人形,及其未能为患而烹之,正以绝其他日之患。吾之忍,正吾之不忍也。"

跸人氏曰:仅能幻形耳,犹未足以自卫,即以自炫于人,其取死也宜矣。吾观夫今之少年末学之流,偶得一知半解,即大言不惭者,正无以异于此鼋。观于此,或足以借鉴也夫。

猫　妖

东莞陈印波军门官宁波时,其妾忽为妖所祟,日就惫困,医药既穷,延及方士,术亦无济。军门忿甚,商诸部下诸健儿,置妾于别室,伏火器于室外，而以斧钺伏室中佐焉。及夜伺之，星光下，见一兽窜至，火铳齐发。兽奔窗下，仓皇窜入。室中人刀斧并举，毙之。举火验视，猫也，而其巨已几等于狗矣。诸健儿乃烹而脔食之。剖其腹，中有草一穗，自喉际以达于尻，其直如矢，其葱可爱。宁人闻之，咸来乞取少许，顷刻已尽。云以佩小儿，足以镇惊也，抑亦妄矣。然自是怪虽绝，而妾竟不起，未几以瘵死。意者其受痼已深，妖虽诛而病仍难去乎？

星　命

光绪初年，吴少澜挟星命之术游上海，名动士大夫间。曾推先叔母造，至二十七岁，批云："寿元已尽，积德延之。"以后更不赘一语。至光绪九年癸未，叔母年二十七岁。既除夕，辞岁喧笑，殊无病状，迩时且较往岁丰腴。举家窃喜，谓术士之言妄矣。至新岁初六夕，陡得暴病，初七辰刻卒。检历书，则初八日立春也，可不谓神验乎？顾冯竹儒观察以其妻姜子妇之造使推，而内杂以佣妇之八字一纸，则仍推许为命妇。何有验有不验如是其霄渊也？彼道中人云：凡推一造，必有一造之用神。用神一误，则全局皆误云。岂推此佣妇之造，独误用神耶？是又不可知矣。

行　尸

诸翟镇有童行五者，其妻养媳而未婚者也。以病死，已逾日，将殓矣，忽起立，操作如平日，取米赴河干淘沥。呼之不应。操作既竟，复至停尸所仰卧。抚之，僵矣。一时远近相传为怪。或曰："是尸蹶也。"然理终不可解。

秦中令

吴某选授秦中令，会邑有富民犯法者，吴故重入其罪。其人百计营求，不得脱，卒杀而籍其家。遗一子，甫十余岁，并没为奴。后吴以赃罢官归，年已老矣。其戚某开府山东，吴橐金诣戚，为复官计。亲友咸谏止之曰："子出仕数年，宦囊充牣，今年将古稀，其可以已矣。"不听。时富民之子已伟然丈夫，性驯谨，执役恭顺，吴极爱之。至是，使为前驱，中道忽亡去。众以为逋耳。及夕投逆旅，甫解鞍，富民子猝至，率壮士二三十辈，斩关入，捽吴使跪，数其杀父之罪。吴大惧，叩头乞命，诸仆咸罗拜求免，愿尽出所橐金为寿。不应，挥刃断其首，支解之，悬首马项下。复刳其腹，提其心出，大哭曰："今而后，吾始得告慰亡父也！"上马，率其徒径去，毫末无所取。众仆首于官，来验，悬赏大索凶手，卒不可得。仆乃殓其零断肢体，将以持归，忽有黠者倡议瓜分其金，各散去。土人乃舁其棺至丛葬处掩之。久之，其家始得耗，寻至其地，则已不知棺之所在矣。

跰人氏曰：论者均举吴死后之惨，而归之于果报，持是说以励薄俗，吾固未敢非之。然而富民之子，何其智勇足备，坚忍不磨也！忍辱负重，屈身韬晦者，经若干年，而获雪此大仇，不可谓非坚忍也。瞯得其机而始乘之，谓非智乎？斩关而入，杀仇而去，从容不迫，谓非勇乎？呜呼！富民子其神乎！吾亟欲得而崇拜之，惜乎其姓氏之湮没不彰也。吾中国含耻忍诟者久矣，近年来吾国民亦稍知以国耻为耻，而思自雪其耻。然有所举动，无非徒为取快一时之计，不顾重贻国家之忧者，胡不知取此富民子为之师也？

绛　桃

绛桃者,济南妓也。居鹊华桥,有殊色,声华藉甚。鸨居为奇货,非十金不容问鼎,求见者贽一金。某老翁时至其妆阁,至则盘桓竟日,不言去,及夕乃行。殊朴愿,语不及亵。绛桃雅重之。一日,薄暮至,时值溽暑,解外衣挂壁间。俄延至掌灯时,忽有醉客汹汹至,喧嚷于外室。翁曰:"此酒鬼,吾当避之。"窬窗而遁,遗壁间衣。醉客入,扰攘良久,始各散去。绛桃顾见翁遗衣,将为拾袭之,举之而重。察之,泥质也,大骇而呼。婢媪垒集,相顾诧怪,阖院均谓妖魅。舁置院中,纷扰不宁者竟月。而翁自是亦不再至,迄不知为何怪也。

闲　章

书画家例多作闲图章,以为起首押脚之用。其图章之文,或取古诗,或取成语,无一定也。画士李某,倩人作一闲章,文曰"自成一家",见者哗然。细思之,实足发人狂噱也。

顾　绣

江南称女红刺绣之件曰"顾绣",初不知其何所取义也。后阅姜绍书《无声诗史》云:"上海顾会海之妾,刺绣人物,气运生动,字亦有法。"又阅《世编》云:"露香园顾氏,绣价最贵,盖所谓画绣也。今顾氏已不传其制。此外作者，虽间有之，著名者亦罕云。"然则"顾绣"之称，有由来矣。

说　虎

徽人某甲，今忘其姓字矣。昔襄《字林沪报》时，恒以笔来求售，遂相稔。自言某岁返里，以一犬自随，日将暮，误入深山中，腥风猝起。方股栗间，一虎狂奔至，迎面作欲攫状，一惊而绝，自是昏不知人矣。不知历若干时，觉有人以冷水喷面，寒澈百窍，豁然顿醒。张目四顾，则身卧丛莽中，十余辈举火荷枪环之。默念："既厄于虎，复厄于盗，吾其死矣！"而惫极不能起，因伏地哀曰："乞生我，囊中物惟君等有之。"众笑曰："吾等猎户，怜子而救之，胡乃目为盗也？"问："虎去耶？"曰："毙之矣。"强起环视，失其犬，呼之，无应者。众曰："子失犬耶？得毋在是？"指一处，使验之，则死虎在焉，胯间累然悬一犬首。细察之，盖紧噬其茎，犹未放也。顿悟犬舍生以救己，不觉哭曰："吾固无恙，苦汝矣！"语竟，犬首若有知焉。骤张其口，堕地，目睒睒若有所视。捧之而哭曰："生我之恩，没齿不敢忘也。"诸猎户睹之，亦以为异。相与席地环坐，语以获虎之故。曰："吾等于前山以枪击之，未之中也。虎惧而逸，吾等逐之，经此，见子僵卧，以逐虎急，不暇顾。逾此再经两山，则虎已死涧下，犹以为坠涧死也。见犬首，始知其毙于犬，犹不知犬为子物也。如子言，则犬以救主故，自忘其生，择其要害而噬之。其躯殆虎狂奔时，以后足抓去之矣。"甲闻言，益恸。即乞于猎户，暂主其家，备棺殓犬首，葬于道侧，题曰"义犬之墓"。自是往返，必纡道奠之。甲谈此事时，栗栗然，犹有余惧也。

跳人氏曰：当犬噬虎之时，甲已昏，而猎户未至，固不知其作何状也。而其贾勇直前之情，可悬拟而见之矣。虽然，使噬之而不得其要害,则犬非虎敌,徒殒其身,未必即脱主人于难。此犬宁独义勇,抑亦智矣。世传义犬报主之事,或见诸记载,或得诸传闻者,不可以偻指计。叔季之世,趋避之术日工。世有良史,为诸义犬撰为列传,别为一册,使与豪侠传并传,吾恐豪侠传不能及其什一也。

纪　痛

咸丰十年,英法联军之入京也,显皇帝以八月初八日起跸幸热河。一时京师百姓,仓皇不知所措。时先祖以工部员外郎被议,居京邸。先君于事前嘱家母奉先祖父母,至宣化外祖家作避地计,而自留于京师。时两叔父亦随侍先祖去。及闻六飞出狩,知事不可收拾。将行,念生祖母灵柩犹寄某庙中。而一日间,火发者数处,海淀居民已无完土。故冒锋镝,扶柩出城,虑火及也。于途次遇西兵一队,要之,不使行。以手抚棺,钩輈作语,似叩此为何物者。苦于言语不通,虽告之,彼亦不解。相持良久,有汉产数人来,均衣彼族之服,荷枪行。盖即甘役于异族,而自戕其同类者也。西兵呼之来,使传语。而彼辈皆潮州人,语亦不通;且彼于西语,亦未必精。故反复良久,仍不得达。西兵忽大怒,举枪头刀,乱斫其棺。先君伏棺号,彼众愈疑,强拽去而毁之。棺剖而尸见,彼辈乃抚掌笑,声格格然也。先君痛绝,号哭且骂。忽一兵持刀来杀,先君惧而逃。兵追之,误蹶一石,蹶而复起,鸣枪四五响,幸不中。然犹不舍也,纵步狂追。先君走急,误堕沟中,污泥遍体,不复能动,自分死矣。而追者见之,遥立以望,吃吃笑不休。笑已,拽枪去,乃得狼狈以出。时城内铺户已关闭一空,无购棺处,雇人以绳捆合破棺。踉跄出城,走五十里,寄厝于沙河。九月,和议成。冬十一月,乃克备棺再殓。是役也,先君既惊且痛,驰抵宣化,即得痴病,惘惘如有所失者几一年。

童时即闻家母言是事,然甚略。及检先君手书日记,乃得其详,泚笔记之,于余心犹有余痛也。

跱人氏曰:闻诸西人,每自负其国为被教化之国,指吾国为半教化之国;被教化者谓之文明,反是则野蛮矣。右纪一则,吾家之私事耳,吾记之,当记之以心,不必记之以笔;其所以必记之者,正所以颂其文明也。愿与尊外族为神圣而崇拜之者共商之。

区　仙

东莞石龙村之隔河,有黄家山焉。山有区仙院,面山而建,中供区仙,不知其何神。谓能治病,以疾来祷者,踵趾相接也。

先是自道光间,居民每于除夕,见有红光自山半起,屡岁不爽,异之,而以为灾祥之属耳。同治季年,黄家驹孝廉之封翁某疑之,谓是宝光,当俟其光起时,踪迹而掘之,思之而未发也。夜梦一老者告之曰:"吾区老人也,生于宋真宗元禧间,以医为业,至南宋时已百余岁矣。避乱居此,以木筏济人。时石龙仅成村落,黄家山及石湾均无人迹也。居石龙,尚可望罗浮,今已为涨滩所阻矣。余济人于此,又百余年,此间渐成邑聚。余始入罗浮朱云洞,遗一物于此。子欲掘取之亦大佳,第掘得时,当取以为人治病,不得自私也。"醒而异之。

及除夕,迹红光所起处发之,约七八尺,得一石,嵌巉可喜,高约五寸余。将濯去其污泥,入水,水若沸。审之,有泡自石中出,累累然不绝也。携至家,置水瓮中,亦如之。有病者,取其水煮饮之,辄愈。会有盲者,取其水洗之,顿能视。自是远近神之,求水者踵至。浸石于瓮,注水其中。求水者以罂来,取罂水,投百钱。瓮水竭,则再注。不数年,积成巨款,乃为之建庙,题曰"区仙院"。然仅知其姓,而不知其名,迄不知为何神也。

一文钱

川人某甲,贩白蜡至汉口求售,值蜡价大贬,不得脱。阴雨兼旬,益无聊赖,枯坐逆旅一小楼中,无可消遣。倚阑闲眺,见阶下一文钱,下楼拟拾取之,无所见,疑为人捡去矣。后登楼,及下视,则钱仍在阶下如故,窃以为异。下取之,又无所睹;登楼望之,钱固俨然在也。不觉大疑。凭阑注视,则"乾隆通宝"文,且历历在目。欲穷其变,伫立不去。俄,一挑水者来,拾以去。甲呼止,索而观之,固俨然钱也。默自计念:"我于此间,一文钱之福且无有;蜡价日贱,苟守而不去,正不知作何亏折。不如其行。"乃即日买舟,尽载所有,将赴沙市。上溯不及百里,汉口大火,延烧数千户。镇内白蜡,均付一炬,价顿昂。甲乃返,获利倍蓰于曩昔也。

趼人氏曰:自竞争之说起,黄老之学,久矣夫被斥无遗矣。然有时竞争之术既穷,虽有智力者,亦惟有束手待尽,此真无可如何之时也。苟无以调停之,则必沦于倾轧,一倾轧,则两败俱伤矣。右说为川中老贾所言,在今日闻之,鲜不嗤为妄者。余谓此或前人之寓言,亦未可知。要其为此寓言之用心,不过戒勿倾轧耳,初非借以灰竞争者之心也。读者倘不以辞害意乎?

伍绍荣

粤自林文忠公去后,海防洋务,一时糜烂,至于不可收拾。外兵之进省河也,奸商伍绍荣实导之,粤民知之怒之,而无如之何也。一日,风雨大作,雷震绍荣,死于市。粤民奔走相告,一时诵雷神普化天尊之声上达霄汉。凡供有雷神之庙,香火陡盛,往来膜拜颂神功德者,三月不绝。

趼人氏曰:雷击之为触电,此说久已昌明矣,然事之不可解有如右说者。今日洞辟门户之说兴,即不导之,外人且至;即导之,人且漠然不知怪矣。在当日之人,心中目中之思想见识,固犹未至如今人也,则其怒伍也固宜。而伍之触电,何以适当导外人入省河之后?触电又何以不于其家,不于僻处,而独于众目昭彰、肩摩毂击之市?市人亦多矣,何以电独触伍?借曰皆偶然也,天下何以有如许之偶然,而适集于一人一事者?不谓之有天,不可得也。

金龙四大王

辛卯入都,道出天津,访友于水师营。见营兵肃队奏军乐,乐止,寂然无哗。问何故,曰:"供金龙四大王也。大王昨日来,今供于演武厅。"问可观乎?曰:"可。第宜肃穆耳。"导至厅。厅外立披执者七八人,植立屏息,目不少瞬,若木偶然。登厅,则黄幔高悬,爇巨炬二,香焚炉中。掀幔以进,得方几一,上设漆盘,盘中一小蛇踞焉。审之,无异常蛇,惟其首方,如蕲州产。以其盘屈故,不辨其修短,细才如指耳。乘友不备,捉其尾,将提起之。方及半,友大惊,力掣余肘,乃置之。迨一脱手,而盘屈如故矣。时李文忠督直隶,委员来拈香,神辄附于营卒,数其无礼。文忠闻之,乃亲至谢过云。此真百索而不可解者。

趼人氏曰:"按[宋]谢绪,会稽人,居钱塘,谢太后侄也。伯颜入临安,三宫北狩。绪投苕溪死,门人收其尸,葬于金龙山。明太祖吕梁之捷,谓神灵显助,敕封为金龙四大王,立庙黄河上。自今人观之,直一无意识之举动耳。即曰果有神,则神自谢绪可也,何必自舍其人身,而自附于鳞介之属?谬妄无理,一至于此!公卿大夫,匪惟不禁,且亦从而附会之,复何怪有识者之窃笑于其侧也!

黄道婆祠

上海有黄道婆祠,初以为淫祠也。质之老人,考诸记载,始悉元初居民,以土田硗瘠,不宜黍麦,乃求得木棉种于闽粤之间,归而种之。及收获,初无踏车椎弓之制,惟以手剖去其子,伸弦竹弧间,置几上,振掉成剂,功极艰苦。会有黄媪从崖州来,自称黄道婆,教以造杆弹纺绩之具;至于错纱、配色、综线、絜花,各有其法。人既受教,竞相作为,转货他郡,居民骤殷。亡何,媪卒。人皆感恩涕泣而共奠之,且为之立祠,以志不忘云。一技之长,遂自元代血食,至今不朽矣;后乎此者,正未艾也。方今上下,孳孳考求工艺,人亦何乐而不为也哉!

伥 鬼

清远某翁率其子,荷虎骨全具,贩于佛山。既得售主,交易毕,翁抚所获金而悲。怪致究诘,翁泫然曰:"难言之矣!此虎已伤吾家三口,几灭门,幸而有今日,是以悲耳。"叩其故,曰:"吾长子死于虎。长子妇馌于田,亦死于虎。吾妻入山樵,久之而不归,越日,邻人以其遗衣来,云得自山陬,血犹淋淋也,计亦葬虎口矣。"指其子曰:"此吾少子也,夜梦其母来,谓之曰:'某山某树下有窖金,掘而取之,一生吃着不尽矣。'醒以告吾,妖梦置之而已。越宿,复梦曰:'母命也,而以为妖耶？且吾亦何必诓汝？明日以晡往，吾阴魂当佐汝也。'醒而异之。明日，既晡，携楮帛往，将祭山神及其母，而后取之。将抵其处，可望而见矣，一老者遮要之，曰：'日且晡矣，山行多虎狼，子何冒昧也？'颇怪其预他人事，不答，复前行。老者牵之还，曰：'必不可往，往则祸作。'子曰：'吾奉母命而往者，曷由得祸？'曰：'若母非死于虎者耶？'骤念近村无是人，彼何由知之？转诘之曰：'翁何以知我？'曰：'宁独知此，子将取窖金，吾且知之。窖金不可必得，而先蹈危机，非智也。'子大惊，问：'翁岂神耶？'曰：'神则不敢知。'指一树曰：'子盍登此以望？将有所见。'从其言，猱升一古榕树上，俯视老者，已失所在，四顾了望，都无踪迹，益窃疑讶。日既暝，忽闻虎啸声，木叶簌簌下。大惧，藏叶浓深处，窃窥之。见其母引虎至彼树下，彷徨四望，如有所觅；引虎与语，相去远，不知其云何矣。语未竟，虎咆哮怒吼。母抚虎项，若慰藉之者，虎少驯。母复徘徊瞻眺，啾啾作鬼声，虎又咆哮。如是竟夕。闻村鸡远唱，始相率去。既曙，战栗而下。疑老者为山神而感之也，焚所携楮帛以谢之。踉跄归，备述始末，相戒不复入山。讵是夕，虎竟入村，来撼我家门，格格作响。父子大惧，计无所逃。院有巨瓮二，所以贮水者。至是，去其水，覆以自蔽。俄而虎竟毁门入，鬼声啾啾，若为之导，求人弗得，啸而去。掀瓮而出，则室中多所毁坏。及明，村人咸来慰问，具以前事告。虑其后来也，设阱以俟之；遥设酒馔，以祀伥鬼。虎果以夜至，陷于阱，铳弩并发，乃获之。村人怜吾损失多，而以虎归吾。故思之犹有余悲也。"

趼人氏曰：谚有之："虎毒不食子。"伥其毒于虎哉！虽然，彼伥而既鬼矣，失其本性，又何足怪？吾独怪夫今之伥而人者，引虎入境，脔割其膏腴，吮食其血肉，恬不为怪，且忻忻然自以为得计。若是者，殆人其面目，而鬼其肺肠者矣！

假　祟

佛山某机坊，忽祟作，夜闻机房窸窣有声。烛之，无所见；灭烛，复然。渐而果饵之属，每有所失；渐而播弄其刀梭，甚或断其经纬丝。以人守之，明烛达旦，则寂无所有；稍懈，则祟又作矣。咸以为鬼，驯至无敢守夜者。延僧道禳之，不验。不胜其扰，颇苦之，乃悬赏百金，募捉鬼者。

里有孝子某，夙孝敬其母，顾家贫不足以备甘旨，犹竭力为之，而自甘糟粕。会薪水将缺，无可为继。闻是事，默计："应其募，果能获鬼，得其百金，可谋生计，甘旨当不致缺乏矣；纵其不能，不过博一笑耳。"计划既定，乃挺身往，云能捉鬼。问何须，曰："无所须也，为我设烟具于机房，当先察鬼之状况，然后为法以擒之。"众诺。是夜孝子往，卧榻上，伪为吸烟也者而伺之。良久，无所睹。复伪睡，不稍转侧。俄而窸窣声作，窗间一物跳跃而下。睨之，猴也，蹀躞机杼间，学织人所为，略一转动，复窜窗去。明日，告织人曰："夜，请以蔬果之属至，鬼可成擒矣。"众疑其妄，姑为之备。及夕，以蔬果布榻畔，手布囊以俟之。夜深，猴又至，顾见蔬果，登榻，蹲而啖之。睨其状，若甚驯者。突起，以布囊覆之，复纳果囊中，猴竟驯伏囊内。侵晨，乘众未起，提囊归，出猴缚之，果甚驯，属母饲之。返谓众曰："昨已获鬼而杀之矣，请如约酬我。"众未之信，请试之。过数夜，果宁靖，酬以百金，孝子携金归。念近地某翁畜一猴，颇极爱好，数月前脱锁逸去，曾悬十金赏以求之，未得，或即是物也。挈以诣翁，果翁物，复获十金归。从此作小经营，堂上甘旨丰于曩昔，一家亦无冻馁忧矣。

跰人氏曰：猴何以无端而脱锁？既脱锁矣，何以不远逸，独骚扰此机坊而不去？机坊之人何以又皆不见，必俟孝子见之？此皆事之不必有者也，而竟如是，此殆天所以为孝子谋甘旨者欤！

虎　媪

粤中虎患，以清远为多。邑有某甲者，性宽厚，处人和易，而家贫甚，以故壮犹未有室也。一日自外归，日将暮矣，见一少妇负布囊，哭于道左而哀。问何哀也，曰："不幸早失怙恃，兄嫂不良，鬻为人妾，又不容于大妇，被逐而出，无家可归，是以哀耳。"甲怜之，曰："日且暮矣，吾家虽屋宇无多，犹不少卿一榻地，盍姑就吾家宿，俟明日再图他适，如何？"妇谢而起，遂与偕归，处妇于别室。及旦，将遣妇，妇曰："子，君子也。子鳏而妾寡，陌路相遇，留我而不犯，求于今世，千百中不可得一。妾请不他适，即留以事君子矣。"甲曰："其如无媒妁何？"曰："告于亲友，然后合卺焉，不可谓非正也，何必媒？"甲虑后患。曰："兄嫂既鬻我，恩义绝矣，请无虑。"甲从之。妇仅中人姿，而操作甚力，善治家，家渐裕。数年间，连举三子。及子成立，为之娶妇，且抱孙。至是，甲翁而妇媪矣。翁先卒，媪率子妇辈，哀毁尽礼。

又数年，孙又成立，乃顾谓子孙曰："数十年未归宁，明当一行矣。"诸子曰："久闻翁言，姥向不宁母氏，今何去也？"曰："彼时之权词耳，我宁无母族者？"明日遂行，行则负其囊。子孙辈送之至村外，媪行渐疾，步履如飞，追之不及，见其隐隐入林中去，怅望而返。是日，乡人有樵于林中者，归云："见媪入林，解囊，出虎皮，被于身，伏地化为虎，衔空囊，振尾以去。"其子孙闻之，莫不怒其妄言也。乡人亦无以自白。逾数月，媪又负囊返，各致存问，相处如初。诸子渐疑乡人言，拟私窥其囊为何物。媪似微觉之，扃锁甚固，无由见也。又数年，媪又言归宁。诸子乃使人预伏林中，然后送之，去如前。伏林中者归云:"媪入林,果衣虎皮,化虎以去也。"遗其囊,将以归,自是不复返矣。

久之,子孙辈为主祀之。以媪有庙而无墓,终不安,乃检其所遗簪珥衣舃,招魂以葬焉。其孙有入邑庠者,屡为人言之,毋少讳。

趼人氏曰:虎,祸人者也,此乃独能福人。虎岂果能福人者哉?殆甲之行有以致之耳。是故同一兆也,小人见之乃得殃,君子见之乃得祥。或曰:"子何亦为此腐语?"曰:"非腐也,兆若风雨然:一雨至,旱农得之而喜,曝衣者得之斯怨矣;一风至,舟之顺行者畅,逆行者苦矣。兆之为物,何以异是?"

西湖主

番禺黄仰文言:某岁偕同乡数辈泛舟西湖,游兴既倦,自茅家埠返。经苏堤,忽闻湖中金鼓声,舟子大骇,急转舵,入苏堤桥下系焉。众怪问故,则摇手戒勿语。俄而声愈大,若万马奔腾者然。而天气晴朗,湖光山色,都无变动。遥眺湖心,忽有水冒出,拿空而起,矗立无欹,若中流之砥柱然,其高不知几何寻丈也。水至高处,复散而下,纷纷如雨。俄而此水移动,若风之驶帆,渐去渐远,渐远渐低,以至于灭,而奔腾之声亦与之偕息。始解维荡桨。舟子云:"此西湖主过也。"问:"亦恒遇耶?"曰:"军马之声,则恒有之,第闻声即走避。今日之水,则前此未尝睹之。"问:"不避得乎?"曰:"不知也。吾辈操舟湖上,相戒闻声则避,从无敢犯之者云,迄不知其为神为怪也。"

西湖水

光绪初,某方伯开藩两浙,俸满,将入都陛见。某邸忽以电信至,嘱代汲西湖水,以供煮茗。方伯厌其琐,曰:"吾居浙数年,初不知西湖水之有别于他处也。"行抵上海,始涤洋油罐,盛自来水,携入都以塞责。意盖谓自来水为水中之至洁者,当较湖水为愈也。抵都,某邸受之而不报。后数月,杭守某擢观察使,循例入都,乃灌湖水百桶,至京献焉。某邸尝之,大喜曰:"前某公以余为无眼目口鼻者,不知以何物搪塞我。讵知西湖之水,不独甜味不同凡水,即其色黄而不浑,亦非他水所及也。"某被召后,未履观察任,即擢山东盐运使。人为之语云:"某都转以百桶甜水,换得一个咸官也。"

趼人氏曰:操大权居大位者,其夙昔之留心乃在此,乃在此,且借此以贵贱人焉。国政之谓何矣,岂不哀哉!

伥鬼王

鹤山某生,偶下乡催逋租,误入丛莽中,猝遇虎,大惊,遂仆,魂离舍,怅怅无所之。忽一青衣人来,导之行,曰:"且见大王挂籍去。"姑随之,至一处,殿阙巍峨,类王者居。青衣人导至庑下,生睨殿上,一老者据案中坐,衣古王者衮袍,而戴本朝冠,紫宝石顶,三眼翎。案下跪囚累累,若听发落者然。方疑讶间,忽红光自天降。诸隶牵囚纷纷走避,老者亦避席下。俄一古代王者自天降,仪从甚盛,入殿高坐。老者免冠俯伏。王者叱左右行刑。左右噭应，褫老者衣，杖一百。杖已，王者率仪从升天去。老者起，仍被衮袍，复冠，据高座，殊无惭色。发落各囚毕，青衣人导生至案前请命。老者审视再四曰："此非在数者，可呼山神来，送之归。"

俄一白髯翁扶杖佝偻至，领生出。略一回顾，则殿宇都非，不觉疑讶，问："翁即山神耶？"曰："然。"问："老者为谁？胡为着两代衣冠也？"曰："此吴三桂也。三桂死，见阎王，阎王不知所以处之，请命于天帝。天帝曰：'此人既不忠于明，又不忠于清，宠惑于妖姬，而敝屣其所生。卒之欲窃大位而不可得，终身怅怅，无所适从。虽归幽冥，无可位置。可别以一席处之，封之为怅鬼王，使领天下怅惘之鬼。'阎王得旨，即言于判官。适判官为略识之无之辈，误书'怅'字之心旁为人旁，不得已，即改为伥鬼王，掌领天下伥鬼。以子非此数，故遣余送子归耳。"问："自天而下，呼杖杖之者谁也？"曰："桂王也。桂王殉社稷之后，上诉于天帝，白三桂恶状。天帝判令日杖三百，俟满三万六千万杖，乃使之转世为獍。"生尚欲有问，翁辄蹴之，仆，仓皇顾视，则身仍卧丛莽中。

孝女墓

吾粤人之旅沪者，有"江湾照宝塔"之说，妇女辈酷信之。丙申春，家人辈相率往，嬲与同行，姑随之。至，则一庙供观音大士，庙后垒砖作一矮塔。塔前一门，高不径尺，谓从此中窥之，必有所见，则吉凶寓焉。妇女辈咸膜拜，余窃笑之。复至庙前，见壁嵌一碑，碑叙某孝女事。言女矢志不嫁，奉父母终身，父母卒，长斋奉佛以终，殁后，即葬于庙左云云。碑似蒋剑盟或蒋剑人撰，今忆之殊仿佛矣。于是始知所谓宝塔者，实即孝女墓也。复入，敬其孝，长揖拜之。家人辈方俯而窥，一戴发尼抚墓而祝曰："姑姑请现像。"窥者或言见金甲神，或言见冠带者，见牛者，见马者，不一其说也。余亦俯而窥之，则其中空，断砖零瓦在焉。尼曰："盍注视？"再视之，忽见白壁甚广，一衣冠人据中坐，未及辨其貌，倏已不见。不知其主何休咎也，亦半疑为目眩耳。

秋七月，家季父以电信来，诏赴宜昌省疾，途次即得讣。抵宜昌，踉跄入公馆，则堂张孝幔，遗像中悬，俨然孝女墓中所见也。谓神非前知耶，何以能示此未来影响于半岁之前？谓神果前知耶，何以吉凶悔吝，又不明以示人，而故作此迷离之状况？借曰吉凶悔吝，不可预泄也，则神又何必作此狡狯以自炫？此真不可解者矣。虽然，其孝不可泯也。他日复至江湾，当求其碑，实我笔记。

烈女亭

前明上海烈女苏氏，名香，许字盛万年。万年有膂力，工骑射，为乔一琦前锋，战死滴水崖。讣至，烈女泫然曰："若能殉忠，我虽未婚，独不能殉烈乎？"遂雉经死。三日，面如生。事闻，诏建坊旌之。坊在斜桥东（按：上海俗称斜桥有二，此西门外通制造局之斜桥也）。张所敬、董其昌诸人有挽诗成帙。余初到沪时，犹及见其亭，高不及三尺，广才一尺余耳。大约以筑徐家汇马路，嫌其阻碍，改为之者也。然亭尚留一门，可望见亭中石碣。近不知何人何故，竟以砖灰堵塞亭门矣。

上海自互市以来，五方杂处，流娼遍里闾，几不复知廉耻为何物，遑有于节烈？客俗如此，主俗亦将为之转移，从前淳厚风俗，几不可复睹。综计《上海县志》所载，自元代迄同治初年，节孝贞烈传盈三厚帙，无虑万人，有遗迹可考者，寥寥无几，此其一也。地方有司、缙绅先生不为之重新而表彰之，以励薄俗，斯亦已耳，奈之何听其湮没而不一存问之也？岂果以新学昌明，此等国粹遂可视为琐屑而不足讲耶？呜呼！吾为烈女冤，吾为风俗恸矣！

例 哭

吾国俗，凡女子之出嫁者必哭，盖不忍别其父母之意也。而粤俗尤甚，虽登彩舆犹哭，将抵夫家，从者止之乃已。某粤人旅上海，嫁女，女例哭于舆中。途次遇一西捕之初自欧洲来者，闻舆中人哭，谓为有冤，就拘之。舁者惧，弃舆欲遁。会有解西语者至，告以此系华俗，哭，其例也。捕大讶曰："哭也而有例耶？汝肯保其非冤，盍书券与我？"其人诺，出名纸，画诺与之，彩舆始得行。捕呆立，目送彩舆去，犹摇首称奇不置。

改 籍

自戊戌政变之后，禁中恶闻"南海"二字。会诏举经济特科，曾慕涛京卿举十余人，中一人为南海籍，京卿踌躇久之，竟代改为"香山"。诏报可，乃行文礼部，为之更正。辗转避忌，可发一大噱也！

制煤油

石油，或谓之"洋油"，亦谓之"煤油"。某观察出身清贵，以识时务名于时，当道多交章荐之。某年，忽于重庆广收煤斤，积如山而不用，煤价为之陡涨，人皆不知其意。某国驻渝领事疑之，就地方官叩何意，官以问观察。观察曰："将以制煤油也。"官据以转告领事。领事诧为未闻,问:"此法出何国?用何机器?"官又以问观察,则曰:"吾闻诸某耳,未审其详也。"问:"某何在?"曰:"在沪。""盍电询之?"观察诺。已而回电至,曰:"吾亦闻诸人言耳。"

科场大果报

八股取士时,全国士子醉心科第,至有演为科场果报之说者:谓一科第,亦必如何积德而后可获;或命中有科第者,偶为恶,亦必夺之。废科举之诏已下,跰人氏笑而叹曰:"中国士习不端,于此可见矣!"或叩其故,曰:"非全国士习不端,何以罚得他一个也不许中,做一次科场大果报?"

谣言二则

汪穰卿,名康年,庚子岁在沪,约一友同游金焦。友扬州人,以事先返扬,订于汪曰:"子至镇江,以电来,吾即至也。"汪诺。友去未几,汪至镇江,发电扬州,而电信署名处,押一"康"字,盖其名也。一时哗传,谓南海先生已至镇江矣,不数日,谣遍长江上下游。

扬州人某甲,富室之中落者也。至甲而逾甚,田产既尽,货及衣物,物亦尽,乃并货其居室。室久无长物,惟余先人木主数事,不得不携之出,又无安置处。以布裹之,携至田间,置一电线杆下。就烟馆宿,将俟明旦,觅一寺庙而寄之也。及晨,有佃者出,见电杆下遗布袱,意为银物,发之而木主见。一时扬城哗传,谓某甲货木主于电局,电局亦专购木主,役其鬼使守电杆也。

趼人氏曰：前一则士夫之谣，后一则愚民之谣也，汇记之，以见国中上下流社会之见识不过如此。犹记某年，有人密告某督之中军曰："吾闻有人将于某日，由某门掷炸药于督署，以图制军，子，制军之信人也，敢告。"中军闻之，大惊，连夜走白。制军亦惊，严为之备，调兵围督署数匝，自上房以达辕门，戈甲灿然，无昼夜，不敢少息。中军严装以待。至期，寂然。中军驰书问其人，其人以书报之曰："吾故戏子耳。自某门达督署，相距且三里余，炸药何自以掷？掷亦何由达督署？此明是伪语，子何轻信之而不察也？"中军时已惫甚，乃持以白制军，冀解严。制军见书，面为之赤。夫生死祸福之间，苟非达者，必为之神乱，而不及他察。读者毋持此以为制军病也。

果　报

果报之说，儒者不谈。然有时相值之巧，虽欲谓之非果报而不得者。使非余亲见之，犹未敢以为信也。临桂某甲，讳其姓名，本宦家子。与其弟同寓上海，瞰其弟之私蓄，欲分之，弟不可。甲父宦天津，甲惑于妇言，密达书于父，诬其弟以秽事。父得书，大怒，驰书促其少子死。甲得父书，持以迫其弟，弟泣求免，不可，遂仰药。甲即谋鬻其弟妇。弟妇惧，奔余求救，余许以明日往责甲。及明日往，其弟妇已在妓院矣。即走妓院，威其鸨，迫令退还，为之择配，谓事已了矣。不数日，有人走告余，谓甲妇为人拐逃，甲已悔恨而为僧。以甲之非人也，一笑置之。阅数月，又有以异事来告者，谓某乙利甲妇之储藏，诱拐之，既尽所有，狂恣凌虐，妇不堪其苦，已奔某妓院，俨然娼矣。某妓院，即甲鬻弟妇处也。初不信，访之，果然，妇且笑语承迎，略不自愧。呜呼！请君入瓮，其报何酷且速哉！此事余引入所撰《二十年目睹之怪现状》，而变易其姓名，彰其恶而讳其人，存厚道也。

某太史

某太史居京邸，风流自喜，恃才豪纵。一日，独饮于酒楼，闻隔座有引吭而歌者，音节悠扬，殊可听，不觉喝彩。京师俗例：凡歌童歌者，客得扬声奖之；若客歌，则奖之为亵嫚也。隔座歌者，亦一独饮客，携一仆，侍于侧。仆闻呼好声，即反唇相讥。时太史已被酒，将行矣，抗声曰："吾无暇与汝较，吾翰林某，汝欲评理，造吾寓可也。"遂行。他日，掌院召与密语，太史大惶恐，匆匆请假出都。同寅都不知何故，迄不知其获罪何人也。此同治末年事。

又一则

道光间，某太史，潘文恭门下士也。文恭深器之，期以远到，恒诣文恭讨论经史之学。出入既稔，来去自如，毋庸阍人传报，阍人亦不之阻矣。一日，又造文恭宅，径入书室，文恭适他出。见案头一巨函，题"付潘世恩"。默念："此谁氏手笔，而嫚吾师若此？"启视之，初无书牍，仅一诗。读之又不浃意，举笔批抹之，大恣雌黄。俄，文恭至，见之大惊，顿足曰："死矣！死矣！此御制诗，而赐余以命和者，子何轻率若是？"太史亦大惊，求计。文恭曰："吾且恐不免申饬，遑及为子计？听命可也。"太史踽踽不安，如芒在背者竟日，夜至不能寐。及明，文恭退朝，太史急问何如耳。文恭言："天幸，上仅笑置之，继有'年少恃才，终非大器'之谕。为子计，不如请假也。"太史无奈，请假回籍，以翰苑终。

五 海

古有"四海"之说,今计之,乃可得五:俄国北境有白海,地中海之北有黑海,亚洲、非洲之间有红海,中国海面称黄海,合以前藏北境之青海,可谓"五海",且青、黄、红、白、黑五色咸备。或曰:"青海非海,仍四海耳。"录之以供一笑。

记李某复仇事

吾粤各乡民,多聚族而居,恒历十余世不他徙。传愈久,人愈众,而拓地愈广,本团结之良俗也。而其中有一恶习焉,则一族之中,强弱相凌是也。强者既得凌人,于是而血气相尚。浸假而好勇斗狠,有流而为盗者矣。此粤中盗风之所由炽也。地方有司之治盗也,穷于捕,惟有访盗之姓名、乡里,责令其族绅献诸官。南面者方以此为捕盗之善法矣,不知冤狱即由是而出。

新会某乡,李氏之族也。族甲,著名之剧盗也,案山积。官捕之弗得,例责之族绅。绅以其勇武,故莫之敢撄。族乙,弱支也,适与甲同名,乃缚送于官。官以绅之所献,必不诬矣,坐杀之。乙有弟某,痛兄之冤,而力不足与绅敌。叹曰:"虎狼之窟,其不可居矣!"尽室偕行,至肇庆,受廛为氓,作小负贩,聊以自给。暇则学为超踊之技:裹铅于足,掘地为堑,入,跃而出。久之,铅加重,堑加深,以此自课焉。更学走,以故负贩以出,铅未尝去其足也。如是四年,去其铅以自验,一跃可登寻丈,日行达七八百里。喜曰:"仇可复矣!"俟月晦之日,日既暝,怀刃以去。夜半,抵新会,入其乡,跃入族绅家,叩其卧室之门。绅闻声大疑,披衣出视,即出刃直贯其胸,死。弃刃,跃而出,径返奔,遇险峻跃而过,逮返肇庆,天才黎明耳。急负所贩至某庙前坐待,睏高要令将来拈香。盖是日,月朔也。即起冲其卤簿,倾覆所贩,扭从者索赔。高要令怒,命执之返署,囚之。

越数日,新会令牒至,言某族绅于晦日午夜被刺,凶手遗凶刀而遁,验刀柄有李某名,审得李向隶治下,请代捕云。令即签票以命役,役奉票曰:"李固已在狱矣。"令讶问谓何,曰:"朔日闯导被执者非耶?"令提讯之,俯首伏罪。问:"若何至新会杀人?"则大惊曰:"民素安分,恶有是事?"以牒示之,则曰:"杀人者在晦夜之半,小人于朔日之晨得罪;新会达此且三百余里,小人所贩各物,多有晦日于某铺取之者,可按也,往返几七百里,小人无五遁术,胡足以达?公其鉴之。"令笑曰:"幸哉!汝之得罪也。羁数日,足以偿汝罪矣。"释之,谢而去。令乃牒复新会,谓李某方在此间狱中,何能至新会杀人?杀人者当别一李某也。

跰人氏曰:吾记杀秦中令之富人子及李某,而后知吾黄人种族中,犹有坚忍不磨之人也。今而后,深愿以坚忍不磨勉吾黄人,来日方长,未必不足有为也。

刘华东

嘉道间,广东卢商入祀乡贤祠一案,举人刘华东实破坏之。

时广东潘、卢、伍、叶四姓,以巨富闻于天下;其奢侈亦冠绝一时,享用过于王侯,思天下之物,有不备于室者,引以为耻。会元旦,卢之西席某,造卢贺岁,例颂吉词。某思卢氏富贵已极,无可为颂,乃忽作奇想，颂之入祀乡贤祠。卢本市侩，不解乡贤祠为何物。他日以问人，人曰："祀乡贤，则血食千古，其荣过于王公远矣。且事皆可以赀求，此独不能，故尤为可贵也。"问："必如之何而后可？"曰："必其德行足为一方矜式，著作有裨于圣学，而后可。"卢乃广聘名流，代为著书。书成，托之于其父。又伪为其父行谊，遍贿粤中大吏，奏请以其父附祀乡贤祠，竟得诏报可。盖其贿已达都中矣。然其父实无行驵侩也，以贩洋货起家。少壮时曾为米贩，以争米故，与其兄互殴，拉堕其兄之发辫，遂涉讼。谳成，以辫贮库，通详立案。至是，遍贿上下，尽销灭其案卷。官吏无大小，缙绅无贫富，贿无有弗及者。

刘华东至其家，坐索千金。卢靳之，仅与以百金。卢妾某氏谏曰："刘非善类，君今不惜数十万巨金以营一事，何独至于刘而千金是吝，毋乃不可乎？"卢不听，曰："彼一举人耳，其如我何？"刘微闻之，忿甚，返其百金。以蒙蔽官吏、浑渎乡贤，遍控诸官。均以无证据，不得直。刘几无策。忽念："卢父殴兄一案，事涉粮米，粮道署当有案，而彼等徒视为刑名，或未念及。盍往求之？"乃至粮道署，访某书吏。吏适他出，遗其八岁小孙于家。刘拟留一说帖以达意，适案头无纸，觅于屉中，则此案卷在焉。大喜，出二金，授其孙，曰："以此与汝，吾借此纸去，即当送还也。吾访汝祖，正为此耳。"孙得金喜，刘遂携去。

初，卢之销案，果遗粮道署，吏得之，将以挟卢巨万，以刘方讼，姑徐徐云尔。是日归，其孙以告。吏骤失此物，怒极而狂，飞足蹴其孙，仆阶下死。

刘得其据，将入都部控，而苦无资。乃设一大扑满于市，为文暴卢之罪，言将京控而求助焉。不终日，扑满充牣，至不能容。剖之，得金盈千，怀以入都。事闻，诏以法官为使者，莅粤谳其狱。

使者衔命至，卢又厚贿之。使者曰："据已达部，奈何？"曰："苟令彼亦得罪，吾虽被撤以出也，亦无憾矣。"刘之入都也，扬言于众曰："余之此行，当令卢之木主亦被斩刑。"使者以贿故，欲入刘以罪，而苦无词,商诸门客,得一法。某日黄昏后始传讯。刘衣冠至,使者故反复诘问,皆无谓之词,延至二鼓,辕门下键矣,使者退座休息。三鼓后,复升座,改衣素褂。刘亦于袖中出素褂,从容被之。使者为之摇首咋舌。盖翌日为国恤,故事:三鼓为子刻,即以明日论。盖故传之来,闭门以俟三鼓,升座复讯,将指其于国恤日衣天青,而坐以大不敬,固不虞其早为之备也。

卢父卒以殴兄之证,撤出乡贤祠。至日,卢氏捧主出,刘遮要之曰:"当其入也,人以为贤,故得自正门入;今不肖矣,胡复可以由此?"曰:"祠无旁门,奈何?"曰:"窦可出也。"无奈,将自窦中出。刘复要之曰:"止!止!卢氏可窦,国朝不可窦也。"问如何,曰:"苟以'皇清'二字出于窦,将以大不敬论矣。""然则如之何而可?"曰:"解去之可也。"不得已,呼锯至,解去二字。刘抚掌号于众曰:"卢氏木主被斩刑矣!"

卢衔刘刺骨,后使人嘱之为文,以讥朝政,题为《草茅坐论》。得其稿,复贿大吏,持以入告,革其举人。刘乃自榜其门曰"奏革举人刘华东"。夜或肩舆出,笼灯前导,亦标此七字。或以为狂,不顾也。

讼棍斗法

粤中讼棍,每独霸一方,一方之有讼者,皆造之,若专利然,他人不能业其业也。苟有来者,必设法以驱之。其驱之法,必令作一极难事,能达,则以所业与共之。否则号于众曰:"彼固某事且不能为者,胡足恃?"则来者不足以自存,必去矣。

某甲,以善词讼,雄于省垣有年矣。一日,某乙来,亦以精词讼自豪,将为他人作刀笔。甲闻之,与之约曰:"制军之冠,吾能致之。于能为我返之而得其收据乎?"曰:"能。"甲使人伪为中丞之戈什哈,持中丞刺至督署,请见制军,呈刺而白曰:"适有货珠宝者,以猫儿眼来求售,中丞谓必如大人之帽准者乃佳。故使某来,假去一较,即当归赵也。"制军诺,并帽笼与之,其人得帽归。甲谓乙曰:"三日后,若送还之,必得收据而后可。"乙诺而去。制军以假帽者久不归,使人索于中丞。中丞大骇曰:"无是事也!"制军大怒,立传首县,随即日破获。两邑令奉命惶遽,传地甲,比差役,四出索帽,合城骚然。百姓哗传曰:"骗子胆似斗大,竟骗及制军矣!"

至三日,乙造甲,悄然以帽去。至城外,易葛布箭袍,冠缀砗磲石顶,负帽笼,赁马,策之而驰,汗遍体。乃入城,疾驰督署,下马径入,喘息而呼曰:"帽至矣。"巡捕、家人围而询之,曰:"必见制军而后可白。"众导之入见,乙屈一膝半跪,启曰:"某,城北某营哨弁也。统带某,知大人失冠,通饬密查,今日于某汛获之,敬以呈验。"制军启视,果己冠也。乙复启曰:"诳冠贼尚羁汛地,请示当解送入城否?"曰:"速将来,交首县,吾将亲视其为何许人,而竟敢诈及我也?"乙诺,又请曰:"乞赐数行字,俾弁可销差。"制军出名刺,署押与之。乙持以示甲曰:"收据至矣。"

趼人氏曰:取督抚大吏,置于股掌之上而玩之,甲、乙亦奇士哉!虽然,此非尽甲、乙之智也,使大吏而非颟顸之辈,未必即足以售其奸。已则不慎堕人术中,而乃严责僚属,今之方面,大抵然矣。如此者,朝廷乃望之以整饬吏治!

戴隔壁帽

某乡出一命案,邑令临验,例传邻右问话。邻皆乡愚,慑于官威,不敢前,求人以代,亦无敢往者。已而得一老儒愿往,众喜。老儒戴大帽,饰以蓝顶珠,昂然至,长揖不拜。令疑之,问:"若邻耶?"曰:"然。"问:"若何功名?"曰:"无也。""然则何为而御四品冠?"

曰："吾邻有捐道衔者，聊借以自娱耳。"令怒曰："邻人职衔，何预汝事？"儒急去其冠，跪而伏罪。问："此命案汝知其由耶？"则昂首曰："邻人职衔，既无预我事，邻人命案，又何预我事而问我？"

跕人氏曰：此为戏言耶？为实事耶？未之考也。然此老儒微微一言，已道破一切无谓之举动矣。

玉臂金莲

明季，湖广汉阳诸府奢靡成风，宴客必以鹅掌为戤，非此则不敬，且不足以示豪奢也。其炙法：庖人煅地极红，驱鹅履其上，须臾掌肿，厚逾倍；复饮鹅以醯酱。乃断其足以进，目为上品。未几，张献忠陷襄阳，捉男子断其手，女子断其足，分积如阜，号积手处曰"玉臂峰"，积足处曰"金莲峰"。人以为食鹅掌之报也。后人为之咏曰：

楚人鹅掌宴嘉宾，惨报须臾便及身；

玉臂金莲两峰峙，只今说着尚惊人。

相传为王梦楼作。

外族侵凌

宋仁宗朝贺契丹正旦书，称"伯大宋皇帝致书于侄大契丹圣文神武睿孝皇帝"。英宗朝贺契丹正旦书，称"兄大宋皇帝致书于弟大契丹圣文神武睿孝皇帝"；贺契丹皇太后正旦，称"侄大宋皇帝谨致书于婶大契丹慈懿仁和文惠纯孝广爱宗天皇太后"。神宗朝贺辽正旦，称"侄大宋皇帝致书于叔大辽圣神文武全功大略聪仁睿孝天佑皇帝";贺辽皇太后正旦,称"侄孙大宋皇帝致书于叔祖母大辽慈懿仁和文惠纯孝显圣昭德广爱宗天皇太后"。外族侵凌,以渐而至,卒至宗社沦亡,庶支南渡,可哀也!然古人之思想,有非今人所知者。两国交涉,优胜劣败,理之常耳。顾何以彼此相称,伯之、叔之、兄之、弟之?一则何以甘奉以此称?一则何乐而受此称?岂古人竟以此为荣辱者哉?是不可解者。若当今日弱肉强食之际,吾恐虽尊之为父为祖,彼且不屑子孙之矣。

虞美人诗

史迁记项王垓下之歌云:"歌数阕,美人和之。"而不载所和之词。方子严《蕉窗随录》载虞美人和歌云:

汉兵已略地,四面楚歌声。

大王意气尽,贱妾何聊生?

词旨虽极悲惋,然五言诗实起于汉以后,尔时当无此体,恐不免出于附会耳。

广陵蒋生

广陵蒋生,既死而尸犹温,妻与女不敢殓,守之,至十四年之久而温如故。邻里谓将成僵尸,至不敢与通水火,且惧尸出为害,鸣于官。官莅验,见尸温软,面无死色,不能强其殓也。后有友人自远方来者,出一家书,云是蒋生嘱递,反复验视,确为生手迹。于是邻里又哄传蒋生仙去矣。妻女始买棺殓之,犹时时启棺省视,温尚如故也。妻女亡后,始无顾之者,正不知其何时始冰耳。

上海三十年艳迹

裴效维 校点

自　序

天下之称贱籍者，曰娼、优、隶、卒。胡为乎独以娼冠诸其首也？以四民之例例之，首列士者，尊士也；而首列娼者，岂亦尊娼？吾知其必不然也。或者贵贱殊途，贵者之首列，乃益从而贵之；贱者之首列，亦益从而贱之之意乎？

今夫娼，吾不敢谓为非贱也；以其所操之业较之优与隶与卒，吾亦不得谓为非贱之尤者也。庸讵知有大谬不然者。优与隶与卒，其贱乃逮于子孙，三代不得出仕。娼则不然也。今日娼，明日以夫贵，未可知也；今年娼，他年以子贵，尤未可知也。功令与敕诰，初未尝以其曾娼而靳之也。是故娼也者，虽居贱籍之中，而力足以自拔者也。且不特此也，古来名伎，如薛涛、苏小之流，其名动当时而垂后世，为风流名士所望风怀想者，正不知几人，初未闻有从而贱之者也。

解之者曰："贱娼者，非贱娼也，贱蓄娼者也。娼自有其风流历史之可传，故不妨传；至于蓄娼者，则既执贱役，又复残忍酷虐，故从而贱之，无复有可传之理矣。"然独不可以论胡宝玉。胡宝玉，娼也，可传者也；又蓄娼者也，无可传者也。然其奇闻佚事，使从此道随胡宝玉以去，则必有令人不忍恝置者；与胡宝玉同时之风流佳话，使从此亦随胡宝玉以去，则尤有令人不忍恝置者。作《胡宝玉》。

李巧玲

上海三十年来名妓,首推胡宝玉;胡宝玉之前,厥惟李巧玲。巧玲顾影弄姿,颇为时流所赏。艳声既起,乃惊一混世魔王。魔王,李长寿是也。李长寿出长发军,拥巨资,闻巧玲名,特走上海访之。丹桂戏园者,甬人刘维忠等所创也,颇有名。长寿至,据其中厅,令戏园侍者,毋许他人入座。曰:"为我招北里姝来。"侍者见李颓然一老翁,装束类乡曲,莫名其故,姑诺之。彼时北里姝声价甚高,所谓"长三"者,非有介绍人不得近。侍者乃商之于"幺二"。幺二者,其格次于长三者也。居小东门外,号曰堂子,门署某堂(小东门大火后,又迁棋盘街)。一堂中多数十人,妍媸不一,而问津者之多寡,亦与其貌之高下为比例。侍者择其最下者,招十许人至,侍坐于旁,李视之若无睹焉。戏将终,命仆人辇金至,人赏百金,灿然列案上。于是一夜之间,李长寿之名遂大震。

明夜又来,仍命招妓。则为长三者,为幺二者,妍者媸者,纷至沓来,亦不及辨若干人也。长寿左顾右盼,意殊不慊。诸妓之当其一盼者,即引以为荣,窃窃然谓其同侪曰:"李大人顾我。"同侪视李大人,则其仆方奉黄金水烟筒以进也。是故晚近奢习,有以黄金为烟筒者,实自李长寿始。剧将终,李长寿起,拂衣去。侍者请赏,则曰:"上海妓者,例以三元为一局;吾昨所发者,已溢今日之数矣。"侍者无如之何。是夕也,北里诸姬空巷而至,后来者坐无隙地。中独有一人岸然不顾者,则李巧玲是。

故事:戏园代客传妓,必录之于籍,以为明日收"传费"地。传费者,客使往传妓,妓以铜货六十有三为酬。此上海通例,俗谓之"叫差"。李长寿久探悉之,使人取其籍至,检无李巧玲名,笑曰:"婢子乃不为动耶?"乃夤缘以识李巧玲,狂恣豪奢。巧玲之婢请盥,长寿臂金脱条承其巾。微水溅脱条,婢曰:"脱条着水矣。"长寿遽解下曰:"既着水,无所用之,即以赏汝。"婢惊愕却顾,目视巧玲,巧玲曰:"此何物事,值得如许惊怪?"婢乃谢而受之。会新岁,长寿至,例赏而外,复以数百金掷庭际,俾奴辈争拾为戏。如是种种,皆所以媚巧玲也。乃巧玲而伪为不知也者,终不作留髡之举。至是长寿术无所施。

一日,怀五千金之券至,故置于案上,伪为遗忘也者而去之。明日匆匆来,曰:"昨误遗一纸于是,盍检以还我?"意盖以利动之也。抑知巧玲布置之诡,应对之捷,神色之整以暇,有出夫长寿意料之外者。闻长寿言,从容顾其婢曰:"奴辈不识字,可取出俟李大人自检之。"婢即以紫檀小匣进。发其匣,金珠之类,几充牣焉,余则契券之属。检之,则三四千者,五六千者,纵横错杂,不知其为数之几何也。长寿错愕不知所为,几不能复敛其手。良久,乃徐徐言曰:"吾亦不辨何者为吾物矣,姑置此可也。"婢乃捧匣以退。

盖至是而李长寿乃嗒然矣。揭竿起事之狂焰,至是无可施;攻城略地之诡谋,至是无可展;冲锋陷阵之勇气,至是无可用;反戈相向之狡诈,至是无可逞。惟太息而言曰:"婢子可恨哉!"取一世之枭雄,玩之于股掌之上,李巧玲不可谓非人杰也。

长寿既丧其气,使人间接以叩之曰:"李大人爱卿,卿何拒之甚也?"巧玲曰:"大人姓李,奴亦姓李,礼同姓且不为婚,而况其他?奴即不自爱,李大人亦岂不自爱耶?"长寿闻之,气益为之夺,自是始绝念于李巧玲。而巧玲之囊既充盈矣,以一弱女子而能使恣睢暴戾之徒无所施其技,此李巧玲之所以能独享盛名于胡宝玉之前也。

后巧玲结识某甲,尽出其资股开留春茶园,一败涂地。复构讼事,禁狱中。既释出,则憔悴无人状,竟不知所终。

当李巧玲盛时,其赏识伶人,与胡宝玉有同嗜:曾以争一黄月山之故，彼此据戏场而不归，竟达于旦，卒于两无所获而后已。迨巧玲堕落，宝玉乃无敌于侪辈矣。

艳迹略纪

李巧玲前后，北里烟花之最著者，为吴莼香、顾阿南、金文兰、吴新宝、陆月舫、吴慧珍、吕翠兰等辈，或以貌胜，或以技胜，莫不名振一时，其艳迹有可纪焉。

吴莼香色艺兼胜，时人戏开春江花榜，拔莼香为状元，声名顿噪。粤人某，雄于资，而喜角逐争胜，以莼香之为花榜状元也，必欲置诸金钗之列。莼香雅不愿，故要之曰："如必娶我，当以冠帔彩舆来迎也。"某竟诺之。嫁之日，所识之客，咸集妆阁，置酒为贺，曰"送状元下嫁也"。莼香归粤人后，不久即下堂，复张艳帜。自是能操粤语，故粤人趋之若鹜。晚年畜二雏，曰静兰，曰小香。静兰旋适人，小香世其业。未几叛莼香，自畜一雏，曰小桂芬，貌殊寝而以技胜。

顾阿南工净，居普庆里，声名藉甚。年四十余矣，犹不以色衰掩其技，彼时尚技之风使然也。后适一衣庄之少主，年仅二十余耳。不二年阿南卒，其夫哭之犹甚哀云。

金文兰生旦并唱，初与顾阿南同居，旋与一总会细崽姘识。年来细崽升为买办，文兰亦畜雏自养，居然鸨矣。

吴新宝亦居普庆里，时有粤人某眷之甚笃，某兼眷黄银宝、何双宝，因统称三人曰"如来三宝"。某虽粤籍，而生于京师，工京剧，尤擅青衫。新宝乃从之学焉。某亦悉心以授之，日至其妆阁，亲为按胡琴，点拍节,如是者三年。故新宝之京剧,独能压倒侪辈也。后别适一李姓粤人,犹时出外客串髦儿戏,所适者亦听之。上海近年来多谈女界自由者,新宝此举,实滥觞之矣。

陆月舫,太仓人,本有夫之女也。其母氏醉于利,挟之来上海。芳名藉甚,王紫铨尤爱好之,一时自命为名士者皆眷顾焉。苏人顾云航雅宠之,曰:"月舫、云航,天然绝对也。"顾有阿芙蓉癖,月舫故对之嚬蹙。问所苦,曰:"思亡父之呆,使奴有今日,故不乐耳。"问:"卿父何呆?"曰:"父作贾于蜀,将东归,罄所有以购楠木棺,谓运之江南,利可数倍也。讵久之无过问者,日益穷蹙。亡父忿恨,取所有棺尽截断之。"顾讶曰:"得无更耗折耶?"曰:"此奴之所谓呆也。然父之此举,亦有深意存焉。渠谓天下吸鸦片者,类皆半截已死,冀其来购此半截之棺,先葬此已死之半截也。"顾大惭恨,遂绝鸦片。其聪明善于词令如此。后适一武弁,而不容于嫡,遂析居。未几,卒以被虐,仰药死。

吴慧珍、吕翠兰,均较月舫略稚,而名噪一时,亦相伯仲,适人亦早。

同时之享艳名者,有张小宝,为恶鸨扬州娘娘之假女。或曰小宝亦扬州人,其假母从烟花间物色得之者。其出身之详,盖不可得闻矣。后适甬人贝某,不安于室,下堂去,变姓名曰贝彩红。贝怒其冒己之姓也,与之理论,举碗掷去,中其颅,伤焉。小宝益挟以索诈,卒予以若干金,始易去贝姓,仍为张。后又适一官,官出仕于闽,置小宝于上海,小宝复不安于室,官闻之而怒,驰书绝之。小宝乃押受一雏(上海鸨妇,每每既买假女,复押于人,是以一妓而事两鸨也,最为恶俗),字之曰张小红,己则退为房老。年余,小红之本鸨赎小红去,易名为范彩霞,艳名噪甚。而小宝则沦落无人状,至乞食于市。此中盖有盈虚之消息焉。

范彩霞,盖冒万翠雅之名为名,而别其字者也。先是有万翠雅者,颇有艳名。会有长洲某生与之游,为诗歌以提倡之。翠雅略识字,生更称之为诗弟子,而名遂益噪。久适人矣。吴下阿侬语,呼"万""范"同音,"翠""彩""雅""霞"音亦略同,故万翠雅之后,更得一范彩霞也。彩霞姿首明媚,时露英爽气。客有黑旋风其姓,鼓上蚤其名者,眷之尤笃,竟为之脱籍云。

二怪物

二怪物者,北里以之为混名,而加于左红玉、杨韵兰者也。观红玉、韵兰之所为,则诚怪矣,谥为"怪物",谁曰不宜?

左红玉本粤产,初居老旗昌。老旗昌者,旗昌洋行之旧址,及迁去,粤妓即税其地以为巢,故相率称为老旗昌云。红玉居老旗昌时久,郁郁不得志,乃改隶苏籍。隶苏籍后,不久即适金氏,不安于室,下堂去,理旧业。旋适浙江许氏,已生子矣,既而又下堂,不知辗转于何所。至是复来上海,重张艳帜。其子年已十六七,恒至其处,红玉每为备膳,抚摩怜惜,俨然母子也。此一怪也。

红玉旋为人所窘,祝发为尼,其下场可谓惨矣。然自重到上海以来,亦曾得邀一意外之荣宠,为姊妹行所乐道者,则遇某军门一事是也。上海之有书场,实始于也是楼。集管弦之属,邀请歌姬歌于台上,客环台坐听焉。有点戏者,度一曲,酬以一金;不点戏,则茶资以外无他费。一时少年子弟咸趋之。获利既厚,遂有仿之者,不旋踵,书场四辟矣。北益泰,烟窟也,涎书场之利,亦辟其前楼以为之,邀顾阿南、金文兰辈竞唱,左红玉亦与焉。会前任越南提督军门某过上海,作北里游。某粤人,每格于方言,殊不自慊。时吴莼香已退为房老,静兰、小香未著,某故不及物色之。于北益泰得红玉,大悦,点戏一百出。此为从来点戏所无者,红玉独遇之,故姊妹行以为荣而乐道之也。某旋以宠红玉故,凡歌于北益泰者,皆人点一出,自拟其佳号曰"满堂红"。故姊妹行以为借其余荣,尤乐道之云。

杨韵兰,非长三也,实西棋盘街富贵堂之幺二妓,貌仅中人。颇能京剧,人多呼之为杨月楼。如是者无足为怪也。庸讵知其具一特别之怪像,非人耳目所能及,意想所能得者,则杨韵兰为两形人是也:自朔及望为女身,自既望及晦为男身。同院之娼,无不被其毒者。后鸨知而逐之,遂流落不知所终。是又一怪也。

后二怪物

左红玉、杨韵兰而后,复有二怪物,则李蘋香、赛金花是。

天下有望之似身世堪怜,而察之实行为可鄙者,如李蘋香是已。蘋香本姓黄氏,松江之乡人;时人有为之传者,又谓为皖人,而居于松江者。盖莫可考矣。传者又谓其父曾官广文云。幼读书,学作小诗。长适刘氏。有所谓潘郎者,与之私焉,蘋香遂属意于潘。商于其母,策划成,禀诸翁姑,诳称侍母进香天竺,暗挈潘去。至杭,市一槥,实以木石瓦砾,寄某寺中。其母驰书告刘氏,谓蘋香暴病死。刘遣人来,迎其榇以归,葬之,加封植焉。蘋香遂与潘订永好,奉其母寓于杭。潘故无赖子,无可觅食,三人遂辗转流寓于苏。青阳地既辟商场,形式略拟上海,而犹以剧场为胜。京伶何家声,时在苏遇之,知其通翰墨,为之揄扬于侪辈,纷纷出素笺索书,而酬以润,略可免饥寒矣。

既而相将至沪,复无所得食,乃隶入幺二妓院,自署名曰李金莲。

押客有知其能诗者，遂出以语人，名大噪。不数月，迁长三，易名李蘋香，而潘之追随之如故也。自此凡自以为名士之流，莫不争趋之，大人先生亦每加青眼焉。某封翁，颇眷好之，而封翁之子若孙均与订交，其孙情好尤笃。事为宅眷所闻，招之至公馆，罚令长跪，严加诃斥。蘋香大狼狈。既出，语人曰："吾，妓者耳，顾我者皆客。彼自陷于聚麀而责我，我岂能于客之来者，均索观三代履历而后延之耶？"一时传为笑柄云。所谓潘郎者，至是久已被文绣，餍膏粱，而曳尾于泥涂中矣。会有客拟纳蘋香，潘闻而大惧，以为此一株摇钱树苟失去，则一生吃著将谁赖？乃购人以暧昧事兴讼，或冒为蘋香父，或冒为蘋香舅，琐碎猥亵，哓哓公堂。官乃判蘋香不得复为娼。香既出，走宁波。年余又返沪，变姓名为谢文漪，而为娼如故也。

君子曰："有文无行，士且不可，况女子乎？"李蘋香于是乎有定论矣。或曰："李蘋香自改名谢文漪后，仅以书画自给，士流颇多怜其遇者，至有割爱典前贤墨宝以助其从良之举。"果尔，则蘋香之晚节，当可盖其前愆乎？愿蘋香勉旃！或曰："上海娼亦多矣，子何独责一李蘋香？"曰：正以其识字故。

赛金花，初名傅玉莲，混迹于苏州灯船中。苏州显者洪某见而悦之，纳为小星，大见宠幸。会洪某被命出洋，携玉莲俱行。玉莲遂得游欧洲，习欧人语。既返国，洪某以病告归，无何，得瘫痪病。玉莲私于仆，视显者卧不能起，益无忌惮。显者忿懑死。说者谓洪某负心之报也。

初，洪某少年登一榜，应春宫试时，道出烟台，恋一妓曰小红。既而资斧乏绝，不能成行，小红鬻簪珥以赠之。洪某感甚，与订白头约，盖时洪尚未婚也。既试胪唱，列状头，乃避道南下。以为吾今已作第一人，纳妓为妻，将不利于人口也。小红闻捷报，即杜门谢客。姊妹行咸来庆贺，称之曰"状元夫人"。小红亦窃自喜幸。乃俟之久，无耗，使人侦之，得负心状。小红大恚，仰药死。此论者所以有负心之报之说也。

甚有谓玉莲为小红后身者,此则巫蛊之言,不足道矣。

显者既死,玉莲遂出,至沪上,易名为曹梦兰,悬牌应客。而与伶人孙小三结不解缘,声名殊狼藉。既而更名赛金花,走津门,又至京师。会庚子之变,联军陷北京,金花以通欧语故,大受欧人宠幸,出入以马,见者称为"赛二爷"。辛丑和议定,以招摇故,被坊官递解返苏州。未几复到沪,畜二雏姬,遇之虐。为济良所闻,控于官,审之信,乃递解安徽原籍。于是乃知其为安徽产也。

四大金刚小传

上海烟花中有"四大金刚"之目。四大金刚为何?曰林黛玉也,陆兰芬也,金小宝也,张书玉也。四者之中,其最无事迹可纪者,惟张书玉。若必欲纪之,则"姘伶人"三字,已足概其一生,今日其踪迹且在仿佛间矣。其最著者为林黛玉,他不具论,即适人一事,其所适者乃至不可以数计,不亦异乎?其自称适人曰"浴"。盖其举止豪迈,而亏累随之,累既深且重,不复可弥缝,即作适人计,使所适者代偿其负。已而下堂求去,出理旧业。及逋解负而不得偿,又作前计。此其所以为"浴"也。

林黛玉本松江产,初就松江作倚门笑,无藉藉名。上海巨富子宋某,以郡考赴松江,识之,然仅一面缘耳。黛玉旋来沪,无知者。宋闻之,夜邀友就丹桂戏园观剧,飞笺招之。是为林黛玉在上海出局应客之始,扶一苏州佣媪姗姗来。媪闲尝与语苏州妓院规则,且曰:"上海竞行苏州派,不可不知也。"既至,就座,与宋话别绪,献殷勤。濒行,举案上所置瓜仁以敬客曰:"请用点。"座客为之哄然,黛玉颊为之赤。盖苏州妓女应酒局,濒行,例以席上瓜仁敬客。彼其习闻苏媪言,竭力摹苏派,故误为之也。

既而居沪,久无问鼎者。乃赴津,隶南妓张家娘班。同辈有花春林、小金珍等,盖皆一时之彦云。黛玉与之处,相形见绌,过问者稀。于是多所迁就,客有盼之者,辄不敢拒。未几,中奇毒,广疮遍体,脓血淋沥,无复人状。既痊,犹为姊妹行齿冷。

　　无已,附海晏轮船南渡,而舟资无所出,大为买办陆某所窘。既抵沪,犹无以偿,陆屡使人索之不得。林黛玉曰:"是仅区区十五元三角之资耳,我辈作皮肉生涯者,当盛时且不以介意,陆君乃举以窘我。独不能稍留面目,为他日相见地耶?"使者无以难之。陆乃以嘱其友梅某,梅曰:"是不难。"即往以威恫之。黛玉惧,以金气通付质,得十五元归之。金气通者,似簪而中空,两端可贯气以达,饰于髻边,可使空气输入发内,尔时盛行之也。

　　林黛玉胡为而自字为"林黛玉"哉?则以彼时胡宝玉艳声噪甚,又畜雏姬数辈,实雄视夫姊妹行中,而胡宝玉先曾以"林黛玉"为字也,其志趣可想矣。今之谈林黛玉者,动谓其"剿袭"《红楼梦》,其误实甚,黛玉之志趣既大,而手段又足以副之。既自津返沪,念沪上为繁华薮,非豪奢不足以动人。于是广募外债,盛置衣饰,轮奂其居室,享用过于王侯。于是其名乃大噪。北里娼之所以噪其名者,以艳也。而黛玉实不艳,广疮初瘥,颊上疤痕俨然,乃故施浓脂以掩之。晚近上海娼之盛饰浓脂者,实自黛玉始。以广疮故,眉毛脱落,乃以柳炭浓画之,以泯其迹。晚近上海娼之盛饰浓眉者,亦自黛玉始。准此则黛玉之艳不艳概可想矣。顾其名乃能大噪者,非噪其艳,噪其奢靡耳。而一般逐臭之夫谈北里者,必曰"林黛玉""林黛玉",狺狺然如犬吠之声相继也。奢侈无度,逋负遂繁,外观虽壮,中其空矣,迫责者追呼无虚日。而局面既大,势不能骤节省,且即节省亦无及。使怯者处此,几何不窘迫以死耶!而黛玉处之怡然,盖其"浴主义"已预筹之烂熟矣。

　　时则有黄某者,父本以贩丝起家,至黄某乃改而营纱业。既拥巨产,复广交游,夤缘得寄前任粤督某尚书膝下为义子,其结纳可想矣。

一时市侩之流，莫不钦羡而趋附之。黄某亦顾盼自豪。以林黛玉负一时盛名也，时临存之。黛玉初不过视之与诸狎客等耳。乃负债累累，不可终日，环顾诸狎客，惟黄独豪，乃窃窃然喜曰："此我之浴盆也。"假以词色，故为倾倒，乘间请委身焉。黄以得娶时下名妓为妾，荣宠将等于王侯，遂大喜，为毕其积债而纳之。

黄虽实业家，而究出身纨袴，挥霍之豪，不可言喻。既拥有林黛玉，奢靡益甚，粪土金珠，藁壤锦绣。亲友窃议，路人侧目，皆所勿顾也。然当其时，黄之所进益者，日实五百金，苟长此以往。故不输邓氏铜山也。讵料好事多磨，盈虚有数，不旋踵而兴乐极生悲之感，夫岂林黛玉风尘之劫未盈耶？

上海有一种人，能操奇计赢，左右市面，握金钱之管钥，通实业之机关者，则钱侩是。钱侩之权如是之大，而钱侩之眼又非常大小，盖虏性然也。以故普通社会中人，皆目之曰"钱庄鬼"。钱庄鬼见黄之用金钱如泥沙也，咸栗栗危惧曰："是必不可久矣！"相戒勿与往还。而黄乃大窘，名誉亦因之而毁，竟居于劣败之数。呜呼！鼠目寸光之辈，真误人哉！

于是黄父忿其子甚，商之于警察长，将捕治之，且将及于黛玉。警察长与黄交故厚，泄其事于黄，而促其行。黛玉自是复出矣。

黛玉复出，脱然无复债累，窃喜其计之得行也，曰："语将以此为长法矣。"于是奢豪恣纵，靡所不为，尤喜与伶人狎。既又以负累过重，将行前法。会有南江令汪某，以事过沪，耳黛玉名，访之。黛玉窃自计曰："此奇货可居也。"一醉留髡，与订白首。汪惑之，代偿其逋负，载之以去。而其所狎之伶人，亦随之行。既抵南汇，出入衙斋，恣无忌惮。汪不胜其扰，乃遣黛玉去。黛玉既出，税屋以居，与伶人共起卧，而苦资斧不继。既而机心忽生，大书特书而榜其门曰"南汇县正堂汪公馆"。己则乘二人肩舆，招摇过市，輿灯署衔亦曰"南汇县正堂"也。汪令闻之，恚甚，而无如之何。不得已，转使人为之关说，赂以巨金乃已。

黛玉既得赂金,挟之返沪,仍理旧业。不数年,归南浔邱氏。未几,不安于室,下堂求去。邱故富人,任其挟所有衣饰以行,遂返沪。方窃幸拥此多金,吃著不尽也。讵为肷箧者所乘,夜入其室,罄所有以去。及旦,黛玉始惊悉夜来事,懊丧欲死。奔赴于姊妹行,披发流涕,跣足蹩踊,无复人状。至是而一双天然足,始宣布于众人之前也。

时有杨妃榻者,鸨而猾者也,瞰黛玉窘状,乃大喜曰:"此可借为钱树子也。"因劝之赴津门,而任覆翼之责。黛玉此时已空无所有,张皇失措,聆此言,亦无所可否。转念:"舍此之外,更无他策;且昔年在津,为姊妹行所不齿,此去重张艳帜,或可以一湔前耻也。"遂毅然从之。及抵津,而拳匪之祸作,欲南归,为杨妃榻所抑阻。祸亟,始有谭姓者挈之行,取道山左以返沪。好事者代撰《避难日记》附会之,谓其能诗,不知转以失其真也。

黛玉返自津门,日就憔悴。间或往来于长江各埠演髦儿戏,且由倡而入于优矣。然其张罗之手段,犹不减于昔年也。其至鄂也,会鄂中某显者曾召侑觞政,颇致青眼。乃乘二人肩舆,顶门投刺拜会。巡捕官骤睹大字名刺,犹以为翰林之抽丰者也。及见颜色,始大骇,不敢隐,执刺白显者。显者大眙愕,使人谓之曰:"此处非汝所可至者,速返寓候命可也。"旋使人赠之数百金。

其居留于沪也,会有某巨公将出洋过沪,招之至行辕,颇赏识之。黛玉乃委婉进言,乞临存其家。巨公将允之,为左右所谏止。黛玉乃叹曰:"事之不成,其命也夫!"或叩其说,黛玉曰:"彼衔命之人,乃可挟妓耶?余诱之来,将伏人于夹室,挟之以遂余求矣。"闻者莫不咋舌,为巨公危,复为巨公幸也。

陆兰芬,本名胡月娥,苏州赵氏女。秀色可餐,天然妩媚,故自雏时,即享艳名。既而适一轮船买办郑某,复私一伶人,为郑所知,遂摈绝之。乃出居别室，榜其门曰"冯寓"。未几，变姓名为陆兰芬。

兰芬秀媚独绝，洋贾曾摄其影，寄归本国，称之为"支那美妇人"云。名达海外，兰芬亦足以自豪矣。

兰芬天性独厚，自脱离郑氏羁绊之后，物色得其母若弟，使其弟习西文，学有成。时有庄某者，电局之总办也，眷兰芬甚。会局中招考学生，兰芬请于庄，使其弟应考。庄初不允，兰芬嬲不已，庄乃曲徇其意，使具身家清白保单，准予肄业。学成，调赴天津。同事中有知其事者，故购兰芬小像，悬座中以戏之。其弟果窘甚，驰函告兰芬，谓此间非乐土，不可居矣。兰芬复请于庄，设法调之至珲春，旋又调海兰泡。蛰居数载，兰芬念之甚，电促之返，为之娶妻，居于六马路潮阳楼后某里中，兰芬时归宁焉。嗣其弟夤缘得为军装买办。

陆兰芬虽与林黛玉并称，而黛玉性嚣张，兰芬性静穆；黛玉喜秾郁，兰芬喜雅淡。故风雅士多舍黛玉而就兰芬，宜夫兰芬平日无铺张扬厉之举动矣。孰知竟有大谬不然者。兰芬名既噪甚，厌福州路腹地之烦嚣，迁居于迤西胡家宅之洋房内。忽一日，开筵庆寿，门悬灯彩，雇警察兵为之弹压。至日，来祝寿者，或马车，或肩舆，红顶者，蓝顶者，晶顶者，盖无六品以下之冠服焉，入寿堂叩拜为礼。兰芬一子甫五六岁，居然衣冠回拜。复有短衣秃帽者数辈，亦来免冠鞠躬为礼。於乎盛矣！北里称觞，大人先生乃为之纤尊降贵，何物兰芬，乃能作此空前之举动？

兰芬旋称歇夏，迁居于德邻里，杜门谢客。仅一王姓客与同栖止。未几产一女，即病死。王为之发丧成礼，署其灵曰"先室"。呜呼！兰芬有所归矣。今之浮沉孽海者视之，其感情不知当何如？

金小宝来自七里山塘，盖灯船妓也。与林、陆并称，憨态可掬。后适马氏，未几下堂去。拥资颇厚，甲乙二客皆涎而欲饵之，互致谤语。小宝左右不知所可。已而赴苏，云将入学堂读书也。未几复来沪，居于逢吉里之对门,榜其门曰"曹第"。罗致旧日之客,作樗蒲之戏,藉以沾润焉。役一俊仆,字之曰"同胞",跬步不相离。说者谓金小宝曾受文明教育,故其区区字一仆人,亦必以新名词云。

金小宝故与林黛玉、陆兰芬、张书玉同称四大金刚者也,而金小宝于三人为稍稚,时人许之为隽品。所居曰"天香阁"。或云能作墨兰,狎客所持素笺,多小宝款,然终未见其对客挥毫,不如李蘋香之能诗信而有征也。

学生沈某,将出洋留学,而苦于资斧不足,小宝慨然分缠头三百金以赠之,一时有"侠妓"之称。斯举也,则不得不谓之风尘中之特色人物矣。

小林宝珠

时有小林宝珠者,貌不甚扬,而以歌胜。客之趋之者如鹜也,侑酒之局,日以百计。故每到即歌,歌已即去,时有拈"曲终人不见"之句以赠之者。博缠头无算,臂上金脱条累累然,肘为之不曲;衣一日十数易。鸨视之若拱璧。壬寅夏,染时疫,暴亡。临命时犹高歌《目莲救母》一折云。

宝珠既死,鸨为之市椟。既归,则客有以楠木材为馈者。未几,别一客又以一具来。崇朝之间,棺材之入其门者凡三,死犹如此,生可知矣。及其殡也,则有"奉天诰命""诰封宜人""晋封恭人"等衔牌职事,雇警察兵为之弹压,仪从之盛,亦为仅见。合之陆兰芬之称觞,生荣死哀,二人实共之矣。

此林宝珠,何以以"小"字冠之?则以同时别有一林宝珠也。彼林宝珠前适娶林黛玉之黄某,已而席卷而逃,黄置不问。林宝珠遂仍袭旧名,理旧业。未几,小林宝珠之名大噪,谈者皆曰"林宝珠""林宝珠"，一"小"字已受天然之淘汰矣。而彼林宝珠者，犹恐有所混淆也，因自别曰"老林宝珠"。北里倡，每自讳其老，今林宝珠乃独自标为老，亦可见老气横秋矣。

同时之享藉藉名者，如金小桃，如陈雪卿，如沈莺莺，如陆庆云，如花奇玉，如张五宝辈，不可以偻指计。然而每下愈况，多有不足记载者矣。

九花娘

夫妓女原不能责其贞，然亦断无提倡其淫者。于是张莼卿乃以淫著，论者谓上海妓女之甘与御夫为伍者，实是莼卿始。卒以淫荡之故，亏负无所偿，奔天津，不知所终。时人戏名之曰"九花娘"，彰其淫也。

六花娘

九花娘之外，又有所谓六花娘者，曰翁梅倩。市井之徒，不识"倩"字，每读为"青"，而"梅青""梅青"之声盈北里矣。梅倩矮而肥，腰圆背厚，面短而阔，颈缩肩耸，类汪桂芬。如是何以得名？则以能歌称也。《繁华报》曾戏以北里诸姬，拟《水浒传》中一人，所拟者未必皆洽。惟翁梅倩则拟之为豹子头林冲，见者无不绝倒。盖非妙在林冲，而妙在豹子头也。审是，则翁梅倩之尊范可想矣。

某石匠之子，见而大悦之，纳为箧室。岂真嗜好与俗殊酸咸者耶？或曰："彼石匠之子，非悦之也，将世其业，取翁梅倩去，将以为翁仲之型模也。"是则近之矣。无何，石匠子以事涉讼，翁乘间逸出，仍理旧业。

会寓沪西人赛马。北里积习,遇赛马日,必乘车往观,衣饰服御,穷极奢侈。翁初出,窘甚。适有贩珠宝者许某至,翁向购珠花为饰,值近千金,伪称三四日即偿其值,意将假此以壮数日观瞻,而后璧返之也。许窥知其意,仅越二日,即往索值,且急。翁无以应。许乃偕侦探者至,将窘之。翁猝然谓侦探曰:"我与渠有肌肤亲,渠故持此以作缠头费者,而索值也耶?"侦探乃转憝许,许无可辩,翁遂从此拥有之矣。会客有购彩票者,赠以一纸,既揭晓,中大彩,获数千金。

自是姊妹行皆艳羡之,谓梅倩之后福正未艾也。岂知有盗夜入其室,尽卷所有以去,不独数千金尽失,即所赖得之珠花亦不翼而飞矣。梅倩大窘,气焰杀尽。年渐长,貌益寝,乃由娼入优,往来于津沽、长江一带,演髦儿戏以自给。

洪奶奶

洪奶奶,人妖也,其来历闪烁,殊不可诘。居恩庆里,榜其门曰"洪寓"。时人有拟上海八怪者,洪居其一。洪亦娼也,客有张某者与之游,盖非张之眷洪,实洪之眷张,以张貌都而齿弱也。流连经旬,洪禁之不使归。张父有所闻,往叩洪寓之门,直入寝室,拘张以去。初,洪之禁张也,曾戒役人,凡张友来,均不为达,亦毋导使见。至是,乃怒呵役人。役人曰:"彼来者短衣而秃帽,吾等意为修自来水管者耳,谁复料为客之父也?"洪懊悔不已,然外间已传为笑柄矣。

然洪之客绝少,而其挥霍甚豪,服御奢靡。盖别具神明之技,其供给取诸妇人,而不取诸男子者也。金赛玉颇著艳名,亦犯妇人之大病者。既适人矣,以此病故,被逐而出,居九江里,变姓为陈氏,所挟资几及巨万。所居与洪衡字相望,遂订交焉。为洪所惑,尽丧其资斧,几不能自存。后再适人,则禁之甚严,不得复犯前病。乃以阿芙蓉膏自遗,痼既深,丰韵亦煞。

女　伶

年来上海,如林黛玉、胡翡云、翁梅倩辈,皆由娼入优。不知从前实先有由优入娼者,则马双珠是。双珠,东乡人,居曲江里,以堂子班为业。沈仲复观察分巡上海时,申女伶之禁。其母秀卿乃作拔帜易帜计,使之应客,而艳名噪一时。后适甬上某巨贾云。

堂子班多江西人,居之安李氏,其最著者也。居之安者,本福州路临市之住宅房屋,约在今青莲阁之对门,门楣刻石为文曰"居之安"。初非妓院之市招也,人第见有此三字,相率称之耳。其中姬皆以李为姓,李喜莲、李青莲为最著。就室中搭小戏台,凡宴于其家者,可命之登场演剧。亦出外侑酒。喜莲名尤噪,色艺亦足以副之。值喜莲病,客有吟梅仙史者,为之侍汤药,至三阅月而不倦。是则非独以色艺胜,必其情有足以动人者矣。后居室为主者改筑,李氏遂迁居会芳里。恐问津者之或迷也,仍颜其居曰"居之安",然而式微矣。

谢湘娥出稍后,居鼎丰里,演《翠屏山》,扮石秀,英气勃勃,能使真刀,一时无两。

至于晚近,则女伶遍海上矣,其有一二有佚事之足传者,为略纪之。

周处唱净,响动梁尘,虽男子不及,而性颇傲睨。会有豪客临剧场,使演《御果园》,曰:"能使祖裼登场,当犒以巨金也。"京剧《御果园》,扮尉迟恭者,每赤身出场,客故云云。周处利其金,竟从之,观者无不眙愕。其实假须长一尺许,披拂胸前,莹腻双峰,被掩无迹;此外虽袒以示人,原无别于男子也。亦狡矣哉!

金月梅唱旦,所演《纺棉花》,尤脍炙人口。其实月梅貌不甚扬,嗜之者,因技及色,遂以为天下之尤物,趋之若鹜焉。东抚某公之公子过沪,大赏识之,嘱勿再登台,将纳为篷室,先使之就傅读书。盖公子有事他往,拟归途始挈之行也。濒行,以嘱之刘通守。月梅读书数月,公子不至,乃复登台。时刘通守盛眷之,甚至典质以为缠头,则月梅之动人可想矣。通守负其友二百金,友固非有羡余者,以为暂时之通融耳,璧返自有时也。乃久之,无偿意,友乃造通守商之。通守极道困苦,相对愁叹,且出一五十金之质券以示,曰:"此适质之以毕债者,到手已尽,奈何?"友不得已,辞去。通守乃怀五十金,入衣肆,购备衣裙,所以赠金月梅也。其倾倒宠眷之不已至乎!通守之眷月梅也至,而月梅之所以报通守者亦至。盖通守每至极窘时,月梅反有以济之也。值岁暮,通守为债家所迫,无以卒岁,复走商于月梅,求假百金,且出其不论双单月选用通判之官照以为质。月梅纳其质,与之金。明春,公子复至沪,娶月梅去,挈之往山东,通守所负月梅者不及偿,而为质之官照,亦随月梅入鲁境矣。故夫知通守此事者,莫不曰刘通守已指省山东矣。

胡翡云,颇负一时艳名,亦由娼而优,走汉口,入湘,屡往来于长江一带。或曰:翡云曾卧病,客有葛伯段者为之侍汤药,衣不解带者匝月。及翡云病愈,葛伯段将借此为进身计,求肌肤亲。而翡云厌其痴肥。葛伯段嬲之不已。翡云不胜其扰,乃走汉口以避之云。翡云至汉口,寓宴宾楼,复大病,几不起。其侍婢竟至向医者叩头求救,其危急可想矣。时眷月梅之刘通守适在汉,颇周旋之,并介绍于其友连樯客人。通守于此辈,可谓有缘矣。

陆昭容

时上海有陆昭容者，几于三尺童子，皆能道其姓名。后适王某，至今相安，高车驷马，终日出游。路人犹有识者，指而谓之曰："此陆昭容也。"时福州路新辟一肆，曰"华众会"，中备茶座及西式食品，而四壁庋置飞潜动植各物，以供观者。昭容恒至其处游息，藉以延揽游客。晚近野鸡妓女之风，昭容实为之滥觞焉。昭容尝自辟一鸦片烟室于宝善街，而自司会计。

所生一女曰小宝，时尚稚，恒着开裆裤，张其两股坐门外，见者咸逗之为笑。曾几何时，竟成尤物，面微麻而流波照人，见之欲醉。适沈氏，未几死。

金巧林

妓女具莫大之知识，莫大之毅力，复以无上之慧眼，能择人而事，以植半生之幸福者，吾得一人焉，曰金巧林。巧林本姓刁氏，享艳名于北里，公子王孙之趋之如蚁之附膻也。而巧林殊落落，盖久已厌倦风尘，怀择人而事之志矣。顾来客殊鲜当意者，特蓄而未发耳。时有大腹贾蔡某者，烟霞之痼甚深，短灯长夜，往往通宵，不达旦不寝也。时人乃锡以嘉名曰"蔡天亮"。蔡天亮雄于财，傲睨一切，征逐北里，少所许可。惟遇巧林，一见倾倒，即拟藏娇。巧林曰："是不可耦也。虽然，吾沉沦孽海中，终非久计。无已，姑从之以俟时机乎？"于是佯与周旋，蔡乃出资脱其籍，位于金钗之列。无何，巧林挟巨资潜遁，乘一叶舟泊于上海观音阁码头。君子曰："知其不可托而伪托之,非信也;托之矣,又挟其资以遁,非德也。"金巧林于是乎可议矣。虽然,此一奔也,其终身之幸福胥于是在,论者乃略其迹而赏其明。

时有某贵公子者,亦一代之伟人,隐而未现者也。以失爱于父,茫茫无所之,于吴下买舟如沪,抵观音阁码头泊焉,与巧林舟两舷相倚,可望而见。使公子而为白太傅乎,一曲琵琶,长歌纪事可也;使公子而为赵清献乎?杏花小谑,旋复矜持亦可也。公子乃皆不然。巧林之居北里也,素与公子稔。至是相遇,未免有情。彼此互叩踪迹,公子以实告。巧林曰："以公子家世,入仕途,何求弗得?顾乃以失欢堂上,踯躅歧途耶?"公子曰："诚如卿言,奈资斧何?"巧林曰："公子苟纳我,何资斧之足虑?"公子大悦,即挈之走京师,巧林尽出其资以供运动。

未几,公子得简为山东观察使。因谓巧林曰："非卿之力不及此,从此富贵当与卿共之。"于是乘海舟赴任,先止于行辕。公子受事讫,饬人迎眷属。办差者以如夫人之礼迎之,香舆抵署,巧林忽大怒,拊舆而叱曰："止!止!若辈以我为何人?其速舁我返行辕。"仆从疑惧,姑如其言,以俟后命。公子闻之,急趋问故。巧林曰："公子不弃葑菲而宠我,富贵与共之言,岂遂忘之耶?抑食之也?"公子曰："唯唯,不敢食言。"巧林曰："然则我入署而不声炮,贵恶在?"公子始恍然致怒之由也,急命声炮以迎。于是隆隆然飞震海,如夫人入署矣。

初,巧林有姊,适郑氏,生一子,已长成矣。及巧林之适蔡天亮也,郑氏子以姨母行谒巧林,旋愿寄膝下,称蔡为义父,而以义母称巧林。至是乃走观察署,请谒义母。巧林引之见公子,郑乃以向之称蔡者称公子。公子悦,俾以江轮船买办之职。不数年,拥厚资,于是乎有纳胡月娥之举。已而月娥被逐,改称陆兰芬。兰芬享盛名,而郑子日替落。君子于此,觇盈虚之消息焉。

自是而公子官运大佳,利权在握,隆隆日上。待巧林弗敢稍替。某年,巧林病终于上海,公子为之服期丧,丧仪之盛,应有尽有,骇人耳目。呜呼!非巧林之慧眼足以知人,曷克臻此?

天之生物也,天独而有偶,其生人也亦然。当是时,明于知人者,苟仅仅得一金巧林,亦何足异?即金巧林,亦未尝不寂寂寡欢。乃主持造化者,特以与金巧林同等之一双慧眼,付之于与金巧林同时之王逸卿。遂使一时谈佳话者,不至于金巧林之处,更无余响。

王逸卿,芳声噪甚,凡过上海者,皆以一见颜色为幸,博缠头无算。时有太史公请假南下,遣返吴门故里者,道出春申,极倾倒之,出其以"朝考卷""粉笺对"所换得之金钱为买笑资。少年科甲,顾影翩翩,又操吴下阿侬语,以为彼美舍我而外,当更无所属矣。时逸卿亦喜与周旋云。

时则有怒目直视,奋臂而起,吼声如牛,泼醋成海者,则粤中大腹贾某甲是也。甲拥厚资,旅上海,营实业。久眷逸卿,闻太史之夺其所好也,酸风陡起,思所以挫之,而计无所出。既而曰:"彼恶敢当我哉?彼之所挟者,卖字钱耳,宁足与我相颉颃?而勾栏女子,每视黄金为交情,吾有以处之矣。"于是金也,珠也,绮罗文绣也,馈赠无虚日。太史知之,笑曰:"是何足道,吾力尚能为之。"于是视甲有所赠,太史赠亦如之。逸卿遂坐收渔人之利。甲以其工力悉敌也,益纵豪迈;太史亦竭蹶报命。甲几穷于术。一日忽谓逸卿曰:"吾闻吴下阿侬有'王六'之谚,此言何谓也?吾粤人,不解此,卿为我释之。"逸卿曰:"此盖无着落之意矣。"甲曰:"然则卿氏王,夫己氏氏陆,卿与之周旋,殆不祥之忏乎?"逸卿意少动。甲出钱肆支折一扣以与之曰:"金玉锦绣,吾岂不足以供之,惟疲于选择。今后惟卿所欲,持此取价可也。"初逸卿犹疑其戏,姑试取之,辄应付无少阻,乃大悦曰:"吾终从若人矣。"太史侦知之,始屏息以退。甲于是傲睨有得色。逸卿持折取资达巨万。

穷通得失之所由来，虽不能逃优胜劣败之公理，然有时一若特设此穷通得失以玉成人事者，此又不能不叹造化布置之巧也。甲营实业有年，趾高气扬，目空一切，以为抚此厚产，虽铜山金穴，不足以敌我矣。庸讵知骄者实失败之因，一旦堕落，几于不可收拾，百债毕集。甲乃大窘，匿不敢见人，懊悔不可以言状。债家追呼急，不得已走避于逸卿家。逸卿察其状，得其故，曰："大丈夫有事，当处之决耳，避匿胡为者？"甲叹曰："非财不足以决事。当吾盛时，巨万咄嗟立办；今处此境，目灼灼一寸光之钱侩，谁复信我者？"逸卿乃尽出所取金以畀之曰："前乎此，吾为君作外府耳。苟不足，则金珠玉帛，皆君所赐者，尽将去，当足以摒挡矣。"甲大喜过望，即挟所有，布置一切，不崇朝而事大定。自是甲德逸卿甚，脱其籍，迎之归。语人曰："此吾患难交也。"尔后甲业日盛，逸卿亦安乐终身。死之日，甲令众子皆为之服斩衰之丧，所以报之也。

逸卿有妹曰爱卿，受逸卿教有年，故亦长于知人。适毗陵徐观察，嫡早亡，爱卿俨然太太矣。

沈月春

天下有明于知人者，即有昧于知人者。吾记巧林、逸卿而有感于沈月春，是不可听其湮没也。欲知沈月春之历史，不得不先叙杨月楼。

杨月楼，京伶也。粤中徐姓有宦于外者，既死，遗其妇及女于沪。妇性荡，见杨月楼而悦之，诱与私焉。杨亦利其多金。既而碍于其女，往来多不便，商之于妇，迫胁而污之。既而曰："此仍非计也。"复与妇谋，遣媒妁，娶其女为室，纳聘成礼，定日亲迎。杨意谓得为妇也婿者，即可并其金而致之，计良得也。讵粤人闻之而大哗，联名讼之于官。时县令叶亦粤产也，得词震怒，立签差役捕之。役奉命往，至则灯彩辉耀，贺客盈门，相聚庆饮，亲迎之彩舆犹未发也。役众佣入，主客皆大惊，贺者纷纷奔避，杨乃就缚。惟杂剧陈吉祥，时已醺醉，见役至，攫得沸汤一器，潜登屋俯视，有从庭下过者，则以沸汤沃之。被沃者如醍醐灌顶，哗然大乱，傧相乐人，于是星散。役拘杨至案，叶大令将穷治之，不问一语，先令以铁锤击其踝一千。杨闻命，默念："吾其死矣！"迨役举锤击之，觉所谓铁锤者，质柔而韧，受千锤，殊无痛苦，颇致疑讶。而不知沈月春实早为之布置者也。

月春爱月楼甚，而无从通其情好。骤闻其肇讼事，即惶惶然诣县役求救。役曰："县君怒甚，已命备铁锤矣，特不知所用耳。"月春曰："敲击之外无所用，不必言矣。能设法耶？"曰："设法奈何？"曰："苟能以他物代铁锤，使受击者无痛苦，我不吝酬。"问："何酬？"曰："一击酬一饼金，若何？"县役诺。故以软木为锤，以欺本官也。月春自奉素丰，燕翅之品，视等蔬腐。至是尽撤所食以饷月楼，己则茹素礼佛，为月楼忏悔，冀免灾难。越数日，复亲临县狱慰问，泣语之曰："自君入此，妾不敢自安，已茹素为君消罪矣。"月楼瞠目直视，盛气而答曰："谁使汝茹素来？"月春骤闻是语，气为之结，号哭而返。恚极，自断其发，挟资走杭州，建庵于西湖之侧，祝发为尼，今犹存也。佛说是"善解脱是大解脱"。亦惟善缠绕者善解脱。

李佩兰

李佩兰虽倚门娼，而苛于选客，公子王孙，富商豪贾，曾不足以当其一盼。独于群客中拔识一人焉，曰莫大少。莫大少者，邑令莫县君之长公子也。两情印合，订终身之盟。而公子慑于家法，不敢遽请。会有大腹贾，将以势豪夺佩兰，佩兰惶急，再三敦促。公子无奈。乘间请于县君，果膺严谴。公子郁郁不乐，佩兰亦惟自怨生命不辰而已。值时疫大作，公子染疫暴亡。署中人咸窃窃私议曰："是殆相思所致也。"县君闻之而怒曰："不肖子果如是死，何足惜？"既而又迁怒佩兰，曰："不肖子之死，妖姬实致之，吾将有以惩之矣。"招佩兰至，问曰："汝欲嫁吾子，果诚耶？"曰："诚。"曰："今吾子死矣，若果诚，当即居此，为服三年之丧。"佩兰诺，即居苫块，服麻布，履粗粝，俨然未亡人也。县君使人试调之，严厉不可近。如是者终三年。县君逐之出，乃重理旧业。后适一太史公去。如此事者，为佩兰之负公子乎？县君之负佩兰乎？吾知世之讲学家，必不敢遽加论定矣。

姚蓉初

蓉初初名王莲舫，声华已藉甚，适湖州陈某。既而复出，始变今名。自是益自持重，凡裼裘而来，挥金而去者，彼皆视之若无物，或取而玩之于股掌之上，人无如之何也。某爵公子游沪上，颇致垂青，掷缠头无算，蓉初视之漠然，从不作留髡之举。公子颇怪之，值夜深，故迁延弗去，蓉初侍之清谈而已。公子不复耐，推窗仰天徐徐曰："斗转参横矣。"蓉初遽传呼备舆，曰："公子警夜将归矣。"公子悻悻行，无如何也。毗陵公子拟致之，蓉初不可。或叩其故，曰："大而无当，非我偶也。"后适一某氏子，某死，蓉初竟矢志终身焉。其原因不可知，要亦众人遇我，众人报之；国士遇我，国士报之之意乎？

姚氏姊妹

姚倩卿、姚婉卿，姊妹花也。《吴门百艳图》中称之曰小七、小八。到沪后，声华鹊起。会李芋仙游上海，极意提倡之，名益噪。婉卿后适陈姓，无可纪。倩卿乃适一扶风观察，入门，不容于嫡，倩卿竟起而与之涉讼，延四五年而案不得结，可谓家庭之怪现象矣。

嫡庶涉讼恶乎奇？奇盖莫奇于谢玉珍之遭逢矣。宝树胡同者，上海著名之花窟。玉珍其中之一也，适东海观察。观察工会计，当道恒倚重之，实总上海出纳之机关。纳玉珍，大见宠幸。观察之公子，孝廉也，不满于乃父所为，家庭之中，时闻诟谇矣。而玉珍益纵恣。孝廉怒，竟具词控乃父纵妾灭妻，而署其母为原告。意盖谓纵见有司，吾不过代母抱呈者耳。旋经人调停而止。后之纳妓者，其鉴哉！

李三三

呜呼！天涯柳絮，容易沾泥；锁恨桃花，生成薄命。如李三三者，抑亦可怜已！李三三之状况，类乎李蘋香，而其情则大相径庭焉。盖一则甘于下流，一则误于母氏，此君子所以独原于李三三也。三三本姓金氏，浙江之世家女也。父为某科翰林，或曰其祖也宦于苏。父亡后，其母放诞不羁，恒挈其女乘灯船游于山塘七里间；或于家设席，招诸妓女侑觞：视为故常。三三耳濡目染，于妓女之行止及歌曲吹弹等事，皆习能之。会吴中大吏禁逐娼妓，母不耐岑寂，挈三三到沪，寓于大亨客栈。栈邻近皆娼也，洋场无禁忌，茶室酒楼益无禁忌，邻娼更时相过从。无何，资斧乏绝，无可为计，觉旧游如梦，到此皆空。妓家者流，察悉其隐，讽其母以三三应客。母惑之，以商诸三三，三三不从。母曰："儿不从，徒饿死耳。儿其忍老母以垂暮之年，作他乡饿莩耶？"三三不得已，从之，于是敞门宴客。三三色殊美，一时芳声大著；时人作三三词六十章以提倡之，名益噪。

其浙中本族人知其事，驰函诫其母，嘱令速挈女返浙。母惧，乃为三三变其名曰张蕴玉,更迁居以为掩饰计;而复书族人,强致辩白。无何,又为族人侦知,专人至沪,勒令回籍。其母时已性情尽变,乐此不倦,置族人于不顾,谓彼其奈我何哉?族人不得已,控于官。时官为陈太守,亦金氏戚也,提母子到案,判族人领去。

母忽萌羞恶之念,谓返浙无面目见人,不如就沪地择婿,将藉聘金以终老。适有署永嘉令石子山明府挟资来沪,将谋置小屋,即以六千金脱其籍以去。其母获巨资,滥博无度,未几,尽负去。乃奔永嘉,谋于三三,唆使复出,三三不可,则以死要之。三三曰:"其去也无词,将奈何?"母曰:"是有策在:若而癫也,彼岂尚留若耶?"曰:"奈何不癫?"曰:"是可伪为也。"三三自是遂佯癫。石初耐之。一日,石方会客,三三不被寸缕,径奔客座。石曰:"是不可留矣。"乃遣之。其母挈之到沪,借寓流氓周某家,几三月,谋复出。事为石友金某所闻,飞函告石。石闻而大怒,将弃官来沪,争此尤物。会其母病死,三三遂仍归于石。而居停主人周某,索三月来逆旅费数千金,石几无以为计。其友刘松山,刘维忠之子也,闻之曰:"是不难,吾当力任之。"乃言于维忠,劫周以威,仅犒以数十金,挈三三去。

徐瑞卿、王佩兰

大抵大人先生、富商豪贾之作北里游也,不尽作实事之思想,有被强邀而至者,有迫于应酬者。而此时北里诸姬,应有一侑觞之招,例犒以三元,于是遂有意存悭吝者矣。况来者一人,设遇不能歌者,惟默侍于侧,未免寂寥。于是徐瑞卿出焉。瑞卿别开生面,畜二雏姬,年仅十一二,教之歌。歌既娴,名之曰"自鸣钟",曰"八音琴",使之应客。每应招,则两雏偕至,各歌一曲。其取缠头也,亦仅三金。谓之"小双挡"。于是醉翁之意不在酒者,咸乐招之。且又都在雏年,虽有"割靴腰"者（沪俗谓之剪边），亦可免醋祸，故趋之者如鹜也。自徐瑞卿创始，而小双挡乃大行于沪上矣。近来则每多以一雏搪塞者，此则江河日下之势使然，非徐瑞卿之初意也。近日由济良所，乃商之于中西官，禁以十五岁以下之妓应客，从此上海将绝雏姬之迹矣。

王佩兰，宁波人，艳名亦噪于一时。彼念："游客应酬之烦者，侑酒之招，日凡三四，必尽责以三金，毋乃太苛？客或转于此而裹足。"乃独出己见，许以二金应招。一时诸客闻风坌至，而佩兰所获，转丰于取三金时也。无何，适江南盐道某观察以去。于是北里诸姬竞效之。至近日，则自贬至一金者竟居多数矣，是又变本加厉者也。甚至通衢店铺，亦有高标"大减价""乐得便宜"之招纸者，其亦善学王佩兰者乎！

胡宝玉小传

胡宝玉，本姓潘氏，小镜子之女。小镜子者，金陵无赖子，咸丰癸丑，从刘丽川戕官据上海城者也。小镜子初姘识一桶匠之妇，遂生宝玉。官兵克复上海，小镜子且赤族。此妇以外嬖故，未波及，而胡宝玉亦得以保全云。

胡宝玉，初名林黛玉。当少艾时，圆姿替月，秀靥羞花，北里中殆无其匹；而周旋应对，尤为同辈所不及。时上海烟花未盛，骤出此尤物，人莫不争趋之，声价因之而顿高。富商豪贾乃敢近之，下此者不足当其一盼也。时有杨四者，本浙中之巨富，设典肆于沪，既闭歇，复以余资营丝业，利市三倍，一时称长袖善舞者，莫不首推扬四云。杨四眷胡宝玉甚，日必过从，几不可以须臾离，于是出诸章台，置诸篴室。宝玉负一时艳名，富商豪贾之思娶之者，岂乏其人，宝玉均不之适，而独适此杨四者，岂非以杨亦负一时盛名，足以为终身之托耶？彼杨四者,拥巨产,善经营,岂目光一寸者可比,北里姝岂乏人,顾无足以当其一盼者,独惓惓于宝玉,且必纳而置之金钗之列者,岂非以宝玉具姿首,足以娱我,又复意气相投,可望其从一而终者耶?庸讵知天下事每有出人意外者,一旦事变,宝玉乃下杨四之堂以求去。

宝玉既出,始易今名,名较前尤噪。善修饰,非独于粉黛衣饰间为然也,即室中一切布置,亦莫不超乎庸俗之外,而别创一格。慕珠江风月,遂作岭南之游。既抵粤,香名大噪,珠娘为之减色。游既倦,置广南红木器具返沪,陈设室中,居然堂皇富丽,为北里冠。故上海之有红木房间,自宝玉始。

宝玉忽发奇想,思与外人相周旋,念外交家当先通言语。于是夤缘识一粤妓咸水妹,日与之高车驷马,招摇过市,所以学其欧洲语也。咸水妹喜剪额上发,使之鬖鬖下覆。胡宝玉效为之。故上海之有前刘海,自宝玉始。

宝玉聪明绝世,与咸水妹游,未久,居然"也司""哪"冲口而出,亦居然达其目的。念外交之手段,首先当具形式。于是另辟一室,以西式器具布置其中。夏日则仿为风扇。故上海之有外国房间,有拉风,自宝玉始。

二马车烟筒,例拴以细绳,而以铜扣收其端。宝玉谓之不雅,舍铜扣,而缀以一穗。未几,北里中竞学为之,不数月而遍上海皆学为之矣。宝玉见学之者多也,又别创一格,舍绳而用银链。北里中又竞学之。宝玉乃创为银质烟筒。此数者,今人习用之,而不知皆自宝玉始。

如是种种,皆自宝玉始,宝玉真能制造风气者哉。虽然,如是种种,不过造成一奢靡之风气而已。惟有一事焉,宝玉实尸其咎者,则与伶人游是。宝玉首为之,而宝玉之艳名噪甚,在明眼人观之,则交伶人为一事,享艳名又为一事,固不相为倚伏者也。而愚昧之辈则异是。彼以为宝玉之能享艳名,以能交伶人故也;或又以为宝玉之能交伶人,以享有艳名故也。于是晚近北里之风,莫不以能交伶人为荣。是则宝玉为之作俑也。

当时伶人,如杨月楼、黄月山、十三旦等,皆与宝玉相周旋,而以十三旦为最相得。十三旦,秦人,作秦声,癸酉、甲戌间,名大噪于京师。初,都门人鄙山、陕杂剧,至有"弋阳梆子出山西,粉墨登场类木鸡"之嘲。十三旦出后,风气为之一变,冠裳裙屐,倾动一时,自是而秦腔大盛于都下。其实十三旦以色胜,眉舒柳翠,颊晕桃红,流波动人,见者心醉。故登徒趋之若鹜,而名为之噪耳。宝玉既交之,大有终焉之志。无何,十三旦复入都,宝玉思之不置,乃北走京都以就之。一时都中士大夫诧为奇事。有羡十三旦者,有妒十三旦者;有鄙宝玉者,有怜宝玉者。宴游之地,莫不举此事为谈笑之资料焉。既而十三旦不胜其嬲,遽加以白眼,始踉跄南下,仍至上海理旧业。

物必聚于所癖者,斯言信然。宝玉喜交伶人,而伶人遂亦喜交宝玉。汪桂芬者,京剧中之无赖者也。来上海,值盛夏,慕宝玉名,乃出三千金,借其室为避暑地。调冰雪藕,皆宝玉手自为之。尽一夏而后去。

他人之享艳名也,特豪于北里而已。至于与士大夫相提而并论者,舍宝玉之外,实无第二人,盖当时实有"上海三胡"之目云。上海三胡者:一、实业家胡雪岩;二、书画家胡公寿;三、即胡宝玉也。由此观之,则宝玉之芳誉,诚有非他人所可及,当为社会所共许者矣。至今日,而实业家之胡雪岩久已败且死,书画家之胡公寿亦亡,惟胡宝玉如硕果之仅存,宜乎其顾盼自豪矣。

虽然,所藉以著此名者,必有其术在。如近代沈莺莺以唱青衫著,林宝珠以唱生净著,陈雪卿以《哭小郎》著;其余诸人,亦莫不各挟一技,且视其技之优劣,以定其名之显晦。而宝玉无有也,宝玉之所藉以著名者何?曰放荡。虽然,上海之淫娃,放荡过于宝玉者,岂无其人,而不能一一都著者,以无宝玉之权术也。且宝玉非欲藉权术以著其名也,欲藉以自立耳。能自立即著,是故君子贵自立。

宝玉之处常也,具如日如电之眼,环视诸客,择其最能挥霍者,独与之厚。必俟欲壑既满,然后舍之别择一人,亦如是。彼既拥盛名,凡顾之者,非富商巨贾,即大人先生。故任其择肥而噬,亦居然取之不竭,用之不尽也。使胡宝玉而精于计学也者,四十年来所入之资,不难继胡雪岩而崛起矣。而宝玉不然,挹彼注兹,运用神妙。彼盖每择年少而貌都者,以酬其放荡之素志。而年少貌都者,未必有能近宝玉之资格也。宝玉则衣之食之,予取予求,不以为疵瑕也。

非特此也,又能行其恕道焉。大抵洋场开辟以来,外人伸其治外法权于我地,所行者皆外人之法律,虽妓女亦同受其保护,不如我国之以娼寮为厉禁也。故夫洋场诸娼,亦彰明较著,以张其艳帜。而冶游者亦复视为坦途,无所顾忌;不似在内地之踯躅观望,踌躇而不敢骤前者矣。惟是来者既众,则人类不齐。大人先生,固不乏人;金玉其外,败絮其中,而安冀尝鼎一脔者,盖亦有之矣。此辈一届节期,当解囊以偿缠头之时,即避而不面。北里中人索之不得,恨之刺骨,乃谥之曰"杀千刀",所以示深恶而痛绝之也。至或相逢狭路时,必加之以大挫辱,甚或褫其衣而去,此通例也。惟胡宝玉则不然,客偶有逋其负者,非独坦然置之,且预戒其婢媪曰:"凡作冶游者,非万不得已,不逋吾辈之负,以体面所在故也。且缓急人所恒有。若辈倘遇之,其勿以恶面目相向,好留为他日相见地也。"

果如是,则客皆负之而逋,宝玉窭矣。而宝玉又有其神明之妙用存焉。凡守财虏之一毛不拔者,彼必设法以破其悭囊而后已。有朱子清者,夙与胡宝玉稔,而例犒之外,不名一钱。宝玉视其人非无余赀者,而恶其吝。乃商诸贩珠宝之掮客名阿六者,假得珠花二事。然后与朱商曰:"奴日来有所应付而适窘,君盍假我五百金?奴有珠花二事,可为质也。"出珠花示之。朱恃其有所质,慨然诺之,即以五百金来,取珠花去。越数日,阿六踵朱之门而请曰:"日者宝玉言,君夫人将缀珠花,而苦无佳式,曾代假余之物以为型,今乞见还也。"朱愕然曰:"是宝玉质我五百金者也。"阿六笑曰:"君欺我哉、凡游于北里者,千金买笑且不吝,区区五百金,直掷与之耳,何用质为?"朱奔宝玉,告以故。宝玉啃曰:"君何呆耶?君假奴以金而受其质,惟我二人可知矣。苟扬于外,人不将鄙君之悭吝,而讥君之颜厚耶?物诚假自阿六,然彼所云云,正奴之托词也。彼既索取,直还之耳。"朱懊丧无已。珠花卒还阿六,而五百金乃无归期。

如是设法而诓人之财,宝玉似贪矣,不知其慷慨正有他人所不及者;使其慷慨仅施之于年少貌都之辈,不足谓之慷慨也。有某甲者,忽发奇想,宴客于宝玉室。宝玉察其人,不类挥霍者流。乃密访诸其友,始知甲为某店之学徒,岁薪不满十千也。宝玉曰:"然则彼奈何作此豪举?"友曰:"不知也,大抵以慕卿颜色故耳。"宝玉默然。凡宴北里者,席终,例犒以墨银四饼,其筵值则必俟节期始偿之者也。甲宴既毕,例出犒金。宝玉遽纳还之曰:"此物赚来不易,君留以自用。北里非善地,君不宜至也。"甲大感惭而去。

综此以观,则宝玉之于群客也,非独极纵送之能,抑且玩之于股掌之上矣。然此特其处常之法耳,欲知宝玉之真相者,不可不并观宝玉之处变。某年岁暮,宝玉适大窘,尽缠头所入,不足以供应付,尤不得不预筹新岁之费。而上海诸客,都已贷遍,更无可商者。在他人,惟有束手待毙而已。而宝玉忽异想天开。平日侦知宁波某翁富而好色,顾生平未尝出里门一步,而于十洲风月间,则挥霍甚豪。自沪达甬,仅一宿海程,是可分其金以资我也。毅然挈俾媪附海轮去。婢媪虽从行,究不解其何意也。既抵甬,卸行李,命肩舆造翁门,投刺请见。翁睹刺,错愕不解,姑延之入,问来意。则曰:"慕翁名,一晋谒耳,无他求也。"翁大悦。默念:"风尘中竟有知我者,不远千里而来,是不可以薄之也。"即馆于家,供张极盛。越二日,宝玉辞去,翁赆以三千金。于是乎宝玉返沪度岁,恢恢乎游刃有余矣。

若是夫宝玉之善于处变也,宜无所窘矣,而有时亦不然者。宝玉偶观剧于丹桂剧场,遇马永贞。时马永贞称雄海上,号"万人敌"。宝玉羡其勇，屡目之。马误以为悦己也，及散，即蹑至其家。宝玉见其赳赳也，望而畏之，叩以来何事。马怒曰："若非招我来，何故屡盼我？"屹坐不去。宝玉大惧，奉二百金为寿，马始掉臂行。

马永贞一怒之威，即劫去二百金，若是乎胡宝玉之金钱，当不难立尽矣。不知其去不易者，来之亦易。北洋水师丁统领，率领全队兵舰南下，避冻过上海，慕宝玉名，造访之，觞客于其家。宴毕，出百金置席上，意以为一席之费，酬以百金，可以示阔绰也。婢辈撤席，见百金，以目视宝玉。宝玉哂曰："小家气终不得脱，此大人赏汝辈者，目灼灼何为？"丁闻之大惊。明日再赍三百金去，以偿其席费，不敢复往。

宝玉挟其色，北走燕，南走粤，所至辄享艳名，而终以上海为归宿。其对于客之囊橐也，则择肥而噬；其对于客之姿首也，则择秀而餐。盖潮州人郭绥之，实被宝玉禁锢年余云。而无锡清河公子，亦实被其泽。公子尝语人曰："吾固童子体也，乃为胡宝玉所毁。"郭后患天花，形尽变，宝玉乃舍之，伶人何家声，曾于演剧时，杂以诨语曰："孙行者七十二变，何足为奇？郭新兴小东郭绥之之变法，尤神于孙行者。渠以貌美之故，为胡宝玉所嬲，乃摇身一变，变了个大麻子。"语毕以手指台下曰："诸公不信，请看！"盖郭适观剧于台下也。略举一二人，可概其余矣。

宝玉色渐衰，乃自隐其名，僦居于三马路，畜雏姬胡玉莲、左芸台辈，而榜其门曰"庆余堂"。庆余堂者，胡雪岩之堂名也，胡宝玉袭之，毋乃自居为"胡雪岩第二"乎？宝玉有一姨生女曰五月仙，能歌，习为优。会汉口怡园剧场聘之，宝玉乃挈以往。一时汉口人奔走相告曰："胡宝玉来！胡宝玉来！"一般市侩中有曾游上海，曾宴于庆余堂者，咸来问讯。而问讯之词，则有令人发一大噱者。其词曰："请问哈士蚂烹调之法。"胡宝玉亦辄然具告之。盖哈士蚂为近年新发见之品，筵间鲜用之者，宝玉性好奇，故用及之。而少见多怪之辈，偶尝一脔，即没齿不忘，故殷殷问讯也。

五月仙既登台,掷缠头者若狂,洋银锵锵作响。盖非赏五月仙也,实所以媚宝玉耳。园主人设宴宴宝玉,宝玉男装至,诸人咸执手道慕;其有不得近者,遥立鞠躬,作鹭鹚笑。胡宝玉若无所见,一羹而起。其傲睨偃蹇,不减于大人先生,宝玉亦豪矣!

使胡宝玉长此终老,勤求计学,果得如愿以偿,得成为一"雌胡雪岩",未可知也。讵料于丙午之春,忽有适人之举。所适者不知为何许人也,第知为陈氏而已。传者又谓其曾熟游于川沙一带云。

妓者、捐纳者、应试者,例无真年岁,盖每每从减云。宝玉之年,不可知也。而说者谓其生肖牛。窃尝屈指计之,同治乙丑至今丙午,为四十二岁;宝玉之年,必不止此,有断断然者。若生于咸丰癸丑,则为五十四岁;以宝玉享艳名之久,犹似不止此数。然则生于道光辛丑,为六十六岁耶? 虽未可断定,要亦不甚远矣。以如是年纪而适人,而适人,吾为之咄咄者累日。

嫁之日,锣鼓喧阗,执事前导,居然彩舆也。路人咸啧啧羡之曰:"胡宝玉后福不浅哉!"

宝玉之将嫁也,以所畜雏,纷遣先嫁,类拍卖然。

宝玉之妆奁,不可知也。有得窥见一二者曰:"林文烟花露水三百瓶,茂生肥皂五百打,夹边手巾七百匣。"

宝玉嫁矣,沪上之传说者,或谓其在扬州也,或谓其在清江也,纷纷莫衷一是。乃甫逾月,则仍见宝玉高车驷马,驰骤于洋场十里间。宝玉之此来也,有谓其不容于冢妇者,有谓其不容于翁姑者,有谓其为陈氏子所嫌者。是皆不可知,要此番为宝玉之末路,可断言矣。

北里变迁之大略

上海风气,时时变更,三数年间,往往有如隔代。不过众人处于此变潮之中,而不自觉耳。设有旧游上海,去而复来者,未有不作沧桑之感者也。

前此西北隅静安寺之旁,仅得一申园,为游人麇聚之地。至是而愚园辟矣,浸假而愚园并申园而有之矣。前此味莼园寂然无所闻,至是而游人大集,省称之曰张园。园主人,长袖善舞之流也,辟安垲第,集梨园于海天胜处以娱宾,故趋之者如蚁之附膻。此园林之变也。

福州路以西之屋宇,昔之将就颓者皆新之,于是普庆也,同庆也,久安也,兆富、兆贵也,诸里巷莫不轮然奂然。更改富润里为惠秀里,昔之为良人居者,今栖莺燕矣。鼎丰里扩张矣。世泰里一改而为燕庆,再改而为迎春坊矣。展拓渐西,则西安坊辟焉。再西而辟小花园。且多沿马路而居者,此又昔日独见之于"居之安",今则触目皆是矣。与西安坊望衡对宇者,为新清和;西南则超清和坊而达祥和里、六马路;西北则沿三马路而达于胡宝玉之庆余堂。堂哉皇哉,上海北里大观哉!此闾里之变也。

自书场大兴,人以其易于猎艳也,多就之;妓又以其易于猎客也,亦多就之。凡妓之莅书场者,皆曰"书寓"。书寓之风既行,虽雏姬之乳臭未干者,亦必呕哑学歌,以自厕于书寓之列。久之,环福州路一带,昔之长三多于书寓者,浸假而二者相等,浸假而书寓多于长三,至今日求一长三而不可得矣。此实业之变也。

上海游客之豪侈

上海纳妓,其身价向无逾万金者;以李三三之负一时盛名,亦不过六千金耳。惟钦赐举人杨宝宝之纳赵文仙,身价万金,首饰三千金。嫡妒甚,攫其饰去,杨别出三千再置之。

李长寿饮于李巧玲家而醉,巧玲命肩舆送之归,别命一婢一媪随去。长寿抵家,犒婢媪人各草纸一束。婢怒甚,出门即弃之。媪怀以归,置之,初不之异也;偶需纸,揭取之,则中夹金叶一片,大惊喜,逐张揭之,皆金叶也。婢于是大悔。

杨玉科兑备金钏数十事,盛之以匣,使仆挟之随行,每有悦者,即求肌肤亲,勿问昼夜也。事已,呼仆进匣,令妓自择金钏一双;间有贪者求其二,亦弗靳也。杨玉科诸妾,均令见客,不回避。一日,其友袁某至,适其妾花小宝在侍,袁屡顾之,杨曰:"汝喜之耶?当以为赠。"立呼肩舆,送至袁处。

刘维忠宴客于某妓家,鳖奴进鱼翅。刘见其衣狐裘,其表则雪青湖绉也,遽谓之曰:"我赏汝一物,当撩衣以承之。"鳖如言,自撩其衣。刘即取鱼翅覆之,从容而言曰:"你穿了这个,叫我们爷们穿甚么?"刘维忠,即创开丹桂戏园者。曾语人曰:"世无百年业,此园他日或为人有,吾亦弗憾,第不可易去我丹桂二字耳。"故丹桂至今屡易主人,均不易名,第加记以别之云。今四马路聚丰园,即刘当日之住宅也。

宴于妓家,两筵并列者谓之"双台"。从前盖无有加于此者,朱谓夫故为创举,使四筵并列,谓之"双双台"。人有效为之者,朱又令八筵并列,谓之"四双台"。时人谥之曰"要紧完"。

绍兴人某甲喜食鸽蛋,偶偕数友至幺二妓院打茶围,夜已深,甲忽思鸽蛋,命妓家购之。妓佣曰:"夜深矣,何从得此?"甲怒曰:"每蛋给一金,可得乎?"妓家利其金,往呼鸿运楼之门,购得三百枚以归。问:"尽熟之乎?"曰:"诺。"乃尽熟之。甲自啖五十枚,强客多食,不能尽,乃尽以赏妓辈。三百金锵然掷桌上,狂笑而去。此罗子和为余言者,子和能举其名,余忘之矣。

粤人冯铁琴游上海,友人邀之至老旗昌开厅,冯飞笺召局,不计其数。局齐集时,至不敷坐椅,假于邻家者且数十。冯又挥笺不已,妓家哀乞止之。又:冯于妓家偶思吸水烟,呼纸卷未至,辄出钞票就烟灯燃之,以代纸卷。其实冯虽故家,然不过藉谷糊口,非富家郎也。

粤人郑华东,与湖州人李某,同在戏馆隔座观剧。李招一妓至,适郑亦眷此妓者,即挥局票令转局。妓旋就郑。李怒甚,亦呼转局。郑见妓去,又招之来。如是不已。姑蹀躞往来,计一小时之久,彼此各转至三百余局。以三元一局计之,妓所获已二千余金矣。

相传内地有剧盗,挟巨资遁至上海,官捕之急。盗知不免,乃入妓院,衣龙袍,置酒高会。遍招诸妓至,册某妓为后,封某妓为妃,某妓为嫔,以某妓院为某宫。穷一夕之乐,明日乃就捕。语人曰:"我总算做了一夜皇帝也。"惜传者佚其名矣。

上海之奢靡甲于天下,胡可以尽记?即如胡宝玉当盛之时,有谣云:"蔡梅杨宋,李不在数。"指豪奢之客而言也。蔡,盖蔡箓卿;梅,盖梅道钦;杨,盖杨子京;宋,盖宋子蕴云。至于不在数之李,则李桂泉也。其孙葵石、李颂芬诸公,皆手散数十万巨资者,尚未齿及。则诸人之豪,从可想矣。

上海花丛之笑柄

丙戌正月,四马路阆苑第一楼火灾。时陆月舫居尚仁里第一家,衡宇相望也。火发,月舫先见之,急取平日所玩弄之青铜康熙钱一串,投诸床下。事后人问何故,曰:"恐火及也。"

顾云航眷陆月舫，顾友张某亦雅爱之，以顾故，不便有所为。乃忽发奇想，谋与陆换帖，陆亦乐应之。张谋诸顾，顾曰："子奈何以三代履历与妓者？"张顿悔悟曰："有成议矣，奈何？"顾曰："吾当为子谋之。"乃造陆曰："若与张换帖，信乎？"曰："信。"曰："帖写就乎？"曰："未。"曰："盍告我以三代履历，吾为若书之？"陆茫然曰："不复忆矣，奈何？"顾故为踌躇曰："无已，彼此独以姓名年岁交换，而免去此乎？"陆喜从之。于是张氏祖宗免入乐籍。

王紫诠曾约同眷月舫者八人，置酒其家，称为"同靴团拜"。

谢湘娥有客赠以额曰"海上东山"。有攻洋文者临其妆阁，见之，讶曰："何谓'山东上海'？"

客偶于妓家谈《红楼梦》，及"怡红快绿"事，谓："妓院即取此四字以颜妆额，亦甚雅也。"妓闻之，即言于鳖腿，使其以此四字糊作灯笼。及灯笼告成，则误作"移鸿魁乐"。入夜，爇烛于中，招摇过市。

上海妓女多有以"媛媛"命名者。按"媛"有"袁""院""岸"三音，而上海人读之如"暖"字平声。有撰为赠媛媛联者，曰："加膝昔曾怜小小，问名犹记误圆圆。"盖上联为记事，下联将矫正其音也。而呼者如故，盖习俗相沿，虽士夫亦从之，几忘为读别字矣。

李芋仙游上海时，每出，必令仆人携溺器相随，其溺器盛以红木匣。一日入妓院，仆照例携往，至则置于妓室中。及李欲溺，大索溺器不得，呼仆问之，则云已送交室中婢媪，问之又无有。喧嚷良久，及得之于衣笥中，盖婢媪辈素未经见，疑为贵品，故代珍藏之也。

袁翔甫大令有一皮匣，封锁甚严，置诸杨柳楼台，每日必背人启匣检视一遍，迄不知为何物也。后有窃发之者，则女舄盈匣，大者小者，新者旧者，并蓄兼收。不知其从何处来，亦不知其何所用。

不知伊谁氏书一额以赠某妓，其文曰："我是散相思的"。滑稽者见之曰："此瘟人也。"

苏韵兰略识之无，商贾之顾之者，苏辄目之为俗客，自称辄曰"风尘中人"。不知伊谁氏颜其室曰"幽贞馆"。妓而称"贞"，真是千古仅见。（按当时有张善贞、蕙贞姊妹，亦有素贞、淑贞等名，惟施于小字，似不甚碍目，以其不过剿袭闺秀之名也。此"幽贞"二字连用，乃似谥法。）

花丛事物起原

银水烟筒、金豆蔻盒、风扇、洋式陈设：以上均起于胡宝玉。
金水烟筒：起于李三三。
申园：起于公一马房。先是公一主者，置备马车甚富，而苦雇坐者寥寥，乃特于静安寺旁建造申园，以为招徕顾客之计。既落成，果获利无算。
赛马日观赛驾车之马扎彩：起于潮州人郭毅臣、绥之兄弟。车至跑马场，为胡宝玉所见，即易坐以去。
钢丝马车：起于张书玉。至外洋定造，轮件均镀镍。车尚未运至，张已先遭横死。
报章：起于《新报》。官办，在同治壬申以前。
搽极红胭脂：起于林黛玉。所以掩其广疮之斑也，画眉亦然。

商标称寓：起于陆兰芬之冯寓。时尚一无踵之者，后兰芬居大洋房，称陆寓，遂多效颦者矣。

电铃报客：起于林黛玉。按上海妓院每客至，则外场扬声疾呼，最为恶习。林黛玉此举，可为彼族改良之先导矣。

妆阁称仙馆：起于陈渔卿之凌波仙馆。

洋场陈迹一览表

阜康庄（胡雪岩业）：在大马路雄贤里，今改集益里，通后马路。

申报馆初辟处：在望平街路西。

新新园酒馆：在麦家圈今绮园地。

荣昌广东茶馆：在宝善街、棋盘街转角西南隅，今怡珍对门。

中和园天津酒馆：在四马路、石路转角西南隅。

南丹桂戏园：在法界洋行街。

老会审公堂：在大马路、浙江路转角东北隅。后改为五云日升楼茶馆，今亦废矣。

会审公堂：在大马路，与小菜场相对。今小菜场改造，偏向二马路一面。其大马路一面已改为市厅。

复新园酒馆：在宝善街郭新兴土栈巷口。后迁四马路、石路转角西北隅。今改大观楼茶馆。

丽水台茶馆：在三茅阁桥东，小木桥堍，为幺二堂子娘姨茶会。

松风阁茶馆：在宝善街、石路转角东南隅，为娘姨大姐与其私识评理处。有"潮阳楼，轧姘头；松风阁，拆姘头"之谚。

也是楼书场：在四马路尚仁里口，与荟芳里相望，是为书场之始祖。

杨柳楼台：在四马路白头花园对过，随园先生之孙袁翔甫大令所辟为吟啸地。

申园:在静安寺旁。后为愚园所并。今为外国酒店。

公一马房:在今迎春坊口,占地极大。

燕庆里:约在今迎春坊四弄左右。初名祥春东里,后改百福里,又改燕庆里,今俱佚。

一洞天:约在大马路西,小菜场相近对过,今迷其处。

久乐戏园(后改大观):在大马路,今迷其处。大观后迁石路。

天福戏园:在六马路。

同庆戏园(广东班):约大马路今泰和里地,已迷其处。

小娜嬛(烟花间及台基地):今石路公兴里。

海天春番菜馆:在今聚丰园之东,中隔一巷,此巷无巷名,相率呼为海天春弄。弄中皆野鸡及广东妓女。今此弄仍无巷名,老上海仍呼为海天春弄。

电灯公司:在美界乍浦路、武昌路转角东南隅。今已改为多福、多寿、多子、多孙四里,为盛杏荪业。

飞龙岛(无电无机之自行车):在虹口蓬路,即今虹口之小菜场。

斗鸡场(巫来由人斗鸡处):今吴淞路永平街对门。

有利银行:在今德华银行地。

义锦戏园(山陕班):在宝善街今春仙之西,后进有便门,与石路、天仙相通。

兆荣里:即今尚仁里,今之老于上海者,呼尚仁犹曰兆荣。按当日本有兆荣、兆华、兆富、兆贵四里,今所存者仅兆富、兆贵,而兆华且迷其迹矣。

大花园:在下海浦。

上海已佚各报

《新报》《彚报》《艺林报》《公报》《指南报》《华洋日报》《华洋旬报》《大公报》《苏海汇报》《华报》《奇闻报》《独立报》《华文报》《文社日报》《飞报》《上海日报》《奇新报》《春江花月报》《苏报》《时务报》《昌言报》《点石斋画报》《飞影阁画报》《亚东时报》《生香馆画报》《奇新画报》《笑报》《笑笑报》《趣报》《便览报》《支那小报》《畅言报》《时事报》《申江日报》《日新报》《时务日报》、(今《中外日报》)、《字林沪报》(今《同文沪报》)、《消闲报》(《字林沪报》附张,今《同文沪报》改《消闲录》)、《觉民报》(后改《觉民录》)、《益闻录》(今改并《格致益闻汇报》)、《汇报》《农会报》《南务报》《富强报》《书画公会报》《实学报》《集成报》《博闻报》《新学报》《开新报》《算学报》《经世报》《求是报》《蒙学报》《日新报》《大事报》《求我报》《妇孺报》《女学报》《医学报》(非今之《医学报》)、《通俗报》《博览报》《萃报》《晚报》《选报》《小说世界》。

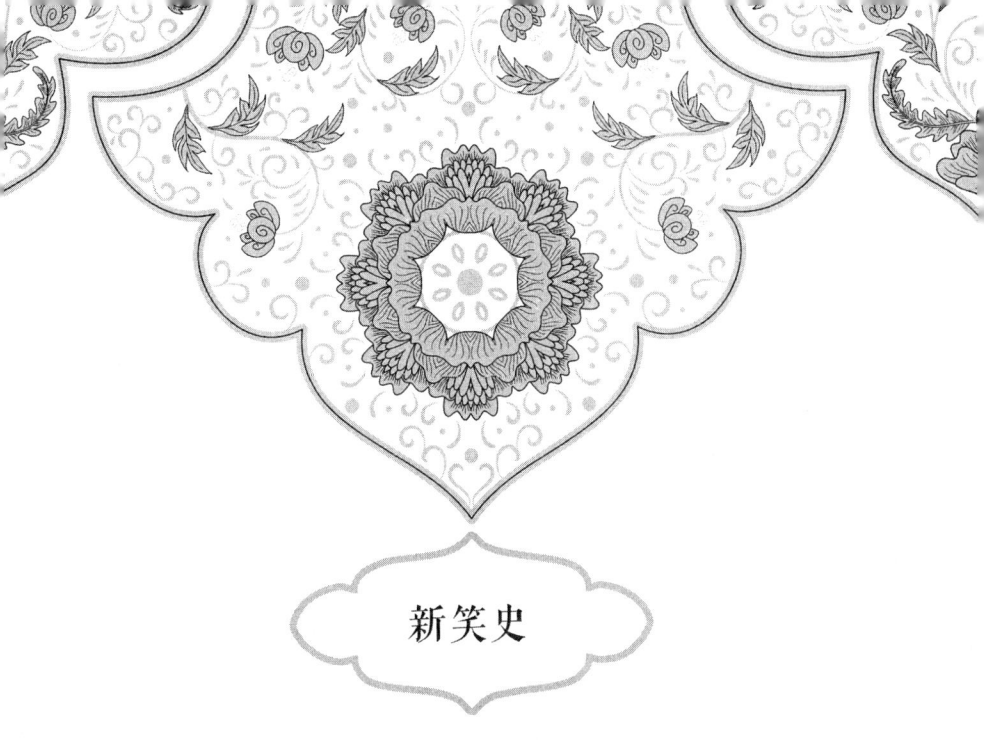

新笑史

裴效维　校点

推广朝廷名器

凡铁路各车站,均置站长一人或三五人,所以约束苦力,照料行旅者,亦食力细民之一种也。惟胶济铁路之站长,则俨然官矣。客有自济南来者,言道出各车站时,见有蓝顶、晶顶者数辈指挥其间,意以为有显者来此接差或办差者也。及细考之,始知为站长。叩其顶戴之由来,则德人为请于前东抚张汝梅,为张所特允者云。吾闻中国人动言朝廷名器,今以四五品之顶戴,置诸绝无功名之人之头,吾不知其谓名器何也?或为之加一转语曰:"此正张汝梅代朝廷推广名器之用。"

两个制造局总办

上海制造局创于同治初年,当冯竹如观察总办时,以贱价购备巨木数十根置局内,为将来造船桅之用者。以今日先令之价较当日,复以今日物价之昂较当日,则今日欲购此巨木,虽五倍当日之价而不可得,此尽人皆知者也。毛际蕃来办斯局,日日考求樽节。一日,修巡船应用小木料如干,执事者请命于毛。毛曰:"此巨木可解用之。"曰:"此以备船桅之用者,存数十年矣,解之可惜。"毛怒曰:"此时不造船,是废料也。"执事者不敢违,解用之,不数月,数十根都尽。或闻之,归语其妇。妇曰:"奴虽蠢女子,然君倘购衣料归,纵不急制衣,奴断不碎之以为袜材也。"

张之洞再署两江,日以措资为事,命赵滨彦为制造局总办。赵承旨以撙节为名,遂至事事掣肘。各厂司员有请购物料者,辄却之。或言某物为必需之件，不能不购，则怒曰："宫保叫我来，在局用内省出二十万银子。你们能代我想二十万法子，样样都可以买得；你们不能代我想二十万法子，我甚么都不买。只要省出二十万，我就滚蛋，随你们要甚么买甚么。"

另外一个崇明镇

某年苏抚大阅，长江一带之提镇，咸附乘兵船至吴淞伺候。时瓜洲镇总兵高□□、崇明镇总兵陈旭均，乘保民兵轮以行。高与陈素未识面，至是同在官舱，始互通姓氏及官阶。高闻陈为崇明镇，忽大怒，挥拳殴陈。且大呼其仆曰："拿我刀来！拿我刀来！"陈大错愕，同僚亦坌集问何故。高暴跳不已，仍大呼刀来，曰："我杀了他再说。"后经人再三问何故，高曰："他现成的崇明镇还不知足，要谋我的瓜洲镇，我岂能容他？"陈急白无此事。高益怒曰："汝在江督前再三恳求，经督署某某等告我，汝尚欲赖耶？"陈又错愕。旁观者问此系几时事，高屈指计曰："约在三年前。"旁观乃告之曰："陈某去年方署崇明镇，公得毋误耶？"高始嗒然曰："原来另外一个崇明镇也。"

郭宝昌挥李秉衡

郭宝昌为南洋水师统领时，至北洋会操。会李文忠至，郭循例站班，文忠昂然过。李秉衡时为东抚，随文忠后，亦昂然过。郭大怒，骤前挥之曰："止！止！若何人？亦昂然欲过耶？我既做统领时，汝尚在某某幕中，我岂不识若耶？今我在此，若竟敢傲不为礼耶？"李大窘。文忠急回首为之排解，郭怒犹悻悻然。

梁鼎芬蒙蔽张之洞

梁鼎芬主讲两湖书院时，一日往谒张之洞，张约以某日当到院考试诸生。梁归，急出题目，命诸生为文，亲为改削之，至臻完善，而不令誊正。至日，张至，梁置酒待之，请张命题。张转以命梁。梁即以前日所命之题为题。诸生始会梁意，即以其改就者誊正，缴卷时酒才数巡也。张大喜曰："非节翁教育之力不及也。"

梁鼎芬被窘

癸卯三四月间，中俄密约事发，日本留学生会议编义勇队拒俄。事闻于内地，湖北各学生亦停课会议，于四月十七日，两湖书院及自强、武备各生集于武昌三佛阁前空场内演说利害。梁鼎芬时署武昌盐法道，适乘舆呵殿而过，在舆中自脱其冠，置扶手板上面。架铜边大眼镜，就眼镜中见此情形，喝令停舆，问何事。从者告以学生会议东三省事。梁怒曰："叫他们不要胡闹，快回学堂去！"众学生闻之，齐声一哄。舆夫大骇，疑学生之将来殴也，舁之狂奔，冠坠舆外，仆从错乱，不复成列，梁亦大错愕。道经都司署，急降舆避入。都司见之，亦大惊随后。诸人喘定后，大索本官不得。一时鄂中人传为笑柄。

对联三则

某科广东乡试主考为萨廉、刘福姚,时粤督为谭锺麟,许振祎则以巡抚入闱监临也。榜发,喧传西主考之差,本以贿得,故所中者皆关节,惟许未染指云。有以告谭者,谭惟太息而已。粤人嵌四人之姓撰为长联云:

　　公刘好货,菩萨低眉,六万两特放优差,广东被害;
　　少许胜人,空谭无补,八十名循行故事,赴北为高。

广东各州县乡镇皆有公局之设,公局有绅士,有董事,所以治理乡人之钱债、斗殴、口角等小讼事,苟利用之,实自治之权舆也。而为绅董者辄多瞻徇,甚或恃势横行,营私舞弊。顺德县某公局断事尤多瞻徇,或拆"公局"二字撰为联云:

　　八面威风,转个弯私心一点;
　　大模尸样,钩入去有口难言。

又梁鼎芬之在湖北也,声名狼藉,久为士论所不容。楚人有撰一额一联以相赠者。额云"梁上君子"。联云:

　　一日难支,足下分开两片;
　　念头大错,颈上须防八刀。

造语颇佳。

问官奇话

朱璜曾权上海租界会审事,一日,捕房解窃犯一人至,请讯。朱讯得系窃西人之物者,朱怒且嗐曰:"中国人许多东西你不偷,你去偷外国人的东西,你的胆子还了得么!"

又某处失火,其邻某甲负一衣箱出走。警察疑为抢火者也,拘之去,送公堂请讯。朱不问情由,喝令责打。责毕,方问究从何处抢来。甲曰:"此我己物也,箱内为某物某物。"发视之,良是。甲呼冤,朱干笑曰:"我代你打脱点晦气也。"

德寿笑话

曩岁广东大学堂初开学时,德寿在座,姚道因问现在章程有须改良者否。德正色曰:"似乎可改者甚多。如算学一科,将来此辈人才出身为官,自有账房代理,原不必自劳其力,似乎可删;体操一科,我辈文人可不必习,也觉无谓;地理一科,乃堪舆家言,亦何必叫读书人去做风水工夫呢?"姚但唯唯。堂上堂下,闻者莫不暗笑,跟随人亦为之低首云。

陈宝渠

陈宝渠太守,杭州人,忘其为仁和籍、钱塘籍矣。为上海英租界会审委员时，捕役解小窃至，审为姓陈，辄颦蹙操杭音曰："我们姓陈的人，没有做贼的。"再审为杭州人，则又颦蹙摇首曰："唉！那个许你做杭州人？"判罚毕，又谓之曰："你下回做贼，到法租界去偷，不要到我这里英租界来偷。"

亨 利

普鲁斯亲王亨利游历至鄂，鄂督张之洞邀之阅操。阅至排枪，号起枪发，众响一声。张傲岸顾盼，问曰："较贵国者何如？"亨利猝指一兵曰："彼之枪何以独不发响？"察之果空枪也，张大惭沮。

牙牌数二则

其 一①

苏人某，仕于皖。好作马吊戏，酷信牙牌数。一日卜得一课云："七十二战，战无不利；忽闻楚歌，一败涂地。"心大郁郁，并马吊亦不敢戏矣。一友为之解曰："七十二战，战无不利，当是吉征，予胡不求彩票之有七十二号码者购之？"某如言，得湖北签捐票一张，其末二码为七二也。揭晓，获第一，骤致十万金。某拥此巨资，终日戚戚，寸步不敢出门，尤不敢挥霍。人问之，则曰："前二语验矣，第不知后二语何时方验？余是以戚戚也。"

---

① 此标次为编者所加。

其 二

某岁,上海道出缺。时刘康侯以道员需次江苏,为上海制造局总办,眈眈注视,已非一日,至是尤皇皇然。一面电京师打点;一面具衣冠,焚香点牙牌数,得课云:"朝暾熊熊,过半忽逝;鲁阳挥戈,千古奇事。"既而诏下,以鲁伯扬补此缺。亡何舆论哗然,言官言于内,外人阻于外,鲁竟不克到任,可谓神验。或曰:"此人见刘之眈眈,故造为是言以讥之者。"似近之。

犬 车

马驾两轮之高车,英人谓之Dogcart,盖专以备出猎之用者。猎者自执辔于前,而以后车载猎犬,故得是名。Dog译言犬,Cart译言车也。曾见上海《中外日报》译西报一条,于Dogcart Driver皆译作"使犬车者",几令人疑以犬驾车。是盖直译之过,遂贻笑柄也。若释其意义,当译为猎车,庶几近之。

右则为吾友周子桂笙为吾言。又曰:"凡译西文者固忌率,亦忌泥。曾见近人《反动时代》一书,内载法皇拿破伦二次被放时,临行,遥望法国而呼曰:'呜呼!吾武勇之邦土。呜呼!吾敬爱之法兰西。汝其安然,时乎其来,尔莫忘为大国民,莫忘为世界之女皇'云云。法兰西何以不得为男皇,而必为女皇?是亦误会法文所致也。盖法文于男女、雌雄之名词,别之甚严;凡一切木石器具之绝无雌雄可别者,亦必强别之。如门、桌为雌类,笔、墨为雄类等,不可枚举。其行文以叙一事一物也,靡独于此物之雌雄别之而已。即其文中所用以叙事之虚字动字,凡借以联贯成文者,亦皆有别。故译者一或有误,即通篇皆误矣。此之所以有女皇之说者,盖'国'为雌类,则彼祝其国为世界之主也。此'主'字原文必为雌类,故致成女皇之笑枋也。"

两个杜联

会稽杜联,以翰林官内阁学士。一日,往谒其座主贾中堂桢。贾问贵姓,曰:"门生杜联,专诚参谒师相也。"曰:"年谊耶?为乡科,为会科耶?"曰:"某科会试,某受知于师相。"问籍贯,曰:"浙江会稽也。"问现居何职,曰:"内阁学士也。"语次,贾已俯首隐几,鼾然睡熟。杜坐待,不敢去。有顷,贾欠伸寤,见杜在,复问贵姓,问科甲,问籍贯、官阶。杜一一对如故。问毕,即举茶送客。他日,贾谓人曰:"试差放得太多,门生也搅不清楚。我前日曾见两个杜联,同姓名,同籍贯,同科甲,又同官阶,我如何记得许多?"

皮鞭试帖诗

庚子联军入京,擒顺天府尹李昭炜去,以皮鞭挞之数百。都人士赋皮鞭八韵。诗云:

望望军容盛,如潮敌队联。
师兄刀法乱,京兆命丝悬。
猬伏肩头缩,豚奔足底穿。
偷生才得所,积祸又飞砖。
特地金盆入,无端竹片传。
一官难恐吓,两手已拘挛。

着背直芒刺,留痕等索弦。

圣朝崇忍辱,多士式皮鞭。

一字千金

中日之役,卫达三以失机伏法,刘忠诚拥兵榆关不敢出。京师士夫制为小说回目一曰:

卫达三呼冤赴菜市,刘坤一托病卧榆关。

忠诚闻而憎之,且恐流布禁内,将于清誉有损也,商于幕友。友曰:"是易事,当为公改正之,然须酬我三千金也。"忠诚允之。即改曰:

卫达三呼冤赴菜市,刘坤一拼命出榆关。

忠诚大喜,即命刊印数千,使人赍至京师,四处传布;而如约酬幕友。时军中传为"一字千金"。

按:彼时京内外所传回目联句,如"翁孙割地,父子欺天"等,不可胜纪。而独以"宰相合肥天下瘦,司农常熟世间荒"一联,尤为脍炙人口。

咏张松诗

中日战事既有厌兵意,张樵野尚书被命赴日议和使节。驻沪日,上海《新闻报》新闻栏内忽登一《咏张松诗》云:

形容古怪气昂藏,不信斯人总姓张。

挈得西川图一幅,插标东去卖刘璋。

虽轻嘴薄舌，亦俊颖可喜。

视亡国为应有之事

偶检《纲鉴》，见云间张氏之言曰："或曰：'陆秀夫当颠沛流离之中，日书《大学》章句以劝讲，何其迂耶！'曰：不然。'道也者，不可须臾离也。'故圣人曰：'朝闻道，夕死可矣。'忠臣爱君，想求一个是而已。且兴亡何代无之，秀夫岂以是而遂失其道哉？"云云。道之"不可须臾离"，吾既闻命矣。乃曰"兴亡何代无之"，竟视亡国为应有之事，真是全无心肝，真是绝大笑话。

避　讳

避讳之说，春秋时已有之，而盛于秦汉，然不过为君上讳耳。挽近官场恶习，讳及上官，卑诌之俗，令人可笑。而彼辈方有以不知避讳为非者，盖习非成是，已不可以理喻矣。云南火腿，产自云南之宣威洲。有以此物献盛宣怀者，其礼单书云："宣腿若干。"幕府传观，引为笑柄。盛适至，一幕友举以示之曰："若个人为宫保送腿来也。"

新笑林广记

裴效维　校点

自　序

迩日学者，深悟小说具改良社会之能力，于是竞言小说。窃谓文字一道，其所以入人者，壮词不如谐语，故笑话小说尚焉。吾国笑话小说亦颇不鲜，然类皆陈陈相因，无甚新意识，新趣味。内中尤以《笑林广记》为妇孺皆知之本，惜其内容鄙俚下文，皆下流社会之恶谑，非独无益于阅者，且适足为导淫之渐。思有以改良之，作《新笑林广记》。

新小说

我国自《时务报》出，而丛报界始渐发达，《清议报》《新民丛报》继起。近年来如《江苏杂志》，如《浙江潮》等，亦皆各具特色，而以地名报之风遂开，闻江西有《新豫章》，直隶有《直说》。或曰："推《直说》之例，则山东当有《齐论》、《鲁论》，广东当有《广告》，河南当有《豫告》，甘肃当有《甘言》，福建当有《福音》。"《新小说》社记者乃急为之辩曰："《新小说》非新疆人出版者。"

---

① 此标题系编者所加。

"家"字

六书：一曰指事，二曰象形，三曰谐声，四曰会意，五曰转注，六曰假借。秦以后字分八体，汉兴复有草书，要皆不能出六书之范围也。吾独于"家"字不能无疑焉。谓为指事，则一"家"之中，不尽有"豕"，是无事之可指也；谓为形声，则又无声可谐；借曰会意，则一"家"之中，为物甚众，何必特举一"豕"以会意？至于转注、假借，则更不相涉矣。窃谓"家"字宜从"门"从"众"，书作"闵"字，则一"门"之内，"众"人居焉。以象形、会意而言，均称妥协。今乃于一"宀"之下，置以一"豕"，是特一豚笠耳，人家云乎哉？内地风气不开，人蠢如猪，此"家"字殆其先兆乎？

圣人不利于国

窃谓圣人不利于国，国不利有圣人。夫佛氏，所谓"西方之圣人"也，生于印度，印度今何如矣？耶教之徒，每举耶稣与孔子并称，是亦圣人也，生于犹太，犹太今何如矣？苏格拉底，近人崇之曰"西洋孔子"，是亦圣人也，生于希腊，希腊今又何如矣？孔子为吾国之圣人，不知吾国之前途当若何？呜呼！此虽戏谑之言，而吾言之，惧极欲哭！

问看书

甲乙二人同谒张之洞,张问甲近看何书。甲欲谀之,对曰:"近看《劝学篇》,获益不浅。"张大喜,复问乙。乙本胸无点墨者,以甲言看《劝学篇》,得张之喜,窃念类此之书,张亦必喜。乃对曰:"近日看《劝学篇书后》,获益亦复不浅。"

按:此条昔年曾撰登上海某报者,因自诩造意颇隽,不嫌复迭,复录于此。

排满党之实行政策

请安之礼,不见经传,惟满人有之,汉族所无也。本朝定鼎后,满汉杂处,汉人遂染其习,官场尤盛,且以为僚属见长官之礼。其实满人平辈相见,亦各屈一膝,互相请安,既非事上之礼,亦非谄媚行径也。久之,不知如何,遂以此为卑诌。梁鼎芬尤不以为然,被命放武昌府遗缺府,倡议革去之。督抚降心,两司屏息,僚属概可想矣。论者曰:"请安,满礼也,二三百年来,方得梁鼎芬革去之,一旦还我汉官威仪,是真能实行排满政策者。"

皇　会

癸卯六月二十六日,津沪两地土商举行万寿庆祝会,颇极一时之盛。盖自西狩回銮,此日为第一次恭遇万寿,故特举行之,亦庚子恫心之纪念也。事为张之洞所闻,亦于湖北举行。迄今年年为之,而名其会曰"皇会"。或测之曰:"张素衔保皇会,欲除之而势力有所不及,故默为咒诅之计,割去保皇会之'保'字,聊当杀保皇会也,然而可怜矣!"

误蒙学

不识字人,喜谈时事,忽语人曰:"吾近颇以不识字为憾,急欲读书,不知有何善本?"人曰:"学识字,自当读蒙学教科书。"乃嗐曰:"即旧学家,亦未闻有学蒙古语言文字者;吾乃新学家,子奈何令吾降格以习此乎?"盖误蒙学为蒙古之学云。

骂畜生

风俗之日趋于下流,而不知自爱,有在于不知不觉之间者。世俗骂儿女,动曰"畜生"。吾不知彼之骂子女为畜生者,其自视为何物?尤不知其视祖宗父母为何物?

帽子不要摆在头上

某西人曾习中国语而未精,就某学堂教习之聘。一日,学生入其室,忘脱帽,西人吃吃操华语谓之曰:"我们外国规矩,到人家房里,帽子不能摆在头上的。你以后无论到谁人房里,帽子不要摆在头上。"

和尚宜蓄发辫

发辫之无用而累赘,人皆知之矣。有创为奇论者曰:"吾辈各有事业,终日劳动,乌用此累赘物?惟彼和尚者终日无事,亦不动作,即令蓄发打辫,亦不碍事。不知当日定制,胡不如是?"

刚毅第二

铁良奉命南下,无非以搜刮为宗旨。南中舆论,至谥之为"刚毅第二"。盖以其此行与昔年刚毅无二也。或戏曰:"昔者为钢(刚同音),故被搜刮净尽;今仅铁耳,其胡能为?"刚毅南下时,倡收米捐,一时江南米价腾贵。善谑者,曾戏拟一匾额以颂之曰:"每饭不忘。"

汉官威仪

上海之谈逐满者,动言僧道衣服尚似汉制;一入剧场,则汉官威仪历历在目云。其心醉汉官威仪,力图光复,已于言表见之。惟吾见发此议者,绝不肯峨冠博带,阔袖圆领,以为天下先;转短衣秃帽,取法欧美。真是咄咄怪事!

两袖清风

戏剧中皆古衣冠,虽未必尽合古代制度,而其形式则具在也。京剧中《文昭关》一出扮伍员者,向穿马蹄袖,不知何意。或指之曰:"此之谓两袖清风。"又俗以官之廉洁者为清官,反之者为赃官。某日本人每见一中国官,必曰:"此清官也。"问何以知之,则曰:"贵国之官,何一非清官?"同一用别解,均足解颐。

绝鸦片妙法

有创为奇议者,曰:"使吾具百万金钱,当求一妙药,掺入鸦片烟内,人吸之至一两月,即毒发毙命者。吾必遍地开设鸦片烟馆,减价招徕。一两月,此处之吸烟人死尽,又移至彼处,不一年,吸烟之种绝矣。"

按:此虽戏言,然以之处吸烟之人,殊不为虐。盖此辈生存于国中,不过虚縻禄食,且又有传染痼疾之患,固不如早死为佳也。

祖　家

粤中市井之流,称英之伦敦,法之巴黎,美之华盛顿,辄曰"祖家"。夫祖家诚祖家矣,然究为伊谁氏之祖家?胡不冠其国号以别之,而遽混称之也?诗曰:"谓他人父,谓他人母。"此乃谓他人祖,思之可恼亦可笑!

小牛小马

世俗自谦其儿女,辄曰"小犬"。盖取魏武谓"刘景升儿子,若豚犬耳"之意也。某君之谦其子女,独曰:"小牛""小马"。人问其故,则曰:"中国亡后,国人皆牛马,此辈尚小,非小牛小马而何?"

会计当而已矣

偶访吾友吴潜生,时吴贫甚,见其案头置零用记帐册一本,封面题"会计当而已矣",叹其引用得体。吴曰:"未也,此当作两句读:'会计,当而已矣。'"盖假此"当"字为质当之当,尤为趣语天成。

咬字嚼字

我佛山人终日营营,以卖文为业。或劝稍节劳,时方饭,乃指案上曰:"吾亦欲节劳,无奈为了这个。"或笑曰:"不图先生吃饭,乃是咬文嚼字。"

旗　色

西例旗色均有分别,以红旗为危险,以黄旗为病。中国招商局之商旗,红底黄心。或指之笑曰:"是危险而患心病者也。"

羽　毛

西人毛织之物甚多,毡毯之外,有羽纱,有羽绸,有羽绒。别有一种较羽纱略粗者,沪人称之曰"羽毛",亦取以制衣。人也而被以羽毛,可发一大噱。

神号鬼哭

我佛山人方捉笔撰小说,忽闻人言科举废矣,明诏且见矣。急索报纸视之,果然。乃投笔叹曰:"今而后,神号鬼哭矣!"或曰:"哭煞酸秀才耳，于鬼神乎何有？"曰："子不见求科举者欤？仆仆亟拜于文昌帝君、魁斗星君之前也，今而后谁复祀之？谓神不当号耶？抑不闻科场果报之说欤？科举废，而含冤负屈于重泉之下者，不复得修怨之地，谓鬼不当哭耶？"

长短嘲

曾见《一夕话》载集《四书》句《长短嘲》一则：长者嘲短者云："方寸之木，足以有容也；或从其小体，必也射（言寸身也）乎。"短者嘲长者云："死之日，无所取裁（借作材），工师得大木，以为能胜其任矣。及至葬，壤地褊小，举而委之于壑，鱼鳖不可胜食也。"阅之颇堪绝倒，而微嫌短嘲不畅。顷与梁少梅谈及，言粤中亦有集句嘲短者云："乘肥马，宜若登天然；衣轻裘，长一身有半。死之日，中古棺七寸；及至葬，一撮土之多。"此则堪与《一夕话》之长嘲相对矣。

俏皮话

裴效维　校点

自 序[①]

余生平喜诡诙之言,广座间宾客杂沓,余至,必欢迎曰:"某至矣!"及纵谈,余偶发言,众辄为捧腹,亦不自解吾言之何以可笑也。语已,辄录之,以付诸各日报,凡报纸之以谐谑为宗旨者,即以付之。报出,粤、港、南洋各报恒多采录,甚至上海各小报亦采及之。年来倦于此事,然偶读新出各种小报,所录者犹多余旧作。楮墨之神钦?亦文章之知己也。然辗转抄录,终在报章,散失不能成帙;香港近辑之《时谐新集》,虽间亦采及数条,亦仅得一二,非我面目,窃自以为憾。会月月小说社主人有《月月小说》之创,乃得请于主人,月以数则附诸册末,庶可积久而成帙也。以一不值覆瓿之物,而乃值得如许张致,敝帚自珍之讥,吾知其不免夫。趼人氏识。

畜生别号

一猴、一狗、一猪、一马四畜生,商量取一别号,又苦胸无点墨,无从着想。遂相约各进城,遇所见之字,即取为别号。约既定,狗遂狂驰以去。入城,至某神庙前,见有"化及冥顽"匾额。狗曰:"此即我别号也。"马继至,昂首无所睹;俯视,见某碑下有"根深蒂固"四字。马曰:"我即以此自名矣。"俄而猴亦跳跃至,举首指"无偏无党"匾额,曰:"我即名'无偏无党'可也。"俟半日,猪始蹒跚来,遍觅无所见。三畜咸笑之。猪曰:"若等俱已择定耶?"曰:"择定矣。"猪曰:"择定盍

[①] 此标题系编者所加。

告我？"众具告之。猪笑曰："从来别号不过两字或三字，乌有取四字者？"众为之爽然。猪曰："无伤也。若等盍各摘一字以与我，则我得三字之别号，而若等亦各得三字矣。"三畜大喜，互商曰："彼既乞我等之余，只能摘末一字以与之。"于是狗摘"顽"字，马摘"固"字，猴摘"党"字。猪之别号，乃曰"顽固党"。

虫类嘉名

蜂王宴客，诸虫毕集。酒兴既酣，蝉鸣琴、蝶舞彩以娱宾。王大喜，尊以客卿之礼，以不相统属故也。呼蝉为琴师，蝶为采客。入夜，兴未阑，而苦无灯烛，萤乃大放光明。蜂王大喜曰："外国电气灯，不过如是也。"然观萤之光，自尻间出，因呼之为"光后先生"。萤颦蹙曰："蒙大王锡以嘉名，不胜荣幸。争奈屁股后头光跶跶，不是一句好说话。"（按：苏州人诮无子者，曰"屁股后头光跶跶"。）

指 甲

一人蠢如木石，几于饥寒饱暖都不辨。死后见阎王，阎王怒其无用，欲罚入畜生道中；又以其生平无大过恶，乃罚使仍得为人身之一物。以问判官，判官曰："渠生平无用，或使之为眉为须可乎？"王曰："须眉尚可为仪表，当罚之为指甲。"此人哀乞曰："倘赐生为指甲，小人愿做中国人指甲，不愿做外国人指甲也。"王问何故，对曰："做中国人指甲，遇爱惜者，可长至数寸，纵不然，亦可长至数分，总算有一个出头之日。若落在外国人手里，则日日用刀扦去，永无出头之日了。"

背　心

背心闲居,自叹曰:"吾之覆人者,背与心之外,兼及于肩。南人乃只呼为'背心',遗去'肩'字;北人呼我为'坎肩',又遗去'背心':吾终不能得一完全名字,殊为可恨!"长袍闻之,笑曰:"凡为衣者,襟、袖、领、楔,缺一不可。汝之生像,本不完全,乃欲得完全名字乎?"

苍蝇被逐

蝉高鸣树颠,其声嘒嘒,熏风吹来,甚觉清越可听也。苍蝇闻之,讶曰:"此声何自而来者?"随其声以寻之,见蝉抱叶迎风,扬扬自得。苍蝇自念曰:"彼之庞然而大者,苟得引为同类,殊足为宗族光。"于是前而致词曰:"子之身黑,吾之身亦黑;子具薄纱之翼,吾亦具之;子能鸣,吾亦能鸣。吾之于子,所谓具体而微者也。吾愿与子认为同类,可乎?"蝉允之,蝇大喜,以为非常之荣幸。一日,蝇集厕上食粪,蝉见之大怒,驰书绝蝇。蝇不知何故,躬往谒蝉,请开罪之由。蝉急挥之退,曰:"若去休!吾清洁高尚之士,胡可引此逐臭之夫为同类也!"

田鸡能言

鸡偶行阡陌间,遇一田鸡跳跃而来。鸡问曰:"若何物也?"曰:"田鸡。"鸡诧曰:"鸡者,有羽毛之称,今若身无一片羽毛,何得谓之鸡？"田鸡曰："若必欲有羽毛，然后可谓之鸡，则上海胡家宅之野鸡，岂尽有羽毛者耶？"

海　狗

海狗，兽类也，而能入水。一日，水大至，淹没山林，群兽尽逃。海狗游行水中，徜徉自得曰："我亦水族也。"他日，水大退，龙宫将涸，诸水族咸大奔，趋入海洋深处。海狗立岸上，傲睨自喜曰："我兽类也，水虽尽退，幸能奈我何？"无何，猎者至，枪毙之，取其肾以配春药，服之大效。龙王闻之，叹曰："我早知这依违两可的畜生，只会在此等下流事业上去逞能。"

野　鸡

野鸡讼于冥王曰："我本是一极有文彩之物，故古圣王亦绘我之像于衣服中，名我为华虫。何以近来上海胡家宅一带之流娼，亦袭我之名？"冥王曰："时势不同也。古圣王重尔，故取以绘衣；今人不重尔，故借尔以名流娼耳。"野鸡曰："不然，今之二品官，亦绣我以为补服，何云不重？"冥王沉吟曰："既如此，我交代世人，将来这些二品衔的官，也叫他做野鸡官，给你一点面子罢。"

蝗蝻为害

某地方有蝗蝻为害，乡民入城禀报。知县官祷于城隍神。城隍神即传蝗蝻来问话,命知县侧坐观审。不一时蝗蝻尽到,罗跪阶下,几于恒河沙数。城隍亦为之骇然,问判官曰:"此等小幺魔,何来如此之众?"判官禀曰:"此是水涨时,鱼虾之类遗于田中,水退后,遂化成此物。"城隍笑曰:"原来专为民害的,是这些杂种东西。"遂一一讯问。蝗蝻中,多有言只啮树叶,不伤禾稼的。城隍曰:"我也不能分辨你等谁是害民的,谁是不害民的。待我咨行雷部,但是害民贼,都与我殛毙了罢。"知县闻之,手足无措,仓皇告辞。城隍问何故,知县曰:"我要回去找一间密室来避雷部。"

乌龟雅名

鲫鱼、虾、蟹、乌龟,共游于池塘深处,悠然自得,遂商量各取一别号。虾曰:"我须最长,我可名'长鬣先生'。"蟹曰:"我本名'无肠公子',可以无须另取矣。"鲫鱼曰:"古人有句曰'过江名士多如鲫',我就叫'过江名士'罢。"乌龟曰:"我当称为'东海波臣'。"鲫鱼笑曰:"有了你这种臣,怪不得皇帝在那里倒运。"

猪讲天理

天时不正,疫症流行,及于六畜。外国人于起居饮食,最为谨慎。因查得有猪瘟之症,遂传谕各屠户:凡有要杀之猪,都要等外国医生验过,但是瘟猪,都不准杀。于是无病的猪,都先过刀而死。乃相谓曰:"不期这瘟畜生,倒反长命。"一猪曰:"本来这是天理之常,你不见世界上的瘟官,百姓日日望他死,他却偏不死么?"

狗懂官场

耍猴戏之人,一日偶疏于防范,猴逃去,狗亦随猴以逃。一旦如脱缧绁,乐可知矣。于是猴与狗为患难交,彼此换帖,交益亲密。一日,猴蹲坐于辣椒树下,一个鲜红的辣椒,恰恰在猴头上。狗见之,急将猴与己之帖顶在头上,对着猴叩头请安,声言缴帖。猴问何故,狗曰:"如今大人高升了,戴了红顶子,卑职照例缴帖。倘大人不弃,明日卑职再送一份门生帖子过来罢。"

地 方

顽钝固执之辈,仍持天圆地方之说,以与人争。人或出平圆地球图与观,不信;以地球仪与观,仍不信。曰:"此特好奇之士,制以欺人者耳。地方之说,非惟中国人信之,即外国人亦信之,如中国人指一地而言,必曰'某处地方'。吾虽不解洋文,然亦曾见译本,其所译外国人指一地而言之词,亦必曰'某处地方',固未尝闻有'某处地圆'之说。"

地 棍

地球为圆体,东西转,南北极为冰洋,此为人所共知者也。然吾窃有忧焉。地球虽东西转,水虽东西流,然终不能涓滴不至南北极。一致南北极,即凝为冰,是水有去无回也。久而久之,水之至南北极者愈多,而存于东西者愈少。南北冰洋之冰愈厚,则东西之地愈见其缩,渐至成为长圆式;再久之,必当成为一条地棍而后已也。

猫辞职

皇帝以猫捕鼠有功,欲封一官以酬其劳。猫力辞,不肯就职。皇帝异之,问是何意,猫曰:"臣今尚得为猫,倘一经做官,则并猫都不能做矣。"皇帝不准,一定要猫去到任。猫曰:"臣誓不能改节,若要到任做官,非改节不可;不然,则同僚皆不能安。故臣不敢受命也。"皇帝问何故,猫曰:"老鼠向来畏猫,而如今天下做官的都是一班鼠辈。倘臣出身做官,一班同寅何以自安?"

狼施威

狐笑猪曰:"汝蠢然一物,焉能及我?"猪曰:"汝何必笑我?汝亦不见得能立功于世。"狐曰:"我之皮,能衣被苍生,如何言无功?若汝则无功耳。"猪曰:"我之肉,能供人果腹,如何言无功?"羊贸贸然来曰:"汝等不必争,我能兼汝二者之长,又当如何?"语未竟,狼突如其来,尽扑杀而食之。笑曰:"这一班奴隶性质的畜生,动辄言功,只合做我的牺牲也。"

膝

屈一膝谓之请安,此满洲常礼也。官场因之,相沿已久。近日忽又倡革此礼。膝乃扬扬得意曰:"今而后吾可免于仆仆矣。然观自改请安为长揖以来,吾窃观行长揖礼者既垂手,复举手,加以低头、弯腰、耸臀,合数者之劳,方成一礼。我行礼时,只略一屈曲即是。足见合头、手、腰、臀之才,方能及我也。"手闻之大怒,欲合四者共讨膝。臀笑曰:"若何必怒?吾等之劳动,乃在大庭广众之中,人人如是,未足为辱。渠虽在此作冠冕语,汝试观其私见上司之时,膝行以前,膝立而侍,其劳苦羞辱,视我辈为何如哉?"

面

面讼于阎王曰:"头为百骸之冠,面又为头之表率。而世人四肢百骸,俱有衣服文饰之具,惟我独无,敢问何故?"阎王亦不知何故,问判官曰:"此亦有成例否?"判官禀曰:"此无甚成例,实因其往投生时,即窃得一张厚皮,蒙在面上,故不必再穿衣服。久之,世人遂淡忘之耳。"

蛇

蛇最喜伸腰,而所居之穴,每苦狭隘,必盘屈而后能居之。欲伸腰,则必出穴外。然常出穴,又恐惊人。乃欲寻一能伸腰之穴,久之而不可得。一日,寻到象鼻孔内,象鼻甚长,其鼻大可以容蛇伸腰。蛇大喜,即据以为穴,便在穴内大伸懒腰。象觉鼻痒,打一喷嚏,将蛇打到十余丈以外,跌得周身骨节酸痛,偃卧不得动。偶遇他蛇,问何故如此苦楚,蛇具告之。他蛇笑曰:"你要图过分之幸福,所以有这一番意外跌扑。"

鸡

百鸟飞鸣林木间,或栖止于屋上。鸡见而妒羡之,以为同是羽类,我何独不能高翔?乃竭力振翮,居然飞至屋上,喔喔长啼,自鸣得意。主人见之,以为不祥,捉而杀之。将杀未杀之际,他鸡嘲之曰:"何苦强欲高飞,致罹杀身之祸?"此鸡笑曰:"若真一孔之见哉!我今虽被杀,然已得见屋上之风景;若汝等伏处桀下,眼界不开,而将来仍不免一杀,何若我之得开眼界而死者哉!"

龙

龙之为物,有角有爪则类兽,有鳞则类鱼,能飞又类鸟,而乃居然贵为鳞虫之长。论者遂感慨系之曰:"不图世人乃指此杂种东西为贵物,且举以喻天子,不亦谬乎?"

虎

苍蝇每出,辄为苍蝇老虎所捕,苍蝇恨甚,而无法以御之。惟有随时留心,偶一瞥见,即飞以避之而已。一日苍蝇出,复遇苍蝇老虎,因遥谓之曰:"汝莫逞强,使吾他日变了人,当将汝辈逐一捉而杀之,以泄吾忿。"苍蝇老虎笑曰,"蠢才!你能变成功人,我也变成功真老虎了,还怕你捉杀我么?"

论　蛆

冥王无事,率领判官、鬼卒等游行野外,见粪坑之蛆蠕蠕然动,命判官记之,曰:"他日当令此辈速生人道也。"判官依言,记于簿上。又前行,见棺中尸蛆,冥王亦命判官记之,曰:"此物当永堕泥犁地狱。"判官问曰:"同是蛆也,何以赏罚之不同如是?"冥王曰:"粪蛆有人弃我取之义,廉士也,故当令往生人道;若尸蛆则专吃人之脂膏血肉者,使之为人,倘被其做了官,阳间的百姓岂不受其大害么?"判官叹曰:"怪不得近来阳间百姓受苦,原来前一回有一群尸蛆逃到阳间去的。"

腌龙

小学家于字音最为讲究。按"菹"字,《唐韵》"侧鱼切,音沮。酢菜也。"又《集韵》:"子邪切,音嗟。泽生草曰菹。"村学究教子弟读书,至《孟子》"驱蛇龙而放之菹"句,每每读侧鱼切,是驱蛇龙而为腌菜也。不期禹抑洪水时,却先制此下饭好小菜。可发一笑。

借用长生

时疫流行,每每朝发夕死,仓卒间多有不及备办后事者。时人每指之为虎疫,言其猛于虎也。某甲染时疫死,有家人至市上买棺,苦无佳者,不得已归而熟商之。闻某富室之主人备有长生木在,便往求借用,许以事后照样奉还一具。富室不允。其家人踌躇再三,默念:"富室之人,素喜重利盘剥,何不以利动之?"因对之曰:"尊棺如肯借,他日奉还时,除照样大小之原本奉还外,再加添小棺材二三具,以为利钱,何如?"

捐躯报国

庚子之后,赔款过巨,政府以责之疆吏,疆吏责之州县。大抵于暴敛横征之外,别无筹款之法,故民日见其穷,财日见其匮。惟不肖官吏,上下其手,巧立名目,借饱私囊而已。而投闲置散之员,更于此时穷思极想,条陈聚敛之法,以冀迎合上司,得以见用,故粤中有娼捐之议。(按:近时已实行,美其名曰"花捐"。)夫广东自闱姓报效海防经费以来,已有奉旨开赌之诮;使娼捐之议再行,则讥诮更有不堪闻问者矣。或曰:"此议若行,是加娼家以美名也。"问何美名,曰:"捐躯报国。"

误　字

某生号吉人,遇一新识之友,彼此通姓名。他日此友以说帖致之,乃书作"击人"。迨相见时,生笑语之曰:"仆无缚鸡力,不能击人;贱号乃大吉之吉也。"又他日,友与之书,又写作"戟人"。及相见,生又曰:"君何与仆戏?仆非武夫,焉能持戟?"友曰:"君自言大戟之戟,我记得《本草》上'红芽大戟',是这个戟字。"生曰:"非也,'牛眠吉地'之吉也。"他日此友又将其号写作"棘人",生大怒,以为不祥,走与理论。友亦怒曰:"汝自言棘地之棘,难道'荆天棘地'不是这个棘字么?"

送匾奇谈

某甲,庸医也,凡有病往医者,辄应手而毙。然不知其手段之辣者,仍多往乞诊,坐是断送人命愈多。一日,忽有人鼓吹送一匾来以赠之。甲亦不知伊谁所送,惟念自悬壶以来,未经如是荣幸,竟受而悬之而已。邻人亦互相疑讶,以为此专送人命者,何来此物?及细访之,始知为某棺材店所送。好事者遂至棺材店访问,曰:"某甲愈若病耶?何为送之匾也?"店中人曰:"否否。小店生意向来清淡,自某甲悬壶以来,生意骤为起色,故送此以志不忘耳。"

乌龟与蟹

乌龟有壳,蟹亦有壳。惟蟹壳薄,而龟壳厚。故龟能负重,而蟹不禁敲剥。然蟹能拥钳自卫,龟惟能团缩避人而已。一日蟹遇龟,将施其钳以为戏。龟急将头尾四足一齐缩入。蟹只钳其壳,格格有声,久之,丝毫无损。蟹笑曰:"这个厚皮的东西,一点也吃他不动。"

凤凰孔雀

乡下人不识孔雀,偶见之,互相哗告曰:"此凤凰也,此凤凰也!"语为凤凰所闻,怒曰:"吾为鸟中之王,谁敢冒我之名者?"使彩鸾往查之,知为孔雀,即回奏于凤凰。凤凰立传孔雀至,大叱之曰:"汝何敢冒我之名,以欺世人？"孔雀曰："冤哉！我何尝敢冒？彼乡人不识我,故误呼为凤凰耳。"凤凰曰："汝纵不冒我,也有冒充职官之罪。"孔雀曰："我何尝冒充职官？"凤凰曰："汝非冒充职官,何以戴着花翎？"

鹧鸪杜鹃

春社日,燕子初来,杜鹃对之曰："不如归去,不如归去……"燕子闻之,心烦意乱。然既来之,则安之,任是杜鹃劝煞,终不肯行。衔泥造巢,以为久远计。无奈杜鹃只管叫"不如归去",叫到口血都出了。光阴荏苒,又届秋社,金风渐起。燕子想着杜鹃之言,于是浩然有归志,遍向各处辞行。鹧鸪看见燕子将要飞去了,又对燕子说道："行不得也哥哥,行不得也哥哥……"燕子不觉着恼道："我本来好好的来去自由,被你们你一句我一句,说得我无所适从起来了。"

蜘蛛被骗

飞蛾误投蛛网,蜘蛛趋前欲食之。飞蛾竭力腾扑,不得脱。蜘蛛笑曰："好风,好风。"蛾见蜘蛛说话,因乘间哀之曰："请勿伤我,我将别寻一肥壮者以供子之大嚼,可乎？"蜘蛛信之,遂任其摆脱而去。蛾得脱飞去,途遇一蜂,蛾因谓之曰："前面有极好之香花,盍往采之？若欲去,吾将为若导也。"蜂大喜,从之。飞近蛛网,蛾遥指曰："前去即是,毋烦我再引矣。"蜂果奋勇直前,遂罹网罗之苦。蛾遥谓蛛曰："此我所以报子者也。"蛛即趋前欲擒蜂而啖之。蜂出其尻针,尽力刺蛛。蛛痛极,遥骂蛾曰："你这小妖魔,起先扇小扇子来骗我,骗的我信了,你却引这么一个恶毒的东西来害我。"

虾蟆感恩

凡县官去任,则百姓、绅董必送万民伞,几几乎沿为成例。一知县去任时,阖属百姓,无有肯送万民伞者。县官方在懊恼,忽见有许多虾蟆送来一顶万民伞。县官大喜而受之。因问虾蟆道:"你们何以肯送我万民伞呢?"虾蟆道:"自大老爷莅任以来,虽没有恩德及于百姓,却还循例出示,禁食田鸡。故我等亦循例送伞,以志德政也。"他日,县官即以此伞夸示于人。某狂生见之,笑曰:"老父台可谓今恩足以及禽兽。"

大字名片

外国人之名片,大仅一二寸许;中国人之名片,大至五六寸;而官场中与外国人交涉往来之名片,则又加大,且字大如拳,不知是何命意。上海各歌妓之名片,亦崇尚大字,几满纸束。有西友至某妓处小坐,谈笑之顷,观其名片,不禁诧曰:"汝等之名片,何以亦是大字?"妓曰:"此备以请客人之用者。"西友叹曰:"原来汝等待客人,就如官场待我辈一般。"

红顶花翎

兔游行于山林中,偶遇一鹤,兔羡之,问曰:"若之顶,何为而红也?"鹤曰:"此朝廷之一品冠制也。"兔默识之。他日,又遇孔雀,兔又羡之，问曰："若之尾，何为而文彩斓斑也？"孔雀曰："此朝廷之所以旌有功者，谓之花翎。"兔亦识之。一日，兔复出游，遇猎者，持鸟枪，迎头痛击，适中其颅，鲜血迸出。兔负创返奔，复遇人以箭自后射之，中尻。兔奔益急，遁入林内。适孔雀与鹤闲谈，见兔至，问何来，兔曰："我把头磕穿了，骗来一颗红顶，到后来花翎也骗着一枝，只是屁股痛得厉害。"

平升三级

古时之狗，除守夜外，别无所用，日间惟摇尾乞怜而已。近代之狗则不然，懒惰至不能守夜，终日昂首狂驰，目无余子。或问之曰："汝何所恃而如此之狂？"狗曰："古时之狗，无人恭维，故夜则谨守门户，日则摇尾乞怜也。若我则已做官矣，故昂首以自鸣得意耳。"或笑曰："狗何能做官？"狗曰："汝岂不闻近来人言，每每说甚么'狗官''狗官'么？"

赏穿黄马褂

一白狗行近粪窖之旁，闻粪味大喜，俯首耸臀，恣其大嚼。顽童自后蹴之，狗遂堕入窖中，竭力爬起，已遍体淋漓矣。乃回首自舐其身，自脊以后，为舌之所及者，皆舐之净尽。惟脊以前，仍是遍染秽物，作金黄色。于是摇头摆尾，入市以行。市人恶其秽也，皆走避之。狗乃叹曰："甚矣，功名之足以自炫也！我今日穿了黄马褂，乡里之人皆畏我矣。"

活画乌龟形

自轮船通商以来,往来海面,鼓动海水,波涛益多。龙王不安于宫,欲遣使臣与外国人商量,设法使水族宁静。遂登殿问诸臣,谁能任交涉之事者。乌龟乃学毛遂之自荐。龙王大喜,即敕令前往。乌龟衔命而去。在路上遇见一轮船,龟欲登船致意,苦于无路可上,乃环舟觅路。正徘徊间,忽船后放出热气,不偏不倚,正射着乌龟。乌龟大惊,遁回。龙王问交涉事如何,乌龟顿首曰:"臣实无此才干,请别遣能员去办罢。"龙王又问何故回来,龟细奏前事。龙王大怒曰:"亏尔起先还挺身自荐,说是能办交涉,怎么外国人放了一个屁,你便吓的跑回来?"

财帛星君

财神之全衔,曰"都天致富财帛星君"。而世之求财者,每昧于财帛星君之为财神,转以玄坛为武财神,甚或以齐天大圣为财神,或又礼招财童子为财神,甚有以一披麻戴孝之地方鬼为财神者。而五路财神之说出,财帛星君转觉落莫非常,不觉叹曰:"我如今就同世上的皇帝一般,徒拥虚名高位,却被群小弄权,闹得我认真变了一个孤家寡人。"

观音菩萨

佛典本极深邃,绝非愚蠢之辈所可梦见。而愚蠢之辈,又偏偏最崇拜佛法。久而久之，牛鬼蛇神之神号佛号，填塞其脑气筋之中，虽水火刀兵在其前，豺狼虎豹在其后，亦不敢须臾离，可怜亦可哀也！某愚夫，每有事必呼："救苦救难观音菩萨！"某生笑之曰："汝何故屡呼此聋菩萨名号？"愚夫曰："罪过，罪过！菩萨那有聋之理？"生曰："倘使不聋，你叫了这许多，他必定答应你；他总未答应过你，可见他总未听见也，非聋而何？而且他人以眼观色，以耳听音；今渠乃曰'观音'，可知其不能听矣。"

文殊菩萨

一人诨号"文殊菩萨"，闻其名者，皆不知其命意之所在。一日问其所素狎之友，友曰："因其室有悍妇，故得此雅号耳。"曰："岂文殊菩萨有悍妇者耶？"曰："非也，因悍妇有河东狮子之称故耳。"曰："河东狮子与文殊菩萨何干？"曰："狮子非受文殊菩萨所骑者耶？"问者为之粲然。

臀宜受罪

臀死后，控于冥王曰："吾之于人身，为最安分之物。然无论手殴人，脚踢人，口骂人，厥物之犯奸罪，一旦捉将官里去，官必先笞我，何也？"冥王曰："凡人五官四肢，皆有所司：目司视，耳司听，鼻司嗅，口司言，手司取携，脚司行动，各有当尽之义务。惟汝一无所用。忝附人身，逸居无事，庞然而肥，自甘退居下流，无所用心，汝之罪本无可逭矣！尚欲多辩耶？"

人种二则

其 一

虱庞然自大曰:"蚤生于猫狗之身,是为猫狗种;蚊出于水,谓之水种;蠧虫出于木缝,谓之木种。如是种种,皆谓之杂种。惟我生于人身,乃是真正人种。"此语一出,乃大犯众怒,群起而攻之。适苍蝇飞过,问是何故,众告之。蝇笑曰:"蚤能跳,蚊能飞,蠧虫亦善走,都各有一长。惟虱蠢然一物,绝无所长,莫说他不是人种,就是人种也不足贵。"

其 二

《本草》谓田鸡为人精所化,故称之曰"人精菜"。官府又以其能啖蝗蝻,每每禁人捕食,而食之者仍众。田鸡乃讼于冥王曰:"我本是人种,而世人每每食我,不仁之甚。乞设法禁止之,以保全生命。"冥王笑曰:"尔虽然说是人种,究竟还是一个不曾成人的东西。"

手足错乱

年来报馆林立,彼此争强赌胜,莫不以信息灵通为第一要义。有多派访事者,有特设专电者,有于正报之外别出传单者,无非供人先睹为快之意。甲报主笔与乙报主笔遇,甲曰:"昨日某处某事,为敝馆捷足先登,君须逊我一筹矣。"乙大笑曰:"不图君家贵报先登,乃伏捷足之力。"甲知失言,为之大惭。

民权之现象

有曾为县令者,即罢职,乃至上海。见新学家每每叙谈民权、自由之说曰:"泰西强国,莫不重民权,惟中国无之,此中国百姓之所以苦也,亦中国国势之所以积弱也。"此罢职之县令瞠目而视曰:"汝等不讲官权,专讲民权,叫汝等去做几天官,才知道这个难处呢。且中国何尝无民权?只怕中国的民权,比外国还利害呢。"众问中国之民权安在,对曰:"我做知县时,有一班抗粮的顽户,凭你比煞,他总不肯来完钱粮,你说他的权力不大?"

思想之自由

窭人子穷到极处,终日想发财。每每自己心里打算:中了发财票,便当以若干金置产业,以若干金置衣服,以若干金为家人置金珠,以若干金供挥霍。夜间想及此事,即终夜不睡,几乎把他想痴了。有人问他:"你终日想些甚么?"窭人子以实告。人笑曰:"发财有命,如何想得来?我劝你休了这条念头罢。"窭人子怒曰:"这是我思想之自由,你如何好干预我?"

虾蟆操兵

一小鸟初学飞,在树林间几为猎枪所中,吓得心胆俱裂。从此看见洋枪,即时飞遁。一日遇见外国人操兵,高喊口号,洋枪队排列以进,小鸟又欲飞遁。老鸟曰:"此非猎者,外国人操兵耳。"小鸟观少顷,仍怯而退。及夜,栖树上。月明如昼,树下即池塘。虾蟆乘月色,成群以出,作蝈蝈鸣。小鸟惊曰:"不好了!外国人又操兵了。"老鸟曰:"那里是外国人操兵?不过学洋操的罢了。"

日 疑

广东人称白昼曰"日头",沪上人称太阳亦曰"日头",吴下各处则称日辰为"日脚"。或乃从而疑之曰:"吾闻日为火球,既称之曰球,自是圆体;即吾人从地面上观之,亦明明见其为圆体。何以有头有脚?既有头有脚,何以吾人又不得见?倘必曰:日无有头脚,为此说者特谰言耳。则又何以万口同声,都作此语哉?"曰:"此无稽之言,不足信也。"以万口同声之言,尚得谓之无稽,无怪夫今之政府群公,不恤舆论矣。"

空中楼阁

一人喜造谣言,或谓之曰:"汝腹内想必有许多砖瓦木石及水作木作诸匠也。"讶问何故,曰:"倘无此等物事,汝焉能造出许多空中楼阁?"

猫虎问答

饥猫与饿虎相遇,猫问虎曰:"吾以不得食而饥,汝何委顿至此,岂亦乏食耶？"虎曰："吾向以人为食，近来旷观当世，竟没有一个像人的，叫我从何得食？行将饥饿以死矣！吾乃如是，若汝向来所食者鼠耳，世上无人，岂亦无鼠耶，何亦颓唐至此？"猫叹曰："世上非无鼠，鼠且甚多。无奈近来一班鼠辈，极会钻营，一个个都钻营到拥居高位，护卫极严，叫我如何敢去吃他？"

赤白不分

有生而盲者，故万物之状，均为生平所未睹，惟人云亦云而已。一日，闻人谈五色，盲人曰："吾虽盲，然亦知赤与白，系同一色。"人或嗤之，盲人争曰："倘不是一色，何以'赤手空拳'之赤字，与'白手成家'之白字，同一解说？"或不能与辩，因戏下一转语曰："所以赤带白带，同为妇人之病也。"

肝脾涉讼

心为君主之官，凡五脏六腑，均归其掌管。一日，脾来告状，曰："脾土所以司元气，不期近日肝木恃其势力，横来侵扰。亦不敢与之计较，惟有内加培养，外加防卫而已。讵肝又发泄于外，成为怒气。此明明为肝气也，而世人偏指为脾气。凡肝气发作时，人莫不指称之曰：'某也脾气不好。'蒙此不白之冤，复败坏名誉，伏望伸雪。"云云。心乃传肝来质讯。肝曰："我用尽气力，发为怒气。彼乃盗袭虚声，坐享名誉，我不与之计较，彼乃反告我耶？"

金　鱼

金鱼游行水上,鲫鱼见之,急走避,告其同类曰:"前之游行以来者,其贵官也耶?其身上之文彩,何其显耀也!其面上之威仪,何其尊严也!双目努视,若有所怒者,吾侪其避诸。"于是伏处一旁,寂不敢动。而金鱼游行水藻间,绝无去志。无何,螃蜞来,伸螯以箝金鱼之尾。金鱼竭力摆脱,仓皇遁去。鲫鱼诧曰:"不期这等一个威仪显赫之官,却怕这种横行不法的小幺魔箝制。"

银　鱼

银鱼,一名面条鱼,离水即死。一日,龙王寿诞,水族均往叩贺。分水犀以时时入海与龙王办交涉,故是日亦往贺。行至水边,方欲下水,见水中一群银鱼,昂首谓犀曰:"吾等欲往祝龙王寿,而若游行极慢,恐赶不及。知君行极速,请附于君身以行,俾可速达,不敢忘报。"犀允之,即下水。银鱼遂成群结队,沿附犀身,自顶至踵皆满。犀乃启行。不期犀行水内时,其两角将水分开,身上绝无水到,沿附之银鱼,尽行涸死。犀至龙宫前,立定,回顾银鱼,欲呼其自行进内,讵已无一活者。犀叹曰:"这一群无知小幺魔,只知道巴结躁进,却恰好自己送了性命也。"

驴 辩

主人畜二驴,一则跨以出行,一则留家使牵磨。一日,主人跨驴自远道归,出行之驴谓牵磨之驴曰:"吾已行数十里归矣,若日伏处一室,得毋闷损乎?"牵磨之驴曰:"吾亦行数十里矣,何独于汝为然?"出行之驴曰:"子欺我哉!恶有伏处一室,而能行数十里者?"牵磨之驴曰:"吾日绕磨以行,虽不出大门一步,然积计步数,岂非亦数十里耶?"出行之驴曰:"是持强辩耳,何足以与我较?"牵磨之驴怒曰:"然而秀才们看得两卷书,何以便要说'秀才不出门,能知天下事'?"

守财虏之子

守财虏生一子,既长成,犹不使出门一步,盖恐其浪用也。故其子虽已弱冠,犹不辨牝牡,而吝啬乃有父风。一日,所畜猫忽生小猫数头,子见之,诧为异事。问人曰:"猫何故而能生子?"人笑告之曰:"此雌猫也,配以雄猫,自能生小猫矣。"子默然久之。一日,持洋钱问父曰:"此洋钱不知是雌的,还是雄的?"父曰:"洋钱有何雌雄之别?"子叹曰:"真是可惜!倘洋钱亦有雌雄之别,一一代配合之,所生小洋钱,正不知几许也。"

外国人不分皂白

或问:"皂字是何解说?"人曰:"皂,黑也。故谚有'不分皂白'之说,犹言黑白不分耳。"问者恍然曰:"我知之矣,此不分皂白之言,盖指外国人而言也。"问何以知之,曰:"吾中国之皂荚,本是黑者,故谓之皂荚。若外国人之肥皂,显然白色,乃亦呼之为肥皂,岂非不分皂白耶?"

蠹 鱼

蠹鱼蚀书满腹,庞然自大,以为我天下饱学之士也。遂昂头天外,有不可一世之想。出外游行,遇蜣螂,蜣螂欺之;遇蝇虎,蝇虎侮之。蠹鱼忿极,问人曰:"我满腹诗书,自命为天下通儒,何侮我者之多也?"人笑之曰:"子虽自命为满腹诗书,奈皆食而不化者,虽多何用?"

蚊

蚊吮人血以活,蚤亦吮人血以活。然蚊之啮人,每被人击死;蚤则到处纵跃,人不易捕获之。乃笑蚊曰:"汝枉具两翅,何竟不能自保其躯也?"蚊亦不自解,就问于蟹虫。虫曰:"子何不自量耶?子之所为,英雄之所为也,将啮人,则先扬其声。故人得以自为之备,俟子之来而击之。若夫蚤之啮人,必潜行而至,猛龁一口,即一跃而逝。人又何从而捕之?此滑贼之行径也。世风日下,滑贼幸免,而英雄途穷,大抵然矣,何独于汝耶!"

骨　气

公冶长通鸟语,公冶短却能通兽语。一日,公冶短行山中,遇一虎将搏一牛。牛曰:"汝不见我两角耶?"虎曰:"汝两角有何用?"牛曰:"角者,骨之余,即此足以表见我之骨气矣。"虎曰:"尔果有骨气者,吾且敬尔,不唊尔矣。"牛乃去。又一羊来,虎审视之,曰:"是虽不及牛,然犹足表见其骨气者。"亦舍之。末一猪蹒跚至,肥肉臃肿。虎曰:"是绝无骨气者矣。"扑而食之。公冶短闻之,叹曰:"不图畜生,反知敬重骨气。"

松　鼠

主人畜一松鼠,恒置襟袖间把玩之。一日,主人睡熟,群鼠出而窃食,瞥见松鼠被一链条缚住,因而群往问之曰:"若亦我等同类,何以独被人玩弄于股掌之间,宁不欲一伸其自由耶?"松鼠叹曰:"我何尝不想自由,只以尾大不掉之故,不得已而供他人之玩弄耳。"

鸦鹰问答

鸦飞必频振其翼,乃得远去;鹰飞则不然,一张翼,即迎风远飏,不必鼓荡也。鸦见而羡之,欲学焉。鼓荡其翅,翔至空中,即张翅不动,不觉飘然坠下。鹰见之,笑曰:"我之张翅不动,而能远去者,以体大故也。若小小幺魔,乃亦欲学为之,毋乃太不自量乎?"鸦怒曰:"依你这等说来,那大鹏鸟是睡在那里,也会飞去的了?"

脚 权

四肢百骸,各有位置,出于天然,非可相强者也。一日,耳、目、口、鼻等开五官大会,宣言曰:"我等位置最高,何等清贵。彼脚者,位置于最卑下之地,吾等当相约,不与为伍。"众赞成。脚闻之,置不与较。他日,有人招饮,口极欲往,一饱口福。而脚不肯行。口无如之何,惟有馋涎拖一尺许而已。又他日,耳欲听,目欲视。然所以供视听者,又皆在室外,脚亦裹而不前。耳、目亦无如之何也。思悔议矣,惟鼻不从,曰:"脚虽能制汝等,惟我无求于彼,彼其奈我何哉?"脚闻之,直行至溷厕之上,立而不动。秽恶之气,扑鼻直入,秽呕欲死。肚与胃相谓曰:"他们在那里闹意见,却累了你我。"

蛇教蚓行

蛇无足而行甚速,蚓羡之,欲学焉。曰:"吾与蛇等耳,吾何为不及蛇?"遂学蛇行,苦笨滞殊甚。因伏而窥蛇之行,见其蜿蜒作势。亦学之,竭力腾挪,跳跃以起,卒不得前。不得已,就蛇执弟子礼,乞蛇教之。蛇亦不吝教诲,授以蜿蜒取势之法。而蚓百学不能肖。蛇乃细审之,叹曰:"吾虽无足,然自首至尾节节有骨。若则通身无骨者,乌能行于世上哉?"

蛾蝶结果

蝶翩翩飞舞花间,顾影自怜,日以寻香摘蕊为事。忽蚕蛾飞至,欲近与蝶语。蝶讥之曰:"吾与汝虽似同类,然吾文彩斓斑,翩翩多致,醉香饱艳,傅粉涂金;文人引入诗章,画家摹为粉本。其视汝之笨拙肥重,无所见长者,为何如也!"蚕蛾默然遂退。他日,蛾与蝶皆死,同见冥王。冥王察得蛾能布散蚕种,吐丝成帛,衣被苍生,命转生为富家子,以酬其功。蝶徒以文彩媚人,一无所长,且专以醉香迷色为事,罚令转世为娼,俾仍以媚人为业,且不失其迷醉本色。

铜　讼

铸钱之铜与铸鼎之铜不相下,同讼于财神之前。铸钱之铜曰:"我与彼同为铜质,同居金类之一。渠成此庞然大物,一无所长,陈设于听事间,徒供观瞻赏玩而已,然世人每指为雅物,动以千金购求之。我为国宝,专司流通,以便商民,而世人每目我为铜臭。有功于人,反受此恶名,不平孰甚?伏求公断。"铸鼎之铜曰:"禹铸九鼎,遂成为天子传国之物,我如何不可贵?"财神叹曰:"此案吾不能断也。后世天子无鼎,却仍不失为天子,而古人未必可以不用钱。然而世风不古,往往有功于人世者,反冒不韪之名;其有令誉者,皆粉饰升平,徒有其表之辈耳。滔滔皆是,吾其奈之何哉?"

木 嘲

松木谓樟木曰："我所出之松香，其气香；汝所出之樟脑，其味辣：汝不及我多多矣。"樟木曰："汝只被人解作板片，铺作地板，供人践踏；我却雕作神像，受人叩拜：汝如何及得我？"松木曰："我虽受人践踏，却也有做栋梁的时候。汝虽受人叩拜，不过被通人呼作木偶；何况还有做成高底，为女子垫脚的时候呢。"

轿夫之言

某大人以捐纳致通显：初捐佐杂，既而渐次捐升至道员，俄而得记名，俄而补缺，俄而升官，俄而捐花翎，俄而加头品顶戴，历任至封疆。无非借孔方之力为之。一日，新用一轿夫，问其月需工钱若干。轿夫曰："若专抬大人便衣出门，则工钱不必计较；若抬大人衣冠拜客，则月需十金也。"大人莫名其妙，姑留之。或问轿夫："便衣与衣冠有何分别？"轿夫曰："渠一身轻骨头，若便衣时，我抬之，轻如无物，故工钱可不计较；若具起衣冠来，他的顶子、翎子、补子、珠子，不知重重叠叠的多少银子，是要我抬一轿子的银子也，重压两肩，如何不要十金一月？"

孔雀篡凤

凤自以为羽族之王,凡事皆傲睨一切。孔雀讥之曰:"汝何足为王?若我称王,则庶几耳。"凤问:"汝何德何能,而欲篡我?"孔雀曰:"倮虫三百六十,人为之长,而人又为万物之灵。今世之人,每每以我尻下之毛安放在头上,以为美观,美其名曰'花翎'。百体之中头为贵,是诸人最贵之头,尚借光我尻下之毛,足见人之头,尚不及我之尻也,吾何不足以为王?"

误入紫光阁

村学究初入城,至绅富家,见堂中悬百鸟图一轴,仙鹤、孔雀等,罗列满幅,凝神睇视,若有所思。即返乡,夸于人曰:"吾今日入紫光阁一次矣。"人问何据,答曰:"吾曾见图形紫光阁者矣,红顶花翎,确是大观。"

辱 国

夜叉造反,龙王命将出师,声罪致讨,下令募带甲之士若干人。于是龟、鳖、鼋、鼍,皆应募而出。龙王视师,喜曰:"足以歼兹小丑矣!"即临阵,龟先缩头曳尾而遁,师遂大败。龙王叹曰:"吾观渠等身戴重甲,以为披坚者自可执锐,不期却是一班丧师辱国的东西!"

不开眼

俗以七月晦日为地藏王菩萨生日。且谓七月大建,有三十日,则地藏王菩萨开眼;若遇小建,则以二十九日为生日,菩萨即不开眼云云。村媪相传,视为掌故,究不知何所据而云然,殊不值识者一笑也。某年七月值小建,或又举以为言。或问曰:"地藏王何故不肯开眼?"滑稽者曰:"你看世上之人,所作所为之事,那一样是看得上眼的?所以他不如闭了眼睛干净也。"

强出头

某甲以口角细故,为地保捉将官里去,官判枷号示众。既枷出,有人见之曰:"是非只为多开口。"甲自抚其枷应曰:"烦恼皆因强出头。"

徒负虚名

世人每以鹡鸰喻兄弟。一书腐见鹡鸰,问曰:"你的兄弟都在那里?"鹡鸰曰:"我等从小就是雌雄相配的,只有夫妇,那有兄弟?世无公冶长,不知我等底细,遂误以急难之名予我耳。其实我寻觅各处,也不知谁是我兄,谁是我弟。"我闻之,叹曰:"不图五伦大义,也有徒负虚名的。"

民主国举总统之例

《本草纲目》上之各种药材,联名具奏于神农黄帝曰:"臣等温凉补泻,各有其性。乃自世上医士配合汤头以来,谬加以君臣佐使之说。忽然以此为君,忽然以彼为君,一日之间,不知被其几经颠倒错乱,用是不安于位。还请降旨,饬查核夺,以安众心。"云云。神农览奏笑曰:"这是民主国举总统之例,何足为奇?"

狗

狗最善媚人,而又极欺贫重富。故见衣衫褴褛者,则必恣其狂吠也。一日,独行郊外,四顾无人,忽遇一金钱豹迎面而来,狗遥望见之,大喜曰:"此金钱被体者,必富家郎也,吾当承迎之。"遂疾趋而前,摇尾作种种乞怜状。行既近,豹突起搏之,张口欲噬。狗大惊,返身狂奔,幸得脱,然已魂不附体矣。遇一牛,问狗何来,狗告以故。牛笑曰:"汝自不通世故。岂不闻近来世上,愈是有钱之辈,愈要吃人耶?"

猫

猫与鼠本无仇怨,而猫见鼠则必捕之,大有灭此朝食之概。鼠屡欲与猫联和,猫不允,鼠窘甚。一日,入书笥啮食,见内有一书,中载一条云:"鼠食盐百日,则化为蝙蝠。"鼠大喜,遁入盐仓,终日以盐为粮。至百日,果生双翅。试振翅,居然飞起,自顾翩翩有致,俨然蝙蝠矣。不觉大喜,鼓翼而出,栖于梁上。见猫方在堂下,蝠乃啧啧作鼠声曰:"猫乎!何不来捕我?"猫闻之,怒目上视,欲扑之,而力又不及。蝠便飞舞空中,忽上忽下,时或贴地掠过,故意逗猫。猫往来奔逐,卒不可得。蝠遥笑谓猫曰:"若前此之穷凶极恶,吾欲乞和而不可得;乃今日亦竟势穷力尽耶?"

按方书载:以巴豆饲鼠,可长至三十余斤。若是则成为庞然大物矣。苟有黠鼠,窃食巴豆,庞然遂大。猫见之,不知又将何如也?附识之,以博一粲。

手 足

手、足相谓曰:"吾等或司携取,或司行动,皆有所事,而生平绝无享用,徒事奔波。惟口终日无所事事,或大言不惭,或空谈无补,甚或启羞兴戎,为全体之累,顾乃大烹以养。天之赋形,何不公乃尔?今后吾等相约:凡口之所欲者,吾等皆不为之役,手不取携,足不奔走,以困之。"议既定,是日,口欲食,手敛而不动;欲就食他处,足为之裹而不前。口固无如之何也,长叹而已。手、足于是窃喜,相谓曰:"今而后,渠当卑躬屈节,以求我等矣。"讵口绝不相求。而腹馁甚,始惟饥火中烧,继且手足瘫痪,至于不能转动。于是手、足自知其失计也。

代吃饭代睡觉

一人无论办何事,必躬必亲,一人独任,绝不肯假手他人。一日,诸事麇集,几至调排不开。而此人遂忙甚,手做、口说、眼视、耳听、心想、脚行,五官并用,四体不停。因告人曰:"我今日忙极,连吃饭睡觉的工夫都没有。"或曰:"何不请人代劳?"此人曰:"做事岂可请人作代?或者请一个人代我吃饭,或代我睡觉,倒可以商量。"

只好让他趁风头

舟行之具,帆、樯、桨、橹并重。一日,桨与橹皆不平曰:"吾等皆水行之要具,而舟人于我等之位置,皆不甚经心。若帆者,则必安放于最高之位置。帆遂扬扬自得,有惟我独尊之概。吾等盍攻之?"舵从旁劝曰:"是可以不必。渠之扬扬自得,旁若无人者,只趁一时之顺风耳。倘风色不对,他便缩头不敢出,让君等宣劳矣。"桨与橹曰:"此权当操之在尔,倘遇顺风时,汝略向旁边一摆,则风自不顺矣。"舵叹曰:"此等趾高气扬的东西,何必与他为难?你只冷着眼看他顺风有得几时?"

居然有天眼

世俗无知妇稚,有天眼之说,殊为可笑。或曰:"天眼究在何处?是何样式?"则对曰:"闪电即天眼也。"据此则闪电只有一处,是天只有一眼矣。或又笑曰:"此之谓独具只眼。"

不少分寸

甲向乙借贷若干金,言定二分息,限日清偿。讵借去之后,即避而不面。乙屡往索取无着，不得已乃致函诘责。甲乃先还十余元；过数月，又还若干元。自是以为例，积一年余，始还清借本，利息一毛不拔。告乙曰："吾本钱分文未欠，所叨光者利息耳。"乙甚衔之，乃向甲借一件宁绸袍，借后亦避而不面。过数月，始以宁绸一尺许还之，致书谓之曰："所借尊衣，请先还一袖。"过数月，再以三尺许还之，曰："今兹再还一襟。"亦积二年余，始以一袍之表里料作还清。告甲曰："所借尊衣，不少分寸，所叨光者成衣匠之工价耳。"

记壁虎

守宫，一名蜥蜴，俗呼之曰壁虎。长二三寸，四足一尾，常游于壁间。一日，壁虎偶至海滨，见鳄鱼方自水中出。壁虎见之，以其状之类己也（壁虎状极类鳄鱼，而大小悬绝），大异之，趋与语曰："若非我同类耶？子何食而庞然如是也？"鳄鱼觑见其小也，不欲多与语，第应之曰："吾因以人为食者。"语讫，入水去。壁虎益诧为奇事，亦欲入水从之。同类谏曰："予之全身，乃不及其一爪，此波涛汹涌者，入则死耳。必欲从之，必先大与彼等而后可。"壁虎曰："诚然，我当求其所以自大之术。"遂自鼓其气，肚腹之下，膨胀有加。顾其同类曰："我之大，足与彼等否？"曰："不如远甚。"再鼓再问，应亦加之。壁虎叹曰："吾知之矣。彼因言以人为食者，殆先噬人而后可大乎？吾当试为之。"乃窜至人旁，窥人不察，猛噬其臂。人惊觉，捉而扑杀之。

獬豸

獬豸，神羊也，见不正之人，则以角触之。此说甚古，见《神异经》

及《论衡》等书。故后世言官,以其像为章服也。迩日出一獬豸,性极驯,从来不触人。或问之曰:"吾闻汝能触不正之人,今汝驯伏不动,未曾一用其角,岂今世尽是正人耶?抑尔之失职也?"獬豸曰:"唯唯,否否。触不正之人,固吾之天职;然生于今日,则不能不大发慈悲之心矣。"人问何故,对曰:"使见不正之人即触之,从此天下无复人类矣。"

记 鼠

鼠偶走入象之鼻孔,象大嚏。自是鼠即诩诩然自夸曰:"庞然如象者且畏我,何有其他?吾所畏者,惟一猫耳。猫之外,虽牛、马、骡、驴,无如我何也。"一日,主人购叭儿狗归。鼠以其非猫,且远不逮牛、马、骡、驴也,不之畏,从而狎之。叭儿狗固喜戏扑者,见鼠跳跃于其前,遽起仆之。鼠出不意,大惊,走避不及,为狗所啮毙焉。

记 狗

某说部载:上古某皇帝患一疽,群医束手,病势危殆。乃谕国人曰:"有能愈朕病者,当以公主尚之。"国人无敢应者;即有应者,亦无效。所畜狗乃进为帝舐之,痛顿止。自是日使狗舐,竟得瘳。狗自是据公主室,不复出,逐之挞之,则狂吠狺狺,不可向迩。帝叹曰:"朕诏既出,不可自食其言。然以狗尚公主,辱国实甚,朕有以处之矣。"乃命工人造及大海舶,实以糇粮及服御之物,使公主与狗乘之,纵之出海。飘至一岛,公主与狗居焉,俨然夫妇矣。以上某说部之词也。同乡梁少梅见之,援笔续之曰:"自是生有子女若干人,及长即互相配合,故岛中人孳生不已。至今其人无论男女老幼皆爱狗,甚有与狗同寝处者,盖亦不忘其本来之德性也。"

角先生

香港小银圆,背有文曰"香港一毫"。故粤人称小银圆,皆以毫计,如一毫、二毫之类。市肆记账,又往往减笔写作"毛"字。上海某广东店,向用同乡人执事,旋以与客帮人交易,言语不通,兼延上海人某甲为帐房之助。甲视各帐,多二毛、三毛等字,不解所谓,以问同事。同事曰:"此广东人写法,即'角'字也。如一毛即系一角,二毛即系二角。以后都可改写角字。"甲颔之。及月底开写帐单,客户中有毛姓者,甲竟写作"角先生台照"。

引经据典

飞禽之中,以野鸡之文彩斓斑为最华丽,亦最悦目。故野鸡亦最爱其羽毛,每夸示于同类。众鸟亦推让之。独乌鸦不服,曰:"汝之文彩,何似我之洁白?"野鸡笑曰:"他等犹可说,若之满身漆黑者,犹自以为洁白,不知何等颜色,方为黑矣?"鸦曰:"我此说并非杜撰,有诗为证。唐人诗云:'玉颜不及寒鸦色'。你想玉岂不是白的?尚不及我,其白可想。"公冶长闻之曰:"偏是这强词夺理的畜生,会引经据典。"

关痛痒不关痛痒

脚讼于冥王曰:"一人之身,赖吾而自立,顾何以位置我于极卑下之地?吾实不甘,乞王别有以置我。"王曰:"倘非汝居极卑下之地,则人不能自立矣。且汝苟别图位置,人或以他体图自立,汝即失自立之功。吾试为汝设一喻:譬如民主各国,皆以民权为重,是无异以民权立国也。俗有'君民上下'之说,是民固在下者,国犹借在下之民以自立,未闻民嫌其位置之卑。汝居一身之下,亦犹是矣,何必争?"脚曰:"吾宜在下,既闻命矣。敢问痛痒无关,一无所用之头发,竟何功而居于至高之位?"冥王曰:"这个却要另外取一个譬喻:汝看看中国之中,居极高之位的人,那一个是痛痒有关,稍有所用的?"

聪明互用

做官之人,堂廉高深,不知舆情,不闻舆论;纵得知一二事,俱是由官亲幕友传述而来。而为官者,出一告示,动一公事,莫不说得历历如绘,犹如亲眼看见一般,可谓以耳为目。上海报馆林立,每晨报纸一出,万众传观。则各处新闻,各种议论,亦犹如亲耳听见一般,可谓以目为耳。耳可以为目,目又可以为耳,真是聪明互用。

蛇象相争

象最畏鼠，盖恐其自鼻孔中入，而啖其脑也。因畏鼠，遂兼畏穴，恐鼠自穴中出也。而蛇最喜钻地，每钻即成一穴。象恶之，令其勿钻。蛇不听，钻如故。象乃与之斗。蛇跃起，将象鼻缠绕数匝。象欲拂其鼻，而不可得。且蛇愈收愈紧，痛不可当。象不得已，乃哀之曰："我被你缠扰的怕了，我也不来多事了，由你这光棍东西去钻罢。"

吃 马

客有以象棋赌胜负者。就视之，黑棋之中卒，将为红炮所吃。中卒被吃，则势败。走车返，可以保护之。而可以驻车保中卒之处，已先有一黑马在。寻思良久，遽走车，自将黑马吃去。着红棋者不允，曰："无如此着法。"着黑棋者曰："我自家吃自家，有何不可？你那里管得我许多？"

性命没了钱还可以到手

某甲本窭人子，忽发巨财，居然席丰履厚，面团团作富家翁矣。而素性多疑，所居室保有火险。每夜必手自关门下钥，其钥为外洋上等货，且钥匙仅有一枚，甲自佩之，至明晨，始手自启钥。无间风雨寒暑，必躬必亲。盖既恐外贼之入，复恐内贼之出也。人或谓之曰："子防贼可谓周备矣,其如火烛何?"甲曰:"我保有火险,何妨?"人曰:"火烛自有赔款,然倘夜间失火,不及启门,奈何?"甲闻言,颇以为虑,寻思得一计:径往保人寿险若干,并为其家人子女各保若干。诩诩然告人曰:"从今而后,虽火烛亦无妨矣。"人又诘之曰:"子不俱烧煞耶?"甲狂笑曰:"我已保了人寿险,纵然烧煞,我没了性命,那赔款钱总可以到手也,怕他甚么?"

空心大老官

蔬菜之类,各各因时而出,过时即无。惟葱则四季皆有,且庖厨之中,日日用之,几成为不可少之品。众蔬乃相聚而问曰:"若操何术而臻此?"葱曰:"我亦不操何术,第一味虚衷耳。"或叹曰:"可见能虚衷者,自能立于不败之地,且随处咸宜也。"或又曰:"甚么虚衷,不过是个空心老官罢了。汝不见世上之空心老官,年年如此,亦处处都有他的事么?"

无毒不丈夫

诸蔬菜被人吃的怕了,相聚议事,曰:"吾等生来味皆甘美,故人皆喜啖之。久之,恐我辈无噍类矣。从此当约定,不复作甘美之味,改为臭恶之味,庶几可以保全。"大蒜曰:"无用,无用。似我之臭味差池者,世人且称之为香而吃之,奈何?"众曰:"然则改作辣味可也。"姜与辣椒曰:"不可,不可。吾等皆辣者,何尝不供人大嚼。"众相顾无术,复拟变为苦味,而念及粤中一种苦瓜,人亦啖之如恒。计惟有束手待亡,付诸物竞天演而已。或为之献策曰:"断肠草性质狠毒,啖之肠断而死,人遂不敢食之。汝等何不都改作毒性?"诸蔬闻声叹曰:"原来如今世界,非具有狠毒之性者,不足以自存。无怪夫俗谚有'无毒不丈夫'之说矣。"

龙

村学究读《幼学》,见"龙为百虫之长"句,深信之。明达者告之曰:"龙之为物,迹涉疑似,终不可信。古往今来,虽有是说,然究未闻有亲见龙之形者,是殆古人之寓言,何可深信?"村学究不服曰:"他为百虫之长,自然尊贵,不容易见人,亦不轻易为人所见。譬如皇帝,是天下之也长,是不肯轻易见人,人亦不轻易得见的。就是你我二人,都未曾见过皇帝。难道北京的皇帝,也是迹涉疑似,古人的寓言么?"

虎

有捐一末秩到省者,初上衙门禀到,上司偶问话,辄期期艾艾,不能出诸口,甚至颤抖不已。既退,同列笑之曰:"上司非能吃人者,何惊惶乃尔?"对曰:"他是老虎变的,我如何不怕他?"人益笑其妄,则又曰:"非妄也,吾曾读《易》矣,《易》曰:'大人虎变'。"

羊

中国人有恒言曰："百行孝为先。"是故君子以孝为盛德，小人以孝希善报。而劝孝之书，遂亦汗牛充栋。其实孝为天性，苟无外诱以汩其天性，世无不孝之人，原无俟夫劝者也。世风日下，其危父母之道，有十百倍于好勇斗狠者。而劝孝之书，遂亦成为不可少之物。其中甚有借喻禽畜以劝人者。《法言》云："羊有跪乳之礼。"盖羊之骨节，生成如是，非跪不足以就乳，扬子以为礼，不过寓言耳。后人附会之，谓羊有孝思。夫羊之跪乳，既以骨节之故，出于不得已。必借此以喻人，以劝人，人将有不得已而孝者矣，一何可笑！"

榆　钱

一乞丐以败筐至榆树下，拾榆钱无数，携之去，未几又来拾。见者异之，迹其所往，则于深山之中，为窖以藏之也。益异之，问其窖藏此物何用。丐者曰："非汝所知。"拾如故。未几，观者愈众，争问之。丐者曰："此钱也，故窖藏之耳。"人疑其癫，丐者笑曰："吾见世之守财虏，恒窖藏有用之钱而不用，甘自菲薄，而自以为巨富，何以异于我之藏榆钱哉？而尔等不以彼守财虏为异，独于我而窃窃笑之，何耶？"

纨 扇

秋风乍起,纨扇齐捐。于是诸纨扇相聚而悲,互相愁叹。竹夫人讥之曰:"人生出处,自有定时,用舍行藏,圣人有训。相对愁叹,徒作楚囚之泣,胡为者?若余亦与汝等同被弃置,固未尝有怨言也。"纨扇怒曰:"尔何知?尔不过媚人于床笫之间者耳。吾等乃堂哉皇哉,相与趋跄于冠裳揖让中者。尔何得与吾等同日而语?且尔徒具人之名,而无人之实,又复全无心肝者,自是不解愁叹。"

变 形

狐狸修炼成精,即可以幻成人形,此小说家之言也。一狐信之,即日日修炼,炼至二千年,不能成人形。偶潜入城市间,见有反穿貂皮马褂者,不禁大讶。访年高有德者问之曰:"吾欲变人形,修炼二千年而不可得。今日吾偶入城市,见有明明人也,而半体已变作兽形者,敢问其修炼若干年矣?"年高有德者曰:"凡欲变其形,必先变其心。汝虽修炼二千年,而未经变成人心,故终不得成人形也。若汝今日之见,明明人也,而半体已变兽形者,此等人之心,本已变成兽心,故不必修炼,已随时可以变为兽形矣。"

论　像

各小兽相聚,自夸其形状之相似者。猪曰:"我似象。"狗曰:"我似狼。"猫曰:"我似虎。"遂各以所似者相标榜:猪言象最灵,狗言狼最凶,猫言虎最猛。猴笑曰:"汝等休自夸,我最似人。任汝等所似何物,人皆能伏之,是我所似者最佳也。"众无以对。猴遂自喜,游行山谷之间,往往以此言骄其侪类。众咸厌恶之。忽一日,狮过境,群兽白猴之状于狮。狮怒曰:"他虽然像煞一个人,还不能算是人,就如此放恣了么?"

洋　狗

蚊最小,而飞鸣得意。一日,在路上遇见外国狗,蚊见其庞然一物,窃念:"若此人者,必可靠以为援。"遂称之曰"大人",而自称曰"卑职"。狗大喜,许蚊附于己身以驰骋。行至一处,遇外国人出恭,狗俟于其旁,睊外国人事已,就食之。蚊不禁大悔,腾翅飞起,便欲远飏。狗问何故,蚊曰:"卑职虽小,吃的还是中国百姓膏血,然他人已百般指谪,骂我无遗。方才欲跟大人学习洋务,不图大人是吃外国屎的。"

水　虫

水中有一种虫,必头尾皆动,然后能行。其游行时,似翻跟斗,故俗呼之为"跟斗虫"。跟斗虫号于众曰:"我乃齐天大圣入水者,故善翻跟斗。"水族各细物信其言,咸震慑之。未几,一鱼来,将虫吃去。众初甚疑讶。旋又遇一虫,众又疑果系齐天大圣,故神通广大,虽被鱼吃入肚内,仍能复出也。趋前问讯,此虫茫然。于是众始悟曰:"原来先前那个,是说大话的轻佻东西。"

牛的儿子

祭丁之牛,例由典史先向之行礼,而后杀。一日,将祭圣,典史拜牛。此牛乃顾盼自雄,顾群牛曰:"今而后,吾方知为牛之乐,居然能坐受此官之全礼也。汝等勉之,将来亦可似我。"群牛亦窃窃羡慕。俄而,牵此牛出就屠,此牛大悔曰:"吾今而后,知无端而获非常之福者,必有非常之祸以随之。"群牛亦窃窃相议曰:"想来那个官,是此牛的儿子,因为知道他老子要杀了,所以先在法场设奠来祭他。"

蛇着甲

蚯蚓与蛇结为兄弟,出入必偕,誓富贵与共。一日,不知如何失散,遂不复相聚。久之,蚓遇一龟,便大喜,走与招呼。龟本不识蚓,不之顾。蚓怒而去,语人曰:"我的拜把兄弟做了一个武官,便不识我这贫贱之交了。可见人情势利,到处皆然。"人问蚓如何知道他做武官,蚓曰:"他从前和我一般,都像一条光棍,此时却着起甲来了。不是武官,如何着起甲来?"

孔子叹气

百鸟皆卵生，惟鹌鹑为化生。故老于猎鸟者言百鸟皆有巢，惟鹌鹑无巢也。化鹌鹑者，或蛙蛤，或田鼠，不一定，乡人每多见之。一鼠将化鹌鹑，头项已化成矣，惟腰胁以下则犹未化。适为乡人所见，急捕而闷杀之，携之入城，炫示于人。于是城中之通人学士，皆以为见所未见，咸来就观。久之，哄动远近，来观者车马相属于途。适孔子一车两马，周游天上列国，于云端中见仆仆于路者，皆文学之士，不知何故，使子路往探之。子路探得实据以返报。孔子叹曰："这不禽不兽的东西，连气也没了，那一班自命为文士之人，却要看他样子，真是无可如何！"

按：田鼠化鹑，余曾亲见之。昔年与香山梁丽川桂生共事，丽川藏有一头，出以示我。言捉自田间，以药水制之，使不朽者。其状甚诡：鹑头自鼠尻出，鼠尾已不知如何化去，后两足化两翅，腰腹犹鼠也，而鼠头及前两足亦俨然尚在。以所见度之，则以尾化首，以首化尻，以腹化背，以背化腹者。第不知其腹中肠胃如何变化耳。想其变化之时，亦殊苦恼也。又黄雀亦是化生。大抵为一种鱼所化，水滨居民恒多见之。又闻海滨之岛，遇海潮骤涨骤落时，鲨鱼随潮起及潮落，涸于滩上，则展转化为鹿或虎。此虽未曾经见，然以鹑若雀之例例之，当亦非虚也。近日欧美格致之学大明，每持以傲我，不知其又将何以解此也？

开门揖盗

人家多失窃,乃祷之于土地菩萨。土地菩萨既受了一方香火,不得不为之查察。既而查得贼从狗窦中出入。他日,人又以失窃来祷破获,土地菩萨皱眉曰:"汝等因为防贼之故,家家养狗;因为养狗,遂开狗窦。如今我查得贼从狗窦中出入。你们赶紧塞了狗窦,自然没事了。"失窃者叹曰:"我养狗本是防贼的,谁知反是开门揖盗。"

按:前数年某大员语人曰:"从开了总理衙门之后,便天天有外国人来闹。不如把总理衙门撤了,看他再向何处去闹?"与此同一见解。

骨 气

獭入水求食,遇一金鱼,即张口唼之,囫囵咽下,殊不足以解馋。复前行,遇一鳖,见鳖裙腻然,喜曰:"此足以供我大嚼矣!"向前噬之,牙触鳖甲,骤不得咽。獭不觉大疑曰:"适间吃的那东西,文彩斓斑,仪表不俗,看看好像一个读书种子,却是没有骨的;倒不如这个臭忘八,还像有点骨气。"

蛇想做官

玄武上帝座下龟、蛇二将,相聚闲谈。蛇曰:"我甚想捐一功名去做官。"龟笑曰:"看你那副尊容,是个尖头把戏;看你那身子,就犹如光棍一般。如何做得官?不如学我缩头安分点罢。"蛇曰:"你有所不知。你看如今世上做官的,那一个不是光棍出身?至于尖头把戏,更不用说了,倘使不是尖头把戏,顶子如何钻得红?差缺如何钻得优?我要钻起来,比他们总强点。且待我捐了功名,钻了路子,刮着地皮,再来学你缩头的法子未迟。"

羽毛讼

毛与羽争贵,羽曰:"必有军功者,乃得赏戴花翎,是羽贵也。"毛曰:"必官至四品以上,乃得服貂褂,带朣貂,非特赐,虽一品大员不得服,是毛贵也。"羽曰:"昭代右文轻武,凡文臣之补服皆羽属,武官之补服皆毛属,是羽贵也。"毛曰:"凡官署之垩其照壁及堂壁者皆毛属,是毛贵也。"二者争执不已,共讼于冥王。冥王不能断,乃叹曰:"不图堂堂人类,且人类中之做官者,其贵贱之间,乃以羽、毛为代表。"

水火争

水德星君与火德星君争长,水德星君曰:"以我沃火则火灭,当我长。"火德星君曰:"以我煎水则水沸,当我长。"相争不已,共讼于玉帝之前。玉帝曰:"下界新旧两党势如水火,攻击不已,闹到天下不宁。今汝等又争,岂欲党人碑树到天上么?"

涕泪不怕痛

或相聚言人身之上,最不怕冷者为面,故冬夏皆不衣;最怕冷者为屁,故一向都伏在肚内,偶然放了他出来,他便忙向鼻孔中钻进去了。或又言最不怕痛者为手臂,无论何人用何物打来,手臂必当先挡住。或曰:"否否。手臂虽不怕痛,然打得狠了,也有退缩的时候。以余观之,最不怕痛者为涕、泪。不信,你看越是打他,他越要从眼眶、鼻孔中跑出来。"

蛆

牛在田畔耕作,见龟、鳖成群而过。牛叹曰:"此等物事,绝无功于人世,却也生在世上,真是无谓。"龟、鳖曰:"吾等何尝无功于人世?须知龟板、鳖甲,都是滋阴之品呢。是我等死了尚有用,不似你一死便无用也。"牛曰:"牛溲、牛黄,亦是药品,何云无用?"旁一粪蛆曰:"若以能入药为有用,则我五谷虫,也是有用的。"牛闻之叹曰:"原来蛆也有用于人世,可见世上庸碌无能之辈,便连吃屎的东西也不如。"

虫族世界

昆虫部中也有一世界,其世界之中也有朝廷,也有国家,也有郡县,也有官吏,也与别部交涉。昆虫皇帝先是令粪蛆执政,久之,国权尽失，国势不振。昆虫皇帝大惧，下诏求贤。争奈蛆既当国，所汲引者，无非其同类。皇帝不得已，亲拔蠹鱼，置于政府，而逐粪蛆。久之，国之腐败如故，委靡如故。皇帝叹曰："吾初见蠹鱼出没于书堆之中，以为是饱有学问的。不期试以政事，竟与那吃屎的一般。"

走兽世界

兽能行仁政，使各兽均能平等自由，各安生业。惟猫则饥饿欲死，无可得食。一日，诸猫急纷纷向各兽辞行，名片上都写着"恭辞北上"。诸兽问："北上何故？"猫曰："吾等散居各处，不能得食，故欲入京以谋食耳。"或曰："北京翰林，也不过就四两银子的馆地。汝等前去，何由得食？"猫曰："吾闻京师为钻营的总会，想鼠辈必多。"

火　石

火石与火镰，相撞相击而生火。火石曰："此我蕴蓄之火也，于镰无与焉。"火镰亦曰："此我击撞而出之火也，于石何与焉？"于是镰与石，各自以为是，背道而驰。一日，石欲得火，撞于他物之上，百撞不得火也；镰欲得火，击于他物之上，其不得火也亦如石。于是知相依之可贵，相与言和，复归一处，寸步不离。以为如是，则随时可得火矣。火绒闻之，趋而远避。镰与石相撞相击，火星四射，而旋起旋灭，有如电光，卒不得燃。君子于此，叹刚柔相济之功也。

水 晶

水晶精莹如水，质坚而透明。乃傲于水曰："若之决诸东方则东流，决诸西方则西流者，焉能及我之坚凝独立也？"水亦自叹望尘不及，然甚欲有以学之。一日际严冬，寒威凛冽，水尽成冰。乃大喜，告水晶曰："吾今与尔等矣，若焉能再傲我？"水晶曰："吾可以为材，雕镂成器。若亦能之否？"冰曰："云胡不能？"乃投琢工，自献焉。琢工取视之，触手即化。水乃叹曰："吾今而后，知徒有其表者之未足以为材也。"

黄　白

颜色之尚，历代不同：夏尚黑，商尚白，周尚赤，近代尚黄，而西人则尚白。或谈论此中之理，有言以方位而尚者，有谓因五行生克之说而尚者。或曰："皆非也，随其心之所好以为尚耳。近代人莫不想发财，心之所好者惟黄白物：外国人之想发财，不过想赚中国的银子，故尚白。中国人想发财，乃想赚外国人的金子，故尚黄也。"

团　体

雪飘扬空中，随风飞舞，不能自主。及落至地下，乃互相凝结，成了一大块；愈是风来得紧，他愈结得坚，莫想吹得动他分毫。风伯至此，势力威权，都无所用。雪乃遥谓之曰："你只好去欺那散涣不自由的东西，我等如今已结了团体，你还奈我何？我劝你到别处去罢。"

放　生

天下有绝不可解之事，而人咸趋赴之而不疑者，放生局是也。大若牛马，小至鸡犬，皆可送至局中豢养之。此等乃谓之善事，夫亦可谓愚不可及矣。吾曾默计此等放生局，将来必养成禽兽逼人而后已。客座中偶谈及此事，吾又忽作奇想：欲捕蟹虫数千百万，送至彼局中放生。此固明明物命也，吾不知局中人将何以教我？

同治末叶，南海冯竹儒观察任上海道时，拈香城隍庙，见庙廊系一羊，仅具三足，必纵而后能行。群儿围而戏之，或投以石，或故牵之，强使行。观察怜其肢体之不全也，嘱人饲之，使终其天年。人乃慑于观察公之意旨，创为放生局之说，广募捐款，筑室于南门外，使人典守之。自是遂多以牲畜送局中放生者，殊无谓也。虽然，犹有说焉。使若牛若马等畜，彼为我供奔走、司耕耨者有年，今老而毙矣，杀之则不忍，留之则无用，送置局中，待其自毙，此犹可说也。而迷信之徒，动以病故，遂愿放生。病愈，则购一鸡，或一鹅，送局中，而以羊为最多。于是孳生不已。每经西门外，见有于义冢之上放羊者，问之，则放生局之物也。夫义冢所在地，向有放牧之禁，独于放生局之羊，乃得享此权利，毋亦贱人贵畜也欤？曰"必养成禽兽逼人而后已"，非虐谑过虑也。

送　死

某纨袴拥巨资，而目不识一丁。室中又故罗列图书，以示为读书种子，故藏书颇富。并延清客数人，日坐其中，以代其应酬。一日，友人走函借书，纨袴拆视，不甚了了，以示清客。清客阅之，曰："某君来借《宋史》也。"纨袴大怒曰："我家没有送死的东西，叫他到别家借去。"

作　俑

孔子曰："始作俑者，其无后乎！"吾则谓始作冥镪者，亦必无后。自神道设教之说起，香烛冥镪，岁耗民财，不可以数计。然香可以解秽气，烛可以取光，当为有用之物。惟此冥镪，一无所用，购归即焚之，乃至再用，又当再买，绝无假借。彼遂以此一无所用之物，据为一大利源，以耗民财。吾以其计之毒，敢武断其无后也。

山神土地

山神与平地上之土地相见，互问其缺之肥瘠。土地曰："我在平地上，日受万人之践踏，苦不胜言；不如足下之有山可靠，如磐石之安也。"山神曰："这才是一家不知一家事呢！你看得我如磐石之安，须知遇了穿山甲时，在我身上硬行穿过，闹得肠穿肚破，好不难受。若你们平地上的，先免了这个痛苦了。"土地摇头叹曰："你的穿山甲还不常见。须知近来世上多了一种地蛀虫，差不多把我来蛀空了，不比你还难受么？"（上海方言，呼买卖地产之经纪曰"地蛀虫"。）

按：近来更多一班卖矿卖地之大地蛀虫，山神土地，更不知如何痛苦也。

雌雄风

或读宋玉赋"此大王之雄风也"句，疑曰："风是无形无影之物，何有雌雄？"或笑曰："自古已有雌雄风之说，汝特不知考据耳。"问有何考据，曰："凡挟雷雨而至者，谓之雄风；月明星稀，轻云薄雾之时之风，谓之雌风。"曰："此亦臆说耳，究不得引以为据。"曰："恶得无据？凡与雷雨同来者，有'雨师风伯'之说，既称为伯，自是雄的；若月白风清时之风，则又有'风姨月姊'之称，既曰阿姨，自是雌的。"

投　生

　　一人罪孽深重，死后见了阎王，阎王命判官议其罪。一判官拟之入畜生道中，一判官拟罚作草木。此人述曰："草木、畜生都不敢辞。但罚做畜生，则请做犬马，不愿做猪羊；罚做草木，则宁做樗栎，不做松楠。"阎王问何故，此人曰："犬马乃有用之畜，人不肯杀，或足以保其天年；猪羊为无用之畜，徒供口腹牺牲之用，故长大即被杀戮。若夫草木，则樗栎为无用之材，人不我伐；若做了松楠，可供栋梁之用，人又从而伐之矣。"阎王叹曰："原来凡有血气者，皆以有用为贵；若夫安于无用，苟延岁月者，特无血气之草木为然耳。"

滑稽谈

裴效维　校点

不必有用

滑稽者常言："凡人不必有用,且无用之人必享福。不信,试观人之五指,凡四指皆有用,惟无名指无用,而戒指必戴于无名指,是其证。"云云。因广其意曰："凡人面具五官:耳司听,目司视,鼻司嗅,舌司言,口司饮食,皆有所用。而凡言人面者,必不举五官,而独举一无所用须眉,以言代表,是亦不必有用之一证也。"然而调侃代表者不少矣。

酒中三鬼

杜康酿酒既成,试他一秀才饮之,秀才醉死。知为太酽也,薄其味,复使一武弁试饮,亦醉死。酿三成,乃使丐儿试饮,乞儿亦死焉。三鬼共讼于阎王,阎王曰:"已死不能复生,然念汝等枉死,免入地狱,纵之阳间,凡遇饮酒者,汝等皆从而鬼混之可也。"三鬼大喜。故凡聚饮者,初入席时,必互相逊让,举杯举箸,必闻"请啊""请啊"之声,此秀才鬼混之也;及至饮酣,互相拇战,揎拳捋袖,势若用武,此武弁鬼混之也;及其既醉,不能复饮,则相率求主人赐饭,此则乞儿鬼之矣。吴趼人酒后,恒不吃饭,每语人曰:"吾差幸不为乞儿鬼所混。"

打滑头之弹子

枇杷黄矣,一班滑头少爷行路匿迹。沪谚以猎流妓者为打野鸡,隐语以银元为洋枪。按银元为用最广,不仅用于打野鸡,呼之为洋枪,未免不称。若枇杷者,真成为打滑头之弹子耳。

鸡有七德

乡人延师课子,而待其师殊吝,终岁蔬食。一日,宾东闲谈,乡人请问鸡有五德之说,师为解之。又曰:"他人之鸡,仅有五德;汝家之鸡,当有七德也。"讶问何说,曰:"除本有五德外,我吃得,汝舍不得,岂非七德?"

挡耳光

近日妓女衣服,喜用高领,几及半尺,足以掩其颊,殊不雅观,雇若辈相率效尤,正不知其何所取义也。或曰:"昔年妓女重柔媚,其对客之周旋应对,恒得人喜。近日之妓女姿傲慢,其对客之语言跋扈,恒得人怒,怒则不免于打耳光。此高领掩颊,迨藉以挡耳光者也。"

《淮南子》校勘记

《淮南子》载：苍颉作书，天雨粟，鬼夜哭。注：书契作，诈伪生，去本就末，天知人将饿，故雨粟；鬼恐为文所劾，故哭。或读之而疑曰："此必有误，雨粟断非天知人将饿。如天知人将饿即雨粟，则近年饥馑相望，何反不见粒粟之雨也？天雨粟，当是奖励作书之意，亦以见为士者可不耕而食也。至于鬼恐为文所劾之说尤谬，文字又何必独劾鬼哉？此'鬼'字，当是'兔'字之误。"人问："然则作书与兔何预而夜哭？"对曰："兔知作字之后，必将取其毛以为笔，那得不哭？"

商界之见解

凡修筑马路时，所筑之两端树一小小赤帜，所以警告行人，使勿近也。迩来租界各商店，除市招外，每多树一帜，帜色赤，不知何所取义。意者亦以警告行人，使勿近乎？可发一笑。

鸦片鬼开欢迎会

鸦片烟鬼手执兔毫，伸纸摊墨，蹙眉皱眼，抓耳挠腮，要做一篇文字。人问其作甚文字，对曰："打算召集同瘾，开一个欢迎会，所以打算作一篇小启。"问："欢迎何人？何必定要同瘾者，莫非出了一个破坏禁烟之人么？"曰："非也，欢迎哈雷彗星耳。"人讶曰："哈雷彗星，何有欢迎之价值？又有何德于吸鸦片之人。"曰："不然。不过因其出现在天将亮时，其时众人正在酣睡之际，惟我辈独醒耳。"

只要装扮得时髦

一种西式便帽，合六瓣为之，软胎，前有帽檐，近日华人盛行之，改西装者无论矣，即长衫马褂之流，头上亦顶此帽，亦一时风会所趋也。华人小帽，向惟以黑缎为之；此帽则灰色者，白色者，蓝者，黄者，五色缤纷，初无定制。前日于剧场中竟见一戴绿色者，甚以为异。或曰："只要装扮得时髦，便是戴了绿帽，也没甚要紧。"

哈雷彗星是张文襄

古有名将名臣，上应列宿之说；今之迷信者，犹多道之。此次哈雷彗星出现，说者谓为张文襄也。其说曰："张谪人世七十余年，故七十余年中，其星隐。张死则归位，故星现。其光见于外洋者，出洋游历也；现于中国者，倦游而归也。初现于东方，谓黎明时得一见，好事者不惜坐以待旦之劳，求一望见颜色而终不可得；继出现于西方，又为月光所掩，见如不见。过此以往，其尚可得见与否，未可知也。张文襄在时，僚属之求见者，至备行李宿于官厅，或终不可得见，何以异于此星之现于东方时也？有时幸得一见，而彼老于坐谈之顷，无端睡熟，左右不敢起居，谒者不得达一意而去，何以异于此星现于西方时也？过此以往，尚可得见否，未可知。则含此意以仰文襄者，不知几何人。"然则指哈雷彗星为张文襄者，殆非无因。

秦始皇学得蟹虫法

天气渐热，蟹虫复出，捕得之，欲捏杀，则恶其臭恶，每弃于地而践杀之。然弃之不去，则绕指而走，其行极迅，有时反覆寻觅不可得。滑稽者见之曰："荆轲刺秦王时，秦王环柱而走，当是学得蟹虫绕指法也。"

外交人才

以一弱国，国于列强之间，一切外交，无不棘手。偶有失败，又为国人所指谪，欲秘密之，又苦无策。外务省于是乎穷于术，外务大臣乃广求人才，将引为助力。一日，有人来荐人才，具一手摺，内开无数人名。视之则皆富贵家姬妾之名也，讶问："此中有何人才？"对曰："是皆长于外交，而善守秘密主义者。"

酒囊饭袋

罟人之词多粗鄙，而少蕴藉。某君思有以矫之。罟人之无用者，辄曰口。人或不解，叩其意，对曰："人之五官，各有所司：目司视，耳司听，鼻司嗅，舌司言，口司饮食。称之曰'口'者，谓其酒囊饭袋也。"

洋　装

某甲乡居，事事要趋时。偶游上海，见租界之狗，均颈系皮圈，口衔铁勒，以为是洋装如此，照购一副。归至乡间，加于所著犬头颈上。或见之曰："此处无租界禁令，何必如此？"甲曰："何必管他租界不租界？只要扮了洋装，就是时髦。"

武松打虎

剧场上掮旗枪扮兵卒者，俗谓之"跑龙套"。某甲业此，而赌博无赖，屡向武小生某乙乞贷。乙久厌之。会甲博负，又向贷百二文，乙不应。是日剧场演景阳冈故事，乙扮武松，甲扮虎，往来扑跌，虎终不死。乙初莫名其妙，既而顿悟借贷事，因执虎耳而言曰："畜生！借给你罢。"拳起语出，语毕拳落，虎乃死。

四马路之猫行将饿煞矣

饮于酒肆中，傅呼伺应者，举箸击碗盏，伺应者即闻声至，此南北之通例也。惟四马路杏花楼之堂倌独不然。对于粤人尚可，因该肆为粤人所设也。倘他省人饮于其中，偶击杯盘，则堂倌必操粤语相谓曰："拌猫饭去也。"是故非粤人而饮于该肆者，皆猫属。今该肆闭门理账，停交易者将经旬。设从此旗鼓不振，则四马路之猫，不将饿煞耶？

天圆地方耶天方地圆耶

天道圆,地道方,以道言,不以象言。谈者每省去"道"字,曰"天圆地方"。遂令新学家指为不通,以为天地之象皆圆也。或曰:"地球图,吾见其为圆矣,奈何又有指天为方者?"问何说,曰:"不然,外国何以又有一种天方教?"

拾　金

弟吸烟成瘾,痼疾深重,终岁俾昼书作夜。其兄患之,戒之曰:"以弟此种行径,虽上天雨金,亦必无暇拾取,终以让人。苟不早为戒绝,是终身之累也。"弟执枪徐徐言曰:"亦视雨金在何时耳。苟雨在三四鼓时,弟拾尽且无人觉也。"

还是吃鸦片好

夫吸鸦片成瘾,妻劝之曰:"吸此无益之物,岁费百余金;设戒去之,是岁可积百余金也。"夫韪之,而未及戒。会岁暮债迫,无可为计,妻出数十金为偿之。夫喜,问所自来。妻曰:"每君购鸦片一次,妾即如其数私贮之,乃得此;使君果戒去鸦片,所积即当倍之,毕债外犹有余裕也。"夫喜,果戒尽。次年岁暮,又有所需,问妻:"今岁蓄几何矣?"妻愕然曰:"以君不购鸦片,妾无所感触,即亦无所蓄矣。"夫大恚曰:"还是吃鸦片好。"

官　派

做官人死后见冥王,冥王恶其剥削民脂民膏也,贬之入九幽地狱,罚令永远不许再投人身。一日,此做官人逃出地狱,将偷入阳间,而苦于无凭照,不能投胎,乃潜入化生道中。或问将何往,曰:"我要到阳间做臭虫去。"问:"化生种类亦多,何必定要做臭虫?"则对曰:"我们做官人,向来不肯失官派。我们做官时,日以吸民脂膏为事,故投去做臭虫,日日吸人膏血,取其仍带着几分官派也。"

吴牛喘月

吴跰人咳喘经年,或作或辍而不瘥。一日又喘甚,方苦之,一滑稽友在旁曰:"莫有月否?"时庚戌暮春,苦雨匝月,吴喘息应之曰:"如是天气,那得有月?"曰:"然则,君何喘之甚也?"语已一笑去。良久吴始大悟曰:"伧乃以我为牛。"或曰:"此滑稽之报也。"

该死该死

袁翔甫大令,为随园之孙,亦能为诗,居沪上最久。其对人恒作一常语,曰:"该死该死!"无论闻人何等言,辄先应之曰:"该死该死!"其友某君,别已十年,及复遇,友已丁外艰,为述其父得病及死状。袁不俟其说毕,每听其一言,辄曰:"该死该死!"

古人之无线电报

或曰:"电报至于无线,其法谓精绝奇绝,当非吾国古人所有者矣。"故为不服者笑曰:"亏你自命通人,连《封神榜》都不曾看过。你试看《封神榜》上那个顺风耳,何尝有线报来?"

鹿死谁手

凡富贵人得病,必群医杂进。此次鹿中堂久病,想东医、西医、中医必不乏人,从此渐告安痊,斯已耳。脱不然,正不知鹿死谁手。

井井有条

清明日,插柳条于门,不知始自何时。俗有"清明不插柳,死了变黄狗"之谚。国初扬州石天基辩之云:"黄巢以清明日起兵,预令从己者插柳于门,以为识别。故当时口号曰:'清明不插柳,死在黄巢手。'俗谚实此说之讹。"云云。粤俗是日且以柳条遍插神座及厨灶等处。某士人戏以插井旁,谓人曰:"可以辟疫也。"于是人皆效之。士人笑曰:"今而后,井井有条矣。"

惩　赌

差役捉得聚赌者,来禀本官。官得禀,即刻升座提讯,问:"汝聚赌耶?"直认不讳。官喝:"打!打!"却不撤签。隶半跪请曰:"大老爷,不知打多少?"时官已高坐朦胧,大有前仰后合之势。闻隶言,含糊应曰:"打的是五索,怕放炮么?"

可惜不做臭虫巡抚

入今年来,各处都闹饥荒。湖南、江北等处,且有抢米、民变等事。有心人为之殷忧无已。或曰:"岂但内地饥荒,上海亦饥荒。"曰:"上海至于办平粜,本亦在饥荒之列。"曰:"不然。上海非但人闹饥荒,臭虫亦闹饥荒也。"问何说,曰:"臭虫之多,香港而外,向以上海为最,几于无家无之。近来市面衰落,空屋日多,既无居人,则室内臭虫无所得食,岂非闹饥荒乎?"滑稽者曰:"空屋之多,不自今年始,臭虫之闹饥荒,既已久矣。然而不闻臭虫有因饥荒而暴动情事,可见得臭虫的程度,比人还高。"或为进一解曰:"可惜岑春蓂不做臭虫巡抚。"

老鼠也遭劫

或又曰:"禁绝烟馆,岂但臭虫遭劫,即老鼠亦何尝不遭劫?"盖同一嗅烟成瘾,同一失所依据也。滑稽者曰:"臭虫既会回家去开灯,则老鼠更易设法矣。"问何法，曰："渠只要到总汇里去，鬼鬼祟祟吃两筒。"

电报诊脉

电报之用，日趋于奇，有能于电报中认笔迹者，有能用电报摄影于千里之外者。巧夺天工，几于不可思议。非惟古人所不及，即今人，非专门学之确有心得，又精于研究者，不易得其理。此当为世人所公认者矣。或有故为不服者曰："此大易事，我中国古人，必优为之。"问何据，曰："古人悬丝诊脉，不是用电报诊脉的么？"

说死话蒙住活人

前日英皇电讣至，昨日有人相遇于茶肆，猝然相谓曰："顷闻德宗景皇帝派载鸿慈、葛宝华为正副专使，赴伦敦，问英皇爱德华第七安好，君亦有所闻否？"言已，相视微笑。旁有某君闻之曰："似不曾见上谕也。"闻者大笑。某君愕然，既而悟，亦失笑曰："吾居然被死话蒙住也。"

别　字

某妇患难产，诸医穷于术。忽一人献策曰："不须调治，我知道到了本月二十七日，立下。"人问何故，曰："你不信，翻开《历本》看看，今年可是三月二十七日立夏？"

臭虫遭劫

故老相传,鸦片之为害,非但人受其痼,即物亦受其痼。是故烟室中之臭虫及鼠子,恒不肯他徙。以嗅室中烟气,久而成瘾,徙他处,或无吸烟者,则瘾发而死也。诚然,近来各处烟馆早经禁绝,各烟馆中之臭虫,将一齐瘾杀矣,岂非大为遭劫?或曰:"是何伤?虽禁绝烟馆,渠也一样回家去开灯。"

是亦有祖师耶

欧风东渐以来,崇拜西人者,不一而足。有相与叙谈,研究崇拜西人起于谁何者。忽一人曰:"是不必研究,吾素知为起于秦文公也。"或问何据,对曰:"吾人自称其国曰中国,又曰中央之帝曰黄帝,又曰吾黄种皆黄帝之后。果如所言,可知欧西白种人,皆西方之帝曰白帝之后矣。《史记·封禅书》载秦文公作鹿畤,用三牲郊祭白帝,非崇拜白人之祖师耶?

好大运动力

玉皇大帝闻得下界将近立宪也,敕令群仙,预备立宪,先行设立谘议局,举定议员。众仙奉旨而行。及至谘议局成立之日,投票选举,内中只有齐天大圣得最多数。众讶曰:"何以这猴头倒得着多数呢?"

太白金星曰:"你不看一万三千五百斤的定海神珍铁,他都运动如风,大家的运动力,那一个及得了他?"

"休"字之别解

一人妻悍妒无度,或劝令休之,其人曰:"他既不死,我又不死,如何可休?"或问:"何以必俟死而后可休?"其人曰:"岂不闻除死方休?"

吃羊肉

一人贫而馋,苦无可得食,乃拾取石块,就溪边濯之,云将煮食也。或言:"子非白石先生,讵可以啖此?"则对曰:"此羊肉也,曷不可食?"或疑其痴,则又应曰:"黄初平叱羊成羊,此宁非羊肉?"

放屁不是这样放法

一人与人因事龃龉,致起笔墨之争,误发一言。事后知悔,另欲掉换一信函,而不可得。乃出资刊登日报告白,悉易原文,冀欺阅者之目。不意愈闹愈拙,一明眼人见之而笑。其人知窥破底蕴,撒一极屁。明眼人掩鼻曰:"老兄你要放屁,恐不是这样放法。"

八仙庆寿

货币中一种重量之名词,英人辟香港时,以代百分银圆之一之称,粤人译其音曰仙。后香港铸出一种铜币,每枚值百分银圆之一,文曰"香港一仙",今之当十铜圆,实仿其式为之。故粤人之称铜圆,亦曰仙。有寿日称觞者,一人馈铜圆八枚,以为寿礼。或讥其薄,则曰:"礼虽薄,而口彩甚好。"问何口彩,曰:"岂不闻八仙庆寿?"

招 租

某甲馆于某所,性喜狎邪游,馆中虽设一榻,而归宿时极少。同事者因戏书"招租"二字,贴其榻上。上海县前所设站笼,自地保施福站过数天之后,亦久虚置。滑稽者亦戏书"招租"二字,贴其上。

打 样

凡起造房屋,必先绘为图,谓之"打样"。又买卖大宗货物,必先以货样来,亦谓之"打样"。江浙间店铺,日晡关门,则谓之"打烊"。"烊""样"音相近,久之,"打样""打烊",竟无别矣。新开某店,竟日忙碌。及夕关门,众学徒欢呼曰:"打烊哉!打烊哉!"或问:"关门何以谓之打烊?"滑稽者曰:"世无永不倒闭之店,故此时能打一倒闭之样子看看。"

没有儿子

新学少年,忽然欲涉猎旧学。购得《百子全书》一部归,先遍检各书目,叹曰:"无怪乎外人讥我伦理之不完全也!"人问其故,对曰:"你看这《百子全书》之中,有了老子,又有孙子,却偏偏没有儿子,岂不是不完全么?"

五脏俱全

或叙上海周桂笙事,略云:"肝胆照人,今之有心人也。沉默寡言,而偶作俳言,又似别有肺肠者。"桂笙见之,笑曰:"可谓五脏俱全。"

罗 汉

昔年沪上盛行"四大金刚"之说,盖指妓女林黛玉、陆兰芬、张书玉、金小宝而言也。此四人何以得此生谥?则莫可追求矣。或曰:"是当称以罗汉,不当称以金刚。"人问:"金刚、罗汉,同是佛门弟子,有何区别?"曰:"罗者,罗致之罗;汉者,对子之汉也。"

也是一个问答

国朝官阶大小,别以顶色:曰红,曰蓝,曰白,曰金。而一色之中,又有镂花、光身、明、暗之别。盖取意于正红、镶红、正蓝、镶蓝、正白、镶白、正黄、镶黄八旗之意也。然而八旗之外,尚有绿旗一种,不知当日何以不作一绿顶?或答曰:"所以近来大人先生,爬到红顶之后,每每广置姬妾,制为绿头巾,以补此缺憾也。"

也是书画专家

某处开书画会,发起人中,有绝不知八法、六法者。盖以其挥霍颇豪,拟利用之,而羼入其姓名者也。见者大哗。或曰:"吾见其牌九麻雀,永不赢钱,是为大输(同书)家;言大而夸,是为大话(同画)家。以为书画会之发起人,又何嫌焉?"

女子不如鸡

有心人相聚,慨叹晚近女子社会之堕落,曰:"是非复我旧道德不可。"或曰:"女子道德,亦分新旧耶?"曰:"古者女子首重四德,今沦亡尽矣。"曰:"然则女子且不如一鸡也。"诧问何说,曰:"吾闻鸡有五德,女子仅有四德,岂非不如鸡乎?"

子承父业

有父死而烝其庶母者,亲族唾弃,乡党指谪。而此人处之泰然,若无所事。或有规之者,则应之曰:"人家之富者,父死之后,一切财产奴婢,莫不归之于子。吾之所为,亦子承父业之常耳,何众人独不许我?"

天然材料

富家翁每以耄年而蓄群姬,帷薄之间,遂不可问。有戏拟以天然物产,为制一绿帽者,以荷叶为帽胎,以韭叶为帽纬,以青果为帽顶,以松须为翎枝,以青葡萄为帽准。独少一帽绊,无所取材。或进曰:"何不用豇豆?"

无药可医卿相寿

鹿芝轩相国薨逝后,各报一律登载。某甲手一报纸,喟然太息:"无药可医卿相寿,于斯益信矣!"人曰:"今年大老之薨于位者,不一而足,子何独于鹿相而发叹也?"曰:"不然。从前逝世诸大老,或无处求药石,以致误其生命。至于鹿芝轩,他明明有个令弟鹿芝馆(广东丸药店名),是专卖好药的也,居然要死,岂非无药可医卿相寿耶?"

骑坐反常

车马皆所以代步,马可骑,车可坐,皆人所习知者。不料世风降至今日,骑坐亦竟反常,抑亦奇矣。盖西国妇女之骑马,别为一种女鞍,骑时两足偏于一边,既非跨登,斯谓之坐,是坐马也。至于乘自由车者,状若据鞍,又不得不谓之骑车。

甚似忧时君子

山东莱阳之乱,都中齐鲁同乡官哗然,谓东抚办理不善。各报所载,流离琐尾情形,亦有令人不忍卒读者。或手一报纸,睹此事而怅然有戚容,人以为忧时君子也。进而与之言,其人曰:"他非我所知,吾所戚戚于心者,孤负一年之好莱阳梨耳。"

敲冰煮茗

海上冬日冰不多,某甲欲作韵事,冬月求冰,将为敲冰煮茗之举也,顾求之不得。延至盛夏,见市上之售机器冰者,大喜,购归,折柬招友,围炉煮茗。

红丸案

明光宗朝,李可灼进红丸而帝崩,一时朝士哗然,终成疑案。戊戌政变时,亦有操红丸之说者,闻者转疑而成笑柄,甚也红丸之足以惑人也!近来则售红丸者遍市上,且各诩其功效之神,使当日之人见之,不知又将何以置喙也?

读别字

某士人,家庭中抱难言之隐。一日,又被其父无理责骂,士人避出饮泣。其友劝之曰:"天下无不是之父母,便委屈些也不该烦恼。"旁有某甲听了此话,便牢记在心。他日某乙偶被父母责骂,忿然出走,面带悻悻之色。甲见之曰:"天下无不死之父母,便委屈杀也不须烦恼。"

花 旦

某笔记中,载有蛋壳镂花法一则。有试按法为之者,良验,且细入毫芒中,隐隐现刀划痕。其实别用制化之理,非刻划所成也。或见之,把玩不置曰:"置于剧场中,必当独树一帜。"人曰:"此玩具,如何可入剧场?"曰:"这个明明是花蛋(旦同音)。"

冬暖夏凉

客有言古有温凉杯,以宝玉为之,注酒其中,冬暖夏凉,是为无价宝者。或曰:"冬日拥衾睡足,则周身温暖,夏日汗后抚之,则遍体清凉。即自己肌肤,便是冬暖夏凉之无价宝,人苦不自觉耳。"

跰曰:"不求自修,而专事外骛者,似宜味乎斯言。"

高车所以防抢帽

吾友某君,冠而出。及夜,科头归。诧问之,曰:"被劫也。"友素赳赳,宵小何敢近?益讶之。细叩其故,始悉其乘黄包车(近日一种人力车,轮小而车身作三弯式,轮护以橡胶,御夫颇择精壮者为之,行略迅,俗称之为黄包车)归。黄包车车身低,坐其上,较立地反矮,故宵小易于施其抢掠手段。既抢,行即反奔。而车夫行亦极迅,及喝令停车,已背驰半晌,追之不及矣。余闻之曰:"抢帽之人,古盛于今也。"友问何说,对曰:"古人动辄高车驷马,岂非以矮车防不胜防耶?"

验收兵船

某年,中国向外洋定购兵轮,工竣放洋来华,泊吴淞口。某大老亲莅船验收,以小火轮渡三夹水,两仆左右掖登兵轮。于舱面徘徊良久,指点近处所泊各船,一一询问。既而沿梯下舱,乃以手摇梯旁栏杆曰:"坚固得很,坚固得很。"

按此系实事,不欲举其名耳。

只怕死也无益

昔曾闻一笑枋云:一穷汉手提纸锭,叹曰:"此物硬一硬便好。"旁人笑曰:"纸锞无可硬之望,除非足下硬了去凑他。"又一则云:或问:"人生何处境地最乐?"对曰:"死境最乐。"问:"何以知之?"曰:"倘死境非最乐,何以凡入死境之人,绝无肯复生者?"此二说皆堪发噱。昨又闻一事:某甲贫甚,其戚死,往唁之,见馈冥镪者甚众,却步欲行。人问何故,曰:"将寻死也。"曰:"何故寻死?"曰:"吾此际生存,每向他人求借一文而不可得;死后想亦有馈我者,故欲试为之也。"此则或慨以出之者矣。

亦是一问题

吾国向称皇帝曰"天子",独不闻皇后为"天媳",皇子为"天孙",已属不解。且"天""地"二字,久为配偶之名词,甚至有"父天母地"之说。皇帝既称"天子"矣,亘古以来,亦未闻有上皇径称"天",太后径称"地"者,抑又何也?

符箓世界

各行省将考取法官,不知者以为道家之法官也,喟然叹曰:"昔者法官,仅江西龙虎山张天师处有之。今且求之于各行省,将来此辈用事,必变成符箓世界,则庚子义和团之被杀,不亦冤乎?"

未免有屈警官了

或讥警兵曰:"汝等晨夕为人巡逻门后,特狗耳。"警兵曰:"唯唯。吾等即狗,庸何伤?所难堪者,吾辈之上官耳。"问何说,曰:"警兵皆狗,则警官岂不是个狗头?"

贫人多子之原因

富贵人家,每艰于子嗣;贫人抚育维艰,却又每每成群绕膝。有相聚研究其原因者,或曰:"富人虽日食珍品,然所食未必皆与生子有关系;惟贫人每每藜藿自甘,藜不可知,藿类之中,有一种淫羊藿,《本草》称其补命门火,扶阳种子,贫人日食此品,所以子女独多也。"

戴蓝眼镜者一笑

西俗药房贮毒品一瓶,例用蓝玻璃为别。盖恐人误尝,故特作此记认,亦慎重之意也。有因夏日天气酷热,阳光逼人,特购一蓝眼镜戴之以御阳光者。或见之,讶曰:"岂尊目有毒耶?"

旅馆大王

四马路新开新鹿鸣旅馆,大榜其门曰"新鹿鸣西式旅馆栈"。或疑既称旅馆,又称栈,不知是何用意?善笺注者为之解曰:"西人凡于其所执业中独能称雄者,皆美之为大王,如钢铁大王,火油大王之类。今新鹿鸣乃称为旅馆栈,大约是欲为各处旅馆之栈房也。当见各处之旅馆都归之于渠一家,诚哉旅馆大王矣,可预贺也。"

轻 身

《本草》注各药,多有能轻身之说,如茯苓、泽泻等,均谓久服轻身,能行水上。或曰:"世间有一等人,骨头没有四两重的,想是多服了此等品物。"

苏州人曰缠格哉

呼人之发语词曰"阿",吴侬致问之发语词亦曰"阿"。如问好否,曰"阿好";问是否,曰"阿是"之类是也。某翁耳重听,一日入妓院,见两侍儿,翁问何名,其一曰:"阿宝。"翁误"宝"为"饱",疑其问也,摩腹曲言曰:"尚饱,尚饱。"又问其一,对曰:"阿娥。"翁又误"娥"为"饿",亦疑其问,再摩其腹曰:"不饿,不饿。"

买路钱

凡死人出殡,柩前必以一人散放冥镪,谓之"买路钱",云以施之沿途诸鬼者。某省铁路代表入京,将有所运动。一日,路遇某显者之丧,驻足道旁观之,误践所放冥镪,归家寒热大作,有鬼附其身,呓语无度,而能与人问答。或问何故为祟,鬼曰:"吾向者株守路旁,穷饿欲死,近始厕列要津。今日所得之买路钱,忽被其践踏破坏,吾何为不祟之?"

敬告实业家

秋纬,促织类也,形大而色绿,翅短,鸣声如纺机,一名纺丝娘,俗称纺织娘。一日,蜜蜂谓秋纬曰:"吾春夏营营以酿蜜,绝不以实业著,而秋冬之际,吾即恃此以自活。子初无实业之实而冒为实业之名,且终宵作轧轧声,一若恐人不知子之为纺织也者,而曾无一丝一缕之可见,子果何所取而为此也?"秋纬曰:"世之号称之实业家者,谁非似我?子乃独以责我耶?"蜜蜂叹曰:"无异乎子之望秋先零也。"

偈曰:今之号称实业家者,其谛听谛听。

欢迎会

甲于稠人广座中,忽然打盹。呼之,则欠伸略起,不旋踵盹如故。人问:"夜来何干,而瞌睡如是?"对曰:"夜来有人开欢迎会迎我,使我彻夜未睡也。"问:"何人开欢迎会?何事而欢迎足下?"曰:"夜来以观剧,故不及回家,因借某旅馆中。不期床隙蜃虫盈千累万,开欢迎会以迎我。"

做铁甲船材料

某甲言:"政府日日谋兴海军,奈无铁甲船,总是空谈无补。"乙曰:"本不难,今官场中人之面皮,都是做铁甲船之材料,吾行将上此条陈矣。"甲问:"面皮何能造铁甲船?"乙附耳言曰:"渠等都是笑骂由他笑骂,好官我自为之之辈,其面皮之厚,虽开花炮亦不足以洞穿之,岂非绝好材料?"甲曰:"然则汝持此以上条陈,岂不触其怒耶?"乙曰:"否。吾上条陈,即当变其说。"问变何说,曰:"我只说诸位大人大老爷,都是铁面无私的,所以借重诸位面皮造铁甲船,甚是合用。"

涓滴归公

甲滴酒不饮,每燕会,注酒少许于杯中,若残沥然,终席不尝及。一日众聚饮,既酣,以巨觥宣拇战,瓶罄而觥犹未满。甲取口杯中之少许,倾内之。乙见而笑曰:"使子管理财政,必大佳。"问何故,曰:"涓滴归公也。"

聪明互用

耳司聪,目司明,有时亦可以互用者。市井传述新闻,事无钜细,皆闻而知之,故曰新闻。上海报馆林立,每晨一纸风传,万目睒睒者,看新闻也,是以目为耳。古人前言往行,载在典籍,凡考古者,必看而知之。吴侬风俗,得柳敬亭遗意,每取《三国》、《水浒》等书,登台演说,环听者曰"听书"。遂使目不识丁之辈,皆得略知古事,是以耳为目。

叔齐远遁

相传某士子,作伯夷、叔齐文,篇中痛责叔齐舍伯夷而远遁,无兄弟之义,为德不卒。文宗见而异之,以为别有出处也,传至案下问之。对曰:"想当然耳。"文宗怒欲责之,则呼曰:"春秋时,孔子有言,必夷、齐并举。至战国时,孟子惟独举伯夷,岂非叔齐他遁之证耶?"

不共戴天

有吸食鸦片成大瘾者,终岁俾昼作夜。其妻每语人曰:"渠与我有父母之仇者也。"人讶问何故,其妻曰:"每日我起来时,他便睡倒,我睡倒时,他便起来。我两人之头,曾无共戴天之一日,岂非父母之仇?"

断章取义

上海某官,奉札至镇江公干,于是乘火车前往。车将至镇江,经一山洞,眼前骤黑,车上爇电灯取亮。此官笑曰:"我此番可谓公出。"借作因公出外解"而赴(赋同音)大隧之中"了。或曰:"《左传》是'公入而赋大隧之中',不是公出。"曰:"偶尔掉文,本是无关出入的。"

误　鼠

乡曲老学究初入城市,闻人言,某校某日放暑假,某校某日放暑假。学究诧曰:"放了鼠假,不知还放猫假否?"

跰曰:"暑假之后,一班教员、管理员,亦藉是以休息,不可谓非放猫假也。一笑。"

五洲大同之声音

吾国各省,方言不同,省之各郡,方言不同,郡之各县,方言不同;即县之各乡,方言亦不同也;五洲万国之语音,更无论矣。一日,客座中有人问:"五洲万国,亦有从同之声音否?"或沉吟久之,曰:"其喷嚏乎?"众又求其次,或忽鼓掌曰:"放屁。"

按:啼笑、咳嗽之音,当亦从同,所谓天籁者是也。至于小儿之称父母为爸爸、妈妈,亦欧、亚从同,是盖小儿学语时,开口得音之相近者耳。

司非所司

五官百骸,各有所司,不稍凌乱。乃一入文士之笔,每有颠倒而错乱之者。有如耳本无恙也,而以"目听";口本无恙也,而以"目语";手所司者取携,乃忽有"手谈";口所以纳食者,乃忽然又用"耳食";腹不能言,何以有"腹诽";手原未断,何必用"颐指"。胶柱鼓瑟,以索真解,皆堪发笑。

此人之将死其言如何

粤俗人死则延女尼唪经尸旁,至殓乃已。虽似无谓之举动,实将藉以闻哀恸,伴寂寞也。广州某翁,生平风流自喜,且善谐谑,由少而老,未尝一日有戚容,亦未尝一日不诙诡也。年七十余,病将死,临命之际,子孙绕榻前。翁忽张目曰:"今日又将有乐死矣。"子孙辈咸曰:"翁幸而告瘳,敢不仰承色笑。"翁曰:"否。吾瞬即死,死后得妙龄女尼绕吾旁,任吾饱看,岂非一乐哉?"

叫 车

内地人某初到上海,欲坐人力车,沿途呼坐,而误呼人家包车。包车例不受雇,故车夫置若罔闻。某连呼之不应,讶曰:"这个车夫是聋子。"车夫闻之,曰:"那个客人是瞎子。"

宪 眷

某甲奉上官命,代接取眷属到任。甲奉令维谨,逆旅中闻隔室人言:"近日某甲宪眷极隆。"一人答曰:"不如某乙之宪眷尤挚也。"甲闻之,窃窃自疑曰:"我在这里接取宪眷,何以某乙又有甚宪眷起来?难道是一房外宠的姨太太么?"

茶 醉

某君日瀹茗于茶室,久之成癖。又喜饮红茶,每至,坐未定,即呼曰:"泡红的。"一日,访其友于家,坐定,主人呼茶来,某君遽曰:"泡红的。"盖犹误以为入茶肆也。或闻之,笑曰:"此公当是茶醉,不然何以说起乱话来？"

苹果疮

甲眷一妓曰苹香，颇极亲昵。其同事乙、丙，先后因嫖，以广疮见告，朋辈遂咸具戒心，日劝甲，谓宜少敛迹。甲笑曰："吾所眷者，仅一苹香耳，苟染毒，亦不过苹果疮，固不虞有杨梅患也。"

鼻穷于术

鼻所以司嗅者，然有时司嗅之术以穷，竟至薰莸莫辨。或疑："岂病鼽乎？"曰："否。""然则术何以穷？"曰："'书香''心香''埋香''天香''吟到梅花句亦香'，从何处嗅得其香？'铜臭''逐臭'、乱臣贼子万年之'遗臭'，亦从何处嗅得其臭？"

特别徽章

某君喜作狎邪游，日喜携其少妾同行，朋辈都无所回避，碰和吃酒，每每同局，惟知交者，或误称其妾为先生，径与言笑之。经他人告之，始敛容局促。或乃献策某君，谓："今宠随君入妓院，宜佩一徽章别之。"问："徽章宜用何花样？"曰："不须花样，只须三个字。"问何字，曰："非卖品。"

无本生利

或相聚谈经商之道，均谓"多财善贾"，为不易之名言，断无无本生利之法。或曰："士夫沽名，妓女卖笑，岂非无本生利？"则更有进一解者曰："此不过小生意而已，彼其卖矿、卖路、卖域者，何曾用本来？"

也算糟蹋外国人

有一极不可解之事，曰外人在租界办巡警，警兵沿用中国礼帽；中国人自办巡警，却一律用外国装束是也。则有为之强解者曰："外人之警兵必戴中国大帽者，糟蹋中国官，意若曰：'汝所戴帽，与我警兵等也。'""然则中国警服之用外制，何也？"曰："是亦糟蹋外国人也。"问："何以谓之糟蹋？"曰："彼意亦谓穿外国衣服之人，亦有如此腐败者也。"

其不文明与中国等

某国人游历中国，竞夸其本国之文明，而力诋中国之野蛮。某君闻而厌之。一日，某人取钥启匣，将有所取。某君故指其锁，问是何物。曰："锁。"问匣何必锁，曰："所以防窃者。"问："此锁为中国制耶？"曰："否，此自吾祖国带来者也。"某君遽曰："贵国虽文明，然犹有防窃之锁,足见贵国窃贼所在皆有,某不文明已与中国等耳。"

病　容

某大人烟瘾极大,遵新功令入戒烟公所察验,验得烟容满面。总办委员等碍于其为大人也,注册出结时,改"烟容"为"病容"。或闻之笑曰:"此'病容'二字,惜乎施之于大人,若施之于美人,则益与妩媚矣。"

四不像

看政府举动,不像是要立宪。
看四马路之繁华,不像市面衰落。
看州县官之应酬豪迈,不像要受赔累。
看城门口之彩票店,不像彩票可以禁得。

上海酷暑八景

夕阳未坠,暑气犹浓,宝马香车,张园返辔:是谓"泥城曝背"。
短榻横陈,一灯相对,汗流浃席,烟满房帏:是谓"暖阁围炉"。
灯火珠帘,笙歌满座,聚众轰饮,动辄双台:是谓"酒阵排寒"。
四隅银烛,围坐斗牌,呼吸香烟,灰屑狼藉:是谓"竹林赏雪"。
剧场座满,汗臭相逼,凭高下视,万扇齐挥:是谓"寒林落叶"。
酒徒围坐,时飞巨觥,拇战喧呶,肉薄相见:是谓"野店解貂"。

僧道铙钹,节号中元,冥镪一炬,火光烛天:是谓"荒原野烧"。

人静夜阑,沿途猎艳,妍媸莫辨,得隙即乘:是谓"北郊冬狩"。

百像图[①]

一、妓女之高领,像朝天马蹄袖。

二、饰衣领洋纱边,像洋灰鼠出锋。

三、毕业文凭,像僧家度牒。

四、汽车过处,放出一种恶气,像黄鼠狼放救命屁。

五、洋瓷溺器,像一品锅。

六、安南巡捕帽,像广东馆子盖菜碗之洋铁罩。

七、枷犯,像从前能吸吕宋烟、能说话之野人头。

八、国会代表对于政府,像原告律师对于被告律师。

九、官吏之对于报纸,像鼠窃之对于侦探。

十、未通洋文之人翻译西文,像测字先生代村妪写家信。

十一、租界之狗,像江侍御去后之御史。

十二、节边年底之娘姨大姐,像阎罗王。

十三、节后新年之娘姨大姐,像叫化子。

十四、紫沙圆花盆,像西洋人礼帽。

十六、师范生充教员,像留声机器。

十七、写匿名信骂人,像丑妇又要作态,又不敢公然见人。

十八、苦热得雨,像死囚遇恩诏。

十九、苦雨遇畅晴,像老囚出狱。

二十、租界各弄房屋,像鸽鸽笼子。

---

① 本篇原缺第十五条。

二十一、毛厕苍蝇，像伏天免褂时之二品大员，两翅恰像开气袍也。

二十二、医生代人看病，像铜匠学徒开锁。

二十三、穿粉红洋汗衫，像未出毛的小老鼠。

二十四、本届考优拔，像背城借一。

二十五、蒙师求人荐学生，像饿猫捕雀。

二十六、党人想做官，像处女怀春。

二十七、买发财票，像盲人射箭。

二十八、新任官关防告示，像宋江讲忠义。

二十九、穿黑拷绸衣裤，像庙中皂班。

三十、对学究论时政，像对妓女谈贞节。

三十一、富室群姬，像待哺饥民。

三十二、修业文凭，像未到期庄票。

三十三、穷人捡着钞票，像新妇得孕。

三十四、看近来国事，像少年戴老花眼镜。

三十五、租界厕所，像文闱号舍。

三十六、阿拉伯八字，像哑铃。

三十七、和尚坐东洋车，像布袋罗汉。

三十八、牙本无病，强镶以金，像活装含具。

三十九、官场求宪眷，像空心老官求时髦倌人一盼。

四十、吏部大堂，像官缺总发行所。

四十一、各省布政司，像吏部发行官缺支店。

四十二、官场之孟浪行贿，像冤桶之浪掷缠头。

四十三、近日上海妓女之前留海，像哈哈笑。

四十四、士人急求表见，像娈童望老斗。

四十五、寒士点翰林，像叫花子穿新衣。

四十六、瑞制军收拾冯启钧，像武松打虎。

四十七、开轿饭帐,像画梅花。(此条上海风俗)

四十八、酷暑浴罢,像还清宿债。

四十九、苏州人说官话,像昆戏道白。

五十、忽然出一差缺,同僚竞谋之,像群狗争骨。

五十一、政府对于应举之政事,像烟人发烟迷。

五十二、地保索乡愚贿,像流氓强抢。

五十三、差役索构讼人贿,像掳人勒赎。

五十四、佐贰小官索商民贿,像叫化子乞一文。

五十五、州县官索乡绅贿,像妓女索缠头,视有多寡为喜怒也。

五十六、司道索差缺贿,像市侩争货价。

五十七、督抚索一切贿,像关卡征罚款。

五十八、幕友索贿,像牙人取回用。

五十九、言官索督抚贿,像强盗打单。

六十、瘟嫖客夜夜打茶围,像红候补日日上衙门。

六十一、今日外交家办交涉,像懦夫惧内。

六十二、穷候补忽得优差,像麻雀输极时碰出清一色。

六十三、希望宪政之将来,像痴人说梦。

六十四、得与上司阍人换帖,像上海妓女得姘马夫。

六十五、政府之慑于革命党,像小儿怕黑。

六十六、近来大吏吸烟,像缙绅家妇女偷和尚。

六十七、妓女嫁人,像小鸟入笼。

六十八、以政府之眼看国会请愿代表,像蹿门恶丐。

六十九、以国会请愿代表之眼视政府,像顽嚚父母。

七十、挟外势以欺凌同种,像再醮妇欺侮前夫。

七十一、日本屐,像"六"字。

七十二、官场有所规避而请假,像学生赖学。

七十三、上海普通席面,像钱模(以圆桌面加于方桌上,恰成一外圆内方形也）。

七十四、近来社会风气,遇不惬意事,动辄聚众会议,会议之结果,无非致一函一电于政府,若政府置之不理,则又无可如何,像小儿赖地。

七十五、今日之言剔除中饱,像强狗勿吃粪。

七十六、酷热时吃冰冻荷兰水进肚子里,像铁匠粹火。

七十七、心醉欧风,鄙夷祖国蛮争野触,语无伦次,像热病梦呓。

七十八、外国小儿睡床,像俎。

七十九、汉口竹编摇篮,像笾。

八十、脚踏车,像大人国眼镜。

八十一、长子与矮子并立,像"卜"字。

八十二、南人遇北人言语不通,像聋子对哑子。

八十三、今日政府谋政策之进步,像逆风张帆。

八十四、国民望国会之成立,像张果倒骑驴。

八十五、今日之预算表,像小鬼撒谎,不知他要哄谁也。

八十六、武夫于公事上签行,像鬼画符。

八十七、蚊虫,像强盗,其来声势汹汹也。

八十八、蚤虱,像剪绺。

八十九、蟹虫,像穿窬。

九十、虱子,像家贼。

九十一、恶神劣绅讲公益,像刽子手念佛。

九十二、地方官敲剥百姓,像强盗。

九十三、上官婪索地方官,像强盗老子。

九十四、革党投诚,像寡妇再醮。

九十五、近年所行之小扇子,像灯蛾翅。

九十六、仅识之无之妇女读弹词,像我辈读西文。

九十七、小孩满头癞子,像荔枝壳。

九十八、遍体杨梅疮疱,像波罗蜜。

九十九、撞木钟,像苍蝇钻纸窗。

一百、吴趼人日课《滑稽谈》,像造言生事。

破缺不完之水浒

拚命三郎石秀,奉了宋江之命,到汴梁去勾当一桩公事。入到汴梁时,只见满街上都是些锦衣豪奴,往来巡察。石秀迈步前去,即被一个豪奴大声喝阻。石三郎初到此间,不知何故,未便卤莽,遂向旁人打听。旁人道:"你原来不知。这一条官路,是蔡京蔡太师经手,卖给金人,只许金人行走,我们中国人休想踏进一步。"石秀听了,大怒道:"好好的中国土地,为甚要卖与金人?"抡起朴刀,向那班豪奴杀去。吓得那班豪奴飞快报与蔡京。蔡京叹道:"他实在会拚命,我也只得让他一些儿。"

武松打倒了蒋门神,小管营施恩十分礼重,与武松结为兄弟,同起同坐,异常亲爱。一日,施恩忽然接了他兄弟施福来信,说是因为贿纵了逃犯,被本官用站笼站了,得知哥哥和武都头过得好,务乞转求武都头,来救兄弟则个。施恩看了书信,便和武松商量,又把书信给武松看了。武松道:"武松虽然是路见不平,拔刀相助,却也分个是非皂白。令弟犯了官事,自当官办,武松不便过问。"施恩再三相央,武松怒道:"我不会管这鸟事,你叫他另寻鸟人和他办去。"

却说卢俊义在帐中做了一场噩梦,微微闪开眼看堂上时,却有一个匾额,大书"天下太平"四个青字。心中正疑讶,却又矇眬睡去。忽然听见有人说道:"快请头领去议事。"卢俊义起身,到得一个所在,只见宋江和众兄弟都在那里列席而坐,宋江依然坐了第一把交椅。卢俊义便挨次坐下,悄悄问宋江道:"我们今天议甚么事?"宋江道:

"好教员外得知,我等兄弟一百单八人,都被选做咨议局议员,今日是开临时会呢。"卢俊义方才明白。只见会中议论纷纷,议了两件兴利除弊之事,众人举手赞成。只有李逵不服,出位大叫道:"是办得有利的,叫他们照样办下去;办得有弊的,叫他吃铁牛一斧,便万事全休,还议甚么鸟?"声若巨雷。卢俊义吓得一身冷汗,一惊而醒。原来还睡在梁山泊帐中,有两个小喽罗在帐外伺候。卢俊义忙问道:"众头领呢?"小喽罗道:"方才打劫了一伙客商,正在分金亭上大秤称金,小秤称银呢。"

破碎不完之西游

齐天大圣过不得火焰山,反被铁扇公主一芭蕉扇,扇得他飘飘荡荡,身不由主,随着一阵狂风,堕落一处人家屋顶上。大圣恐怕跌坏人家屋瓦,被人捉住,又要多费口舌,连忙摇身一变,变做个麻雀儿,站在屋瓦上。只见旁边竖着一座没门没户、不分层次的宝塔,宝塔四面搭了架,架上站着几个人,都拿了灰刷,在那里粉刷宝塔外层呢。但见那几个人似俗家头发太短,似和尚头发太长,心中暗暗纳闷。因为要看个底细,便飞近一步。看见一个人屁股后头竖着一根铜条儿,就在那铜条儿上站着。原来是外国的一个大厂家,几个匠人在那里粉刷烟囱。大圣站的正是汽笛,他却不认得。正在出神之际,忽然呜呜的放了一声汽笛,正在大圣脚下响起。吓得他翻起筋斗云就走,暗想:"这个人放得好响屁!"一头想着,不期走到空中,和太上老君撞个满怀。老君问其所以,大圣备说了一切。老君道:"原来大圣走到外国去也。"大圣记念师父,不敢多谈,便仍然驾云寻着了唐僧等众,夸说外国风景如何。八戒道:"哥呵,那外国风景如何?你好歹告诉点给我。"大圣道:"不要说别的,那外国人放的屁,都比我们响得多。"

齐天大圣变做了牛魔王模样,到火云洞去戏弄了红孩儿。然而终不能取胜,到底是到南海去请了观音菩萨,方把红孩儿收服,皈依菩萨座下,心中依然忿忿不平,对菩萨道:"叵耐孙行者无礼,冒充了弟子的父亲,讨了弟子的便宜。"菩萨笑道:"论辈分,他是你父执之辈,也不算讨便宜。"红孩儿道:"弟子的父亲牛魔王是身居王位的,他是个甚么,敢做我父亲?"菩萨道:"齐天大圣虽非身居王位,然而他的位分,也与王位差不多了,你就拜了他做干老子罢。"

　　孙行者三番打死了尸魔,唐三藏不知就里,只当他打杀平人,心中十分恼怒,立时写了一封贬书,把孙行者贬了。齐天大圣出于无奈,拜辞了师父,驾起筋斗云,回到花果山水帘洞。马流二元师接着,十分欢喜,登时聚集众小猴,置酒接风。饮到快活时,大圣便把拜唐僧做师父,到西天取经的话说了一遍。马流道:"不知那唐僧有多大的本事,却敢做大圣爷爷的师父?"大圣道:"没本事,没本事。"马流道:"既然没本事,为甚大圣肯做他徒弟呢?"大圣道:"你没见过人事,如今世界上拜老师的,何尝是要学他本事,不过是一条援引的路子罢了。"

　　弼马温嫌官小,反下天曹,在花果山水帘洞,竖起了齐天大圣旗号。玉皇大帝派托塔天王带了哪吒太子,率领天兵征讨。孙悟空出阵,声称:"若照齐天大圣的封号封了我老孙,便万事全休;倘若不然,休怪我反上灵霄宝殿,教他龙床坐不安稳。"哪吒战败之后,李天王便回天启奏,把孙悟空的话照直说了。玉帝大惊道:"不料这野猴居然要革命起来。"太白金星出班奏道:"谅这猴头猴脑的东西,如何配讲革命?不过想做官想的疯了罢了。不信,只给他一个部曹之职,再赏他一个甚么差使,包管他登时就山呼万岁,颂扬圣恩。"

　　猪八戒跟随唐僧去取经,忽然一日又起了凡心,思量跟了和尚,徒然吃惊受苦,不知何日方得成正果。不如暂时撇下了他们,独自价去快活几日,多少是好。定了主意,驾起云头,一直回到高老庄,撞门而进,寻见了高翠兰,大叫道:"姐姐!我来了也。"只见高翠兰拥衾独坐,脸色青黄,气喘吁吁的说道:"你回来了?好了。"八戒道:"姐姐,你端的为甚生起病来?"高翠兰道:"你自跟了唐僧去取经,谁知那时我已经受了身孕,你去后不多几时,我便坐蓐,生下一件东西来,不死不活,又不知是甚么东西,把我气成一病,至今不好。"八戒道:"东西在那里呢?"翠兰指着床下道:"那不是么?"八戒定睛一看,原来是一个肉团团儿,非但没有手足,并没有耳目口鼻。八戒见了,不由的怒从心上起,恶向胆前生,举起九齿钉钯,用力一筑,那肉团团儿早一排列下九个窟窿。八戒低头一看道:"你这个没有老子教训,气得母亲生病的东西,虽然备了九窍,怎奈终不成人。"

四只脚

穿洋袜者,必穿两双,以多一层则愈显其洁白也。某老爷用一乡下人为仆,蠢蠢然一拨始一动,有类木石。一日,老爷换袜,仆以一双进,老爷命再取一双来,仆如命而心中闷闷,若有所不解。既出,即向人曰:"吾家老爷当是四只脚的。"人嗤之,则应曰:"不是四只脚,何以要着四只袜?"

先河之导

客告余曰:"甲午中日之役既定,有韩人二对坐于山溪之旁,听泉读诗,抱膝长吟,俯仰自得。忽二日人至,欲渡涧而病涉,挥短杖使韩人负之。韩人乃脱衣解履,各负一人,渡已而返,披衣拭足着履,吟哦如故。君子于是不俟今日,而知有日、韩合并之事矣。"语时一韩友在座,客顾之曰:"子以为如何?"韩友曰:"唯唯否否。子之所讥者,不过以五十步笑百步。至于日、韩合并,殊非敝国所愿,以欲为贵国先河之导,不得不然耳。"客为之大惭。

剪发问题(一)

朝士日来纷议剪发,或问:"一般上海居人,谁是最不愿自己剪发者?谁是最不愿他人剪发者?"余谓:"最不愿自己剪发者,当是一般滑头少年,盖以剪发之后,无从炫耀其油光辫子也。最不愿他人剪发者,当是租界巡捕,盖人尽剪发,则彼捉人时,无复从前之便当也。"

剪发问题(二)

旧俗凡莽男子之撞入人家调戏妇女者,为其夫所捉获,必剪其发辫,而后纵之,所以示辱也。今日朝士日议剪发,使其说果行,则一般莽男子益无忌惮,而家有妇女者,又须别筹相当对待之策矣。

剪发问题（三）

或问："剪发如其实行，还易服否？"曰："易，惟冠西冠，衣西衣，而御中国之履也。"问："何以知之？"曰："子不闻杭州之风潮乎？彼一闻此信，帽业、当业均起而反抗，独不闻鞋业中人有附和者，非其证欤？"

剪发问题（四）

或又问："剪发之后，最吃亏者何人？最便宜者何人？"应之曰："最吃亏者当是戏班中做三上吊之开口跳。最便宜者只有鬎鬁。"

剪发问题（五）

或问："实行剪发之后，最获剪发之益者何人？"曰："和尚。""和尚不过先已无发耳，益于何有？"曰："渠偶欲偷婆娘打野鸡，只须换一套俗家衣服，即无可分别，社会不能议其后，流氓不能敲其竹杠，岂非大便宜事？"

剪发问题（六）

或讥剪发之举，为过于崇拜外人，夫外人可法之处甚多，何必学其形式哉？应之曰："剪发为中国固有之俗，何尝是学外人？"或不服，则晓之曰："昔者断发文身，为荆蛮之俗。古之荆蛮，宁非今之中国耶？"

剪发问题（七）

或问："剪发之后，最吃苦者何人？"曰："剃发匠。"曰："尚未。"曰："丝线店之卖辫发者。"曰："尚未。""然则何人？"曰："可怜一班专代人装假辫者，一齐没饭吃矣。"

剪发问题（八）

初剪发之时有二难：欲仍留一二寸许耶，则必先留短发，二三月中有类居苦次；欲径剃去，俟其再长耶，则又有二三月类乎和尚。为孝子耶？为和尚耶？初剪发时，必居一于此矣。

剪发问题（九）

或问："剪发之后，国中男子所用之梳篦都归无用，黄杨木者、骨者、角者、象牙者，不一而足，都弃置之，岂不可惜？"应之曰："是不必弃置，尽可运往安南、印度销售。"或乃笑曰："不图剪发之后，竟多一种出口货物也。"

资政院人物

某生自小出洋，留学十年，乃归于本国，事多所不知。其邻某翁，以龌龊起家，捐纳得二品封职。生归时，适此翁初度称觞，贺客盈室。生窥之，见所悬寿幛、寿联等，皆有"资政大夫"字样，不觉叹曰："资政院用了这等人，宜夫中国之衰矣！"

转贫为富

忧国者每忧中国贫。以余观之，估修一洋式宫房，动言若干百万，则朝廷何尝贫？遣一二亲贵到外洋闲逛一次，动支盘费辄数十万，则国家何尝贫？一官之任时，虽或行李萧条；及其满任而去，则千仓万箱，陆行满车，水行满舟，则官何尝贫？官之所以得如此者，无非剥削民脂民膏耳。一官去，一官来，皆以剥削为事，年年岁岁，更无已时，而民之脂膏，不即闻告竭，则民何尝贫？或曰："如子言，中国当转贫为富矣!"

返老还童

中国向被外人讥为"老大帝国",即吾爱国君子亦不能自讳。自预备立宪以来,一切宪政均在预备时期,即已成立之谘议局、自治局、资政院等,亦均在幼稚时代。以老大帝国而忽转入幼稚时代,是之谓"返老还童"。

二之与两

"二"之与"两",义虽同,而有时断不容假借者。吴人读"二"若"腻",音与"一"相近,北人每艰于辨别。有吴人与北人约礼拜二有事,屡言之,而北人皆误为礼拜一。吴人竖二指曰:"礼拜两也。"闻者莫不大笑。

红豆腐汤

城中有富家儿,当秋收时,忽动游兴,自下乡收租。佃户奉承之惟谨,治馔享之。既归,责令庖人作红豆腐汤。庖人不解其法,烹调以进,均不谓然,曰:"吾于佃家且得尝之,何吾家厨役,遂不及乡人?"庖人走询佃户,则是日曾以猪血汤进也。

国会请愿之目的可达

国会请愿,第二次又不得达到目的,持消极的主义者曰:"诸君休矣!盍归乎来?"持积极主义者曰:"努力进行,不达目的勿休也。"则有旁观吃吃笑不休者,问何笑,曰:"吾笑国会请愿之目的,可终达到也。夫一次上书不允,则再举代表,纷纷然雨电交驰,于是再首途,再拟稿,再会议。半年光阴,已消磨于此中矣。迨书上而目的不得达,则依样葫芦,又为之;仍不得达,又再为之。每一次费半年岁月,九年预备,已过者二年。未来者七年,半年请愿一次,苟积十四次,则目的未有不达者也。"

太迟太早

甲访乙,乙享之,烹蛋作馔。临箸叹曰:"惜君来太早,若稍迟,则孵卵成鸡,当杀鸡享君矣。"他日乙访甲,甲亦享之,削竹置盘中,出以奉客。临箸叹曰:"惜君来太迟,不然,尚是嫩笋也。"

冥王之言

某官死,谒冥王,见阶下狱卒皆牛头马面,战栗殊甚。幸阎王色尚霁,始敢巡逡问曰:"此辈皆兽面,何也?"冥王曰:"此辈虽兽面,腔子里却是人心;不若足下辈,觍然人面者,反具兽心也。"言次,忽牛头向冥王白事,官复又问曰:"此辈已具畜头,何以尚能作人言?"冥王曰:"此亦犹公等之人头畜鸣耳。"官退,判官请曰:"大王见了此等畜官而不恼恨,何也?"冥王曰:"若见了此辈便恼,我便有万亿条性命,都要恼死了。"

喜镶金牙者其听之

镶牙之风,于今为盛。娘姨也,大姐也,妓女也,牙本不缺,必以金镶之,盖直以之为装饰品矣。或曰:"子所举之三等人,皆龟属,乌得不镶牙?"按据物理学家言,龟无齿。吾于是又有所悟焉。詈人者辄曰"乌龟""乌龟",初不知其何所取义也。按"龟无齿"之说证之,盖借"无齿"之音,詈之曰"无耻"耳。

三皇五帝

某老翁,年七十余,忽刻一私印,其文曰:"眼见三皇,躬逢五帝。"见者嗤其妄,且曰:"如此狂言,不图出于老叟也。"翁曰:"吾岂狂妄哉?吾昔年随其钦使赴英,会德皇亦赴英,吾于跳舞会中,一日而见英、德二皇。后又随某钦使赴日,得见日皇。是眼见三皇也。吾生于道光朝,历咸、同、光、宣,岂非躬逢五帝?"

乡老查功课

乡老目不识丁,送其子入学堂读书,每日放学,必向其子考查功课。第一日放学，问其子今日读何书，子曰："今日先生教我读第一课。"第二日又问，子曰："今日读第二课也。"三日、四日皆然，十日、二十日亦莫不然。乡老勃然大怒曰："我送儿子去读书，是要教他作文章的，如何先生只教他起课？"

暮夜金钱

某狎客善于取媚所欢，夜半无人私语时，必馈以钜金。或知而讽之，狎客曰："汝何知？汝不见孝敬上司者耶？此之谓暮夜金钱，无此则不足以博其欢心；不足以博其欢心，即不能得其好处。故孝敬上司与孝敬妓女，其挥霍同，其目的同。非久历官场，久居嫖界者，皆不足与言也。"

作壁上观

有慕某妓香名，相率访艳于其妆楼者，至则妓适他出，俟之良久，不归。墙上悬有妓之小影，纵观以去。既出，人问："得作刘桢之平视耶？"曰："否，仅得作壁上观耳。"有食古而不化者咋舌曰："渠家想有战事，公等乃得作壁上观。"

应了一句苏州骂人语

婚嫁每于春冬行之，大约以新郎新妇拜堂时，例穿棉衣，故于春冬为宜；若在夏秋之间，天气炎热，殊多不便也。即日正午盛热时，过某街,见一家锣鼓喧阗,丝竹迭奏。驻足观之,则一对新郎新妇,正行交拜礼也。身御棉衣,新妇以帕蒙首,不可得见,新郎则额上汗流如泻矣。倘使苏州人见之,必曰:"该格,真正是热昏(婚)。"

鼠辈之言

西人防疫,虑及鼠疫传染,遂设法灭鼠,劝人畜猫,并代人家塞鼠穴。群鼠恐归于淘汰之列,遍发传单,集众会议,若无对付之策,仅致一函于保畜会曰:"鼠亦畜也,公等奈何!"呜呼!联俄耶,联日耶,恐亦智与此鼠等耳。

姓到《千字文》上

《百家姓》一书,绝无文理,徒备为告人姓氏之用。如姓赵,则曰"赵钱孙李"之赵,姓王,则曰"周吴郑王"之王;等顾是也。一人姓诸,人问其是"撇末"朱,抑"言者"诸,对曰:"'诸姑伯叔'之诸。"问者疑曰:"百家姓没有此句。"诸曰:"这一句不是百家姓,是《千字文》。"问者大诧曰:"人人都是姓《百家姓》的姓,你如何姓到《千字文》上?"

岂所以便贫民耶

新辟小北门外,开一重利盘剥之押店,时论多讥之。昨过其地,见此押店紧邻,却开一米店。意者知贫民无以为生,必并押衣物,乃能购米,故屹然并峙。此两店以便贫民耶?

穷鬼终穷

乞儿死见阎王,阎王念其生平无恶,准其仍投人身,惟福命薄,仅得为贫人,即饬鬼卒押往。途中,乞儿哀求鬼卒,择一富家投身。鬼卒不允,曰:"冥君之命何得违?"乞儿求之不已,鬼卒坚执不从。乞儿默念:"计不如私遁,彼其奈我何?"策既定,忽见一家,门第显赫,墙门内官衔牌密列两旁,大门灯笼如瓮,念此必富贵家矣。瞰鬼卒不觉,突入内,果即投胎坠地。举目四顾,见房舍虽高大,而房中器具殊草草,父母衣服亦极褴褛。此是人家祠堂,其父母乃为人典嗣者也。

读别一个字

姑媳二人不安于室,皆有外遇。父子二人知之,相约捉奸,果然两对狗男女都被捉住,一齐送官究办。官问知缘故,谓父子二人曰:"此系有了成语的,你两个何苦多事?"父子二人惊曰:"偷汉子有何成语?"官指姑媳二人曰:"这叫做姑息养奸。"

还有一片瓦

京师有嫖相公者,挥霍绝豪,车马、衣服、金玉、玩好,莫不为置之,终且为之营居室,构园林。而嫖者乃因是而落拓,至于行之久之,且为无裤公,以草绳系片瓦,藉垂胯下。一日天雨,忽遇相公高车驷马,招摇过市,因冒雨攀辕求见。相公疑其乞钱也,将探囊作小赒恤。曰:"吾非求乞,有所问耳。"曰:"何问?"曰:"问昔年吾为尔所营居室漏否?"曰:"漏将如何?"自指胯下曰:"如漏,吾尚存一片瓦,可将去用也。"

一生不醉

同席数人,闹酒轰饮无已。中有某甲,独滴不入口。或曰:"酒有别肠,此言或不妄。"或又曰:"某甲量最豪,众皆不及。"遂疑甲能饮,以巨觥觞之。甲窘极。或乃解之曰:"吾辈饮酒,不醉不休。独渠一生不醉,非量最豪者哉?"一座粲然。

自外生成

有无子而妻妒不敢纳妾者,不得已纳外宠,生一子,妻不知也。经十余年,子已成立,夫妇年亦高。一日,妇诞辰,颇叹膝下空虚。夫乘机告以外宠生子事,意其年老妒衰,或可纳之也。讵妇闻言,即大怒曰:"吾不要此不肖子!"夫愕然曰:"尚未见面,何以知甚不肖?"妻曰:"是个自外生成的,有甚好东西?"

臭虫大少爷

枇杷黄后,菡萏开时,欢场中多一种轻薄少年,逐队游行,俗称之为"荷花大少",或曰"西瓜大少",或曰"夏大少",皆言过此以往,便无踪迹也。昔年曾进以雅号曰"蟋蟀大少",以其不知春秋也。迩更为拟得一号曰"臭虫大少"。或曰:"是无意味,不过亦应时而出之意耳。"曰:"否。"曰:"以其讨厌耶!"曰:"否。""以其臭名耶?"曰:"否。""然则何所取义?"曰:"以其必于此时此际,乃得在枕席上讨便宜耳。"

自治会缺点之现象

某省自治会,办理多缺点。其乡人戏将"自治"二字各缺一笔,写作"目冶会"。就"目冶"二字之义订为章程,大约不出吊膀子主义。其章程冗长,不及备录;且又囿于彼省方言,虽录之亦多不可解者。仅记其会长系舞弊学堂瘪孽生,曾充《现世报》主笔,发症学堂监督。

互问贵姓

甲问乙:"贵姓?"乙曰:"姓孙。"问:"那个孙字?"曰:"子旁加一糸字也。"曰:"原来是我的子孙之孙。"乙转问甲:"贵姓?"甲曰:"姓宗。"问:"那个宗字?"曰:"宝盖头加一示字也。"曰:"原来是你祖宗之宗。"

奇 称

有欲学为时事小说者,而苦于不知爵级之称呼。或戏之曰:"向例小说家,皇帝称万岁,王称千岁。由此推之,郡王当称百岁,贝勒当称十岁,贝子当称一岁。"

世界是一家大药店

别人种者以色,凡黄、白、红、棕、黑等是也。合世界言之,大抵黄、白种人占多数,红、综、黑种远逊焉。或曰:"若然,则仍为优胜劣败之征也。"问何说,曰:"优者有用,劣者无用,此一定之理也。从未闻有用人中红、人中棕、人中黑者,惟人中黄、人中白为药品,非其征耶?"闻者笑曰:"不图全世界竟是一家大药店。"

铁 面

昔年在茶室中,见流娼往来踽踽,诸品茶者咸目逆送之。因戏语人曰:"今世男子,皆以铁为面者。"或曰:"铁面无私,世有几人?"曰:"诸男子虽皆铁面,惜夫女子之面,又皆是吸铁石也。不信,但看流娼过处,诸人面皆随之以转,是其证矣。"

剪须与亡国之关系

某中堂对于剪发一事,至有"剪发即亡大清"之语。不知欧洲各国,何尝从古即有剪发之制,稽其历史,剪发殆不过百年。惟印度、安南,至今仍束发之制。自某中堂之眼观之,印度、安南,殆未尝亡也。

别有见解之韩人

日、韩合并之局大定,日人喜,韩人悲,理固然也。宁独韩人悲,凡老大贫弱之国,皆当引为覆亡之辙,黯然以悲者也。乃有某韩人者,闻此信而独喜。或讥其全无心肝,韩人曰:"日为东方强国,韩为亡国,人皆知之。吾出,人皆目吾为亡国之民,吾方引以为耻也。今幸日、韩合并,地图中韩国之名词归于消灭,则吾亦日人也已。以亡国之民,一跃而为强国之民,云胡不喜?"或益讥之,谓:"自他人视之,日人自日人,韩人自韩人,不作同等观也。"韩人曰:"诚如君言,他国人之视华人,何尝分别满、汉,亦都称之曰华人而已。"

会议阻止剪发

朝局近有剪发之议,夫发之剪不剪,本无预于兴亡大计,朝士可否于其间,纷纷议论,已不值一哂。则有社会中一种人,遍发传单,开临时大会,会议设法阻止此举,以保全生计者。伊何人?伊何人?曰:"剃发匠。"

发辫之价值

闻外人新发明一法,能以头发织为衣料,以故出资收买,不遗余力。近我国朝士适倡截发之说,事苟实行,谓宜别申一法:令凡截下发辫,统纳于官,汇送中央政府,设一头发总发行所。以一万万条计,一条之值以小银元一枚计,其代价乃得一千万,尚足以取偿一岁毛巾之值也。曩曾与人言:吾国人号称四万万,岁用毛巾一项,以每岁四人合用一巾计,每巾之值以小银元一枚计,苟能勉用土货,则岁存于国中者一千万。吁! 况不止此数也耶,况毛巾又为舶货之最微者耶。

也是引经据典

禁止刑讯,久见明文,而一般州县官熟视若无睹。禁者自禁,刑者自刑,天高皇帝远,百姓固无如之何也。其令刑尤酷,每贯绳梁间,悬被讯者之手或足,以威逼之。或劝其不宜过酷,令曰:"这个吊民罚罪,是汤、武行出来的;我遵用汤、武遗法,还说我错吗?"

谐对

江南渔户,每植断河中,以界鱼虾,籇织芦为之,其梢仅及水面,有时或露寸许。舟行其上,则船底相摩以过。有即此景,出一联者曰:"过籇船搔背,"久无属者。吴县秦散叟为之对曰:"砍柴山剃头。"闻者莫不莞然。

商量买棺材

旧家子中落而丧其亲,谓人曰:"君子不以天下俭其亲,吾不敢以称家有无之说菲薄亡者。谨与诸君商,请为我择一棺。过佳者,吾力不足举,过薄者,又殊非慎终之道;苟得富家用过之旧物,肯减价相让者最佳。"

穿拷布

粤中拷绸,年已盛行于大江南北。其实粤中非仅出拷绸也,亦有拷布,贫者多夏日衣之。有贫人丁忧而穿拷布者,一富家子见之曰:"是物色近红紫,死了老子娘的人,不宜穿此。"贫人曰:"汝家夏日所穿者,白纱、白绸、白罗,想都是死了老子娘之故?"

世态炎凉

今年天气无定,八月初忽大凉,老弱卸袷衣,犹觉凉侵肌骨。一般空心大老官,遂典去纱葛,赎取罗绸,以为场面光。讵不数日,天气忽然闷热,虽解衣旁薄,犹复汗出如浆。空心大老官遂大为天气所窘,匿不得出。或为之解嘲曰:"甚夫!世态炎凉之令人可畏也。"

随缘乐助

妓院记备酒之册籍曰堂簿。某客偶见堂簿,戏改"堂"字为"缘"字,且旁注"随缘乐助"四字。或曰:"此揶揄浪子之语,说已陈矣。"客曰:"虽是陈言,然细玩得一个'缘'字,则此四字书于此间,确有真解,贴切不移。"

太夫子

或问:"妇致书于翁,当作何称谓?"坐客一时皆偶忘"君舅"之说,想与搔首致想。或曰:"妇致书于夫,例称'夫子'。若以门生称先生为'夫子'之例例之,当称'太夫子'。"

引经据典

沪俗奢侈相尚,中人之家偶遇丧事,出殡之日,必竞排执事,雇用军乐,沿街游行,以示阔绰,观者谓之"大出丧"。某日翔步马路,忽遇大出丧者,其随行之僧,各以逍遥伞一顶罩之。有叱为无理者,或曰:"此是引经据典之举动,未可厚非。"讶问何经典,曰:"岂不闻《诗·清人》篇有言曰:'河上(和尚同音)乎逍遥'?"

虚题实做

阴历以月之十五日为望,望则月圆,月月皆有望,望则月必圆。何以独至八月之望,号之为节,如是之慎重,如是之热闹?已不可解。且又制成饼饵,名之曰"月饼",从而啖之。合中国各行省,莫不皆然。吾恐月球之面积虽大,终不足以供吾人之年年大嚼也。犹记某西书内载一条云:"其妇人对月,忽作遐想曰:'安得此月化作面包?'"今中国人吃月饼,无乃虚题实做?

忌讳闹成笑话

某督夙多忌讳，遇节日，避僚属谒贺，高卧签押房中不起。其门生某，向充幕下文案，出入自由。衣冠至签押房，就榻前请一安，意谓贺节也。某督怒，跃起捺某坐榻上。既坐，复捺使卧。某惶急请故，某督曰："你也躺下来，我也给你请个安。"

大潮已经来了

今年天文家测得八月十八日潮水大涨，警告居民船户，预为之备。或曰："今日四马路一带，大潮已经来了。"人问："吾方从四马路来，未见有水，子何所见而云然？"对曰："四马路一班荷花大少，平日吃酒叫局，到了今日八月十五，莫不以漂了之。夫一漂了之，非大潮何能为？"

题小照诗

某君游西湖，展苏小墓，就墓前摄了一影。吴趼人见之，为题一诗曰："多情尚友到千秋，无奈埋香剩一邱。得与美人作翁仲，纵侪顽石也风流。"

招租五则

招租(一)

殷富人家,每每年老即预置寿材,寄放于寺观之中,岁加髹漆。此亦人子慎终之意,不得概以预凶事讥之也。某甲入庙,见有置寿材者,叹曰:"如此佳品,空置可惜。"或笑问:"不空置,将如何?"甲戏拾石灰块,于材面大书"招租"二字。

招租(二)

沪北某所,驻所办事司员某,于所中自辟卧室,下榻其中,初尚勤谨。既而酒食征逐,渐且留连忘返。久之有外遇,遂不归宿,惟逐日照例到所一次,在公事房料理各事毕,即行,久不顾及卧室矣。一日入内取物,见帐檐之下,高标一纸,书"招租"二字,不知何人所为,干笑而已。

招租(三)

某翁多内宠,粉白黛绿,列屋间居。翁对之乐甚,顾不能无爱憎于其间也。一失宠姬请曰:"翁既不喜我,遂不顾我,又不逐我;下堂求去,妾所不敢。顾亦有一下情,愿请于翁者,乞翁怜而允之。"翁问何请,曰:"替我贴一张招租。"

招租（四）

某文士穷极无聊,炊烟屡断,困饿不堪。一日踞坐路旁,于颊上贴一纸曰:"此口招租。"人问:"租汝口何用？"曰:"租给人家吃饭去。"

招租（五）

某大令以风厉著,奉札权某邑篆,夙知邑多流痞,下车之始,命多置站笼。访得痞棍姓字,按名递案,分别枷责监禁。择其尤者,置站笼中站毙之。一时间邑肃然,站笼亦置而勿用。滑稽者为贴一纸于上,曰:"招租"。

不怕他不来做我儿子

某甲囊金将往毕债,道出某寺,入内少憩,见一人方与寺僧谈因果。此人问僧,"我无子,此是何因？"僧曰:"汝不欠人债,人亦不欠汝债,何得有子？"意盖谓克家令子乃还债,败家荡子乃索债者也。某甲闻之,囊金径归。人间其故,甲曰:"吾亦无子,此金且靳不与,渠欲索债,不怕他不来做我儿子。"

近 视

某甲夙短于视,近赴南京博览会参观,一切皆雾里看花,隔帘窥影而已。颇苦旅馆中蟹虫太多,有扰清梦,乃思迁地为良。一日,入会场中,见一处,大榜其门曰:"水族馆定于某日开馆。"甲大喜曰:"我即迁居此中,岂不妙哉?"同游咸笑之,甲曰:"他不是明明写着'本旅馆'字样么?"

保护商务

自议禁彩票之后,一般赌徒莫不竭力运动,希图弛禁。及既实行禁卖,惟阳奉阴违,其市招上,仅糊去"彩票"字样,而易以书籍、洋货等。某地竟有明目张胆,设摊求售者。摊旁植立一警兵,昂首他顾,若无事者然。路人见之,均极诧异。或曰:"此不足异,渠在此保护商务也。"

医穷妙术

某医负时誉,性滑稽,门悬一额曰"万病回春"。盖经其治愈者之所赠也。归家子某甲,亦滑稽之流,造问曰:"先生榜其门曰'万病回春',仆有一病,不知能医否?"问何病,曰:"穷也。"曰:"能。第须先叩病源耳。"问:"何谓病源?"曰:"子以何故而致穷者,斯即病源矣。"曰:"吾初亦小康之家,以喜嫖,故遂中落。"医急捉其手而反缚之,操刀而前,将捋其裤。甲大惊号,问何故。医笑曰:"汝之穷筋在此,将为汝割去之耳。"

改革之比例

吴娘娇怯,不耐痛苦,自小缠足时,即不肯十分收束。及至长大,莲船盈尺然,较之楚娃扬女之纤不盈握者,未免相形见绌。至是始装乔作伪,以饰外观。近年天足盛行,大家闺秀亦多作天然足。于是一般吴娘亦不以硕大为耻,撤去伪饰高底,改穿平履。自旁观者视之,似天足而不免有缚束痕,似小足又不免露臃肿状。滑稽者曰:"近日朝政之改革,何以异是?"

室人别解

乱及女仆,谓之"搭脚",此风盛于吴会。竟有投身受雇时,即订明此节者。风俗之颓,于斯为甚矣!其甲犯此,未几,其妻死,不复娶,即以此搭脚之女仆为妻,对人恒称以为室人。众咸讥之,或为之解曰:"是不足讥。凡用男仆者,皆称之为'家人';则用女仆者,称之为'室人',正'宜室宜家'之道耳。"

寓言七则

寓言(一)

富翁畜一狗,颇喜爱之,狗亦解博主人欢。亡何富翁中落,家人星散,豪奴逃亡。惟狗相随如故,富翁异之。狗曰:"主人富,狗之所以求于主人者仅一饱;主人贫,狗之以求于主人者亦仅一饱。一饱之外无他求,此狗之所以异于奴辈耳,非必别具侠性也。"

寓言（二）

狐欲幻人形，将入市求人；人欲学狐媚，将入山求狐。遇诸途，狐问人将何之，人曰："将学狐媚也。"狐曰："狐本不媚，昔者有狐能幻为女形，而兼幻得其媚。媚出于人，非出于狐也。子归而求之，有余师。"人问狐将何之，曰："将学幻人形也。"曰："昔者之求幻为人形也难，今兹之求幻为人形也易耳。"问何故，曰："昔者人具人心，凡幻为人形者，必先变其心为人心而后可，是以难；今兹之人，无一非人面兽心者，若子辈欲幻为人形，第持一假面具足矣，故曰易也。"

寓言（三）

猴于骸体之中多一尾，遂终不得为人类。群猴中有倡言进化者，谓宜断去其尾，以为入人类之渐。诸猴虽或有赞成者，而反对之徒甚众。其言曰："人类固不可以断尾之一蹴而几，而先亡吾尾，是先亡吾猴族也，吾必以死力争保吾猴粹。"君子曰："断尾有切肤之痛，群猴之保也，亦自有其理在，奈之何？"

寓言（四）

猬与蛇处，猬见蛇之柔而滑泽也，曰："若何以自固？如吾者，猎人来，吾张其刺以俟之，彼奈何近我？若子者，直提而掣去之耳。"蛇闻之，亦殊自惴栗。俄猎人至，猬蜷伏，蛇蹿兔，猎人囊猬去。蛇遥猬之曰："若奈何不张其刺？"

寓言（五）

鼠穴于墙下，家焉。生齿日繁，逐憎其穴隘，将扩充之。于是穴于穴外,穴愈广而墙下基础愈虚。风雨骤至,墙圮而穴陷。群鼠啧啧曰:"不图吾张吾之范围,而亦招天之妒也,不然,胡为而陆沉我?"

寓言(六)

鸢飞戾天,而沉其影于渊。鱼见之,谓鸢之果能入渊也。默自计曰:"吾乃不能戾天,无乃有愧于鸢乎?"他日鸢集渊渚,鱼就商之曰:"吾欲戾天,而病未能也;子盍挈我?试为之。"鸢诺,负鱼而起,翱翔云外。已而下集,释其鱼,视之腐矣。

寓言(七)

主人厌鼠,乃畜猫,将以捕鼠也。鼠侦知猫馋,相率觅饵以贿之。猫饱食,无捕鼠志,且德鼠,而鼠之跳梁益甚。主人患之,设捕鼠机,置饵以待。鼠未之见,猫先见之,蹈焉,竟以身代鼠之死也。

骂自己

照像之法,至近日而愈精。从前用湿片时,必照半晌始成。干片出后,其捷不及一瞬。更有一种快镜,人手一具,即可为之,不必师傅矣。然亦必善测光影,方克有济;不然,非过光无影,即过黑成一黑团矣。某甲购得快镜一具,先试自照,百照不得法,不觉自沉吟曰:"此之谓画虎不成也。"滑稽者闻之而笑。甲亦旋自悟曰:"呀!我骂了自己也。"

又骂了自己了

吴趼人日课《滑稽谈》一则,俾阅者发一大噱,然每每苦思不得。或曰:"子徒从自苦耳,何苦担任此事?"吴曰:"汝不省得,这是我特别的一种卖笑生涯。"

听　讼

某书腐侥幸一第,出山作宰。初听讼,以所坐椅离公案太远,鞠躬起,反两手,拟自拉近之,而椅重不得动,遂大斥差役等无用。及问案到一半,尚无头绪,忽起立退入。役等以为退堂矣,传呼退堂。令急返身连摇手曰:"不是退堂,不是退堂。我去撒尿,还要来的。"

凑寿礼

有送人寿礼者,已备寿幛、寿屏、寿联、寿烛、寿面、寿酒、寿包、寿桃八式,犹搔首踌躇曰:"能配够十样就好。"或曰:"不消配得,到了拜寿那天,你亲自去拜寿,便足足十样了。"其人问何故,对曰:"已经有了八样,再加你这寿头、寿脑配起来,不是足足十样么?"